객체지향 이야기
개정판

객체지향 이야기 개정판

개정판 • 1쇄 발행 2023년 11월 10일

저자 • 전병선
발행 • 전병선
출판 • 리얼데브·러닝
본문 디자인 • 이영
표지 디자인 • 전민

등록 • 제 2023-000005호
주소 • 경기도 의정부시 평화로 124
전화 • 031.856.4845
이메일 • realdev.learning@gmail.com
도메인 • www.realdev-learning.com
유튜브 • www.youtube.com/@realdev.learning
ISBN • 979-11-93469-01-9

가격 • 29,000원

객체지향 이야기

개정판 머리말

　객체지향 이야기가 처음 세상에 나온 것이 2002년입니다. 벌써 20년이 훌쩍 넘어 버렸습니다. 그동안 여러 출판사를 거쳐 조금씩 변경되면서도 지금까지 많은 독자들로부터 사랑을 받아왔습니다. 길어야 5년 정도인 IT 도서의 특성 상 20년이 넘도록 끊임없이 독자들에게 선택되었다는 사실만으로도 저자로서 그저 고맙고 감사할 따름입니다. 그리고 20년이 지나서야 비로소 개정판을 출간한다는 것에 부끄럽고 죄송한 마음을 감출 수 없습니다.

　그동안 시간의 흐름 만큼이나 IT의 기술도 너무 많이 변했습니다. 그럼에도 불구하고 객체지향 개념은 세상에 나왔다가 사라져 버린 기술들을 포함하여 현재의 최신 기술의 근저에 자리잡고 굳건히 유지되고 있습니다. 이것이 객체지향 개념의 중요성을 여실히 보여주는 확실한 증거가 됩니다.

　1부 객체지향 개념의 이해는 이번 개정판에서도 가장 중요한 주제입니다. 그러나 기술의 변화를 반영하여 요즘에는 잘 사용되지 않는 비주얼 베이직 .NET을 제외시켰습니다. 변하지 않은 것은 C++와 자바 그리고 C# 언어에서 지원하는 객체지향 개념을 충실히 설명하는 것입니다. 이들 언어도 세월이 흐르면서 객체지향에서 함수형 프로그래밍으로 기능을 확장하고 있지만, 이책에서는 오직 이들 언어의 객체지향과 관련된 주제만 다루었습니다.

　2부 객체지향 원칙과 실천은 이번 개정판에 새로 추가된 내용입니다. 개발자나 설계자라면 누구나 알아야 하고 흥미로워 하는 객체지향 개념과 관련된 소프트웨어 엔지니어링 주제들을 다루었습니다. 8장 소프트웨어 개발 프로세스는 포멀 프로세스와의 전쟁에서 승리한 애자일 프로세스에 대해서 설명합니다. 9장 객체지향 설계 5원칙은 SOLID 원칙으로 잘 알려진 유명한 원칙입니다. 객체지향 방식으로 프로그래밍하거나 설계를 할 때 지켜야 할 원칙 다섯 가지를 설명합니다. 10장 클린 코드는 어떤 코드가 좋은 코드이고 어떤 코드가 나쁜 코드인지를 설명하는 기본적이면서도 보편적인 애자일 실천 중 하나입니다. 11장 애플리케이션 프레임워크는 스프링 프레임워크나 ASP.NET 프레임워크와 같이 소프트웨어를 개발할 때 필수적으로 사용해야 하는 애플리케이션 프레임워크의 기본적인 개념과 아키텍처 패턴에 대해서 설명합니다. 12장 디자인 패턴은 그 유명한 4인의 갱단이 객체지향 코드를 작성하고 설계할 때 부딪치는 문제점과 해결 방안을 제시한 패턴들을 요약해서 설명합니다. 13장 리팩토링은 코드를 변경하고 추가하는 과정에서 비대해지는 문제점을 해결하는 방안을 제시한 애자일 실천을 요약해서 설명합니다. 14장 객체지향 방법론은 초판에도 포함된 객체지향 방식의 분석 설계 방법론입니다. 마지막 15장 객체지향 너머에서는 객체지향 개념을 밑거름으로 발전해 온 컴포넌트, 서비스, 마이크로 서비스 등의 개념들과 곧 앞으로 다가올 새로운 주제인 함수형 프로그래밍에 대해서 개관합니다.

이책과 함께 다양한 통로에서 개발자 여러분들과 계속 소통하기를 힘쓰겠습니다..

- 온라인 강의 사이트: www.realdev-learning.com

- 이메일 : realdev.learning@gmail.com

- 유튜브 : www.youtube.com/@realdev.learning

힘든 개발자의 길을 묵묵히 걸어가고 있는 모든 개발자들을 응원하며, 새로운 시작을 두려워하지 않는 모든 이들에게 하나님의 축복이 늘 함께하시기를 기도합니다.

전병선 씀

초판 머리말

　이책은 1장의 제목인 '객체지향, 이것이 무엇에 쓰는 물건인고?' 라고 질문을 던지면서 이야기를 시작합니다. 그리고 이 질문에 대한 해답을 찾아 머나 먼 여행의 길을 시작합니다. 우리는 2장 '미션 임파서블 - 객체지향을 이해하라'에서 과연 객체지향이란 개념을 이해한다는 것이 도무지 불가능한 임무인가를 스스로에게 반문하며 다소 철학적인 탐구로 그 이해에 대한 가능성을 타진합니다. 여기에서 쉽게 포기하지만 않는다면 그것은 조금도 불가능한 일이 아니라는 것을 깨닫습니다. 노우(Noooooo) ! 미션 파서블(mission possible)!!! 그래서 우리는 3장 'the 클래스'에서 한국전쟁이 끝나고 암울했던 시절에 폐차를 재생하면서 시작한 우리의 자동차 산업이 세계 5위의 기적적인 성장을 한 것처럼, 우리의 여행도 그렇게 밝은 미래가 있음을 기대하며 클래스에 대한 탐구를 시작합니다. 우리는 UML 모델링 언어를 통해서 관념 속에 머물러 있던 클래스의 개념을 눈으로 보고, 태어난 시대 순으로 C++, 자바, C# 과 VB.NET 언어들 속에서 객체지향 개념이 어떻게 성장해 왔는가를 직접 몸으로 느끼며, 조금씩 아! 클래스란 이런 것이겠구나! 하는 깨달음을 얻게 됩니다. 그리고 4장 '혼자서는 살 수 없어요!'에서 우리는 때로는 자동차를 운전하는 사람도 되고 자동차를 수리하는 정비사도 되면서 클래스 사이의 종속과 연관 관계를 찾아보며 우리 모두가 같이 사는 것임을, 그래서 나와 다른 생각을 갖고 있는 사람들도 포용할 줄 아는 성숙함도 배웁니다. 5장 '발가락이 닮았다'에서는 결코 아이를 가질 수 없는 아버지가 그래도 발가락이 닮았다며 애써 자신과 닮은 것을 찾아내는 소설 속의 따뜻함을 우리들 뿐만 아니라 클래스도 가지고 있음을 발견하기도 합니다. 그리고 6장 '홈 시어터 꾸미기'에서는 우리는 서로에게 도움이 되기 위해 약속

객체지향 이야기

한 것을 지키는 인터페이스의 신실함을 텔레비전과 DVD 플레이어 사이의 관계의 예에서 찾기도 합니다. 이처럼 우리의 삶 속에서 클래스의 특징을 찾을 수 있는 것은 객체지향이 우리 생각을 아주 자연스럽게 표현한 것이기 때문입니다. 그래서 7장 '내가 만들어 쓴다'에서는 우리가 일단 클래스와 친해지면 새로운 것을 자유롭게 만들어 사용할 수 있게 된다는 것을 배우는 것이지요. 또 그러면서 진정한 자유함이란 절제 안에 있다는 것도 깨닫게 됩니다.

부록 '객체지향 모델링'에서는 이러한 새로운 시대에 적응하기 위해서는 객체지향적인 생각으로 우리의 소프트웨어를 설계해야 한다는 깨달음 속에서 간단하게나마 우리가 해결해야 할 문제들의 요구 분석을 시작으로 분석과 설계하는 전 과정을 짚어보게 됩니다. 그리고 이 과정 속에서 혼자서는 모든 것을 할 수 없다는 것도 알게 됩니다.

이책은 소프트웨어 개발자 뿐만 아니라, 관리자와 처음 프로그래밍을 시작한 사람들 모두를 위한 책입니다. 소프트웨어 개발자는 자신이 알고 있던 것에 부족한 부분을 채워가면서 객체지향 개념을 확고하게 정립할 수 있을 것입니다. 그리고 그 기반 위에서 과거와 미래의 소프트웨어 기술들을 섭렵하며 나의 전문 분야를 결정할 수 있게 될 것입니다. 특별히 C 언어나 이전 버전의 비주얼 베이직 개발자들이 이책을 꼭 읽었으면 합니다. 객체지향 개념의 이해 없이는 밀려오는 파도를 감당하기 힘들 것이기 때문입니다. 닷넷 플랫폼으로의 전환을 계획하고 있다면 더욱 더 그렇습니다. 더 이상 C 언어의 절차적인 방법으로 C# 프로그래밍을 할 수 없으며, 비주얼 베이직이 제공하는 객체 개념 만으로는 VB.NET 프로그래밍이 어려울 것이기 때문입니다. 관리자들은 비록 구체적으로 코드까지 이해할 필요는 없지만 이책을 통해서 여러분이 맡고 있는 소프트웨어 시스템의 앞으로의 방향을 정립할 수 있을 것입니다. 그리고 새로운 흐름에 대처하는 방법도 알게 될 것입니다. 처음 프로그래밍을 시작한 사람들에게는 이책의 이야기가 다소 어려울 수도 있습니다. 그러나 이책에서 하는 이야기가 결국 여러분이 빠른 시간 안에 도달해야 하는 목표가 됩니다. 그래서 먼저 전체를 보고 내가 나가야 할 방향을 찾아 시작할 수 있게 할 것입니다. 숲을 보자는 것이지요.

이책에서는 C++, 자바, C#, 그리고 VB.NET 언어 등 4개의 주요 객체지향 프로그래밍 언어를 모두 사용하여 객체지향 개념을 구현하는 방법을 설명합니다. 그러나 이책이 이들 프로그래밍 언어의 문법을 모두 설명하지는 않습니다. 그러다 보니 여러분에게 익숙하지 않은 언어의 코드는 조금 생소하게 느껴질 것입니다. 여러분이 관심을 갖고 있는 언어만 선택해서 읽을 수도 있습니다. 그러나 가능하다면 전체를 모두 읽기를 바랍니다. 이 기회에 다른 언어에서 객체지향 개념을 구현하는 방법을 열린 마음으로 받아들이는 것도 여러분의 발전에 도움이 될 것입니다. 여기에서는 C++, 자바, C#, 그리고 VB.NET 언어 순으로 설명하게 되는데, 그것은 이들 언어가 세상에 등장하게 된 순서에 따라 어떻게 객체지향 개념이 이들 언어 속에서 발전되어 왔는가를 설명하기 쉽기 때문입니다. 예를 들어 C++ 언어에서는 객체지향 개념을 이런 방법으로 실현하는데, 이것이 자바 언어에서는 이런 형태로 발전하고, 다시 C# 과 VB.NET 언어에서는 저런 형태로 발전하게 된다는 식으로 설명하게 되는 것이지요. 이렇게 서로 비교하다 보면 객체지향 개념을 보다 명확하게 이해할 수 있기 때문입니다. 그렇다고해서 이들 언어의 우열을 가르고자 하는 것은 절대로 아닙니다. 이들 언어들은 모두 제각각 고유한 특징을 포함하고 있습니다.

 이책은 8개의 장으로 구성되어 있습니다. 그러나 이러한 구분이 이책에서 커다란 의미가 없습니다. 처음부터 끝까지 흘러가는 그야말로 이야기입니다. 이야기가 진행되면서 이야기의 주제를 확장시켜 나가는 것이지요. 그래서 중간에 어느 한 장을 뚝잘라 읽는다면 이해하기 어려울 수도 있습니다. 따라서 마치 소설을 읽듯이 처음부터 시작하여 읽는 것이 좋습니다. 비록 어려운 이야기가 나오더라도 여러분은 그냥 편안하게 진행할 수 있습니다. 중요한 이야기는 계속 반복하기 때문입니다. 이렇게 책의 흐름을 따라 흘러가다 보면 어느새 여러분 가슴 속에 객체지향 개념이 자리잡게 될 것입니다. 그리고 그것을 기대하고 있습니다. 그것은 머리로 객체지향 개념을 이해하는 것보다는 친구로서 가슴으로 받아들이는 것이 중요하기 때문입니다. 그래서 비록 누군가 객체지향이 무엇입니까? 라고 질문할 때 선뜻 이것이다 라고 이야기할 수는 없어도, 여러분의 프로그램과 시스템에 객체지향 개념이 스며들게 하는 것이 필요하기 때문입니다. 마치 신앙이 우리 생활 속에 스며들어야 하는 것 처럼 말입니다.

전병선 씀

저자
전병선

30여 년간 현업에서 개발자와 아키텍트, 컨설턴트로 다양한 프로젝트를 수행하였으며 30여 권의 저서와 7권의 번역서를 출간하고 폭 넓은 독자 층을 갖고 있는 베스트 셀러 저자다.

금융, 제조, 조선, 통신, 국방, 정부 연구 기관 등 다양한 도메인 분야에서 아키텍트이자 컨설턴트로 프로젝트를 수행하였으며, 최근에는 막 개발자와 프로그래머로서 첫걸음을 시작하는 사람들이 실무 프로젝트에서 작업을 할 수 있을 만큼의 능력을 갖출 수 있도록 핵심 지식과 기술을 묶어 자바스크립트 프로그래밍, 자바 프로그래밍 기초, SQL 프로그래밍, JSP 서블릿 웹 프로그래밍, 스프링 웹 프로그래밍 등 다섯 권의 책을 출간하였다. 나는 개발자다 개정판도 전자책으로 출간하였다.

또한 이들 책을 교재로 온라인 강의 사이트(www.realdev-learning.com)에서 체계적인 강의를 제공하고 있으며, 이러한 노력은 자바에서 닷넷으로, 객체지향 언어에서 함수형 언어로, 컴포넌트에서 마이크로서비스로, 모노리식 애플리케이션에서 반응형 분산 컴퓨팅 분야로 이동하면서 끊임 없이 새로운 기술과 언어에 관한 저술과 강의 활동을 계속 이어갈 예정이다.

유튜브(www.youtube.com/@realdev.learning)에서 독자들과의 소통에도 힘쓰고 있다.

목차

01장 객체지향, 이것이 무엇에 쓰는 물건인고? 4
02장 미션 임파서블 – 객체지향을 이해하라 18
03장 the 클래스 – 클래스 개요 30
04장 혼자서는 살 수 없어요! – 종속과 연관 66
05장 발가락이 닮았다 – 일반화와 상속성 88
06장 홈 씨어터 꾸미기 – 인터페이스와 실현 126
07장 내가 만들어 쓴다 – 사용자 정의 데이터 타입 146
08장 소프트웨어 개발 프로세스 188
09장 객체지향 설계 5원칙 202
10장 클린 코드 230
11장 애플리케이션 프레임워크 248
12장 디자인 패턴 276
13장 리팩토링 326
14장 객체지향 방법론 356
15장 객체지향 너머 406

빈 페이지

1부 객체지향 개념의 이해

☐ 1장 객체지향, 이것이 무엇에 쓰는 물건인고?
☐ 2장 미션 임파서블 - 객체지향을 이해하라!
☐ 3장 the 클래스 - 클래스 개요
☐ 4장 혼자서는 살 수 없어요! - 종속과 연관
☐ 5장 발가락이 닮았다 - 일반화와 상속성
☐ 6장 홈 씨어터 꾸미기 - 인터페이스와 실현
☐ 7장 내가 만들어 쓴다 - 사용자 정의 데이터 타입

빈 페이지

1장
객체지향,
이것이 무엇에 쓰는 물건인고?

1장
객체지향, 이것이 무엇에 쓰는 물건인고?

객체지향(object orientation)이란 소프트웨어 시스템을 개발하는데 사용되는 여러가지 방법 중 하나입니다. 이전에는 구조적 방법(structural method)이라고 하는 것이 유행했었고, 최근에는 마이크로 서비스 아키텍처(MSA, Micro-Service Architecture)가 각광을 받고 있습니다. 그 이전에는 컴포넌트 기반 개발(CBD, component-based development)이나 서비스 지향 아키텍처(SOA, service-oriented architecture)라는 방법이 주류를 이루고 있었습니다. 결론부터 말한다면 객체지향 방법은 구조적 방법의 문제를 해결하기 위해 등장했으며, 컴포넌트 기반 개발이나 서비스 지향 아키텍처, 그리고 가장 최근의 마이크로 서비스 아키텍처 방법의 모태가 되는 기본 개념을 제공합니다.

구조적 개념에서 하나의 프로그램이나 시스템은 잘게 쪼개진 여러 개의 세부적인 것으로 구성되어 있는 것으로 간주됩니다. 일반적으로 이들 세부적인 것은 마치 피라미드 형식의 계층적인 구조로 구성되기도 하지만, 그물과 같은 구조를 형성하기도 합니다. 따라서 하나의 소프트웨어 시스템은 여러 개의 작은 단위 애플리케이션으로 구성되며, 하나의 단위 애플리케이션 프로그램은 여러 개의 작은 모듈 또는 서브 프로그램으로 구성됩니다. 이 당시 사람들은 어디에든 '구조적'이란 용어를 붙이면서 그것이 가장 좋은 방법이라는 것을 강조하였습니다.

사실 그 이전에는 소프트웨어 시스템을 개발하는데 이런 개념들이 없었습니다.

그저 프로그램의 실행 흐름에 따라 코드를 작성하였고, 필요하다면 언제든지 goto 문을 사용하여 다른 곳으로 이동하여 그곳에서부터 다시 프로그램이 실행되도록 하였습니다. 이러한 방법은 특히 규모가 큰 소프트웨어 시스템에서는 여러가지 문제점을 노출하였기 때문에 이런 문제점을 해결하는 구조적 방법이 각광을 받을 수 있게 되었습니다. 그리하여 구조적 방법이 최고의 소프트웨어 개발 방법이 되었고, 덩달아 구조적 프로그래밍 언어가 최고의 프로그래밍 언어가 되었습니다.

이러한 구조적 프로그래밍 언어(structural programming language)의 선두에는 C 언어가 있었습니다. 그 이전에는 COBOL(common business oriented language) 언어가 이름 그대로 일반 회사 업무용 애플리케이션 개발 언어로 각광을 받고 있었으며, BASIC 언어나 과학기술 계산용 FORTRAN 언어가 많이 사용되었습니다. C 언어는 간단 명료하고 강력하다는 것을 커다란 매력으로 갖고 있는 프로그래밍 언어로서, 지금까지도 많은 프로그래머에게 각광을 받고 있으며, 또한 아직도 프로그래머들에게 항상 도전의 대상이 되는 프로그래밍 언어이기도 합니다.

그러나 시간이 흘러가면 새로운 문제점이 발견되고, 또 그 문제점을 해결하기 위한 새로운 방법이 나오기 마련입니다.

"이전 것은 지나갔으니 보라 새 것이 되었도다." (신약성서 중에서)

C 언어를 포함하는 구조적 언어에는 커다란 문제점이 있습니다. 그 중 하나는 이들 프로그래밍 언어가 프로그램의 실행 흐름 즉, 절차에 치중한다는 것입니다. 따라서 이들 프로그래밍 언어를 절차적 프로그래밍 언어(procedural programming language) 라고도 합니다. 하지만 프로그램에서 중요한 것은 절차만이 아닙니다. 프로그램이 조작하고 처리하는 데이터도 중요합니다 아니, 오히려 중요성 정도를 따진다면 절차 보다 데이터가 더 중요하다고 할 수 있습니다. 그러나 절차적 프로그래밍 언어에서는 데이터와 그것을 처리하는 절차를 구분시켜 놓습니다. 한 걸음 더 나아가 절차적 프로그래밍 언어는 보다 중요한 데이터를 소홀히 합니다. 절차적 언어가 데이터를 다루는 전형적인 방법은 전역 변수(global variable)에 데이터를 보관하는 것입니다. 이것은 마치 시장 골목에다 회사의 극비 문서를 펼쳐놓는 것이나 다를 바가 없습니다. 당연한 말이지만 회사의 극비 문서는 그 문서를 처리할 권한을

1장 객체지향, 이것이 무엇에 쓰는 물건인고?

갖고 있는 사람만 접근할 수 있어야 합니다. 그렇지 못하다면 공공연한 비밀이 되고 말 것이기 때문입니다. 하지만 문제의 발생은 권한을 갖고 있지 않은 함수(function)가 전역 변수에 접근하는 것을 막을 수 있는 방법이 없다는 것입니다. 또한, 데이터와 그 데이터를 처리하는 절차가 분리되어 있어 프로그램이 복잡해지는 단점을 갖게 됩니다.

이러한 문제점을 해결하기 위해 등장한 해결사가 객체지향 방법입니다. 객체지향 방법의 핵심은 데이터와 그 데이터를 처리하는 절차를 하나의 단위로 묶어놓는다는 것에 있습니다. 또 같은 단위에 속해있는 절차 즉, 코드를 통해서 데이터에 접근하게 함으로써 보다 중요한 데이터를 보호할 수 있게 하는 것입니다. 이렇게 하면 앞에서 제시되었던 구조적 방법의 문제점들이 해결될 수 있을 것입니다.

물론 객체지향 방법으로 프로그래밍을 하기 위해서 반드시 객체지향 프로그래밍 언어를 사용해야 하는 것은 아닙니다. C 언어와 같은 절차적 프로그래밍 언어를 사용해도 얼마든지 객체지향 방법으로 프로그래밍을 할 수 있습니다. 다만 그 수고가 크다는 것이 문제인 것입니다. 따라서 우리는 객체지향 방법으로 손쉽게 프로그래밍할 수 있게 하는 객체지향 프로그래밍 언어가 필요한 것입니다.

객체지향 프로그래밍 언어의 대명사로 불리우고 있는 C++ 언어의 처음 이름은 C with Classes 였습니다. 말 그대로 클래스를 갖는 C 언어라는 것이다. 즉, C++ 언어는 C 언어에 클래스라고 하는 개념이 추가된 언어인 것입니다. C++ 언어를 만든 Bjarne Stoustrup 은 자신의 유명한 책 The Design and Evolution of C++(Addison Wisley, 1994) 에서 Simular 언어가 갖는 프로그램 구성의 기능성 즉, 클래스와 C 언어의 시스템 프로그래밍에 대한 효율성과 유연성을 제공하기 위해 C++ 언어를 만들었다고 말하고 있습니다. 다시말해 C++ 언어에는 C 언어의 절차적 특성과 함께, 객체지향 개념을 지원하는 클래스 개념이 포함되어 있다는 것입니다. C++ 언어는 지금까지 계속적으로 끊임없이 진화하면서 많은 객체지향 개념을 포함하며 본격적인 객체지향 프로그래밍 언어로 자리잡게 되었습니다.

그러나 인터넷 시대로 접어들면서 프로그래머들에게는 인터넷의 특징을 손쉽게 활용할 수 있는 새로운 프로그래밍 언어가 필요하게 되었습니다. 이러한 요구를 수용하기 위해 등장한 언어가 자바(Java) 언어입니다. 자바 언어는 C++ 언어의 장점은 더욱 향상시키고 단점을 보완함으로써 프로그래머가 손쉽고 안정적으로 프로그래밍할 수 있게 합니다. 그 하나의 예로 자바 언어에서는 C 나 C++ 프로그래머에게 악몽의 대상이었던 포인터(pointer)를 더 이상 사용하지 않습니다. 또한 C++ 언어와는 달리 자바 언어에는 delete 연산자가 없습니다. 자바 언어에서 모든 객체는 포인터 대신에 레퍼런스(reference)를 통해 접근하게 되며, 객체의 소멸은 자바 가상 머신(Java virtual machine) 안에 있는 가비지 컬렉터(garbage collector)가 대신 처리함으로써 프로그래머는 delete 연산자를 사용하는 부담에서 벗어날 수 있게 되었습니다. 특별히 자바 언어는 C++ 언어 안에 남아있던 절차적 언어의 성격을 완전히 제거하고 완전한 객체지향 프로그래밍 언어로서 자리잡게 됩니다.

이러한 자바 언어의 특징과 함께 인터넷 웹 페이지에 포함되어 실행되는 애플릿(applet)을 만들 수 있는 기능으로 말미암아 자바 언어는 프로그래머들 사이에서 급속하게 퍼져나갔습니다. 애플릿이란 웹 서버에서 다운로드된 후에는 웹 서버의 자원을 사용하지 않고 사용자와 상호작용하며 작업을 수행하는 자바 언어로 만든 작은 애플리케이션입니다. 사실 처음에 자바 언어는 네트워크 프로그래밍을 목적으로 태어났습니다. 그것이 분산 네트워크 환경인 인터넷 확산과 함께 새로운 날개를 달게된 셈이 되는 것입니다.

자바 언어의 급속한 확산은 전세계의 소프트웨어의 제왕이라고 자처하는 마이크로소프트 사에게는 위협적인 것이었습니다. 마이크로소프트사는 닷넷 플랫폼(.NET platform)을 발표하고 그 주력 언어로서 C# 언어를 비롯해서 비주얼 베이직 닷넷과 같은 닷넷 플랫폼 기반의 여러 언어를 새롭게 선보였습니다. C# 언어는 지금까지 사용되는 많은 언어의 기능들을 종합한 일종의 종합 선물 세트라고 할 수 있습니다. 따라서 C# 언어에는 C++ 언어의 강력함과 비주얼 베이직(Visual Basic) 언어의 편리함, 자바 언어의 융통성, 그리고 COM 의 요소까지 골고루 갖추어 웹을 기반으로 하는 인터넷 시대에서 웹 애플리케이션을 개발하는데 최적의 언어라고 할 수 있습니다.

참고로 C 언어를 사용하던 프로그래머가 C++ 언어나 자바 또는 C# 언어와 같은 객체지향 프로그래밍 언어를 공부할 때 반드시 주의해야 할 중요한 사항이 있습니다. 그것은 C++ 나 자바 또는 C# 언어가 C 언어와 유사한 구문을 갖는다는 이유로 이들 언어와 같은 연장선 상에서 생각하면 안된다는 것입니다. C 언어를 사용할 줄 아는 많은 프로그래머들이 절차적 방식 또는 구조적 방식에서 벗어나지 못한채 C++ 언어를 대하는 것을 보게 됩니다. 그리고 이들이 대부분 C++ 언어를 C 언어와 동일한 방식으로 사용하고 프로그래밍 하는 것을 보게 됩니다.

이러한 자세는 결국 실패의 원인이 됩니다. 그보다는 C++ 언어나 자바 언어, C# 언어를 전혀 새로운 언어로 받아들이고 시작하는 것이 보다 현명합니다. 기존에 알고 있었던 것들을 포기하는 것입니다. 절차적 또는 구조적인 사고 방식에서 객체지향적인 사고 방식으로 생각하는 방식이 변해야 합니다. 이것은 구문이 비슷하다 아니다 하는 것과는 아무 상관이 없습니다.

기존에 자신이 갖고 있던 것을 포기하기는 쉽지 않습니다. 아마도 프로그래머들도 자신이 자부심을 갖고 있던 기존의 지식을 버리기가 쉽지는 않을 것입니다. 그래서 C 언어의 연장선 상에서 C++ 언어를 대하는 것이 자신에게 조금은 위안이 될 수도 있습니다. 그러나 결국 그것은 해결 방법이 아닙니다. '새 술은 새 부대에…' 이것을 꼭 기억해야 합니다.

"옛 사람과 그 행위를 벗어버리고 새 사람을 입었으니…" (신약성서 중에서)

지금까지 우리는 주로 프로그래밍 언어 관점에서 객체지향 개념에 대해서 살펴보았습니다. 그러나 객체지향 개념은 프로그래밍 언어에만 적용되는 것은 아닙니다. 여러분이 프로그래머의 위치에서 벗어나 어떤 한 회사의 업무를 전산화해야 할 상황에 처했다고 생각해보기로 합시다. 이때 여러분은 업무를 분석하고 업무에 꼭 맞도록 소프트웨어 시스템을 설계해야 합니다. 이와같이 소프트웨어 시스템을 분석하고 설계할 때도 구조적 방법이라든지 객체지향 방법 또는 컴포넌트 기반 개발이나 서비스 지향 아키텍처 등의 소프트웨어 시스템 분석 설계 방법이 필요합니다.

앞에서 잠깐 언급한 바와 같이 구조적 방법에서는 하나의 커다랗고 복잡한 소프트웨어 시스템을 여러 개의 작은 단위 애플리케이션으로 구성하며, 하나의 단위 애플리케이션 프로그램은 여러 개의 작은 모듈 또는 서브 프로그램으로 나누어 구성합니다. 그렇게하여 마치 피라미드와 같은 구조로 위에서 아래 방향으로 점차 세부적인 것을 다루게 됩니다. 이것은 소프트웨어 시스템이 커다랗고 복잡하여 사람이 그 전체를 한번에 이해할 수 없기 때문입니다. 그래서 '나누어서 정복한다(divide and conquer)'는 것을 목표로 전체를 세부적인 것으로 나누어가는 것입니다. 그러나 이러한 구조적 방법론은 전체의 이해가 잘못되면 당연히 세부적인 것이 잘못 이해되고 따라서 전체 구조가 잘못되는 경우가 많습니다. 이러한 경우가 발생하면 처음으로 돌아가서 다시 시작해야 합니다. 그러나 처음부터 전체를 제대로 이해하는 경우는 상당히 드뭅니다. 따라서 전체에서 세부적인 것까지 제대로 분석되고 설계되기 전까지는 그 다음 과정을 진행할 수가 없게 됩니다.

이에 대하여 객체지향 방법은 하나의 소프트웨어 시스템을 여러 개의 객체로 구성된 것으로 봅니다. 각 객체는 독립적으로 고유한 기능과 서비스를 제공하며, 전체 소프트웨어 시스템을 구성하는 하나의 논리적인 구성 요소가 됩니다. 그렇다고해서 객체지향 방법이 구조적 방법과 배타적인 것은 아닙니다. 오히려 구조적인 방법론이 갖고 있는 장점을 포함하는 것입니다. 다만 객체지향 방법에서 각 객체가 전체에 포함된 일부로서가 아니라 독립적인 것으로 간주되기 때문에, 해당 객체의 기능을 독립적으로 향상시킬 수도 있고 다른 소프트웨어 시스템에도 재사용할 수 있으며, 또한 사용자의 요구 사항이 변경되는 경우에도 손쉽게 대응할 수 있다는 이점을 갖게 됩니다.

사회가 복잡해지고 업무가 복잡해짐에 따라 소프트웨어 시스템은 더 크고 복잡해졌습니다. 그래서 이번에는 객체로 소프트웨어 시스템을 구성하는 방식이 한계에 다다르게 되있습니다. 그래서 유사한 기능을 갖는 여러 객체를 묶은 컴포넌트(component)로 소프트웨어 시스템을 구성하는 컴포넌트 기반 개발(CBD, component-based development)로 발전하고, 다시 이들 여러 컴포넌트를 서비스(service)로 묶어 소프트웨어 시스템을 구성하는 서비스 지향 아키텍처(SOA, Service-Oriented Architecture)로, 그리고 다시 좀 더 작은 입자성을 갖는 마이크로 서비스 아키텍처(MSA, Micro-Service Architecture)로 발전하게 됩니다.

이와같이 소프트웨어 시스템을 모듈이나 객체, 컴포넌트, 서비스, 마이크로 서비스 등로 분할하는 이유는 소프트웨어 시스템이 복잡해서 전체를 한번에 이해할 수

1장 객체지향, 이것이 무엇에 쓰는 물건인고?

없기 때문입니다. 사람이 복잡한 소프트웨어 시스템을 이해하기 위해서는 내부의 복잡한 사실들을 감추고 이해하기 쉽도록 단순화하는 과정이 필요하며, 이것을 추상화(abstraction)라고 합니다.

조금 철학적으로 말한다면 소프트웨어 시스템 구축 과정은 추상화(abstraction) 하고 정제(refinement)하는 과정이라고 할 수 있습니다. 방금 이야기한 것 처럼, 추상화란 내부의 복잡한 사실들을 감추고 이해하기 쉽도록 단순화하는 것을 말합니다. 이에 대하여 정제란 추상화된 사실의 내부를 펼치는 것입니다. 코드로 표현된 소프트웨어 내부 구조를 이해하는 것은 어렵습니다. 코드는 추상화 수준이 너무 낮기 때문입니다. 따라서 코드를 보고 비즈니스를 이해하는 것은 어렵습니다. 비즈니스를 이해하기 위해서는 추상화 과정이 필요합니다. 여기에서 추상화란 모호함을 의미하는 것이 아닙니다. 그것은 이해하기 쉽도록 본질에 집중하는 것을 말합니다.

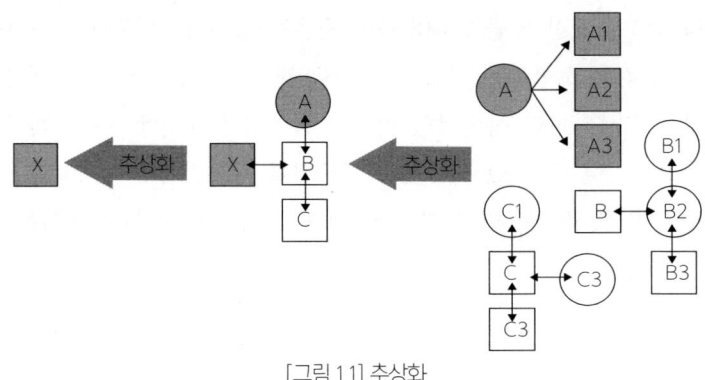

[그림 1.1] 추상화

하지만 추상화 그 자체가 소프트웨어 시스템은 아닙니다. 결국 시스템 코드로 바뀌어야 한다는 이야기입니다. 이처럼 높은 수준의 추상화에서 낮은 수준의 추상화로 변환하는 것을 정제라고 합니다.

객체지향 이야기

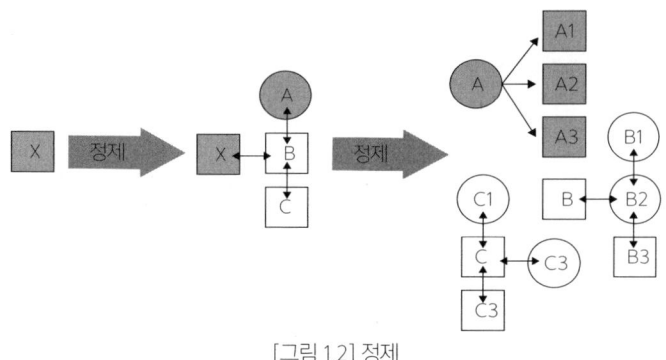

[그림 1.2] 정제

다시 말해서 소프트웨어 시스템을 구축한다는 것은 복잡한 업무를 이해하기 쉽도록 추상화하고, 이렇게 추상화된 업무를 구현하기 쉽도록 정제하는 과정이라고 할 수 있습니다. 사실 지금까지의 살펴보았던 프로그래밍 언어의 발전 과정도 따지고 보면 추상화 과정이라고 할 수 있습니다.

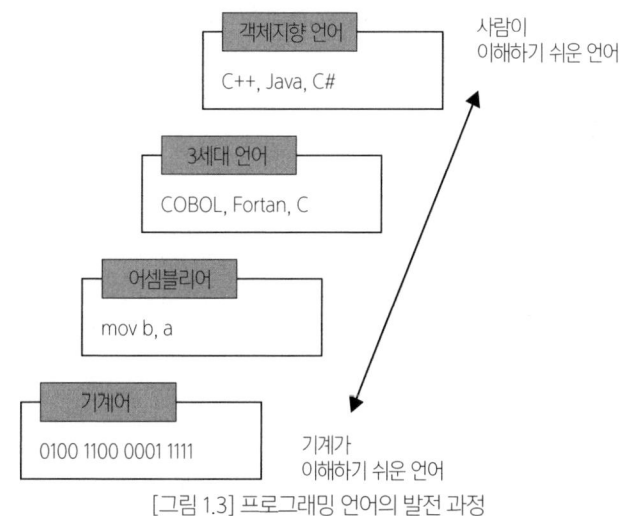

[그림 1.3] 프로그래밍 언어의 발전 과정

기계어는 0과 1을 조합하여 컴퓨터에게 명령을 내립니다. 이것은 기계가 잘 이해할 수 있는 직접적인 명령이지만, 사람이 이해하기는 쉽지 않습니다. 그래서 등장한 것이 어셈블리어입니다. 어셈블리어는 기계만 알 수 있는 명령을 사람이 이해하기 쉬운 명령으로 대체시킵니다. 예를 들어 '0100 1100'이라는 명령을 'mov' 라는 명령으로 매핑시키는 것입니다. 그래도 어셈블리어는 여전히 사람보다는 기계가 이해하기 쉬운 명령입니다. 따라서 점차적으로 사람이 이해하기 쉬운 언어로 발전해갑니다. 3세대 언어인 COBOL이나 Fotran, C 언어 등이 등장하고, C++와 자바, C# 등의 객체지향(object-oriented) 언어로 발전해왔습니다.

그러나 사람이 가장 이해하기 쉬운 언어는 그림입니다. 미켈란젤로의 천지창조는 중세시대 문맹자들에게 하나님께서 해와 달을 창조하고 식물을 창조하는 창세기 1장 1절에서 19절까지의 이야기를 설명합니다.

[그림 1.4] 천지창조, 미켈란젤로 작

따라서 프로그래밍 언어의 다음 단계는 그림으로 표현되는 언어이어야 할 것입니다. 예를 들어,

```
class Customer {
    private string name;
    public string getName() { … }
    public void setName(string s) { … }
}
```

라는 코드를 사람이 이해하는 것 보다는 다음과 같이 그림으로 표현하는 것이 더 이해하기 쉽습니다.

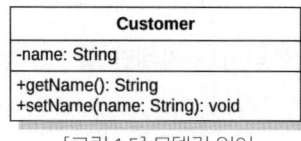

[그림 1.5] 모델링 언어

이와같이 그림으로 언어를 표현해야 하는 이유는 시스템 설계자와 사용자 사이에 의사 소통이 쉽기 때문입니다. 그래야만 설계자는 사용자의 요구 사항이 제대로 수용된 설계를 할 수 있게 되고, 사용자는 설계에 자신의 요구 사항이 제대로 반영되었는 지를 알 수 있기 때문입니다. 이와같이 설계자와 사용자가 서로 의사 소통을 하기 위해서 그림으로 표현하는 언어를 모델링 언어(modeling language)라고 합니다.

모델(model)이란 실제의 단순화(simplication of reality)입니다. 그리고 우리는 개발하려는 시스템을 보다 잘 이해하기 위해서 모델을 생성합니다. 모델은 시스템을 있는 그대로 또는 원하는 대로 시각화하는 것을 도와주며, 시스템 구조 또는 행위를 명세할 수 있게 합니다. 또한 시스템 구축할 때 안내해 주는 템플릿을 제공하며 결정 사항을 문서화합니다. 정리하면 소프트웨어 시스템이 구현하는 추상화된 업무의 모형이 바로 모델인 것입니다. 그리고 모델링(modeling)이란 모델을 생성하는 과정 즉, 실제 업무의 추상화 과정이 됩니다.

[그림 1.6] 모델

대표적인 모델링 언어는 UML(unified modeling language)입니다. UML은 Booch의 Booch Method, Rumbaugh의 OMT(object modeling technique) 그리고 Jacobson의 OOSE(object-oriented software engineering) 등 3 아미고(amigos)에 의해 소개된 모델 표기법을 단일화시킨 모델링 언어입니다. 그리고 UML은 OMG(object management group)의 표준 모델링 언어로 승인되었습니다. 또 다른 모델링 언어는 DSL(domain specific language)로서 Microsoft의 표준 모델링 언어로 사용되고 있습니다. UML이 범용적인 문제 도메인에 사용되는 반

면에, DSL은 특정한 문제 도메인에 사용됩니다. DSL에서는 UML이 너무 범용적이어서 추상화 단계가 낮다고 말합니다. 높은 추상화 단계가 사람이 직관적으로 이해할 수 있는 상태라면 UML은 너무 범용적이어서 특정한 문제 도메인의 사람이 이해할 수 있도록 하는 직관성이 부족하다는 것입니다. 따라서 특정한 문제 도메인의 개념과 규칙을 직접 사용하는 설계 언어로 솔루션을 명시함으로써 추상화의 단계를 더 높일 수 있다고 주장합니다. 최근 UML 2.0에서는 UML 프로파일(UML profile)을 통해 DSL을 수용하고 있습니다.

UML이란 소프트웨어 시스템을 시각화하고 명세화하고 구축하고 문서를 작성하는데 사용하는 그래픽으로 표현되는 언어(a graphical language for visualizing, specifying, constructing, and documenting the artifacts of a software-intensive system) 라고 정의됩니다. 예를 들어 UML에서 클래스는 다음 그림과 같이 사각형으로 표시됩니다.

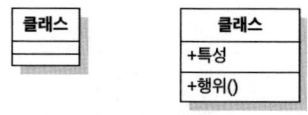

[그림 1.7] UML의 클래스 표기 예

이와같이 그림으로 표현되는 모델링 언어를 사용하는 것은 시스템의 이해도를 높게 할 뿐 만 아니라 개념을 이해하는데도 도움을 줍니다. 따라서 여기에서는 객체지향 개념의 이해를 돕기 위한 주력 언어로서 UML을 사용하기로 하겠습니다. 그리고 UML로 작성된 모델이 어떻게 C++와 자바, C# 언어로 표현되는지 살펴보기로 하겠습니다. 자바와 C# 언어는 각각 자바와 닷넷 진영의 주력 언어로서 많은 프로젝트에서 사용되고 있기 때문에 이들 언어에 대한 이해는 필수입니다. 그러나 C++ 언어는 요즘 제한적인 부분에서만 주로 사용되지만 객체지향 개념을 제대로 이해하기 위해서는 C++ 언어에 대한 이해가 선행되는 것이 훨씬 더 도움이 됩니다. 이것이 이 책에서 C++ 언어를 포함시킨 이유입니다.

지금까지 우리는 객체지향 개념이 필요한 이유에 대해서 살펴보았습니다. 아마도 여러분은 이장을 읽으면서 생소한 여러가지 개념과 용어를 들으셨을 것입니다. 여러분은 혹시 '왜 나는 이해가 안되지?' 하고 머리를 벅벅 긁고 있지는 않은가요? 이해가 안되는 것이 당연한 것입니다. 지금까지의 설명이 모두 다 이해된다고 끄떡이면서 이장을 읽으셨던 분들은 아예 이책을 읽을 필요가 없습니다. 그냥 조용히 책을 덮고 이책을 다른 사람에게 선물하는 게 낫습니다.

  마지막으로 객체지향 개념의 이해와 관련되어 강조하고 싶은 한가지는, 특히 C 언어와 같이 절차적 언어에 익숙한 프로그래머라면 처음 시작했을 때와 같이 전혀 새로운 마음으로 시작하는 것이 필요하다는 것입니다. 나는 다른 사람들을 교육할 기회가 많았습니다. 거기에는 완전히 처음 시작하는 사람, 전산을 전공한 사람, 이미 C 언어와 같은 절차적 언어에 익숙한 사람 등의 많은 부류의 사람들이 있었습니다. 이들 중에서 객체지향 개념을 가장 먼저 잘 받아들이는 사람은 완전히 처음 시작하는 사람이었습니다. 아마도 완전히 백지 상태에서 당연한 것으로 받아들이기 때문일 것입니다. 물론 시간이 지나가면서 절차적 언어를 익숙하게 사용하는 사람이 앞서 나가기는 하지만… 그렇다고 절차적 언어를 능숙하게 사용하는 모든 사람이 객체지향 개념을 잘 이해하는 것은 아니었습니다. 자기 아집에 사로잡혀있는 사람은 결국 거기에서 벗어나지 못하게 됩니다. 이미 컵에 물이 가득 차 있다면 그 컵에 새 물을 부어 봐야 헛 일입니다. 컵에 새 물을 담기 위해서는 먼저 그 컵의 물을 비워야 합니다. 그래야 온전히 새로운 물을 컵에 담을 수 있습니다.

2장
미션 임파서블
– 객체지향을 이해하라

2장
미션 임파서블 – 객체지향을 이해하라

가장 많이 받는 질문 중의 하나는 '객체지향이 뭡니까?' 하는 것입니다. 사실 나는 이런 종류의 질문을 상당히 싫어합니다. 그 이유는 이런 질문은 대개 간단하게 설명할 수 없는 것이 대부분이며, 또한 질문하는 사람 스스로는 아무런 준비도 없이 그저 한마디 툭 던져버리는 투의 질문이기 때문입니다. 만약 이 질문이 쉽게 설명할 수 있는 것이라면 굳이 질문하지 않아도 본인 스스로의 약간의 조사만으로도 쉽게 그 답을 얻을 수 있을 것입니다. 이 경우 나의 대답은 한결같습니다. '객체를 중심으로 문제를 해결하려고 하는 것이지요.' 꼭 무슨 허연 수염을 휘날리는 산신령들의 선문답 같지 않습니까? 나도 질문한 사람이 이 대답을 이해하리라고는 전혀 생각하지 않습니다. 이 대답이 이해가 된다면 질문조차 안했을테니까요.

사실 객체지향이 무엇인지에 대하여 설명하는 일은 참 어렵습니다. 특히 이해하기 쉽게 설명하는 것은 더욱 더 어렵습니다. 그것은 어떤 면에서는 설명을 듣는 사람이 기존에 얼마나 많이 알고 있었느냐 하는 정도와 관련이 있기 때문일 수도 있습니다. 그렇다고 해도 객체지향 개념을 이해하는 일은 사실 어려운 일입니다. 마치 하나님이란 무엇이냐? 하는 질문에 대한 철학자들과 신학자들의 대답이 쉽게 이해되지 않는 것과 같습니다. 성경에 보면 하나님을 '스스로 있는 자' 라고 설명합니다. 그런데 이 설명이 쉽게 이해되지 않거든요. 내가 강의할 때 특히 객체지향 개념을 설명할 때는 수강생들의 눈을 쳐다봅니다. 이 경우 대부분의 사람들의 내 눈을 피하게 됩니다. 이해가 되지 않는다는 것이지요. 글로 설명하는 것은 더 어려운 것 같습니다. 여러분과 눈을 맞추며 책을 쓸 수는 없으니까요. 내가 이장을 쓰는데 꼬박 하루가 걸렸답니다. 여러분도 같은 속도로 이장을 읽으면 어떨까요? 그러면 아마도 내가 글로 표현하지 못한 내 생각을 여러분이 가져갈 수도 있지 않을까요?

객체지향 개념을 내 것으로 만드는 하나의 방법이 있습니다. 이것은 어떤 면에서 철학하는 하나의 방법이기도 하며, 신앙을 갖고자 할 때 사용할 수도 있습니다. 여러분은 하나님이 존재한다는 사실을 어떻게 알 수 있겠습니까? 당연히 모르지요. 그렇다면 모르니까 없다고 해야 하나요? 이 세상에는 내가 모른다고 하더라도 존재하는 것이 너무 많으니까 그렇게 단정지을 수는 없습니다. 그렇다면 하나님이 존재한다는 것이 참이라고 가설을 세우기로 합니다. 그렇다면 하나님은 존재한다는 사실을 믿어야 하겠지요? 그렇게 신앙 생활을 하다보면 생활 속에서 '아! 정말 하나님이 존재하시는구나!' 하는 것을 알 수 있을 때가 많습니다. 아! 내가 그렇다는 것이 아니구요, 그렇게 이야기 하는 것을 많이 보았다는거죠. 어쨌든 객체지향 개념을 이해하는데 이 방법을 사용하면 효과가 탁월하답니다. 우선은 지금부터 설명하는 객체지향 개념이 참이라고 생각하도록 하지요. 정 모르겠으면 아예 외워버리세요. 그리고 나서 객체지향 방법으로 작성된 다른 사람의 코드도 보고, 스스로 프로그래밍도 하다보면 어느 틈엔가 자연스럽게 몸에 익숙하게 될 것입니다. 그러면 저절로 '아! 객체지향이란 것이 이런거구나!' 하는 생각이 들게 될 겁니다. 그러고 보니까 너무 서론이 길어졌네요. 너무 많은 사람들이 객체지향 개념을 이해하기 힘들다고 하니까 걱정이 앞서서… 그렇다면 본격적으로 객체지향 개념에 대하여 이야기하도록 하겠습니다.

일반적으로 소프트웨어 시스템은 복잡한 많은 업무 분야의 문제를 해결해야 합니다. 하지만 한 사람의 머리로는 한꺼번에 복잡한 모든 문제를 파악할 수도 없고 해결할 수는 더더욱 없습니다. 그래서 구조적 방법론에서는 사람이 이해할 수 있는 작은 단위로 나누어서 해결하려고 합니다. 따라서 '나누어서 정복한다(divide and conquer)' 는 것이 구조적 방법론의 모토가 되는 것이지요. 객체지향 방법론에서의 문제 해결 방법은 추상화(abstraction), 캡슐화(encapsulation), 모듈성(modularity), 계층성(hierarchy) 라는 4가지 개념으로 요약할 수 있습니다. 그렇다고 해서

2장 미션 임파서블 - 객체지향을 이해하라

객체지향 방법론이 구조적 방법론과 배타적인 개념을 강조하는 것은 아닙니다. 오히려 구조적 방법론의 장점을 포함하는 것으로 이해해야 합니다. 다만 객체지향 방법론은 소프트웨어 시스템의 구성 요소가 객체라고 하는 것을 강조하는 것 뿐이지요.

모든 일에는 필수적으로 중요한 것이 있고 그저 생략해도 본질을 이해하는데 아무런 문제가 없는 것이 있습니다. 마치 나무의 뿌리나 줄기와 가지와 마찬가지지요. 나뭇가지는 잘라 버려도 나무가 사는데 커다란 지장은 없잖아요? 하지만 뿌리와 줄기를 잘라버린다면 어떻게 되나요? 당연히 나무는 말라죽게 되겠지요. 복잡한 많은 업무를 관리해야 할 때 중요하지 않은 세세한 것까지 일일이 신경쓸 필요는 없을 것입니다. 그보다는 오히려 보다 중요하고 필수적인 사항만을 다루는 것이 바람직할 것입니다. 이것을 객체지향 방법론에서는 추상화라고 합니다.

그러나 여기서 주의해야 할 것은 무엇이 중요하고 무엇이 덜 중요한 것인가를 판단하는 일입니다. 어떤 업무에서는 중요한 것이 다른 업무에서는 전혀 중요하지 않은 것일 수도 있으며, 그 반대의 경우도 있을 수 있습니다. 또는 같은 업무라고 하더라도 어느 관점에서는 중요한 것이 다른 관점에서는 덜 중요한 경우도 있을 수 있습니다. 그 판단은 많은 경우에 있어서 경험의 문제일 수도 있습니다. 만약 분석가 또는 설계자가 해당 업무 분야에 대하여 많은 경험을 갖고 있다면 쉽게 판단할 수도 있을 것이기 때문입니다. 그렇지 않다면 경험이 많은 업무 담당자를 빨리 찾아서 도움을 요청해야겠지요.

아마도 여러분은 굳이 텔레비전의 내부를 뜯어보지 않아도 리모콘을 통해 텔레비전을 사용할 수 있을 것입니다. 또는 자동차가 어떻게 작동하는 지 알지 못해도 운전하는 방법만 알고 있다면 자동차를 운전할 수 있을 것입니다. 설사 여러분이 운전을 할 수 있다고 하더라도 실제로 자동차의 엔진 내부를 뜯어본 사람은 거의 없을 것입니다. 엔진은 자동차에게서 가장 중요한 부품이 아닙니까? 오히려 엔진 내부를 뜯어봤다면 아마도 그 자동차는 제대로 작동하지 않을 지도 모르죠. 나는 자동차 정비소에서 엔진을 한번 볼 기회가 있었는데 캡슐같이 생긴 통 안에 머리카락이라도 보일까봐서 아주 깊숙히 꼭꼭 숨어있더라고요. 이렇게 꼭꼭 숨어있다고 하더라도, 그리고 엔진이 어떻게 작동되는 지 세부적인 사항을 알지 못하더라도 우리는 이 엔진을 손쉽게 작동시킬 수 있습니다. 자동차가 제공하는 엑셀레이터를 통해서 말이죠. 이것이 객체지향 방법론에서 말하는 캡슐화라고 하는 것입니다. 말 그대로 중요하고 세부적인 구현 방법에 대한 자세한 사항은 캡슐 안에 꼭꼭 숨겨놓는 것입니다. 자동차에게 중요한 것이 엔진이라면 소프트웨어 시스템에게 있어서 중요한 것은 데이터입니다. 그래서 캡슐화를 데이터 감추기(data hiding)라고도 하는 것이지요. 데이터는 캡슐 안에 꼭꼭 숨겨놓아야 한다는 것이지요.

[그림 2.1] 자동차 객체

그런 후에는 마치 자동차의 엑셀러레이터를 통해서 엔진을 작동시키는 것과 같이, 데이터를 조작할 수 있는 방법을 외부에 제공하게 되는 것이지요. 이와같이 외부에 노출시켜 제공하는 방법들을 인터페이스(interface)라고 합니다. 약간의 차이는 있지만 일반적으로 한 자동차를 운전하는 방법을 알고 있다면 분명히 다른 자동차를 운전할 수 있을 것입니다. 이것은 자동차가 제공하는 운전이라고 하는 인터페이스가 같기 때문입니다. 하지만 운전할 때 실제로 자동차 기기들이 작동되는 방법은 서로 다를 수 있습니다. 여러분이 윈도우 운영체제를 윈도우 10에서 윈도우 11으로 바꾸었다고 하더라도 사용하는데는 아무런 불편을 느끼지 않았을 것입니다. 그것은 이 두 운영체제의 사용자 인터페이스가 비슷하기 때문입니다. 하지만 실제로 이들 운영체제가 컴퓨터를 작동하게 하는 방법은 서로 다르지요.

설사 자동차의 엔진이 바뀐다고 해서 자동차를 운전하는 방법이 바뀌지는 않습니다. 그것은 우리가 자동차를 운전할 때 직접 엔진에 접근할 필요가 없기 때문입니다. 바꾸어 말하면 자동차를 운전하는 방법이 바뀌지 않는 한 자동차의 엔진을 다른 것으로 바꾸어도 운전자는 전혀 불편을 느끼지 않습니다. 따라서 자동차 회사에서는 필요에 따라 자동차의 엔진을 자유롭게 변경할 수 있게 됩니다. 캡슐화란 이런 이점을 갖게 합니다. 캡슐화를 통하여 내부 데이터의 구조나 구현 방법을 감출 수 있기 때문에 인터페이스가 변경되지 않는 한 필요에 따라 내부 데이터 구조나 구현 방법을 자유롭게 변경시킬 수 있게 되는 것이지요. 따라서 소프트웨어 시스템에 대한 사용자의 요구 사항이 변경될 때 변경 내용을 최소한으로 할 수 있게 되는 것입니다.

앞에서 소프트웨어 시스템이 해결해야 하는 복잡한 많은 업무 분야의 문제는 한꺼번에 파악하거나 해결할 수 없다고 했습니다. 그래서 구조적 방법론에서는 사람이 이해할 수 있는 작은 단위로 나누어서 해결하려고 한다고 했지요. 객체지향 방법론에서도 이와 동일한 방법을 사용하며 이것을 모듈성이라고 부릅니다. 모듈성이란 크고 복잡한 것을 좀 더 작고 관리할 수 있는 조각으로 나누어, 이들 조각을 독립적으로 개발할 수 있게 하는 개념입니다. 이러한 조각을 구조적 방법론에서는 서브 프로그램이나 모듈이라고 부르지만, 객체지향 방법론에서는 객체라고 부릅니다. 객체에 대한 설명은 조금 후에 하게 되니까 조금만 기다리세요.

여러 개의 조각으로 나누다 보면 어떤 조각들은 서로 비슷한 특성이나 기능을 가질 때가 있습니다. 예를 들어 승용차, 승합차, 화물차 등의 조각들이 있다고 한다면, 우리는 이들 조각들에게서 비슷한 특성이나 기능을 발견할 수 있게 됩니다. 차체, 엔진, 바퀴, 스티어링, 엑셀러레이터, 브레이크 등과 운전 방법. 이런 것들은 자동차라면 모두 갖게 되는 특성이나 기능입니다. 승용차는 여기에 승차 인원이 5명까지로 제한된다는 특성만을 더 갖는 것이지요. 화물차의 경우에는 사람이 아닌 물건을 싣는다는 특성을 더 갖게 됩니다. 이때 자동차는 보편적인 것이 되고, 승용차나 승합차, 화물차는 특수한 것이 됩니다. 계층성이란 이와같이 보편적인 것을 상위에 두고 특수한 것을 하위에 두는 것을 말합니다. 다시 말해 등급이나 순서에 따라 계층적인 구조로 조각들을 배열하는 것을 말합니다.

지금까지 설명한 4가지 개념들 즉, 추상화(abstraction), 캡슐화(encapsulation), 모듈성(modularity), 계층성(hierarchy)이 객체지향의 기본 원리를 설명하는 개념들입니다. 이러한 객체지향의 기본 원리는 객체(object), 클래스(class), 인터페이스(interface), 컴포넌트(component), 관계(relationship) 등의 개념에 적용되어 구체화됩니다.

사실 객체지향 개념에서 가장 중요한 것은 객체(object) 입니다. 객체의 사전적인 의미는 '보거나 만질 수 있는 사물' 즉, '공간을 차지하고 있는 물질적인 사물' 입니다. 다시말해 객체란 자동차, 컴퓨터, 전화기, 책 등과 같이, 우리 주위에서 손쉽게 접할 수 있는 모든 사물들을 가르키는 말입니다. 하지만 객체지향 개념에서 이러한 물리적인 사물만이 객체는 아닙니다. 개념적인 것도 객체에 포함될 수 있습니다. 예를 들어 하나의 '사원' 이라고 하는 객체가 있다고 가정합니다. 이 객체가 '전병선'이란 구체적인 사람일 수도 있습니다. 그러나 회사의 인사 관리 시스템에 저장되어 있는 하나의 인사 정보 자료일 수도 있으며, 여기에서 인사 정보 자료라는 것은 개념적인 것이 됩니다.

이러한 객체는 한계와 의미가 명확해야 합니다. 객체가 구체적인 사물인 경우에도 그렇지만 특히 개념적인 객체인 경우에는 더욱 더 그렇습니다. 예를 들어 '전병선'이라는 하나의 '사원' 객체에 대하여 '이름은 전병선이고 경기도 의정부시에 거주하며 전화번호가 031-111-222이고 전자우편은 byungsun.jun@gmail.com이다.' 라는 식으로 그 한계와 의미를 명확히 해야 합니다. 이것은 '전병선' 이란 하나의 사원 객체를 이해할 수 있는 중요하고 필수적인 사항 즉, 추상화인 것이지요. 이러한 의미에서 객체를 추상화 개념으로 이해할 수 있습니다. 따라서 조금은 그럴듯하고 고급스럽게 말한다면, 객체란 애플리케이션에서 명확한 한계와 의미를 갖는 사물이나 개념 또는 추상화라고 정의할 수 있게 되는 것입니다.

이번에는 도로 위를 달리는 자동차를 하나의 예로 생각해 보겠습니다. 일반적인 승용차라면 차체, 엔진, 스티어링, 변속기, 바퀴 등등의 많은 부품으로 구성되어 있으며, 이들은 각각 고유한 특징을 갖습니다. 가령, 진주색 차체, DOHC 엔진, 파워 스티어링, 자동 변속기, 4개의 바퀴 등을 갖는 승용차를 생각해 볼 수 있습니다. 이러한 것을 특성(attribute) 또는 상태(state) 라고 합니다. 다시 말해 도로 위를 달리는 하나의 자동차 객체에는 진주색 차체, DOHC 엔진, 파워 스티어링, 자동 변속기, 4개의 바퀴 등의 특성이 포함되어 있는 것이지요.

2장 미션 임파서블 - 객체지향을 이해하라

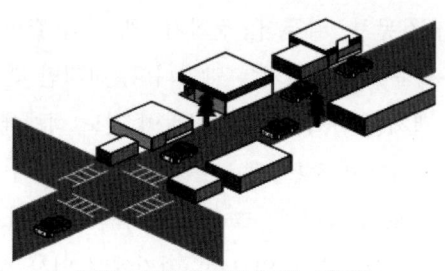

[그림 2.2] 도로 위를 달리는 자동차

하지만 자동차에는 부품 즉, 특성 만 있는 것은 아니지요. 자동차의 목적이 그 안에 타고 있는 사람이나 실려있는 물건을 다른 장소로 이동시켜주는 것이라고 한다면, 자동차를 구성하고 있는 부품을 움직이는 방법이 필요할 것입니다. 자동차의 경우에 우리는 이것을 간단히 운전이라고 부르고 있습니다. 예를 들어 '좌회전하다' 는 스티어링을 왼쪽으로 돌리는 행위를 말하며, 반대로 '우회전하다' 는 스티어링을 오른쪽으로 돌리는 행위입니다. 이외에도 '출발하다', '정지하다', '후진하다', '가속하다', '감속하다' 등등의 운전 방법을 들 수 있습니다. 이와같이 자동차를 운전하는 방법을 행위(behavior)라고 합니다. 즉, 도로 위를 달리는 하나의 자동차 객체에는 운전이라고 하는 행위가 포함되어 있는 것입니다.

[그림 2.3] 자동차 부품

이와같이 객체는 특성과 행위를 하나의 단위로서 포함하고 있습니다. 다시 말하면, 특성과 행위가 객체라고 하는 캡슐 안에 포함되어 있는 것이지요. 결국 객체란 캡슐화라고 하는 객체지향의 원리를 구체화한 것이 되는 것입니다. 자동차 객체의 운전이란 행위는 운전자에게 노출된 인터페이스가 되며, 엔진 등의 특성은 자동차를 구현하는 세부적인 사항이 되는 것이지요.

자동차가 처음 공장에서 출고될 때는 모두 비슷하게 보이기 때문에 구별하기 힘든 경우도 있을 수 있습니다. 그러나, 도로 위를 달리는 각 자동차는 적어도 서로 다른 위치에 있기 때문에 다른 자동차와 분명하게 구별됩니다. 조금의 시간이 지나면 차체의 색상이 변색될 수도 있고, 접촉 사고로 있는 차체의 변형 등으로 여러분은 손쉽게 내 차와 남의 차를 구별할 수 있게 됩니다. 이와같이 객체의 특성은 다른 객체와 구별짓게 하지만, 특성 중에는 근본적으로 다른 객체와 구별짓게 하는 특성이 있습니다. 자동차의 경우에는 차량 번호가 그것이지요. 가령 '서울 1 가 1111' 이란 차량 번호는 누군가 불법으로 사용하지 않는다면 전세계적으로 유일하며, 근본적으로 내 차를 남의 차와 식별되게 하는 고유한 특성이 됩니다. 이것을 정체성(identity)라고 하며, 모든 객체는 정체성을 갖게 됩니다.

객체에 대해 조금 이해했나요? 이제 한번 정리해볼까요? 객체란 애플리케이션에서 명확한 한계와 의미를 갖는 사물이나 개념 또는 추상화로서, 특성과 행위, 그리고 정체성을 하나의 단위로 포함하여 캡슐화하는 것을 말합니다. 여기에서 특성이란 해당 객체에 저장되어 있는 정보를 말하며, 행위는 해당 객체가 행동하거나 반응하는 방법을 결정합니다. 정체성이란 해당 객체를 다른 객체와 구별짓게 하는 식별값이 됩니다. 그러면 이번에는 객체라고 하는 개념을 조금 더 발전시켜 보기로 하겠습니다.

객체가 행위를 하기 위해서는 해당 객체에게 행위를 시키는 상대 객체가 있어야 합니다. 앞의 자동차의 예에서 자동차 객체의 '좌회전하다' 라고 하는 행위는 운전자가 스티어링을 왼쪽으로 돌림으로써, 자동차 바퀴를 왼쪽으로 꺽게하여 자동차가 왼쪽 방향으로 향하게 하는 것을 말합니다. 이와같이 자동차가 '좌회전하다' 라는 행위를 하기 위해서는, 자동차 객체에 대하여 '좌회전하라' 는 명령을 보내는 상대 객체가 있어야 합니다. 이 경우에는 '운전자'가 되겠지요. 이와같이 상대 객체가 대상 객체에게 명령을 하는 것을 메시지를 보낸다고 하고, 객체지향에서 이러한 개념을 '메시지 보내기(sending message)' 라고 합니다.

우리말에서 작용을 하는 쪽을 주체(主體)라고 하는 데 대하여, 작용의 대상이 되는 쪽을 객체(客體)라고 하는 것을 생각하면 좀 더 쉽게 이해할 수 있습니다. 위의 자동차 예에서 메시지를 보내는 '운전자'는 메시지를 보내는 측 즉, 작용하는 하는 주체가 되며, '자동차'는 작용의 대상이 되는 객체로서 메시지를 받아 작업을 수행하게 됩니다.

우리는 여기에서 객체 혼자서는 존재할 수 없다는 것을 알 수 있습니다. 객체가 일정한 행위를 하기 위해서는 객체에 메시지를 보내는 대상 즉, 또 다른 객체가 있어야 하기 때문입니다. 또한 이들 객체 사이에는 어떤 관계가 있다는 것을 알 수 있습니다. 이들 객체 사이의 관계에 대해서는 나중에 설명하도록 하겠습니다.

  사실 사람에게는 어렸을 때부터 객체라고 하는 개념이 형성되어 있다고 합니다. 갓 백일이 지난 어린아이에게 딸랑이를 보여주었다고 합시다. 어린아이 앞에서 딸랑이를 흔들어 소리나게 하면, 어린아이는 밝게 웃으면서 딸랑이를 잡으려고 손을 내밉니다. 이때 어린아이는 딸랑이가 있다(존재한다)는 사실을 인식하는 것이지요. 그러나, 딸랑이를 몸 뒤로 감춰버리면 어린아이는 이내 시무룩한 표정이 되어버립니다. 어린아이는 딸랑이가 보이지 않는다는 것을 존재하지 않는 것으로 간주하게 됩니다. 아직 사물의 존재 의식이 명확하지 않은 단계입니다.

  그러나 어린아이가 조금 더 자라서 만 한살 정도가 되면 사정은 사뭇 달라집니다. 딸랑이를 몸 뒤로 감춰버려도, 헤헤 웃으며 몸 뒤로 다가와 딸랑이를 찾아내게 됩니다. 이것은 어린아이가 사물이 존재하며 다만 보이지 않는 것 뿐이라는 것을 인식한다는 것을 말해줍니다. 어린아이는 보이지 않아도 사물이 존재한다는 것을 아는 것이지요.

  딸랑이를 손에 쥔 어린 아이는 이미 학습에 의하여 딸랑이를 흔들면 소리가 난다는 것을 알고 있습니다. 따라서 딸랑이를 소리나게 하려면 딸랑이를 흔들면 되는 것이지요. 즉 딸랑이 객체는 '흔들다' 라는 행위를 포함하고 있는 겁니다. 조금 더 어린 아이가 자라면 금새 궁금해집니다. '딸랑이 안에 뭐가 있길래 흔들면 소리가 나는 거지?' 마침내 딸랑이를 벽에 힘껏 던져 깨뜨려버립니다. '아하! 이 안에 방울이 숨어 있구나!' 결국 어린 아이는 딸랑이 객체에 '방울'이라는 특성이 포함되어 있음을 알게 됩니다. 그런데 방울은 딸랑이 안에 감추어져 있네요.

  많은 사람들이 객체지향적인 접근 방법이 가장 자연스런 것이라고 이야기합니다. 그도 그럴 것이 이와같이 어려서부터 사람에게 객체라고 하는 개념이 형성되기 때문이지요. 객체라고 하는 개념이 조금은 철학적이지요? 사실 철학까지는 아니더라도 논리적인 생각을 할 수 있다면 훨씬 쉽게 객체지향 개념을 이해할 수 있습니다. 원래 프로그래밍이라는 것이 논리적인 것이잖아요? 결국은 컴퓨터에게 논리적으로 정확하게 명령하는 것이 프로그래밍이니까요.

지금까지 우리는 객체지향의 기본적인 원리와 객체라고 하는 개념에 대해 살펴보았습니다. 어쩌면 이장에서 설명한 내용이 뜬 구름 잡는 식으로 느껴졌을지 모릅니다. 더욱이 프로그램 코드는 코빼기도 보지 못했으니 더 그럴 수도 있을 것입니다. 조금만 참으세요. 이 세상에 어디 쉬운 일이 있겠어요. 바이올린 배울 때 철사줄 긁는 소리가 나지 않게 하는데 많은 시간이 필요하답니다. 플룻이나 대금의 경우에는 소리나게 하는 것조차 쉽지 않구요. 어렵다고 쉽게 포기해버리면 '세상은 넓은데 할 일은 없다' 뭐 이렇게 되는 거지요. 미션 임파서블(mission impossible)? 노우(Noooooo) ! 미션 파서블(mission possible)!!! 그럼 다음 장으로 넘어가서 본격적으로 클래스에 대해 알아볼까요?

빈 페이지

3장
the 클래스
− 클래스 개요

3장
the 클래스 - 클래스 개요

우리나라의 최초의 국산 자동차는 1955년에 나온 '시발' 입니다. 이거 발음 잘 하세요. 잘못하면 큰일 납니다. 하여튼 이 자동차는 지프형 승용차로서 한국 전쟁이 끝나고 미군으로부터 불하받은 지프의 엔진과 변속기, 차축 등을 이용하여 드럼통을 펴서 만든 것이었지요. 이러다보니 한 대를 만드는데 자그마치 4개월이나 걸렸습니다. 그래도 이 자동차는 국산화율이 50%나 되어 그래도 나은 편이었습니다. 그 전까지는 주로 폐차로 있던 군수용품인 트럭, 지프 등을 정비업자들이 망치 하나로 드럼통을 두드려 펴고, 판금 작업을 해서 버스나 트럭으로 개조하는 재생 자동차가 전부였지요.

[그림 3.1] 시발 자동차

이처럼 우리의 자동차 산업은 보잘 것 없었지만 지금은 어떤가요? 우리나라의 2022년 자동차 생산량은 346만대로 세계 5위를 기록하고 있답니다. 어때요? 대단하지 않습니까? 이렇게 많은 자동차를 생산하려면 뚝딱거리며 드럼통을 펴서 만드는 것으로는 도무지 불가능한 일입니다. 당연하지요. 지금은 아주 정밀한 설계서에 의하여 자동차가 만들어지고 있습니다. 그렇지요. 자동차를 생산하기 위해서는 자동차 설계서가 필요한 겁니다. 그런데 아니 갑자기 느닷없이 뚱단지 처럼 시발, 시발 이야기냐구요? 그렇다구 너무 흥분하지 말고 조금만 기다려보세요. 기다리는 동안 자동차를 만들기 위해서는 자동차 설계서가 필요하다는 것 만은 꼭 기억하세요.

자! 이제 우리 본격적으로 자동차에 대해 생각해보기로 하지요. 내가 '자동차에 대해 생각해봅시다' 라고 했을 때 이미 여러분은 자동차에 대한 어떤 생각 또는 이미지를 머리 속에 그리고 있었을 것입니다. 예를 들어, 자동차에는 차체와 엔진이나 스티어링, 변속기, 바퀴 등의 부속품 등을 생각할 것입니다. 자동차 디자인에 관심있는 사람이라면 자동차의 외관적인 형태를 머리에 떠올리고 있겠지요. 자동차 운전에 관심있는 사람이라면 출발하다, 정지하다, 좌회전하다, 우회전하다, 후진하다, 가속하다, 감속하다 등의 자동차를 조작하는 행위에 대하여 생각할 것입니다.

이와같은 생각들은 도로 위를 달리는 자동차라고 하는 실제적인 사물 즉, 객체를 관념적으로 머리 속에 그린 이미지 즉, 모형 또는 템플릿입니다. 조금 어렵지요? 그렇다면 이러한 생각들을 구체적으로 표현한 것을 자동차 설계서라고 생각해보세요. 간단히 말해서 자동차 설계서란 어떤 부품이 어디에 위치하는가, 어떻게 작동시키는가 하는 등의 사항들을 구체적으로 표현한 것이지요.

이와같이 중요하고 필수적인 사항을 중심으로 그 이미지나 관념을 표현하는 것을 추상화(abstraction)라고 합니다. 우리의 자동차의 예에서는 자동차 설계서가 바로 클래스가 되는 것이지요. 자동차는 달리는 합법적인 흉기이기 때문에 실제로 자동차 설계서라면 세부적인 사항까지 자세히 기술되어 있어야 하겠지요. 그러나 소프트웨어 시스템에서는 사정이 조금 다릅니다. 만약 자동차 경주를 시뮬레이션하는 시스템이라면 자동차에 대한 모든 세부적인 사항이 중요하거나 필수적이지는 않을 것입니다. 그보다는 자동차의 외형과 함께, 출발과 정지, 가속과 감속, 회전 등 운전의 몇가지 기능들이 보다 중요하고 필수적인 것일 수 있습니다. 또는 교통 관제 시스템이라면 자동차에 관한 필수적인 사항은 단지 자동차의 위치를 나타내는 정보가 전부일 수도 있을 것입니다. 같은 자동차라고 하더라도 어떤 시스템을 구현해야 하는냐에 따라 중요하고 필수적인 것이 달라질 수 있는 것이지요. 다시 말해 관점에

3장 the 클래스 – 클래스 개요

따라 달라진다고 하는 것입니다. 앞에서 여러분들도 관심 분야에 따라 서로 다른 자동차에 대한 이미지를 머리 속에 그리고 있는 것과 마찬가지인 것이지요.

특별히 객체에 대한 추상화 작업의 결과를 클래스(class)라고 합니다. 클래스는 UML에서 다음과 같이 사각형으로 표현합니다. 사각형 안에는 클래스의 이름이 표시됩니다.

[그림 3.2] 클래스의 UML 표현

예를 들어 클래스명이 Car 인 자동차 클래스는 다음과 같이 표현합니다.

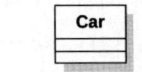

[그림 3.3] Car 클래스

C++ 언어에서 클래스는 class 라는 예약어로 정의합니다. 예를 들어 Car 클래스는 다음과 같이 정의합니다.

```
class Car
{
    // Car 클래스의 멤버
};
```

자바 언어에서도 class 라는 예약어를 사용합니다. 그러나 C++ 와 달리 막는 중괄호 다음에 세미콜론(;)을 붙이지 않습니다.

```
class Car {
    // Car 클래스의 멤버
}
```

C# 언어도 자바 언어와 동일한 구문을 사용합니다.

```
class Car {
    // Car 클래스의 멤버
}
```

방금 전에 클래스란 객체의 추상화라고 하였습니다. 또한 2장 '미션 임파서블 - 객체지향을 이해하라'에서 객체는 특성과 행위를 하나의 단위로 캡슐화한다고 하였습니다. 기억하나요? 만약 기억나지 않는다면 다시 돌아가서 자세히 읽어보기 바랍니다. 귀찮아요? 그럼 여기 그 내용을 다시 써주겠습니다.

"이와같이 객체는 특성과 행위를 하나의 단위로서 포함하고 있습니다. 다시 말하면, 특성과 행위가 객체라고 하는 캡슐 안에 포함되어 있는 것이지요. 결국 객체란 캡슐화라고 하는 객체지향의 원리를 구체화한 것이 되는 것입니다. 자동차 객체의 운전이란 행위는 운전자에게 노출된 인터페이스가 되며, 엔진 등의 특성은 자동차를 구현하는 세부적인 사항이 되는 것이지요."

이젠 기억나지요? UML에서 클래스의 특성과 행위는 다음과 같이 사각형을 3개의 부분으로 나누어 표현합니다. 맨 위에는 클래스명이 오고, 가운데는 특성이, 맨 밑에는 행위가 옵니다.

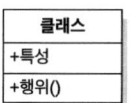

[그림 3.4] 클래스의 특성과 행위의 UML 표현

우리는 Car 클래스에 다음과 같은 특성과 행위를 정의힐 수 있습니다. 특성에는 차체를 나타내는 body와 엔진(engine), 조향장치(steering), 변속기(transmission), 바퀴(wheel) 등이 포함되어 있으며, 행위에는 출발하다(start), 정지하다(stop), 가속하다(accelerate), 감속하다(slowDown), 좌회전하다(turnLeft), 우회전하다(turnRight) 등의 운전 방법이 포함됩니다.

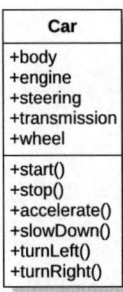

[그림 3.5] Car 클래스의 특성과 행위

   C++ 언어에서 특성은 데이터 멤버(data member)로 구현하며, 행위는 멤버 함수(member function)로 정의합니다. 각 데이터 멤버는 자신이 저장할 특성 정보의 데이터 타입(data type)이 지정됩니다만, 여기에서는 편의상 정수 타입인 int 를 사용하겠습니다. 또한, 멤버 함수의 반환 타입도 void 를 사용하겠습니다. 다른 언어와는 달리 C++ 언어에서는 클래스의 선언부와 구현부가 분리됩니다. 클래스의 선언부는 확장자가 .h 인 헤더 파일(header file)에 정의되며, 구현부는 확장자가 .cpp 인 파일에 정의합니다. 예를 들어 car.h 라고 하는 헤더 파일에 다음과 같이 Car 클래스의 선언부를 정의할 수 있습니다.

```
// Car 클래스 선언부 - car.h 헤더 파일
class Car
{
    int body;            // 차체
    int engine;          // 엔진
    int steering;        // 조향장치
    int transmission;    // 변속기
    int wheel;           // 바퀴
public:
    void start();        // 출발하다
    void stop();         // 정지하다
    void accelerate();   // 가속하다
    void slowDown();     // 감속하다
    void turnLeft();     // 좌회전하다
    void turnRight();    // 우회전하다
```

};

또한 car.cpp 란 소스 코드 파일 안에 다음과 같이 Car 클래스의 멤버 함수를 정의할 수 있습니다.

```cpp
// 구현 파일 - car.cpp
#include "car.h"
void Car::start()
{
    // 출발하다 행위의 구현 코드
}
void Car:: stop()
{
    // 정지하다 행위의 구현 코드
}
void Car:: accelerate()
{
    // 가속하다 행위의 구현 코드
}
void Car:: slowDown()
{
    // 감속하다 행위의 구현 코드
}
void Car:: turnLeft()
{
    // 좌회전하다 행위의 구현 코드
}
void Car:: turnRight()
{
    // 우회전하다 행위의 구현 코드
}
```

C++ 언어도 다른 언어와 마찬가지로 멤버 함수의 멤버 함수를 클래스의 선언부

에 정의할 수 있으며, 이러한 멤버 함수를 인라인 멤버 함수(inline member function)라고 합니다.

```cpp
// Car 클래스 선언부 - car.h 헤더 파일
class Car
{
    // 생략...
public:
    // 인라인 멤버 함수
    void start()
    {
        // 출발하다 행위의 구현 코드
    }
    void stop()
    {
        // 정지하다 행위의 구현 코드
    }
    void accelerate()
    {
        // 가속하다 행위의 구현 코드
    }
    void slowDown()
    {
        // 감속하다 행위의 구현 코드
    }
    void turnLeft()
    {
        // 좌회전하다 행위의 구현 코드
    }
    void turnRight()
    {
        // 우회전하다 행위의 구현 코드
    }
```

};

자바 언어에서 특성은 필드(field) 안에 저장하며 행위는 메서드(method)로 구현합니다. 자바 언어에서는 확장자가 .java 인 하나의 소스 코드 파일에 메서드의 구현 코드를 함께 정의합니다.

```java
// 파일명 - Car.java
class Car {
    private int body;            // 차체
    private int engine;          // 엔진
    private int steering;        // 조향장치
    private int transmission;    // 변속기
    private int wheel;           // 바퀴
    public void start() {
        // 출발하다 행위의 구현 코드
    }
    public void stop() {
        // 정지하다 행위의 구현 코드
    }
    public void accelerate() {
        // 가속하다 행위의 구현 코드
    }
    public void slowDown() {
        // 감속하다 행위의 구현 코드
    }
    public void turnLeft() {
        // 좌회전하다 행위의 구현 코드
    }
    public void turnRight() {
        // 우회전하다 행위의 구현 코드
    }
}
```

3장 the 클래스 - 클래스 개요

C# 언어에서도 자바 언어와 완전히 동일한 구문으로 클래스의 특성과 행위를 정의합니다. 다만 C# 언어에서는 특성을 2가지 방법으로 구현할 수 있게 합니다. 그 하나는 자바 언어와 마찬가지로 필드(field)로 구현하며, 다른 하나는 속성(property)이라고 하는 것으로 구현하는 것입니다. 속성에 대해 조금 후에 설명하기로 하겠습니다. C# 언어에서 소스 코드 파일은 .cs 확장자를 갖는 것이 일반적입니다.

```csharp
// 파일명 - car.cs
class Car
{
    private int Body;              // 차체
    private int Engine;            // 엔진
    private int Steering;          // 조향장치
    private int Transmission;      // 변속기
    private int Wheel;             // 바퀴
    public void Start() {
        // 출발하다 행위의 구현 코드
    }
    public void Stop() {
        // 정지하다 행위의 구현 코드
    }
    public void Accelerate() {
        // 가속하다 행위의 구현 코드
    }
    public void SlowDown() {
        // 감속하다 행위의 구현 코드
    }
    public void TurnLeft() {
        // 좌회전하다 행위의 구현 코드
    }
    public void TurnRight() {
        // 우회전하다 행위의 구현 코드
    }
```

        }

　자바 언어와 C# 언어에서 필드와 메서드의 이름이 다르게 표현된 것은 코딩 규약이 서로 다르기 때문입니다. 자바의 경우에는 카멜 케이스(camelCase)를 사용하기 때문에 필드와 메서드명이 모두 소문자로 시작하고 C# 언어에서 파스칼 케이스(PascalCase)를 사용기 때문에 대문자로 시작합니다. 하지만 이것은 그저 코딩 관습인 것일 뿐이고 문법 사항은 아니기 때문에 앞으로는 카멜 케이스로 통일해서 표현하도록 하겠습니다.

　아까 자동차를 만들기 위해서는 자동차 설계서가 필요하다는 것 만은 꼭 기억하면서 기다려 달라고 했던 것이 생각나나요? 오래 기다렸습니다. 그렇지요. 자동차 설계서를 통해서 자동차는 만들어지는 거지요. 다시말하면 자동차 설계서라는 클래스를 통해서 자동차란 객체가 만들어지는 겁니다. 이것을 바꾸어 말하면 클래스는 객체를 생성하는 수단이 되는 셈이지요.

　모든 객체는 클래스를 기반으로 생성됩니다. 그래서 객체를 클래스의 '인스턴스(instance)'라고도 말합니다. 다시 말하면 클래스에 정의된 사항을 모두 충족하는 하나의 경우가 객체라는 것이지요. 따라서 클래스는 객체를 생성하는 수단이 되는 것입니다. 그리고 클래스의 인스턴스란 말은 객체란 말과 동의어가 됩니다. UML에서 객체는 다음과 같이 클래스와 비슷하게 사각형으로 표현합니다. 클래스명 앞에 객체를 식별할 수 있는 식별자가 표시됩니다. 자동차의 경우에서 식별자는 차량번호가 되는 것이지요. 객체의 식별자와 클래스명은 콜론(:)으로 구분합니다.

1001가1111: Car

[그림 3.6] 객체의 UML 표현의 예

　여러분, 붕어빵 아십니까? 무지 맛있습니다. 붕어빵에는 붕어가 없다고 말하면 썰렁하다고 눈 흘길까봐 말 안하겠습니다. 하여튼 붕어빵은 붕어빵 만드는 기계를 통해서 만들어집니다. 그리고 붕어빵 만드는 기계는 쇠로 만들어진 틀이지요. 이걸 몰드라고 한답니다.

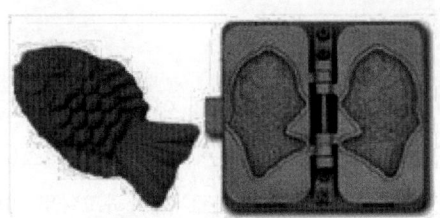

[그림 3.7] 붕어빵과 붕어빵 몰드

에고! 지금이 새벽 4시 50분이고 배도 출출할 참에 붕어빵 그림 보니까 먹구 싶어 미치겠습니다. 그래도 계속해야겠지요? 하여튼 붕어빵은 붕어빵 몰드의 인스턴스가 되지요. 붕어빵이 붕어빵 몰드에 정의된 형태를 만족하는 하나의 경우니까요. 그러니까 붕어빵은 객체가 되는 겁니다. 또한 붕어빵 몰드는 붕어빵이라고 하는 객체를 생성하는 수단이 되므로 클래스가 되는 것이지요. 그렇지요?

C++ 언어에서 클래스의 인스턴스 즉, 객체는 두가지 방법으로 생성할 수 있습니다. 그 하나는 다음과 같이 지역 변수와 같은 형식으로 생성하는 것입니다. 이 방법은 해당 객체가 정의된 코드 블록을 벗어날 때 자동적으로 소멸됩니다. 다시 말해 객체의 생명은 해당 코드 블록 안에서만 지속됩니다.

    Car myCar;   // Car 인스턴스 생성

다른 하나는 다음과 같이 new 예약어를 사용하는 것입니다. 이때 new 예약어는 생성하여 저장한 인스턴스의 메모리 상에서의 시작 위치 즉, 포인터를 반환하게 됩니다. 우리는 이 포인터를 통해서 해당 인스턴스 즉, 객체에 접근할 수 있게 됩니다.

    Car* pMyCar = new Car;   // Car 인스턴스 생성

이렇게 생성된 인스턴스가 더 이상 필요 없게 되면 반드시 delete 예약어를 사용해서 소멸시켜 주어야 합니다. 그렇지 않으면 메모리의 우주 공간을 하염없이 떠도는 우주 미아가 되어 버립니다. 이런 현상이 자꾸만 반복되면 쓸데없는 메모리가 쓰레기로 가득 차게 되어 메모리 누수 현상(memory leakage)이란 커다란 문제를 일으키게 됩니다. 다시 말해 new 예약어로 생성한 객체는 delete 예약어를 사용하여 소멸시킬 때까지 생명이 지속됩니다.

객체지향 이야기

자바 언어에서 클래스의 인스턴스를 생성할 때는 new 예약어를 사용합니다. 이때 new 예약어는 생성하여 메모리에 저장한 인스턴스 정보 즉, 참조(reference) 정보를 반환합니다. 간단히 말해서 참조란 별명(alias)입니다. 자바 언어에서 new 예약어를 사용하여 객체를 생성할 때 해당 객체에 대하여 메모리가 할당됩니다. 하지만 자바 언어에서는 그 할당된 메모리의 시작 주소가 참조 변수에 저장되는 것이 아니라, 할당된 메모리 위치 정보에 다른 이름 즉, 별명을 붙여서 사용합니다. 이것을 참조라고 합니다. new 예약어는 이 참조 정보를 반환하고 우리는 참조 변수에 반환된 참조 정보를 저장한 후에 이 변수를 통해 해당 인스턴스 즉, 객체에 접근할 수 있게 되는 것입니다. 결국 참조 변수에는 객체에 할당된 메모리 위치 정보가 저장되는 셈입니다.

    Car myCar = new Car();

C++ 프로그래머에게는 조금 이상하게 들릴 지 모르겠지만, 자바 언어에는 delete란 예약어가 아예 없습니다. 그러면 인스턴스는 누가 소멸시키느냐? 이것은 쓰레기 수집상(garbage collector)이 맡아 합니다. 그리고 쓰레기 수집상이 더 이상 사용되지 않는 쓰레기를 끌어 모으는 작업을 가비지 컬렉션(garbage collection)이라고 하며, 이 작업은 자바 가상 머신(JVM, Java Virtual Machine)에 의해 자동적으로 수행됩니다. 따라서 자바 프로그래머는 new 예약어를 사용하여 클래스의 인스턴스를 생성하고 사용한 후에 더 이상 필요 없게 되어도 그냥 내버려 두어도 괜찮습니다. C++ 프로그래머에게는 참 부러운 기능이지요.

C# 언어도 자바 언어와 완전히 동일한 방법을 지원합니다. C# 언어도 자바 언어에서 마찬가지로 new 예약어는 생성된 클래스 인스턴스의 참조 정보를 반환합니다. 구문도 자바 언어와 완전히 동일합니다.

    Car myCar = new Car();

C# 언어에서도 생성된 클래스 인스턴스의 소멸은 쓰레기 수집상(garbage collector)이 맡아 합니다. 그리고 C# 언어에서 이러한 가비지 컬렉션(garbage collection) 작업은 공통 언어 런타임(Common Language Runtime, CLR)이 맡아서

자동적으로 수행해 줍니다.

이와같이 클래스의 인스턴스가 생성되면 해당 객체의 특성 정보는 유효한 값으로 초기화되어야 할 필요가 있습니다. 예를 들어서 날짜 정보를 관리하는 Date 라고 하는 클래스가 있다고 하겠습니다. 이 클래스에는 다음과 같이 각각 년, 월, 일 정보를 관리하는 특성을 정의할 수 있습니다.

[그림 3.8] Date 클래스

C++ 언어에서 이 Date 클래스는 다음과 같이 정의할 수 있습니다.

```
class Date
{
    int year;    // 년
    int month;   // 월
    int day;     // 일
};
```

자바와 C# 언어에서 다음과 같이 정의할 수 있습니다.

```
class Date {
    int year;    // 년
    int month;   // 월
    int day;     // 일
}
```

먼저 C++ 언어에서 다음과 같이 Date 클래스의 인스턴스를 생성했다고 하지요.

```
Date myDate;
```

그렇다면 myDate 인스턴스의 year, month, day 데이터 멤버에는 어떤 값이 저장되어 있을까요? 결론을 말하면 이들 데이터 멤버에는 쓰레기 값이 저장됩니다. 해당 메모리 위치에 우연히 남아있던 값이 저장되는 것이지요.

자바나 C# 언어의 경우에는 조금 다르게 동작합니다. 다음과 같이 Date 클래스의 인스턴스를 생성하면

```
Date myDate = new Date();
```

myDate 인스턴스의 year, month, day 멤버에는 각각 0 값이 저장됩니다. 하지만 이 값도 Date 클래스가 요구하는 날짜 정보는 아니지요. 0년 0월 0일이라는 날짜는 없으니까요. 결국 쓰레기 값이나 별로 다를 것이 없지요.

그런데 myDate 인스턴스의 year, month, day 멤버에는 어떻게 0이 저장되어 있을까요? Date 클래스와 같은 경우에 각 언어에서는 디폴트 생성자(default constructor)라고 하는 것을 기본적으로 제공해줍니다. 다만 C++ 언어에서 디폴트 생성자는 아무런 일을 하지 않아서 이들 멤버에 쓰레기 값이 저장되는 반면에, 그밖의 언어에서는 멤버의 값을 0으로 초기화해 주게 됩니다. 앞에서 지적한 것처럼 사실 멤버의 값을 0으로 초기화해 준다고 하더라도 Date 클래스 경우에 있어서는 큰 의미는 없습니다. 적어도 각 멤버의 값이 1로 초기화되어야 하는 것이지요. 그래야 1년 1월 1일 이라는 유효한 날짜 정보가 되니까요.

이렇게 우리가 이렇게 원하는 값으로 멤버를 초기화할 수 있도록 각 언어에서는 생성자(constructor)라고 하는 것을 정의할 수 있게 합니다. 다시 말해 생성자란 클래스의 인스턴스가 생성될 때 자동적으로 호출되어 특성을 초기화하는 기능을 수행하는 특수한 멤버 함수 또는 메서드인 것이지요. 디폴트 생성자는 우리가 클래스에 생성자를 정의하지 않았을 때 각 언어에서 기본적으로 제공해 주는 생성자를 말합니다.

이들 세 언어에서 생성자는 클래스 이름과 동일한 이름을 갖는 메서드로 구현합니다. 그러나 다른 메서드와는 달리 값을 반환하지 않습니다. Date 클래스의 경우에는 다음과 같이 생성자를 구현할 수 있습니다.

```
Date() {
    year = month = day = 1;
}
```

만약 클래스의 인스턴스를 생성할 때 초기값을 지정하게 하여 해당 값으로 초기화할 수 있게 하려면 생성자에 초기값을 받아들이는 인수를 지정하면 됩니다. 다음과 같이 Date 클래스의 생성자를 정의할 수 있습니다.

```
Date (int yy, int mm, int dd) {
    year = yy;
    month = mm;
    day = dd;
}
```

이 경우 C++ 언어에서는 다음과 같이 인스턴스의 초기값을 지정할 수 있습니다.

```
Date myDate(2022, 12, 8);
```

또는

```
Date myDate = new Date(2022, 12, 8);
```

자바와 C# 언어에서는 다음과 같이 사용합니다.

```
Date myDate = new Date(2022, 12, 8);
```

생성자가 클래스의 인스턴스가 생성될 때 초기화하는 역할을 담당한다면 인스턴스가 소멸될 때 뒷정리를 하는 역할을 하는 것이 필요할 수도 있습니다. 이러한 역할을 하는 특별한 멤버 함수 또는 메서드를 소멸자(destructor)라고 합니다. C++와 C# 언어에서 소멸자는 클래스명 앞에 지렁이(~)를 붙인 메서드로 구현됩니다. 지렁이의 정식 명칭은 틸드(tilde)입니다. 그러나 생성자와 달리 소멸자는 인수를 지정하지 않습니다. Date 클래스에는 다음과 같이 소멸자를 구현할 수 있습니다.

하지만 특별히 할 일은 없는 것 같지요?

```
~Date() {
    // 여기서는 할 일이 없네요.
}
```

자바 언어에서는 finalize()란 메서드가 소멸자의 역할을 합니다.

```
protected void finalize() throws Throwable {
    super.finalize();
    // 여기서도 할 일이 없어요.
}
```

클래스의 각 인스턴스는 서로 다른 데이터 멤버 또는 필드 값을 저장하게 됩니다. 다음 그림과 같이 myDate 와 yourDate 등 두개의 Date 클래스 인스턴스가 있다고 가정합니다.

| myDate: Date | yourDate: Date |

[그림 3.9] 두개의 Date 클래스 인스턴스

C++ 언어의 경우에 이들 Date 클래스의 인스턴스는 다음과 같은 코드로 생성됩니다.

```
Date myDate(2022, 10, 28);
Date yourDate(2022, 12, 8)
```

또는,

```
Date* myDate = new Date(2022, 10, 28);
Date* yourDate = new Date(2022, 12, 8);
```

자바와 C# 언어 모두 이들 Date 클래스의 인스턴스는 다음과 같은 코드로 생성됩니다.

```
Date myDate = new Date(2022, 10, 28);
Date yourDate = new Date(2022, 12, 8);
```

위의 코드에서 myDate 와 yourDate 인스턴스의 데이터 멤버 또는 필드에는 각각 서로 다른 데이터가 저장됩니다. 따라서 이러한 데이터를 인스턴스 데이터(instance data)라고 하지요.

그러나 이들 인스턴스 사이에도 멤버 함수나 메서드의 코드는 서로 공유하게 됩니다. 이들 인스턴스가 생성될 때는 같은 생성자 코드가 호출되며, 소멸될 때도 같은 소멸자 또는 finalize() 메서드가 호출되는 것이지요. 하지만 이들 메서드에서 어떤 year, month, day 등의 데이터 멤버 또는 필드를 사용하는가 하는 것은 해당 메서드를 호출한 인스턴스가 무엇인가에 따라 결정됩니다. 따라서 각 메서드에서는 어떤 인스턴스가 자신을 호출했는지를 알아야 할 필요가 있는 경우가 있습니다. 이것을 위해 this라는 예약어를 사용합니다. 메서드 안에서 this 예약어를 명확하게 사용하지 않더라도 데이터 멤버나 필드 즉, 인스턴스 데이터에 접근할 때는 이미 이들을 암시적으로 사용하고 있습니다. 따라서 C++ 언어에서 위의 Date 클래스의 생성자는 다음과 같이 고쳐쓸 수 있습니다.

```
Date (int yy, int mm, int dd) {
    this->year = yy;
    this->month = mm;
    this->day = dd;
}
```

자바와 C# 언어에서도 다음과 같이 this 예약어를 명시적으로 지정할 수 있습니다.

```
Date (int yy, int mm, int dd) {
    this.year = yy;
    this.month = mm;
    this.day = dd;
}
```

때로는 모든 인스턴스가 공유할 수 있는 데이터 멤버나 필드가 필요한 경우도 있습니다. 예를 들어 여러분이 은행의 예금 계좌를 나타내는 클래스를 구현해야 한다고 가정합니다. 우선 이 클래스에는 고객의 이름과 예금 잔액을 저장할 필드 멤버가 필요할 것입니다. 또한 현재의 이자율에 따라 이자액을 계산하여 예금 잔액에 추가하는 메서드도 필요할 것입니다. 이 때 우리는 다음 그림과 같은 SavingsAccount라는 이름을 갖는 클래스를 생각해볼 수 있습니다.

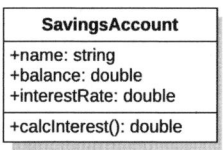

[그림 3.10] SavingsAccount 클래스

위의 SavingAccount 클래스에서 name과 amount, interestRate 특성은 각각 고객의 이름과 예금 잔액, 현재의 이자율을 나타내며, calcInterest 행위는 이자율에 따라 이자액을 계산하여 예금 잔액에 추가하는 기능을 수행합니다. 이제 SavingAccount 클래스로부터 3개의 인스턴스를 생성합니다. 이때 이들 인스턴스의 필드 멤버에는 다음 그림과 같이 각각 고유한 값이 저장될 것입니다.

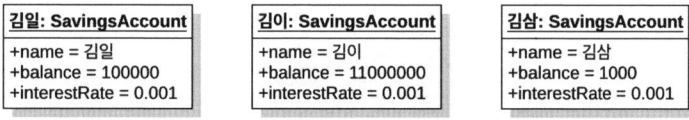

[그림 3.11] SavingsAccount 클래스의 인스턴스

여기에서 interestRate 필드 멤버의 값을 주목하기 바랍니다. interestRate 필드 멤버에는 현재의 이자율이 저장됩니다. 그런데 이자율을 이와같이 각 인스턴스에 모두 저장하는 것은 몇가지 문제를 일으키게 됩니다. 먼저 이자율이 변경되는 경우에 모든 인스턴스의 interestRate 필드 멤버의 값을 변경시켜야 합니다. 예를 들어 [그림 3.12]와 같이 이자율이 0.002 로 변경된 경우에 김이 인스턴스를 누락시켰다면 모르긴 해도 목숨이 제대로 붙어있기는 힘들 것입니다. 그나마 김일 할아버지가 아닌 것만 해도 다행으로 여겨야지, 그 어마무시한 박치기 한 방이면 아마… 그나저나 김일 할아버지를 아시나? 요즘엔 프로 레슬링 보다는 이종 격투기가 유행하고 있죠?

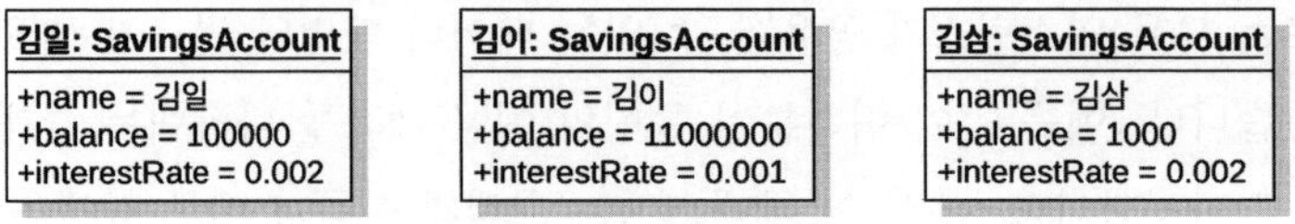

3장 the 클래스 – 클래스 개요

```
┌─────────────────────────┐  ┌─────────────────────────┐  ┌─────────────────────────┐
│ 김일: SavingsAccount     │  │ 김이: SavingsAccount     │  │ 김삼: SavingsAccount     │
├─────────────────────────┤  ├─────────────────────────┤  ├─────────────────────────┤
│ +name = 김일             │  │ +name = 김이             │  │ +name = 김삼             │
│ +balance = 100000        │  │ +balance = 11000000      │  │ +balance = 1000          │
│ +interestRate = 0.002    │  │ +interestRate = 0.001    │  │ +interestRate = 0.002    │
└─────────────────────────┘  └─────────────────────────┘  └─────────────────────────┘
```

[그림 3.12] 이자율 변경 결과

또한 이렇게 각 인스턴스에 이자율을 저장하는 것은 아무래도 메모리 낭비라는 생각이 듭니다. 사람에 따라 이자율이 차등적으로 적용된다면 몰라도, 모든 사람들에게 대하여 동일한 이자율이 적용된다면 모든 인스턴스에 이자율을 저장할 필요는 없는 것이겠지요. 그렇다면 이러한 문제를 어떻게 해결할까요?

이자율은 그 클래스에 속해 있는 모든 인스턴스들이 공유할 수 있는 곳에 저장되는 것이 바람직하지 않을까요? 그래야 이자율이 변경될 때도 모든 인스턴스들이 변경된 이자율을 반영할 수 있게 될테니까요. 우리는 이자율을 정적 멤버(static member)로 정의할 수 있습니다. 여기에서는 공통적인 용어로 정적 멤버를 사용하겠습니다. 정적 멤버는 클래스의 어떤 하나의 인스턴스에만 속해있는 것이 아니라, 전체로서 클래스에 속하여 해당 클래스의 모든 인스턴스에 공유되는 멤버를 가르킵니다. UML에서 정적 멤버에는 밑줄이 그어집니다.

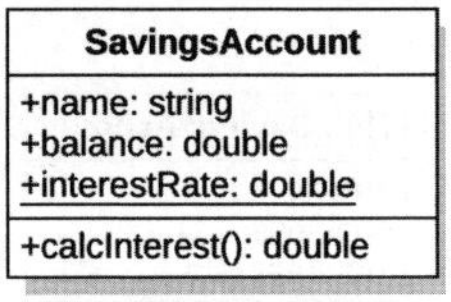

```
┌─────────────────────────┐
│    SavingsAccount        │
├─────────────────────────┤
│ +name: string            │
│ +balance: double         │
│ +interestRate: double    │
├─────────────────────────┤
│ +calcInterest(): double  │
└─────────────────────────┘
```

[그림 3.13] 정적 멤버

이때 다음 [그림 3.14]와 같이 각 인스턴스에는 interestRate 필드 멤버가 빠지고 별도의 공유 메모리에 저장되어 SavingsAccount 클래스의 모든 인스턴스 사이에 공유됩니다.

객체지향 이야기

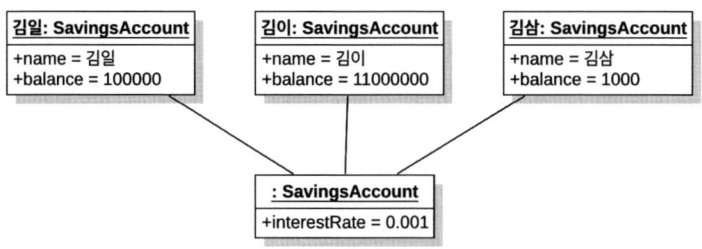

[그림 3.14] 정적 멤버의 메모리 구조

이들 세 언어에서 모두 정적 멤버라는 용어를 사용하며 static이란 예약어를 지정합니다.

C++ 언어에서 SavingsAccount 클래스는 다음과 같이 정의될 수 있습니다.

```
class SavingsAccount
{
    char name [20];
    double balance;
    static double interestRate;
};
```

C++ 언어에서 정적 멤버는 다른 데이터 멤버와는 달리 클래스의 생성자에서 초기화할 수는 없습니다. 조금만 더 생각해 보면 아주 당연하다고 느끼게 될 것입니다. 만약 인스턴스가 생성될 때마다 초기화된다면 해당 클래스에 속해 있는 모든 인스턴스에 적용되는 값이 그때마다 달라질 것이기 때문입니다. 따라서 C++ 언어에서는 다음과 같은 구문으로 정적 멤버를 초기화하게 됩니다.

```
double SavingsAccount::interestRate = 0.01;
```

자바 언어에서 SavingsAccount 클래스는 다음과 같이 정의될 수 있습니다.

```
class SavingsAccount {
    String name;
    double balance;
    static double interestRate;
```

3장 the 클래스 - 클래스 개요

    }

자바 언어에서 정적 멤버를 초기화하는 방법에는 두 가지가 있습니다. 그 하나는 다음과 같이 정적 멤버의 선언과 함께 초기값을 지정하는 것입니다. 이 방법은 초기화 과정이 단순한 경우에 유용합니다.

    static double interestRate = 0.001;

그러나 초기화 과정이 다소 복잡하여 여러 행에 걸쳐 일어나야 한다면 다음과 같이 정적 코드 블럭을 사용하는 것이 좋습니다. 정적 코드 블럭은 한 번만 실행됩니다.

    class SavingsAccount {
        String name;
        double balance;
        static double interestRate;
        static {
            interestRate = 0.001;
        }
    }

C# 언어에서도 자바 언어와 동일하게 정적 멤버라는 용어와 static 예약어를 사용합니다.

    class SavingsAccount
    {
        string name;
        double balance;
        static double interestRate;
    }

C# 언어에서도 자바 언어와 마찬가지로 정적 멤버를 초기화하는 방법에는 두 가

지가 있습니다. 그 하나는 다음과 같이 정적 멤버의 선언과 함께 초기값을 지정하는 것입니다.

```
static double interestRate = 0.01;
```

그러나 C# 언어에서는 정적 멤버를 초기화하는 두 번째 방법으로 다음과 같이 정적 생성자(static constructor)를 제공합니다.

```
class SavingsAccount
{
    String name;
    double balance;
    static double interestRate;
    static SavingsAccount () {
        interestRate = 0.01;
    }
}
```

정적 생성자는 프로그램이 시작할 때 적어도 한 번은 자동적으로 호출되며 명시적으로 호출할 수 없습니다. 정적 생성자가 호출되는 시기나 순서는 정의되지는 않았지만, 일반적으로 해당 클래스의 인스턴스가 생성되기 전이나 해당 클래스의 정적 멤버에 접근하기 전에 호출되며 한 번 이상은 호출되지 않습니다. 이 규칙은 정적 생성자가 정의되지 않은 경우의 정적 필드 멤버 초기화 시기와 순서에도 동일하게 적용됩니다.

정적 생성자의 경우와 같이 메서드도 정적 멤버에 포함될 수 있습니다. 이때 정적 메서드(static method)에서는 정적 생성자의 경우에서 처럼 정적 필드 멤버에만 접근할 수 있습니다. 그것은 인스턴스를 생성하지 않고도 정적 멤버에 접근할 수 있어야 하기 때문이죠. 인스턴스가 생성되지 않은 상태에서 인스턴스 데이터에 접근할 수 있게 할 수는 없는 노릇이죠. 그렇지요? 이것만 이해하면 됩니다.

지금까지 우리는 하나의 클래스에 대해서만 생각했습니다. 그러나 객체 혼자서는 할 수 있는 것이 별로 없습니다. 이것은 사람이 혼자서는 살 수 없는 것과 마찬가지입니다. 앞으로 클래스 사이의 관계에 대하여 자세히 살펴보겠지만 여기에서는 객체 사이의 관계에 대해 잠시 생각해 보겠습니다. 하나의 소프트웨어 시스템은 여러 클래스의 여러 인스턴스들 사이의 상호 관계로 구성됩니다. 예를 들어 자동차 혼자서는 아무런 의미가 없습니다. 운전자가 있기 때문에 비로소 자동차가 그 의미를 갖게 되는 것이지요. 바꾸어 말하면 운전자와 자동차는 서로 밀접한 관계를 갖고 있는 것입니다. 이것은 UML로 다음 그림과 같이 표현할 수 있습니다.

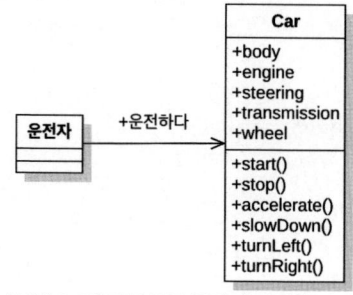

[그림 3.15] 자동차와 운전자 사이의 관계

위 UML 표현은 운전자가 자동차를 운전하여 사용하는 것으로 이해할 수 있습니다. 사실 이 말은 정확한 표현은 아닙니다. 이 부분에 대해서는 뒤에서 상세하게 이야기할 테니까 너무 표현에 얽매이지 말기 바랍니다. 하여튼 운전자가 자동차를 운전하기 위해서는 자동차에게 명령을 할 수 있어야 합니다. 예를 들면 '너 이제 출발해.' 라든지 '어?어? 빨리 서지 않을래?'라든가 아니면 '이랴! 이랴! 어서 가자!' 등등 … 이것은 프로그래밍 언어 측면에서 보면 운전자 객체가 자동차 객체에 대하여 메서드를 호출하는 형태가 됩니다. 만약 C++ 언어에서라면 다음 코드의 예와 비슷할 겁니다.

```
Car myCar;
myCar.start();          // 출발하다
myCar.stop();           // 정지하다
myCar. accelerate();    // 가속하다
// 등등…
```

객체지향 이야기

또는

```
Car myCar = new Car();
myCar->start();          // 출발하다
myCar->stop();           // 정지하다
myCar->accelerate();     // 가속하다
// 등등…
```

자바와 C#에서는 다음과 같습니다.

```
Car myCar = new Car();
myCar.start();           // 출발하다
myCar.stop();            // 정지하다
myCar.accelerate();      // 가속하다
// 등등…
```

이것을 객체지향 개념에서는 '메시지 보내기'라고 합니다. 영어로는 sending message 정도가 되겠지요. 다시 말하면 start()라고 하는 메서드를 호출하는 것은 운전자 객체가 자동차 객체에 대하여 '이제 출발하세요.'라는 메시지를 보내는 것이라는 것이지요. 그러면 아마도 자동차 객체는 start() 메서드에 정의된 방법대로 메시지에 반응하게 될 것입니다. 이 이야기는 어디선가 들은 것 같죠? 그래요. 2장 '미션 임파서블 – 객체지향을 이해하라'에서 나왔던 이야기네요. 다시 돌아가 보기 귀찮아 하는 여러분들을 위해 여기에 그 내용을 다시 써주겠습니다. 너무 친절하죠?

"객체가 행위를 하기 위해서는 해당 객체에게 행위를 시키는 상대 객체가 있어야 합니다. 앞의 자동차의 예에서 자동차 객체의 '좌회전하다'라고 하는 행위는 운전자가 스티어링을 왼쪽으로 돌림으로써, 자동차 바퀴를 왼쪽으로 꺾게하여 자동차가 왼쪽 방향으로 향하게 하는 것을 말합니다. 이와같이 자동차가 '좌회전하다'라는 행위를 하기 위해서는 자동차 객체에 대하여 '좌회전하라'는 명령을 보내는 상대 객체가 있어야 합니다. 이 경우에는 '운전자'가 되겠지요. 이와 같이 상대 객체가 대상 객체에게 명령을 하는 것을 메시지를 보낸다고 하고, 객체지향에서 이러한 개념을 '메시지 보내기(sending message)'라고 합니다."

3장 the 클래스 - 클래스 개요

정리하면 객체지향 개념에서의 메시지 보내기는 객체지향 언어에서 메서드 호출로 구현됩니다. 알았죠? 그렇다면 계속해서 메시지 보내기에 대하여 좀 더 이야기해보기로 하겠습니다. 어떤 객체가 상대 객체에게 메시지를 보내기 위해서는 상대 객체가 어떤 메시지를 받을 수 있는지 알아야 합니다. 이것을 바꾸어 말하면 상대 객체는 자신이 받을 수 있는 메시지를 결정할 수 있다는 것입니다. 그래서 받고 싶은 메시지만 다른 객체에게 노출시키는 것이지요. 예를 들어, 운전자는 자동변속기 자동차에게 '변속하라'는 명령을 내릴 수 없지요. 다시 말해 운전자 객체는 자동변속기 자동차 객체에게 '변속해 주세요' 라는 메시지를 보낼 수 없는 것이지요. 하지만 수동변속기 자동차는 변속기를 조작하여 변속 기어를 높이거나 낮출 수 있습니다. 따라서 자동변속기 자동차는 changeSpeed() 라는 메서드를 노출시키지 않고 내부에서만 사용하지만, 수동변속기 자동차는 이 메서드를 노출시켜 운전자가 호출할 수 있게 합니다. 이것을 UML로 다음과 같이 표현할 수 있을 것입니다.

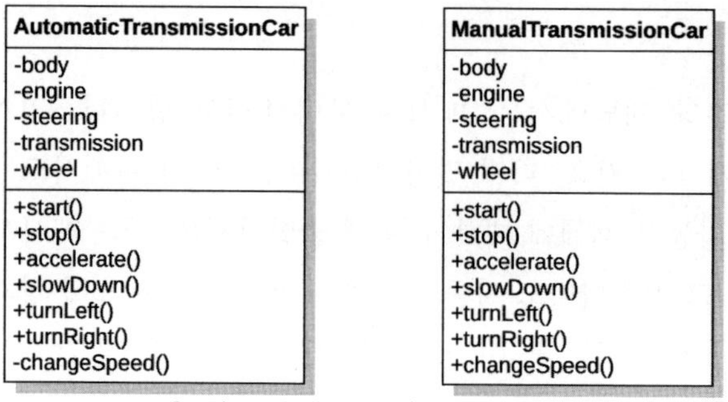

AutomaticTransmissionCar	ManualTransmissionCar
-body -engine -steering -transmission -wheel	-body -engine -steering -transmission -wheel
+start() +stop() +accelerate() +slowDown() +turnLeft() +turnRight() -changeSpeed()	+start() +stop() +accelerate() +slowDown() +turnLeft() +turnRight() +changeSpeed()

[그림 3.16] 메서드 노출 UML 표현

그림 왼쪽의 AutomaticTransmissionCar 클래스가 자동변속기 자동차 클래스로 changeSpeed() 메서드 왼쪽에 - 가 표시되어 있지요? 이것은 해당 메서드가 외부에 공개되지 않는다는 것을 표시하는 것입니다. 이것은 자동변속기 자동차에서는 변속 기능을 자동차 내부에서 자동변속기가 자동적으로 해주기 때문에 운전자에게 변속 기능을 제공하지 않는다는 것을 의미하는 것입니다. 반면에 다른 메서드들 왼쪽에 있는 + 표시는 해당 메서드가 외부에 공개된다는 것을 말해줍니다. 그림 오른쪽의 ManualTransmissionCar 수동변속기 자동차 클래스에서는 changeSpeed() 메서드에도 + 표시가 붙어있습니다. 이것은 수동변속기 자동차가 변속 기능을 제공한다는 것을 의미하는 것이지요.

이와같이 외부에 공개되는 메서드를 통해서만 해당 객체에게 메시지를 보낼 수 있습니다. 다시 말하면 UML에서 + 가 붙은 메서드만 외부에서 호출할 수 있다는 것이지요. 반면에 - 표시가 붙은 메서드는 외부에 공개되지 않는 메서드로서 당연히 외부에서는 이 메서드를 호출할 수 없게 됩니다. 객체지향 언어에서는 접근 지정자(access specifier)라고 하는 예약어를 사용하여 메서드를 외부에 공개시킬 것인가 아닌가를 결정하게 합니다. 대부분의 언어에서 public 예약어는 해당 메서드를 공개하겠다는 것을 지정하며, private 예약어는 공개하지 않는 것을 의미로 사용합니다.

C++ 언어에서는 공개인지 비공개인지를 지정하지 않으면 비공개로 간주합니다. 따라서 다음 AutomaticTransmissionCar 클래스 선언에서 body, engine, steering, transmission, wheel 등의 데이터 멤버는 비공개 멤버가 됩니다. 또한 changeSpeed() 메서드 앞에도 private 접근 지정자가 있으므로 비공개 멤버가 됩니다. 하지만 start(), stop(), accelerate(), slowDown(), turnLeft(), turnRight() 등의 멤버 함수는 앞에 public 접근 지정자가 지정되어 있으므로 공개 멤버가 됩니다.

```
class AutomaticTransmissionCar
{
    int body;            // 차체
    int engine;          // 엔진
    int steering;        // 조향장치
    int transmission;    // 변속기
    int wheel;           // 바퀴
public:
    void start();        // 출발하다
    void stop();         // 정지하다
    void accelerate();   // 가속하다
    void slowDown();     // 감속하다
    void turnLeft();     // 좌회전하다
    void turnRight();    // 우회전하다
private:
```

3장 the 클래스 - 클래스 개요

```
    void changeSpeed();    // 변속하다
};
```

따라서 위의 코드는 다음 코드와 완전히 동일한 의미를 갖게 됩니다.

```
class AutomaticTransmissionCar
{
private:
    int body;             // 차체
    int engine;           // 엔진
    int steering;         // 조향장치
    int transmission;     // 변속기
    int wheel;            // 바퀴
public:
    void start();         // 출발하다
    void stop();          // 정지하다
    void accelerate();    // 가속하다
    void slowDown();      // 감속하다
    void turnLeft();      // 좌회전하다
    void turnRight();     // 우회전하다
private:
    void changeSpeed();   // 변속하다
};
```

자바나 C# 언어에서 클래스 멤버 앞에 접근 지정자를 붙여줍니다. 앞에서 Car 클래스를 정의한 코드에서 이미 private와 public 예약어가 각 멤버 앞에 붙어있는 것을 보았지요? 기억나지 않는다구요? 에고! 그렇다면 AutomaticTransmissionCar 클래스 정의를 보면 기억날 겁니다.

```
class AutomaticTransmissionCar {
    private int body;         // 차체
    private int engine;       // 엔진
```

```
    private int steering;           // 조향장치
    private int transmission;       // 변속기
    private int wheel;              // 바퀴
    public void start() {
        // 출발하다 행위의 구현 코드
    }
    public void stop() {
        // 정지하다 행위의 구현 코드
    }
    public accelerate() {
        // 가속하다 행위의 구현 코드
    }
    public slowDown() {
        // 감속하다 행위의 구현 코드
    }
    public turnLeft() {
        // 좌회전하다 행위의 구현 코드
    }
    public turnRight() {
        // 우회전하다 행위의 구현 코드
    }
    private changeSpeed() {
        // 변속하다 행위의 구현 코드
        // 내부에서만 사용됨
    }
}
```

앞에서 Car 클래스의 메서드를 호출할 수 있었던 것은 바로 이와같이 이들 메서드가 공개 멤버이기 때문이었던 것이죠. 만약 비공개 멤버에 접근하려고 하면 컴파일 시에 컴파일러는 에러 메시지를 내보내며 불평하게 될 것입니다.

3장 the 클래스 - 클래스 개요

C++ 언어는 다른 언어들과 다른 특징을 갖고 있습니다. 그것은 C++ 언어가 프렌드 클래스(friend class)라고 하는 것을 지원한다는 것이지요. 프렌드 클래스란 프렌드 즉, 친구로 지정된 클래스를 말합니다. 클래스 사이의 프렌드 관계는 UML에서 다음과 같이 표기합니다.

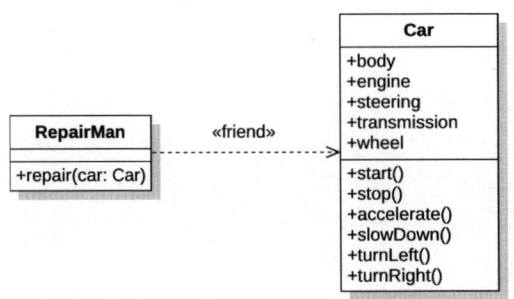

[그림 3.17] 프렌드 클래스의 UML 표기법

위 그림에서 정비사 클래스는 자동차 클래스의 프렌드 클래스가 됩니다. 프렌드 클래스는 대상 클래스의 공개 멤버 뿐만 아니라 비공개 멤버에도 마음대로 접근할 수 있습니다. 마치 정비사는 자동차를 운전할 수 있을 뿐만 아니라, 엔진이나 변속기 등의 부속품을 마음대로 조작할 수 있는 것과 같습니다. 따라서 위의 그림에서 정비사 클래스의 인스턴스는 Car 클래스 인스턴스의 body, engine, steering, transmission, wheel과 같은 특성에 제약 없이 접근할 수 있게 되는 것이지요. 이 때 Car 클래스에서 정비사 클래스가 프렌드 클래스라고 지정해야 합니다. 정비사 클래스가 스스로 Car 클래스의 프렌드 클래스라고 할 수는 없는 것이지요.

이것은 사람 사이의 친구 관계와도 비슷합니다. 예를 들어서 내가 은행에서 예금을 인출해야 한다고 가정합니다. 하지만 나는 아주 급한 일로 은행에 갈 시간이 없습니다. 하나의 해결 방법은 누군가 내 신용 카드를 가지고 은행으로 가서 비밀 번호를 입력한 다음 내가 필요한 만큼의 돈을 인출해 주는 것이지요. 그렇지만 비밀 번호는 절대로 외부에 공개해서는 안되는 아주 중요한 정보입니다. 내 신용 카드를 가지고 은행으로 간 사람이 비밀 번호를 모른다면 절대로 내 은행 계좌에서 돈을 인출할 수는 없습니다. 따라서 이 사람은 내 신용 카드의 비밀 번호에 접근할 수 있어야 합니다. 이때 나는 그 사람을 친구라고 지정할 수 있습니다. 그렇다면 내 친구는 내 신용 카드의 비밀 번호로 내가 필요한 돈을 찾아다 줄 것입니다. 하지만 내가 친구라고 지정하지 않은 사람이 내 신용 카드를 갖고 있다고 해서 내 신용 카드의 비밀 번호를 마음대로 알 수는 없습니다. 또한 그 사람 스스로 내 친구라고 하고 내 신용 카드의 비밀 번호를 알려고 할 수도 없는 것입니다. 중요한 것은 반드시 내가 어떤 사람을 친구라고 인정해야만 한다는 것입니다. 이제 이해되지요?

그럼 코드를 살펴볼까요?

```cpp
class Car                        // 자동차 클래스
{
    friend class RepairMan;      // 정비사 클래스를 프렌드 클래스로 지정함
    int body;                    // 차체
    int engine;                  // 엔진
    int steering;                // 조향장치
    int transmission;            // 변속기
    int wheel;                   // 바퀴
public:
    void start();                // 출발하다
    void stop();                 // 정지하다
    void accelerate();           // 가속하다
    void slowDown();             // 감속하다
    void turnLeft();             // 좌회전하다
    void turnRight();            // 우회전하다
};

class RepairMain                 // 정비사 클래스
{
    void Repair(Car car)         // 지정된 자동차를 수리한다
    {
        car.engine               // 엔진을 수리한다
        // …
    }
};
```

3장 the 클래스 - 클래스 개요

위 코드에서 Car 클래스 선언부에 RepairMan 클래스가 프렌드 클래스라고 지정하고 있지요. 이 문장입니다.

friend class RepairMain;

따라서 지정된 자동차를 수리하는 기능을 수행하는 RepairMan 클래스의 Repair 멤버 함수에서 인수로 넘겨진 Car 클래스의 인스턴스에 대하여 engine이란 비공개 데이터 멤버에 접근하여 엔진을 수리하는 작업을 할 수 있게 되는 것이지요.

여기에서 여러분이 주의해야 할 점은 C++ 언어가 제공하는 프렌드 클래스의 기능이 객체지향의 캡슐화 개념과 정면으로 충돌된다고 하는 것입니다. 이것은 C++ 언어가 유연성이 풍부한 언어로서 프로그래머에게 융통성을 주기 위한 기능이므로, 프렌드 클래스를 사용할 때 그 책임은 전적으로 프로그래머에게 있습니다. 따라서 이 기능을 무분별하게 사용하지 않아야 되며, 꼭 필요한 경우에만 제한적으로 사용해야 합니다. 사실 C++ 언어를 사용하다 보면 이와 비슷한 경우를 많이 경험하게 됩니다. 나중에 살펴보게 될 다형성(polymorphism)이 그 대표적인 경우이며, 연산자 오버로딩(operator overloading)도 그 중 하나입니다. 여기에서 우리는 절제를 배워야 할 필요가 있습니다. 무엇에든지 지나치게 욕심을 부리게 되면 반드시 문제가 발생하게 됩니다. 과유불급(過猶不及)이라고 했나요?

앞에서 C# 언어에서는 특성을 필드(field) 외에 속성(property)이라고 하는 것으로 구현할 수 있게 한다고 하였습니다. 이제 속성으로 특성을 구현하는 방법에 대하여 살펴보기로 하겠습니다. 일반적으로 필드는 비공개로 지정하는 경우가 많습니다. 그 이유는 2장 '미션 임파서블 - 객체지향을 이해하라'에서 살펴본 바와 같이 객체지향의 캡슐화 개념이 데이터 감추기를 지원하는 수단이 되기 때문입니다. 잘 기억나지 않는다구요? 그럴줄 알고 여기에 다시 써놓았습니다.

"이것이 객체지향 방법론에서 말하는 캡슐화라고 하는 것입니다. 말 그대로 중요하고 세부적인 구현 방법에 대한 자세한 사항은 캡슐 안에 꼭꼭 숨겨놓는 것입니다. 자동차에게 중요한 것이 엔진이라면 소프트웨어 시스템에게 있어서 중요한 것은 데이터입니다. 그래서 캡슐화를 데이터 감추기(data hiding)라고도 하는 것이지요. 데이터는 캡슐 안에 꼭꼭 숨겨놓아야 한다는 것이지요."

이제 기억나지요? 왜 이렇게 할까요? 앞에서 사용했던 Date 클래스를 다시 예로 들어보겠습니다.

```
class Date
{
    public int year;        // 년
    public int month;       // 월
    public int day;         // 일
}
```

위의 코드와 같이 우리는 Date 클래스의 year, month, day 멤버를 공개 멤버로 지정할 수도 있습니다. 이 경우에 다음과 같이 이들 멤버에 자유롭게 접근하여 값을 저장할 수 있게 됩니다.

```
Date myDate = new Date();
myDate.year = 2022;      // 2022 년
```

그렇지요? 이 경우에는 아무런 문제가 없습니다. 설사 year 멤버에 음수값을 저장한다고 해도 서기 전(B.C.) 년도로 이해하면 되니까 어떤 값을 저장한다 해도 유효한 값이 됩니다. 이런 경우에는 특성을 데이터 멤버나 필드로 구현해도 무방합니다. 그러나 month 나 day 멤버의 경우에는 사정이 다릅니다. month 멤버가 저장할 수 있는 유효한 값의 범위는 1에서 12까지 뿐이며, day 멤버에는 1에서 31까지 값만 저장할 수 있습니다. 더군다나 month 멤버가 2인 경우에는 최대값이 28 또는 29까지로 제한됩니다. 그래야 Date 클래스의 인스턴스는 유효한 날짜 정보를 가질 수 있게 됩니다. 그런데 만약 이 클래스를 사용하는 사람이 다음과 같이 month 멤버에 13 값을 지정한다면, 그때부터 Date 클래스의 인스턴스는 유효한 날짜 정보를 가질 수 없게 됩니다.

```
myDate.month = 13; // 13 월?
```

그렇다고 이렇게 Date 클래스를 사용하는 것을 막을 수도 없습니다. 가령 'Date 클래스를 사용할 때는 month 멤버에는 1에서 12까지의 값만 저장하고, day 멤버에는 1에서 31까지의 값을 저장해야 합니다. 또 month 멤버가 2인 경우에는 윤년인지의 여부에 따라 28 또는 29까지만 day 멤버에 저장할 수 있습니다.' 이렇게 말해 주었다고 해서 그대로 Date 클래스를 사용할 것이라는 것을 보장할 수도 없습니다. 따라서 이 경우에는 데이터를 보호하기 위해 다음과 같이 month 와 day 멤버를 비공개 멤버로 지정해야 할 필요가 있는 것이지요.

```
class Date
{
    public  int year;       // 년
    private int month;      // 월
    private int day;        // 일
}
```

그렇다면 외부에서는 비공개로 지정된 필드에 어떻게 접근할 수 있을까요? 자바 언어에서 유일한 방법은 해당 필드에 접근하여 읽기 또는 쓰기 할 수 있는 공개 메서드를 제공하는 것입니다. 일반적으로 필드의 값을 읽는 메서드의 이름 앞에는 get을 붙이고, 필드에 값을 저장하는 메서드의 이름 앞에는 set을 앞에 붙입니다. 따라서 우리는 Date 클래스를 다음과 같이 정의할 수 있습니다.

```
class Date {
    public  int year;       // 년
    private int month;      // 월
    private int day;        // 일
    public int getMonth() {
        return month;
    }
    public void setMonth(int m) {
        if (m >=1 && m <= 12)    // 유효한 월 데이터이므로
            month = m;           // 저장합니다
```

```
    }
    public int getDay() {
        return day;
    }
    void setDay(int d) {
        // 윤년 또는 짝홀수 월 검사는 하지 않습니다.
        if(d >= 1 && d <= 31)      // 유효한 일 데이터이므로
            day = d;               // 저장합니다
    }
}
```

그러므로 Date 클래스의 month와 day 멤버에 값을 저장하고 읽기 위해서는 다음과 같이 공개 get/set 메서드를 사용할 수 있습니다.

```
myDate.setMonth(12);      // 12 월
```

그러나 다음과 같이 유효하지 않은 값이 지정되면 Date 클래스에서는 아무런 일도 하지 않은채 무시해버림으로써 Date 클래스의 인스턴스가 유효한 날짜 정보를 유지할 수 있게 합니다.

```
myDate.setMonth(13);      // 13 은 무시됩니다
```

하지만 이와같이 비공개 필드 멤버에 접근하는 사용법은 조금은 불편합니다. 아무래도 필드에 직접 접근하는 것이 훨씬 쉽고 편리하지요. 그렇다면 클래스의 사용자가 공개 필드 멤버에 직접 접근하는 것과 같은 구문으로 쉽고 편리하게 비공개 필드 멤버에 접근하게 할 수는 없을까요? 있습니다. 바로 속성이라고 하는 것이지요. C# 언어에서는 다음과 같이 속성을 정의합니다.

```
class Date {
    public int Year;
    private int month;
    private int day;
```

3장 the 클래스 - 클래스 개요

```
        public int Month {
          set {
            if(value >= 1 && value <= 12)
              month = value;
          }
          get {
            return month;
          }
        }
        public int Day {
          set {
            if(value >= 1 && value <= 31)
              day = value;
          }
          get {
            return day;
          }
        }
      }
```

만약 읽기만 할 수 있는 읽기 전용의 속성을 정의하고 싶으면 set 접근자(accessor)를 정의하지 않으면 됩니다. 반대로 쓰기만 할 수 있는 쓰기 전용의 속성을 정의하려면 get 접근자를 정의하지 않으면 됩니다. get/set 접근자가 모두 정의되어 있으면 해당 속성을 읽기/쓰기가 모두 가능한 속성이 됩니다. set 접근자에서는 value라고 하는 특수한 인수가 사용되며 value 인수는 속성 멤버의 데이터 타입과 동일한 데이터 타입을 가집니다. value 인수에는 속성 멤버에 저장된 값이 인수로 전달됩니다.

C# 언어에서 속성을 정의하는 방법은 결국 get/set 메서드와 유사한 것이지요. 하지만 속성이 구문 상 좀 더 명확하고 사용하기 편리하다는 장점을 갖습니다.

4장
혼자서는 살 수 없어요!
- 클래스 사이의 관계
종속과 연관

4장
혼자서는 살 수 없어요! - 종속과 연관

만약 여러분이 바다에서 항해 중에 표류하여 무인도에 남게 되었다고 하면 어떨까요? 만약 조금도 떨어져 있고 싶지 않은 사랑하는 사람과 함께라면 오히려 '오! 해피데이!'일 겁니다. 그렇지요? 그러나 만약 혼자 무인도에 남게 되었다면 그건 생각하기도 싫은 악몽이 될 것입니다. 어느 국내 가요의 뮤직 비디오에서 한 여자가 바다 속 여행 중에 산소가 모자라 어떤 섬에 떠밀려 왔습니다. 다행히 그 섬에는 한 남자가 살고 있었습니다. 아무도 없는 둘 뿐인 섬에서 그들은 금새 서로 사랑하게 되었습니다. 행복한 시간 중에 여자는 자신을 찾는 비행기를 발견하고는 자신이 살았던 곳을 그리워하였습니다. 여자의 외로움을 알아차린 남자는 뗏목을 만들어 바다 한 가운데로 나갔습니다. 그때 마침 여자를 찾던 비행기가 뗏목을 발견하고 결국 여자는 비행기를 타고 돌아갑니다. 허전한 마음으로 남자는 여자가 떠나간 하늘을 바라보았습니다. 이때 하늘에서는 다시 비행기의 모습이 보이고, 바다에 사뿐히 내려앉은 비행기에서 여자는 다이빙을 하며 바다로 뛰어들었습니다. 환하게 웃는 두 사람 뒤로 비행기가 바다 위를 선회합니다. 정말 소설같은 이야기죠? 그런데 이상한 것은 말이죠. 수상 비행기가 바로 뒤에서 마구 왔다 갔다 하는데 그 작은 뗏목이 전혀 끄떡도 하지 않는 거예요. 그렇게 튼튼하게 만든 것 같지도 않던데… 아주 대단한 뗏목입니다.

객체지향 이야기

[그림 4.1] 혼자서는 살 수 없어요

아리스토텔레스 할아버지께서 그러셨던가요? '인간은 사회적인 동물이다.' 이 말은 결국 '사람은 혼자 살 수 없다. 그러니까 다른 사람들과 더불어 살아야 한다.' 뭐 이런 것이겠지요. 사람은 누구나 다른 사람과 어떤 관계 속에서 살아가고 있습니다. 나는 내 아내의 남편이고, 우리 아들들의 아버지이고, 또 여러 단체의 구성원이기도 하며 누군가의 친구이기도 합니다. 조금씩은 다르겠지만 누구나 다른 누군가와 이러한 관계 속에서 살아갑니다.

특히 객체 즉, 클래스의 인스턴스는 혼자서는 아무런 의미가 없습니다. 적어도 자신을 사용하는 상대 객체가 필요한 것이지요. 3장 'the 클래스'에서 우리는 자동차와 운전자의 관계에 대해서 살펴보았습니다. 여기에서 이야기한 것처럼 자동차 객체는 혼자서는 아무것도 할 수 없습니다. 적어도 자동차를 사용하는 운전자 객체가 있기 때문에 존재하는 의미를 갖게 되는 것이지요. 그러나 운전자만 자동차와 어떤 관계를 맺는 것은 아닙니다. 자동차 정비사도 자동차와 관계를 맺고 있습니다. 그러나 정비사와 자동차 사이의 관계는 운전자와 자동차 사이의 관계와는 의미가 다릅니다. 여기에서 정비사는 수리하다라는 서비스를 수행하기 위해 자동차를 사용하는 것이지요. 반면에 운전자는 자신 또는 사물의 위치를 이동시킬 목적으로 자동차를 사용합니다. 자동차와 또 다른 관계를 맺고 있는 것은 자동차를 구성하는 부품들입니다. 엔진이나 바퀴 뭐 이런 것들이지요. 이들은 운전자나 정비사와는 달리 자동차를 구성하는 요소로서 자동차 객체에 완전히 속해 있게 됩니다. 일반적인 자동차와 승용차 또는 승합차, 화물차 등 사이에도 관계가 형성됩니다. 결국 사람이든 소프트웨어든 객체는 다른 객체와의 관계를 생각하지 않고는 그 의미를 찾을 수 없다는 것입니다.

그렇다면 우리 자동차와 관련된 객체들 사이의 관계에 대하여 한번 생각해 보기로 할까요? 우리는 이 관계를 다음과 같이 UML로 표현할 수 있을 것입니다.

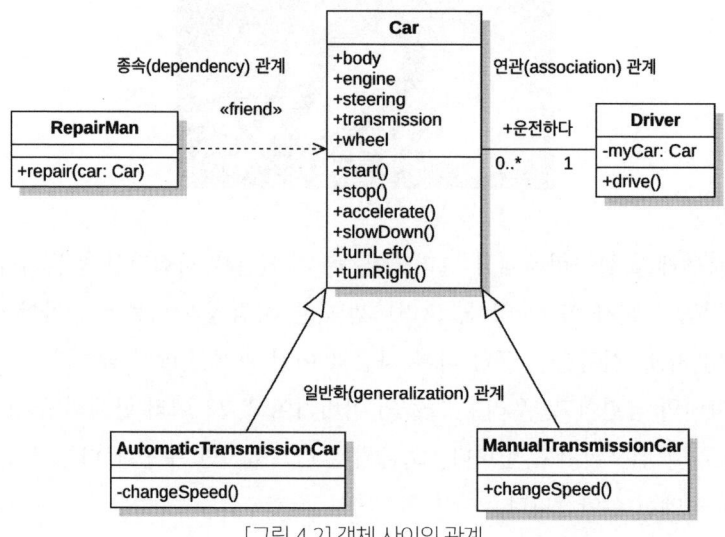

[그림 4.2] 객체 사이의 관계

먼저 정비사(RepairMan)는 수리하다 라는 서비스를 수행할 목적으로 자동차(Car)를 사용합니다. 이 경우 자동차의 사양이 바뀌면 정비사가 자동차를 수리하는 행위에 영향을 받게 되지요. 그러나 자동차는 어떤 정비사에게 수리되든지 상관하지 않습니다. 제대로 정비되기만 하면 되는 것이지요. 다시 말해 정비사는 자동차를 일방적으로 사용합니다. 이러한 정비사와 자동차 사이의 관계를 종속(dependency) 관계라고 하며, 종속 관계는 객체 사이의 관계 중에서 가장 많이 찾아볼 수 있습니다.

그러나 운전자(Driver)가 자동차를 사용하는 목적은 정비사와는 다릅니다. 즉 운전자는 자동차를 운송 수단으로 사용합니다. 대부분 어떤 특정한 운전자는 어떤 특정한 자동차와 관계를 맺게 됩니다. 특히 자동차를 소유하고 있는 자가 운전자인 경우에는 더 그렇습니다. 이 경우 운전자를 알고 있으면 그가 갖고 있는 자동차에 대해 알 수 있습니다. 또 그 반대도 가능합니다. 다시 말해 자동차를 통해서 그 자동차를 소유하고 있는 운전자를 알 수도 있다는 것입니다. 또한 한 운전자가 하나 이상의 자동차를 소유하고 있을 수도 있습니다. 물론 자가 운전자가 아니라면 전혀 자동차를 소유하고 있지 않을 수도 있지요. 이와같은 운전자와 자동차 사이의 관계를 연관(association) 관계라고 합니다.

자동 변속기 자동차(AutomaticTransmissionCar)와 수동 변속기 자동차(ManualTransmissionCar) 사이에는 어떤 공통점이 있습니다. 이들이 모두 자동차라고 하는 것이지요. 즉, 자동 변속기이든 수동 변속기이든 그것이 자동차이기 때문에 차체, 엔진, 스티어링, 변속기, 바퀴 등의 부품과 '출발하다', '정지하다', '후진하다', '가속하다', '감속하다' 등의 운전 방법을 공통적으로 갖고 있는 것입니다. 이러한 자동변속기 자동차는 이러한 일반적인 자동차의 공통적인 특성이나 행위에 자동으로 변속하는 기능이 추가되는 것이지요. 마찬가지로 수동 변속기 자동차도 일반적인 자동차의 공통적인 특성이나 행위를 갖지만, 변속하기 위해서는 변속기를 조작해야 한다는 기능이 추가되는 것입니다. 이 경우 자동차는 일반적이고 공통적인 것이 되며, 자동변속기 자동차나 수동변속기 자동차는 좀 더 특별한 종류의 것이 되지요. 이와같은 자동차들 사이의 관계를 일반화(generalization) 관계라고 합니다. 일반화란 용어는 특수한 것에서 일반적이며 공통적인 것을 끌어낸다는 것을 강조한 것입니다. 그러나 반대로 이 관계를 일반적이고 공통적인 것에서 좀 더 특수한 것을 끌어내는 것을 강조한다면 특수화(specialization)라는 용어를 사용할 수도 있습니다. 또 이러한 관계를 상속(inheritance) 관계라고 부르기도 합니다.

객체 사이의 대부분의 관계는 이러한 세가지 형태로 이루어지게 되며, 이번 장에서는 이들 관계 중에서 종속 관계와 연관 관계에 대해 살펴보게 됩니다. 일반화 관계에 대해서는 다음 장에서 자세히 설명하게 될 것입니다. 생각해야 할 것들이 조금 많거든요.

그럼 이들 관계에 대하여 하나씩 자세하게 살펴보기로 할까요? 먼저, 관계(relationship)란 객체 사이의 연결을 말합니다. UML에서 관계는 선으로 표현되며, 관계의 종류에 따라 서로 다른 종류의 선을 사용하여 구별합니다. 객체지향 모델링에서는 관계의 종류를 크게 4가지로 구분합니다. 여기에는 앞에서 언급한 3가지 관계 즉, 종속, 연관, 일반화 관계 외에도 실현(realization) 관계가 포함됩니다. 종속 관계는 화살표가 있는 점선으로 표현되며, 연관 관계는 실선으로 표현합니다. 그리고 일반화 관계는 속이 빈 삼각형이 있는 실선으로 표현하며, 실현 관계는 속이 빈 삼각형이 있는 점선으로 표현합니다.

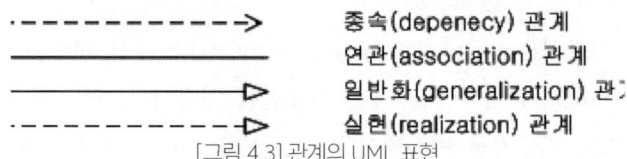

[그림 4.3] 관계의 UML 표현

종속(dependency) 관계란 어떤 객체의 사용이 변경되면 그것을 사용하는 다른 객체에 영향을 미치는 상태를 나타내는 관계입니다. 예를 들어 위의 자동차 예에서 정비사와 자동차 사이의 관계가 종속 관계에 속합니다. 정비사는 수리하기 위해 자동차를 사용합니다. 이때 자동차의 사양이 바뀌면 정비사가 자동차를 수리하는 행위에 영향을 미치게 되지요. 이 관계를 UML로 다음과 같이 표현할 수 있습니다.

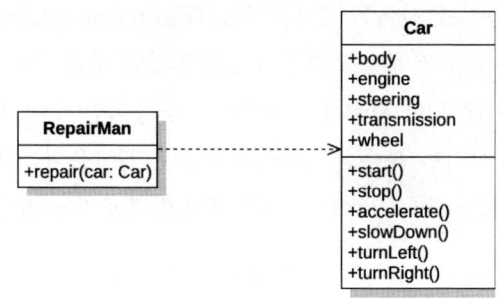

[그림 4.4] 종속 관계의 UML 표현

위의 UML 표현과 같이 메서드의 인수로서 다른 클래스를 사용하는 경우의 대부분은 종속 관계를 이루게 됩니다. C++ 언어에서는 다음과 같이 클래스의 포인터가 인수로 넘어가게 됩니다.

```
class RepairMan
{
    // 생략…
public :
    void repair ( Car* pRepairCar )
    {
```

```
            // pRepairCar 인수를 통해 Car 객체에 접근하여
            // 자동차를 수리합니다
        }
    };
```

자바나 C#언어에서는 Car 객체의 참조 정보가 인수로 넘겨지게 됩니다. 따라서 다음과 같이 구현할 수 있습니다.

```
    class RepairMan {
        // 생략…
        public void repair (Car repairCar ) {
            // repairCar 인수를 통해 Car 객체에 접근하여
            // 자동차를 수리합니다
        }
    }
```

또는 메서드 내부에서만 살아있는 객체를 사용하는 경우에도 종속 관계가 성립하게 됩니다. 예를 들어 여러분이 자동차의 주인이고, 여러분의 자동차가 고장났다고 가정합니다. 여러분 스스로가 고칠 수 있는 간단한 고장이라면 여러분 스스로 해결하겠지만 그렇지 않다면 일시적으로 정비사를 고용하여 자동차를 수리하게 될 것입니다. 이때 여러분 즉, 자가 운전자(OwnerDriver)와 정비사와의 관계는 종속 관계가 됩니다. 이것을 UML로 다음과 같이 표현할 수 있습니다.

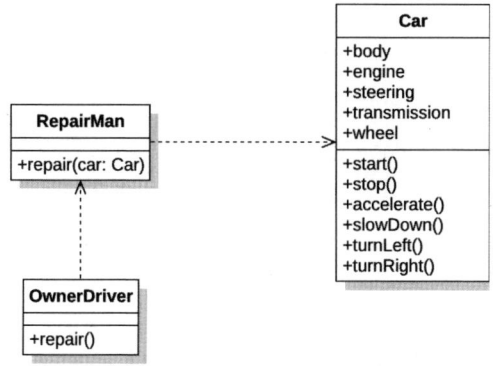

[그림 4.5] 자가 운전자와 정비사와의 관계

이것은 C++ 언어로 다음과 같이 표현할 수 있습니다.

```
class OwnerDriver
    // 생략 …
    Car* myCar;           // 내 자동차
public :
    void repair ()
    {
        // 생략…
        // 만약 스스로 수리할 수 없다면
        RepairMan aRepairMan;          // 임시로 정비사를 고용합니다.
        aRepairMan.repair (myCar);   // 자동차를 수리하게 합니다
    } // 수리가 완료되면 정비사는 자동 해고됩니다.
};
```

위의 코드에서 OwnerDriver 클래스의 repair() 메서드에서 aRepairMan이란 RepairMan 클래스의 지역 객체(local object)를 생성하여 repair() 메서드를 호출하여 사용한 후 코드가 종료할 때 자동 소멸되게 합니다. 만약 new 연산자를 사용하여 동적으로 객체를 생성한다면 OwnerDriver 클래스의 Repair() 메서드가 반환하기 전에 delete 연산자를 사용하여 동적으로 생성된 객체를 소멸시켜야 합니다.

```
void repair ()
{
    // 생략 …
    // 만약 스스로 수리할 수 없다면
    RepairMan* pRepairMan = new RepairMan; // 임시로 정비사를 고용합니다.
    pRepairMan->repair (myCar);            // 자동차를 수리하게 합니다.
    delete pRepairMan;                     // 정비사를 해고합니다.
}
```

자바나 C# 언어로 다음과 같이 표현할 수 있습니다.

```
class OwnerDriver {
    // 생략 …
    private Car myCar;            // 내 자동차
    public void repair () {
        // 생략…
        // 만약 스스로 수리할 수 없다면
        // 임시로 정비사를 고용합니다.
        RepairMan aRepairMan = new RepairMan();
        // 자동차를 수리하게 합니다
        aRepairMan.repair (myCar);
    } // 수리가 완료되면 정비사는 자동 해고됩니다.
}
```

위의 코드에서 OwnerDriver 클래스의 repair() 메서드에서 aRepairMan이란 RepairMan 클래스의 객체를 생성하여 repair() 메서드를 호출합니다. 이렇게 생성된 객체는 OwnerDriver 클래스의 repaire() 메서드의 호출이 완료된 후에는 더 이상 참조되지 않으므로 나중에 가비지 컬렉터(garbage collector)가 자동적으로 소멸시키게 될 것입니다.

정비사 즉, RepairMan 클래스의 객체가 자동차 즉, Car 객체를 수리하기 위해 사용하려면 비공개로 정의되어 body, engine, steering, transmission, wheel 등의 필드 멤버에 접근할 수 있어야 합니다. 그러기 위해서는 Car 클래스에 이들 필드 멤버에 접근하는 공개 메서드를 제공해 주어야만 합니다. 따라서 위의 UML 표현은 다음과 같이 고쳐져야 할 필요가 있습니다.

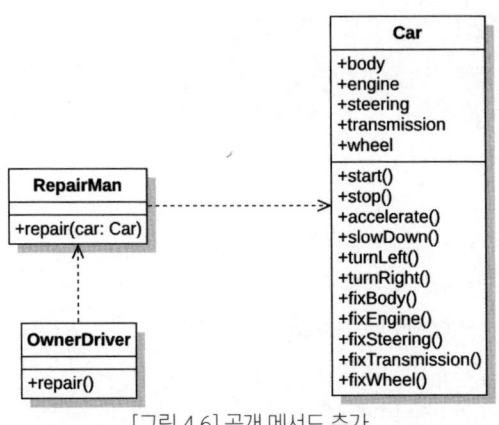

[그림 4.6] 공개 메서드 추가

위의 그림에서는 Car 클래스에 fixBody(), fixEngine(), fixSteering(), fix-Transmission(), fixWheel() 등의 공개 메서드를 추가하여 RepairMan 클래스에서 사용할 수 있도록 하고 있음을 보여줍니다.

이 경우에는 C++ 언어에서라면 굳이 공개 메서드를 추가하지 않고도 이 문제를 해결할 수 있습니다. 우리가 이미 3장 'the 클래스'에서 다루었던 프렌드 클래스를 사용하는 것이지요. 뭐라구요? 언제 프렌드 클래스를 다루었었냐구요? 그렇다면 증거가 여기 있습니다.

> "C++ 언어는 다른 언어들과 다른 특징을 갖고 있습니다. 그것은 C++ 언어가 프렌드 클래스(friend class)라고 하는 것을 지원한다는 것이지요. 프렌드 클래스란 프렌드 즉, 친구로 지정된 클래스를 말합니다. … 중략 … 프렌드 클래스는 대상 클래스의 공개 멤버 뿐만 아니라 비공개 멤버에도 마음대로 접근할 수 있습니다. 마치 정비사는 자동차를 운전할 수 있을 뿐만 아니라, 엔진이나 변속기 등의 부속품을 마음대로 조작할 수 있는 것과 같습니다."

프렌드 클래스에 대하여 좀 더 자세하게 기억을 더듬어야 한다면 3장 'the 클래스'로 되돌아가기 바랍니다. 어쨌든 C++ 언어가 제공하는 프렌드 클래스를 사용한다면 위의 UML 표현은 다음과 같이 RepairMan 클래스와 Car 클래스 사이의 종속 관계에 《friend》라고 하는 스테레오 타입(stereo type)을 추가하도록 수정될 수 있습니다.

객체지향 이야기

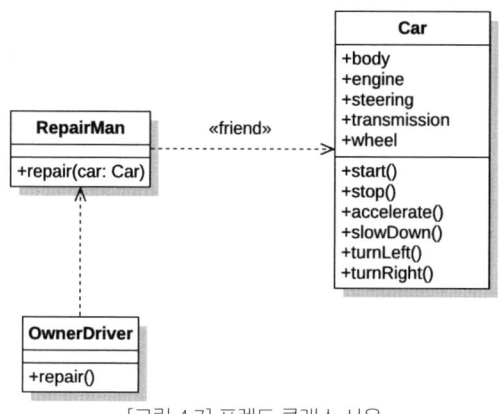

[그림 4.7] 프렌드 클래스 사용

그렇다면 이제는 자동차와 운전자 사이의 관계에 대해서 살펴볼까요? 자동차와 운전자 사이의 관계는 자동차와 정비사 사이의 관계와는 다른 점이 있습니다. 그것은 자동차와 운전자 사이의 연결성이 좀 더 구조적이라는 것이지요. 특히 운전자가 자동차를 소유하고 있는 자가 운전자인 경우에는 더욱 그렇습니다. 운전자를 알고 있으면 어떤 자동차를 갖고 있는지 알 수 있습니다. 그리고 그 반대의 경우 즉, 자동차를 통해서 그 자동차를 소유하고 있는 운전자를 아는 것도 가능합니다. 또한 한 운전자가 하나 이상의 자동차를 소유하고 있을 수도 있으며, 자가 운전자가 아닌 경우에는 전혀 자동차를 갖고 있지 않을 수도 있지요. 이와같은 운전자와 자동차 사이의 관계를 연관(association) 관계라고 하며, 이 관계를 UML로 다음과 같이 표현할 수 있습니다.

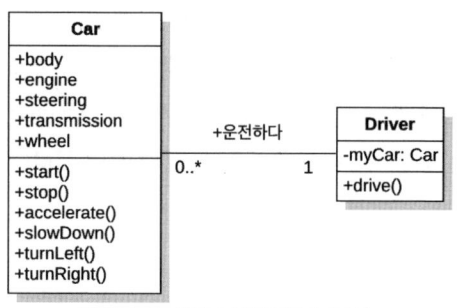

[그림 4.8] 연관 관계의 UML 표현

C++ 언어에서는 이러한 연관 관계를 연관 객체의 포인터(pointer) 멤버를 포함

75

하는 것으로 구현합니다. 물론 포인터 멤버는 비공개로 숨겨두고 이 멤버에 접근할 수 있는 메서드를 제공해야 하겠지요.

```
class Driver
{
    Car* myCar;          // 포인터 멤버
public :
    void changeCar(Car* newCar)
    {
        myCar = newCar;// 새 자동차로 바꿉니다
    }
};
```

자바와 C# 언어에서는 이러한 연관 관계를 참조 변수(reference variable)를 멤버로 포함하는 방법을 사용합니다.

```
class Driver {
    private Car myCar;        // 참조 변수 멤버
    public void changeCar(Car newCar) {
        myCar = newCar;    // 새 자동차로 바꿉니다
    }
}
```

지금까지 우리는 Car 클래스와 Driver 클래스 사이의 연관 관계를 하나의 방향에서만 구현하였습니다. 다시 말해 운전자를 통해서는 자동차에 접근할 수 있지만, 자동차를 통해서 운전자에 접근할 수는 없지요. 이처럼 Driver 클래스에서 Car 클래스로의 방향성을 갖는 연관 관계라면 다음 그림과 같이 UML로 표현해야 합니다.

객체지향 이야기

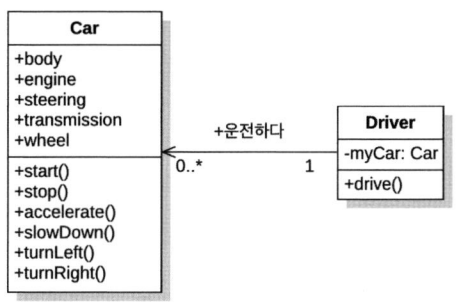

[그림 4.9] 단방향성을 갖는 연관 관계의 UML 표현

연관 관계가 양방향성일 수도 있습니다. [그림 4.8]의 UML 표현도 양방향성의 연관 관계를 보여주고 있는 것이지요. 다시 말해 Driver 객체를 통해서 Car 객체에 접근할 수 있으며, Car 객체를 통해서 Driver 객체에 접근할 수 있음을 보여주는 것이지요. 이 연관 관계를 구현하기 위해서는 Car 객체에도 Driver 객체의 참조 정보를 저장해두어야 할 필요가 있습니다. 따라서 C++ 언어에서는 다음과 같이 구현할 수 있습니다.

```cpp
class Car
{
    Driver* myOwner;
public :
    void changeOwner ( Driver* owner)
    {
        myOwner = owner;
    }
    // 생략...
};
class Driver
{
    Car* myCar;
public :
    void changeCar(Car* newCar)
    {
        myCar = newCar;
```

77

```
        // 자동차 소유자를 변경합니다
        myCar->changeOwner(this);
    }
};
```

자바 언어와 C# 언어에서는 다음과 같이 구현됩니다.

```
class Car {
    private Driver myOwner;
    public ChangeOwner( Driver owner) {
        myOwner = owner;
    }
    // 생략...
}

class Driver {
    private Car myCar;
    public void ChangeCar(Car newCar) {
        myCar = newCar;
        // 자동차 소유자를 변경합니다
        myCar.ChangeOwner(this);
    }
}
```

이제 위의 코드에서 Car 클래스 인스턴스 안에서는 연관 관계를 맺고 있는 Driver 클래스 인스턴스에 대한 참조 정보를 통하여 Driver 클래스 인스턴스에 접근할 수 있게 됩니다. 이렇게 함으로써 양방향의 연관 관계를 구현하게 되는 것이지요.

지금까지는 클래스 인스턴스 사이의 1대 1 연관 관계에 대해서만 살펴보았습니다. 다시 말해 운전자 한 사람이 하나의 자동차를 소유하고 있는 상황에 대해서만 살펴본 것이지요. 그러나 대부분의 사람들이야 어디 꿈이나 꿀 수 있는 일이겠습니까마는, 하나의 운전자가 여러 대의 자동차를 갖고 있는 일도 가능합니다. 그래서 [그림 4.8] 연관 관계의 UML 표현에서 Car 클래스 측에 보면 0..* 이란 표기가 보일 것입니다. 이것은 하나의 운전자가 0 대 이상의 자동차와 관계를 맺고 있음을 표시하는 UML 표현입니다. 이것은 운전자가 자동차를 소유하고 있지 않을 수도 있고, 또한 정해지지 않은 여러 대의 자동차를 소유하고 있을 수도 있다는 것을 의미합니다. 이것을 다수성(multiplicity)이라고 합니다.

C++ 언어에서 이러한 연관 관계를 다음과 같이 C++ 언어가 제공하는 STL (standard template library)의 list라고 하는 템플릿 클래스(template class)를 사용하여 리스트(list) 구조로 관리할 수 있습니다.

```cpp
#include <list>
using namespace std;
class Driver
{
    list<Car*> myCars;
public :
    void addNewCar(Car* newCar)
    {
        // 새 자동차를 추가합니다
        myCars.push_back(newCar);
        // 자동차 소유자를 변경합니다
        newCar->changeOwner(this);
    }
    void removeCar(Car* oldCar)
    {
        // 자동차를 제거합니다
        myCars.remove(oldCar);
    }
};
```

자바 언어에서는 java.util 패키지에서 제공하는 ArrayList 클래스를 사용하여 다음과 같이 구현할 수 있습니다.

```java
import java.util.*;
class Driver {
    private List myCars = new ArrayList<Car>();
    public void AddNewCar(Car newCar) {
        // 새 자동차를 추가합니다
        myCars.add(newCar);
        // 자동차 소유자를 변경합니다
        newCar.ChangeOwner(this);
    }
    public void RemoveCar(Car oldCar) {
        // 자동차를 제거합니다
        myCars.remove(oldCar);
    }
}
```

C# 언어에서는 System.Collections 네임스페이스에서 제공하는 ArrayList 클래스를 사용하여 다음과 같이 연관 관계를 구현할 수 있습니다.

```csharp
using System.Collections;
class Driver {
    private ArrayList myCars = new ArrayList();
    public void AddNewCar(Car newCar) {
        // 새 자동차를 추가합니다
        myCars.Add( newCar);
        // 자동차 소유자를 변경합니다
        newCar.ChangeOwner(this);
    }
    public void RemoveCar(Car oldCar) {
        // 자동차를 제거합니다
        myCars.Remove(oldCar);
    }
```

}

이번에는 자동차와 부품들, 특별히 타이어와 엔진 사이의 관계를 통해서 조금은 색다른 연관 관계에 대해서 살펴보겠습니다. 승용차라면 한 대의 자동차에는 4개의 타이어가 포함됩니다. 따라서 타이어는 자동차의 일부가 되는 것이지요. 엔진도 자동차의 일부로서 자동차에 포함됩니다. 그러나 일반적으로 엔진은 자동차와 좀 더 특별한 관계를 갖고 있지요. 타이어는 자주 교체될 수 있지만, 엔진을 바꾸는 경우는 참 드물지요. 따라서 타이어보다 엔진이 자동차와 좀 더 밀접한 관계를 맺게 됩니다. 이 관계를 UML로 다음과 같이 표현할 수 있습니다.

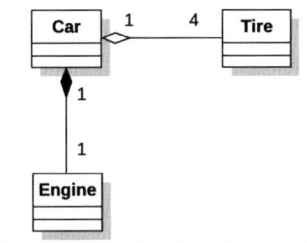

[그림 4.10] 자동차와 타이어, 엔진 사이의 관계

그렇다면 이제 자동차와 타이어 사이의 관계에 대해 좀 더 살펴볼까요? 앞에서 언급한 바와 같이 타이어는 자동차의 일부를 구성합니다. 다시 말해서 자동차가 전체라면 타이어는 부분이 되는 것이지요. 이러한 전체-부분(whole-part) 관계를 집합(aggregation)이라고 합니다. UML로 집합은 다음과 같이 표현합니다.

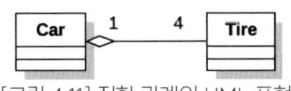

[그림 4.11] 집합 관계의 UML 표현

위의 UML 표현에서 타이어는 자동차의 일부이며, 하나의 자동차에는 4개의 타이어가 포함되어 있는 것을 보여줍니다. 이와같이 부분의 개수가 확정되어 있는 경우에는 배열(array) 멤버로 구현할 수 있습니다. 따라서 C++ 언어에서는 다음과 같이 Car 클래스를 구현할 수 있습니다.

4장 혼자서는 살 수 없어요! - 종속과 연관

```
class Tire;
class Car
{
    Tire* tires[4];
public :
    void FixNewTire(int index, Tire* newTire)
    {
        if ( index < 1 || index > 4)
            return;
        // 새 타이어를 장착합니다
        tires[index] = newTire;
    }
};
```

자바 언어와 C# 언어에서도 배열을 사용하여 다음과 같이 구현할 수 있습니다.

```
class Car {
    private Tire [4] tires;
    public void FixNewTire(int index, Tire newTire) {
        if ( index < 0 || index > 3)
            return;
        // 새 타이어를 장착합니다
        tires[index] = newTire;
    }
}
```

하지만 자동차와 엔진 사이의 관계는 타이어 보다는 좀 더 특별합니다. 엔진도 자동차를 구성하는 부분이라는 점에서는 타이어와 같지만, 자동차에서 엔진을 교체하는 경우는 거의 없기 때문에 대부분 경우에 있어서 자동차와 운명을 같이 합니다. 다시 말해 자동차와 같이 생산되었다가 자동차가 폐차될 때 함께 폐기되는 거지요. 근래에 자동차의 중고 부품을 불법으로 사용하는 것이 문제가 된 적도 있었지만 말입니다. 이와같은 자동차와 엔진 사이의 연관 관계를 복합(composition)이라고 하며, UML로 다음과 같이 표현합니다.

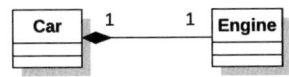

[그림 4.12] 복합 관계의 UML 표현

즉, 복합 관계는 더 많은 제한이 있는 집합 관계의 특별한 경우라고 할 수 있습니다. 복합 연관 관계에서 전체는 부분을 확고하게 소유합니다. 그래서 전체 객체가 복사되거나 삭제되면 부분도 복사되거나 삭제됩니다. 이것이 구현될 수 있기 위해서는 전체에서 부분으로 방향성을 가져야 할 필요가 있습니다. 또한 전체의 다수성은 1 또는 0..1(0 또는 1)이어야 하며, 부분은 하나 이상의 전체에 포함될 수 없습니다.

C++ 언어에서 복합 연관 관계는 두 가지 방법으로 구현할 수 있습니다. 그 하나는 Car 객체가 포함 객체(embedded object)로 Engine 객체를 포함하도록 하는 것입니다. 이 경우 Car 클래스는 다음과 같이 구현될 수 있습니다.

```
class Engine;
class Car
{
    Engine theEngine;       // 포함 객체
public :
    void fixEngine()
    {
        // theEngine 에 접근하여 엔진을 수리합니다.
    }
    // 생략...
};
```

이와같이 포함 객체를 포함하고 있는 경우에 항상 포함 객체의 인스턴스가 먼저 생성됩니다. 위의 코드에서는 Car 클래스의 인스턴스가 생성되기 전에 theEngine 이라고 하는 Engine 클래스의 인스턴스가 먼저 생성되는 것이지요. 인스턴스가 소

멸되는 순서는 완전히 그 반대입니다. 따라서 theEngine 인스턴스가 먼저 소멸된 후에 Car 클래스의 인스턴스가 소멸되지요.

 포함 객체의 구현 방식은 엔진에 치명적인 결함이 있어 바꾸고 싶어도 바꿀 수 없다는 단점을 갖습니다. 설사 1분마다 한 번씩 시동이 꺼진다고 해도 어쩔 수 없습니다. 그저 팔자라고 생각하고 억지로라도 고쳐서 사용해야 합니다.

 만약 엔진을 바꿀 수 있게 구현하려면 연관 관계에서와 같이 포인터 멤버로 구현해야 합니다. 다만 생성자에서 포인터 멤버를 초기화하고, 소멸자에서 포인터 멤버를 삭제하는 코드가 추가되어야 할 필요가 있습니다.

```
class Engine;
class Car
{
    Engine* theEngine;        // 포인터 멤버
public :
    Car(Engine* newEngine)
    {
        if (newEngine == null)
            newEngine = new Engine;
        theEngine = newEngine;
    }
    ~Car()
    {
        delete theEngine;
    }
    void ChangeEngine(Engine* newEngine)
    {
        theEngine = newEngine;
    }
    void fixEngine()
    {
        // theEngine 에 접근하여 엔진을 수리합니다.
```

        }
        // 생략…
    };

자바 언어와 C# 언어에서도 이와 유사한 방법으로 참조 변수 멤버를 사용하여 복합 연관 관계를 구현할 수 있습니다. 이 경우 굳이 finalize 메서드나 소멸자에서 참조 변수 멤버가 참조하는 Engine 클래스의 인스턴스를 소멸시킬 필요는 없겠지요. 우리는 그냥 가비지 컬렉터(garbage collector)에게 맡겨두기로 하겠습니다.

```
class Car {
    private Engine theEngine;        // 참조 변수 멤버
    public Car(Engine newEngine) {
        if (newEngine == null)
            newEngine = new Engine();
        theEngine = newEngine;
    }
    public void ChangeEngine(Engine newEngine) {
        theEngine = newEngine;
    }
    public void fixEngine()
    {
        // theEngine 에 접근하여 엔진을 수리합니다.
    }
    // 생략…
}
```

어느 정도 객체 사이의 관계에 대해 이해하셨나요? 조금 어렵지요? 설명도 조금 딱딱했구요. 그렇다고 하더라도 꼭 이해해야 한답니다.

빈 페이지

5장
발가락이 닮았다
– 일반화와 상속성

5장
발가락이 닮았다 - 일반화와 상속성

"게다가 날 닮은 데도 있어."

"어디?"

"이보게."

M은 어린애를 왼편 팔로 가만히 옮겨서 붙안으면서, 오른손으로는 제 양말을 벗었습니다.

"내 발가락 보게. 내 발가락은 남의 발가락과 달라서 가운데 발가락이 그 중 길어. 쉽지 않은 발가락이야. 한데-"

M은 강보를 들치고 어린애의 발을 가만히 꺼내어 놓았습니다.

"이놈의 발가락 보게. 꼭 내 발가락 아닌가? 닮았거든…"

M은 열심으로, 찬성을 구하는 듯이 내 얼굴을 바라보았습니다. 얼마나 닮은 곳을 찾아보았기에 발가락 닮은 것을 찾아내었겠습니까.

객체지향 이야기

앞의 인용글은 '감자', '배따라기' 등의 작품으로 유명하신 김 동인 선생님께서 1932년에 발표하신 단편소설 '발가락이 닮았다'의 일부입니다. 아마 이 소설은 이미 여러분이 중,고등학교 시절에 한번쯤 읽어보셨을 것입니다. 물론 이 소설에서는 아버지가 아이에게서 억지로 발가락 닮은 것을 찾아내지만, 확실히 자식들은 부모를 꼭 닮습니다. 참 신기한 일이지요. 하지만 요즘은 그 망할 놈의 DNA 유전자 조작으로 콩 심은데 팥 나는 세상이 될 것 같습니다. 이 시절이 되면 부모와는 전혀 다른 수상한 놈이 태어나는 비극적인 일이 발생할 수도 있겠지요. 그런 세상이 오지 않기만을 간절히 바랍니다.

[그림 5.1] 발가락이 닮았다

객체 사이에도 사람에게 부모와 자식 간의 관계와 동일한 관계가 형성될 수 있습니다. 우리가 이미 '4. 혼자서는 살 수 없어요'에서 살펴본 바와 같이 이러한 관계를 일반화(generalization) 라고 합니다. 물론 언제 이런 말이 있었나 하고 고개를 갸우뚱하고 있겠지요?

"자동변속기 자동차와 수동변속기 자동차 사이에는 어떤 공통점이 있습니다. 이들이 모두 자동차라고 하는 것이지요. 즉, 자동변속기든 수동변속기든 그것이 자동차기 때문에 차체, 엔진, 스티어링, 변속기, 바퀴 등의 부품과 '출발하다', '정지하다', '후진하다', '가속하다', '감속하다' 등의 운전 방법을 공통적으로 갖고 있는 것입니다. 이러한 자동변속기 자동차는 이러한 일반적인 자동차의 공통적인 특성이나 행위에 자동으로 변속하는 기능이 추가되는 것이지요. 마찬가지로 수동변속기 자동차도 일반적인 자동차의 공통적인 특성이나 행위를 갖지만, 변속하기 위해서는 변속기를 조작해야 한다는 기능이 추가되는 것입니다. 이 경우 자동차는 일반적이고 공통적인 것이 되며, 자동변속기 자동차나 수동변속기 자동차는 좀 더 특별한 종류의 것이 되지요. 이와같은 자동차들 사이의 관계를 일반화(generalization) 관계라고 합니다. 일반화란 용어는 특수한 것에서 일반적이며 공통적인 것을 끌어낸다는 것을 강조한 것입니다. 그러나 반대로 이 관계를 일반적이고 공통적인 것에서 좀 더 특수한 것을 끌어내는 것을 강조한다면 특수화(specialization)라는 용어를 사용할 수도 있습니다. 또 이러한 관계를 상속(inheritance) 관계라고 부르기도 합니다."

사실 일반화나 특수화, 상속성 등의 용어는 모두 같은 의미를 갖습니다. 어떤 관점에서 보는가에 따라 사용되는 용어가 달라지는 것 뿐입니다. 따라서 상황에 따라 어떤 특정한 용어를 사용하는 것이 훨씬 이해하기 쉽게 합니다. 가령 승용차, 승합차, 화물차 등을 클래스로 표현해야 하는 경우라면 우리는 일반화라고 하는 개념을 사용하는 것이 보다 편리할 것입니다. 승용차나 승합차, 화물차 등에서 보다 일반적이고 공통적인 것들을 끌어내어 일반적인 자동차라고 하는 클래스를 정의하는 것이지요. 이것을 UML로 다음과 같이 표현할 수 있습니다.

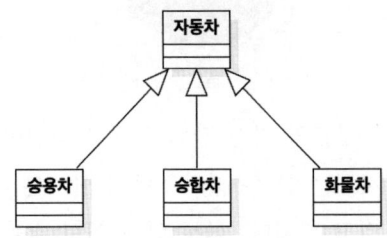

[그림 5.2] 일반화 관계의 UML 표현

경우에 따라서는 특수화 개념으로 이해하는 것이 편리할 때도 있지요. 가령 '승용차는 주로 소수의 사람이 타는 편안한 자동차다'라고 할 때, 자동차라고 하는 일반적이고 보편적인 개념에서 '소수의 사람이 타는 편안한'이라고 하는 특수성이 추가된 개념으로 승용차를 설명하는 것이지요. 또는 '화물차는 자동차인데 주로 물건을 운송하는 데 사용된다'라고 하는 경우에도 특수화 개념을 강조한 것이 됩니다.

어떤 개념이 강조되든 결국 일반화와 특수화는 동전의 양면과 같은 것이지요. 이러한 일반화 개념은 특히 'A는 B의 일종이다(is kind of)'라고 하는 표현이 성립되는 경우에 적용될 수 있습니다. 여기에서 A는 특수한 개념이, B는 일반적인 개념이 대입되는 것이지요. 예를 들어 '사각형은 도형의 일종이다'라는 말에서 우리는 도형은 일반적인 개념의 클래스로, 사각형은 특수한 개념을 포함하는 클래스로 정의할 수 있을 것입니다.

이러한 클래스 사이의 일반화 또는 특수화 관계는 상속성이란 방법으로 구현하게 됩니다. 일반적인 개념은 부모 클래스(parent class)로, 특수한 개념은 자식 클래스(child class)로 표현됩니다. 부모 클래스를 수퍼 클래스(super class), 자식 클래스를 서브 클래스(sub class)라고도 합니다. 또는 부모 클래스를 기초 클래스(base class), 자식 클래스를 파생 클래스(derived class)라고도 부릅니다.

예를 들어 우리가 어떤 회사의 인사 시스템을 개발한다고 가정합니다. 이 회사에는 두 종류의 사원이 있습니다. 하나는 일반 사원이고, 다른 하나는 임시 사원입니다. 이 두 종류의 사원은 회사로부터 급여를 받고 일을 한다는 점에서는 같습니다. 그러나 이 두 종류의 사원은 하나가 고정급을 받고, 다른 하나가 성과급을 받는다는 점에서 다릅니다. 고정급을 받는 사원을 일반 사원이라고 하며, 근무한 일자만큼의 급여 즉, 성과급을 받는 사원을 임시 사원이라고 합니다.

우리는 이들 사원 사이의 공통점을 추려내어 하나의 클래스로 정의할 수 있습니다. 우리는 이 클래스를 사원 클래스라고 정의하기로 합니다. 이 사원 클래스에는 사원명, 주소, 전화번호, 입사일자 등의 공통적인 특성이 정의될 것입니다. 일반 사원과 임시 사원은 이러한 공통적인 특성을 동일하게 포함하고 있지만, 급여를 계산하는 방법이 다르다는 점에서 서로 고유한 특성이 추가로 필요하게 됩니다. 따라서 일반 사원 클래스는 고정급을 받으므로 급여액이라고 하는 특성만 추가로 필요하지만, 임시 사원 클래스는 근무한 일자만큼의 성과급을 받으므로 일당 급여액과 근무 일수라는 두 개의 특성이 추가로 필요하게 됩니다.

또한 일반 사원 중에서도 영업 사원은 고정 급여 외에도 영업 실적에 따른 수당을 받는다고 하면, 영업 실적과 영업 수당률이라고 하는 좀 더 특수한 특성이 추가된 영업 사원 클래스를 정의할 수 있게 됩니다. 따라서 우리의 사원 시스템은 다음 그림과 같이 클래스 사이의 관계를 표현할 수 있습니다.

5장 발가락이 닮았다 - 일반화와 상속성

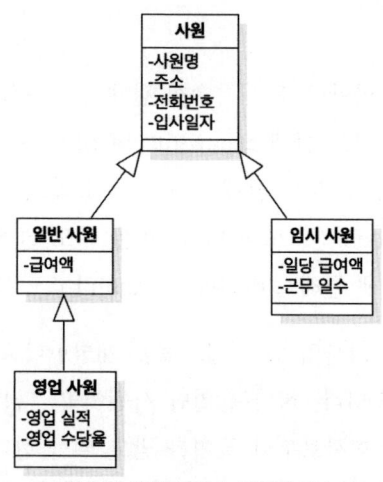

[그림 5.3] 사원 클래스 사이의 상속성

이와같은 상속성은 몇 가지 장점을 제공합니다. 우선 각 클래스 사이의 관계를 계층적으로 명확하게 정의할 수 있다는 것을 들 수 있습니다. 앞의 사원 클래스 계층도 그림에서 볼 수 있는 바와 같이, 각 클래스의 역할이 분명해지며, 그들 사이의 관계를 명확하게 정의할 수 있습니다.

또한 코드를 재사용할 수 있다는 장점이 있습니다. 앞에서 언급한 바와 같이 자식 클래스는 부모 클래스의 일종이기 때문에, 자식 클래스의 인스턴스는 자동적으로 부모 클래스의 모든 멤버를 상속받아 가질 수 있게 됩니다. 따라서, 공통되는 멤버를 한 번만 구현하면, 자식 클래스에서는 이들 멤버를 공유하기 때문에 또 다시 코드를 작성할 필요가 없게 되는 것입니다.

상속성의 또 다른 이점은 기존의 클래스를 손쉽게 확장하여 새로운 클래스를 정의할 수 있다는 것입니다. 만약 기존의 클래스를 약간 수정하는 것 정도의 유사한 기능을 갖는 새로운 클래스가 필요하다면, 상속성은 그러한 클래스를 표현할 수 있는 아주 강력한 수단이 됩니다. 앞에서 우리는 기존의 일반 사원 클래스를 약간 수정하여 영업 사원 클래스를 정의하였습니다. 이처럼, 기존의 클래스에는 없는 멤버는 새로 정의하고, 기능 또는 의미가 변경되어야 하는 멤버는 단순히 재정의(override)함으로써 간단하게 새로운 클래스를 정의할 수 있게 됩니다.

상속성을 좀 더 세분한다면 구현 상속(implementation inheritance)과 인터페이스 상속(interface inheritance)으로 나눌 수 있습니다. 사실 우리가 지금까지 상속성이란 자식 클래스는 부모 클래스가 구현한 특성이나 메서드를 상속받는다고 하는 측면을 강조한 것이므로 실제로는 구현 상속이라고 할 수 있습니다. 반면에 인터페이스 상속은 부모 클래스가 인터페이스인 경우로서, 자식 클래스는 부모 클래스로부터 구현 코드를 상속받는 것이 아니라, 부모 클래스에서 정의한 일종의 계약 사항만을 상속받아 그것을 수행하는 것을 말합니다. 이것을 객체지향 개념에서는 실현(realization)이라고 하며, 우리는 다음 장에서 실현과 인터페이스에 대해 자세히 살펴보게 될 것입니다. 따라서 이 장에서는 상속성이라고 할 때 구현 상속만을 생각하기로 하겠습니다.

여러분이 일반화 개념에 대해 이해했다면 다시 이장의 처음으로 돌아가서 부모와 자식 간의 관계를 통해서 상속성으로 어떻게 일반화 개념을 구현하는가 살펴보도록 하겠습니다. 자식은 부모로부터 외모나 성격, 재산을 고스란히 물려받습니다. 최소한 발가락이라도 닮겠지요. 특히 부모는 자식에게 적어도 재산은 물려주어야 합니다. 아니면 부모가 자기 명대로 살지 못하는 일이 발생하기도 하지요. 드디어 견훤의 맏아들인 신검이 반란을 일으켰습니다. 조만간 견훤은 아들에게 쫓겨나서 고려에 투항하게 되겠지요. 아! 드라마 '왕건' 이야기입니다. 하여튼 부모가 명대로 살고 싶으면 자식에게 다 물려줘야 하나 봅니다. 뭐 저야 제 자식에게 물려줄 것이 없으니 그나마 다행입니다만은… 어쨌든 부모와 자식 사이의 관계는 다음과 같이 UML로 표현할 수 있습니다.

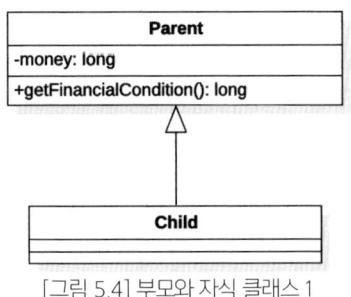

[그림 5.4] 부모와 자식 클래스 1

위의 그림에서 Child 클래스는 Parent 클래스의 money 멤버를 상속받습니다. 따라서 Child 클래스에 특별히 money 멤버를 정의하지 않았더라도 Parent 클래스

5장 발가락이 닮았다 – 일반화와 상속성

로부터 이 멤버를 상속받아 갖고 있는 것이지요. 물론 Child 클래스는 getFinan-cialCondition()이란 메서드 멤버도 상속을 받습니다. getFinancialCondition() 메서드는 재정 상태를 알고자 할 때 호출할 수 있습니다. C++ 언어에서는 이들 클래스를 다음과 같이 정의할 수 있습니다.

```cpp
class Parent
{
    long money;
public :
    long getFinancialCondition()
    {
        return money;
    }
};
class Child : public Parent
{
};
```

자바 언어에서는 extends 예약어를 사용하여 자식 클래스를 정의합니다.

```java
class Parent {
    private long money;
    public long getFinancialCondition() {
        return money;
    }
}
class Child extends Parent {
}
```

C# 언어에서는 C++ 언어와 유사하게 정의합니다.

```
class Parent {
    private long money;
    public long getFinancialCondition() {
        return money;
    }
}
class Child : Parent {
}
```

앞에서 Parent 클래스를 부모 클래스(parent class), 수퍼 클래스(super class), 기초 클래스(base class)라고 하며, Child 클래스를 자식 클래스(child class), 서브 클래스(sub class), 파생 클래스(derived class)라고 부른다고 하였습니다. 부모 클래스와 자식 클래스 용어는 주로 객체지향 개념에서 사용하며, 수퍼 클래스와 서브 클래스는 자바 언어에서, 그리고 기초 클래스와 파생 클래스는 C++ 언어와 C# 언어 등에서 주로 사용합니다. 여기에서는 주로 부모 클래스와 자식 클래스라는 용어를 사용하도록 하겠습니다.

위 클래스에서 Child 자식 클래스가 Parent 부모 클래스의 money 멤버를 상속 받아 갖고 있기는 하지만 아직은 Child 클래스에서 마음대로 사용할 수는 없습니다. 왜냐면 부모인 Parent 클래스가 이 멤버를 비공개(private)로 지정했기 때문입니다. 따라서 Child 클래스가 money 멤버의 값을 사용하려면 부모인 Parent 클래스에게 요청해야 하며, 따라서 Parent 클래스에서는 Child 클래스가 요청할 수 있는 공개 메서드를 제공해야 합니다.

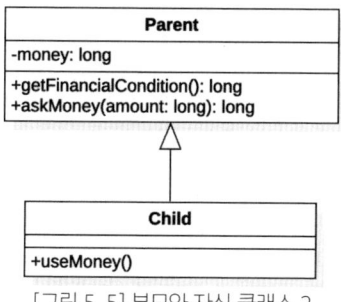

[그림 5. 5] 부모와 자식 클래스 2

앞의 그림에서 Parent 클래스는 askMoney()라는 공개 메서드를 제공하고 있군요. 이 메서드는 Child 클래스의 useMoney() 메서드에서 호출하여 사용하게 될 것입니다. 그런데 askMoney() 메서드에서는 아마도 자식이 쓸 수 있는 돈의 양을 제한하려고 하나봅니다. 인수로 요청한 금액을 받는 것을 보니 말입니다. 하긴 나 같아도 이렇게 하겠네요. 한꺼번에 1 만원 이상은 절대 못줍니다. 이것을 C++ 언어에서는 다음과 같이 구현할 수 있습니다.

```cpp
class Parent
{
    long money;
public :
    long askMoney(long amount)
    {
        if ( amount > 10000 )
            amount = 10000;
        money -= amount;
        return amount;
    }
    long getFinancialCondition();
};

class Child : public Parent
{
public :
    void useMoney()
    {
        long receiveMoney = askMoney(20000);
        // …
    }
};
```

자바 언어에서도 다음과 같이 구현할 수 있습니다.

```
class Parent {
    private long money;
    public long askMoney(long amount) {
        if (amount > 10000)
            amount = 10000;
        money -= amount;
        return amount;
    }
    public long getFinancialCondition() {
        // 생략…
    }
}
class Child extends Parent {
    public void useMoney() {
        long receiveMoney = askMoney(20000);
        // …
    }
}
```

C# 언어에서도 다음과 같이 구현합니다.

```
class Parent {
    private long money;
    public long askMoney(long amount) {
        if (amount > 10000)
            amount = 10000;
        money -= amount;
        return amount;
    }
    public long getFinancialCondition() {
        // 생략…
    }
}
```

```
class Child : Parent {
    public void useMoney() {
        long receiveMoney = askMoney(20000);
        // ...
    }
}
```

그런데 어째 조금 째째한 것 같지 않아요? 데이트 하다보면 커피값으로 후딱 없어지고 마는데, 그걸 일일이 부모에게 달라고 하기도 낯 뜨겁고… 그러니까 부모께서 넓은 아량으로 그 정도의 돈은 마음대로 쓸 수 있게 하심이 어떨지… 그런데 이 경우 한가지 문제가 있습니다. 이 용돈을 자식은 마음대로 쓸 수 있지만, 외부에서는 접근할 수 없도록 제한해야 한다는 것입니다. 다시말해 자식 클래스에게는 공개하지만 외부에 대해서는 비공개로 해야 한다는 것이지요. 우리는 이때 이러한 멤버를 보호(protected) 멤버로 지정할 수 있습니다. UML에서 보호 멤버에는 다음 그림과 같이 #을 붙입니다.

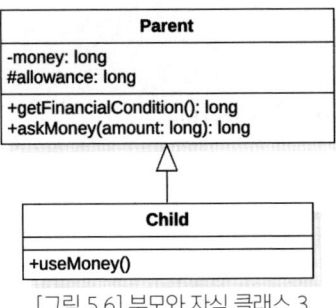

[그림 5.6] 부모와 자식 클래스 3

C++ 언어에서 보호 멤버에는 protected 예약어를 지정합니다.

```
class Parent
{
    long money;
public :
    long askMoney(long amount);
    long getFinancialCondition();
```

```
protected :
    long allowance;      // 용돈
};
```

이제 Child 클래스에서는 용돈을 구현한 allowance 멤버에 마음대로 접근할 수 있겠지요?

```
class Child : public Parent
{
public :
    void useMoney()
    {
        allowance -= 5000;
        // …
    }
};
```

자바 언어에서도 protected 예약어를 사용합니다.

```
class Parent {
    private long money;
    public long askMoney(long amount) {
        // 생략…
    }
    public long getFinancialCondition() {
        // 생략…
    }
    protected long allowance;// 용돈
}
class Child extends Parent {
    public void useMoney() {
        allowance -= 5000;
        // …
```

        }
    }

C# 언어에서도 마찬가지로 protected 예약어를 사용합니다.

```
class Parent {
    private long money;
    public long askMoney(long amount) {
        // 생략...
    }
    public long getFinancialCondition() {
        // 생략...
    }
    protected long allowance;// 용돈
}
class Child : Parent {
    public void useMoney() {
        allowance -= 5000;
        // ...
    }
}
```

그러나 자식이 항상 이렇듯 부모에게 용돈을 타서 쓰는 것만은 아닙니다. 자식 스스로도 돈을 벌기도 하지요. 다시 말해 자식 클래스에 고유한 멤버를 추가할 수 있는 것을 의미합니다. 이것을 UML로 다음과 같이 표현할 수 있습니다.

객체지향 이야기

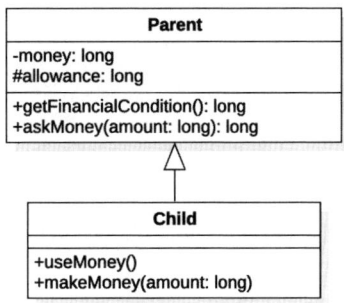

[그림 5.7] 부모와 자식 클래스 4

우리는 C++ 언어에서 다음과 같이 Child 클래스의 멤버를 추가할 수 있습니다.

```
class Child : public Parent
{
    long money;
public :
    void useMoney()
    {
        // 생략 …
    }
    void makeMoney(long amount)
    {
        money += amount;
    }
};
```

자바 언어에서도 마찬가지로 다음과 같이 Child 클래스에 멤버를 추가할 수 있습니다.

```
class Child extends Parent {
    public void useMoney() {
        // 생략 …
    }
    private long money;
```

101

```
    public void makeMoney(long amount) {
        money += amount;
    }
}
```

C# 언어에서도 동일한 방법으로 Child 클래스에 멤버를 추가할 수 있습니다.

```
class Child : Parent {
    public void useMoney() {
        // 생략 …
    }
    private long money;
    public void makeMoney(long amount) {
        money += amount;
    }
}
```

자식 클래스의 인스턴스를 생성할 때 부모 클래스의 인스턴스 부분이 먼저 생성됩니다. 이때 만약 부모 클래스가 또 다른 부모 클래스의 자식 클래스라면 상위 부모 클래스의 인스턴스가 먼저 생성됩니다. 이렇게 하여 클래스 계층도 상에서 가장 위에 있는 부모 클래스의 인스턴스가 생성된 후에 클래스 계층도를 따라 내려오면서 클래스의 인스턴스가 생성됩니다. 그러니까 위의 코드에서는 Parent 클래스의 인스턴스 부분이 먼저 생성된 다음에 Child 클래스의 인스턴스 부분이 생성되는 것이지요. 이와같이 자식 클래스의 인스턴스를 생성한 후에는 자식 클래스의 공개 멤버 뿐만 아니라 부모 클래스 부분의 모든 공개 멤버에 접근할 수 있습니다. 이미 인스턴스에는 부모 클래스의 부분이 포함되기 때문입니다. 예를 들어 자바 언어 또는 C# 언어에서는 다음과 같이 Child 클래스 인스턴스를 통하여 자신의 클래스 멤버를 호출할 수 있습니다.

```
Child child = new Child();      // Child 클래스 인스턴스 생성
child.makeMoney(10000);         // Child 클래스 메서드 호출
```

또한, Parent 클래스의 getFinancialCondition() 메서드를 호출할 수 있습니다.

long financial = child.getFinancialCondition();   // Parent 클래스 메서드 호출

그러나 Parent 클래스에 정의된 getFinancialCondition() 메서드에서 반환하는 재정 상태에는 Child 클래스의 인스턴스에 저장된 돈은 반영되지 않습니다. 단순히 부모가 갖고 있는 돈의 액수만 반환할 뿐이지요. 이것은 Child 클래스 입장에서는 자신이 번 돈도 포함되어야 하므로 이것은 잘못된 결과라고 할 수 있습니다. 따라서 Child 클래스에서는 Parent 클래스에서 정의된 getFinancialCondition() 메서드의 구현 방법을 바꾸어야 할 필요가 있게 됩니다. 이와같이 부모 클래스의 메서드 구현 방법이 자식 클래스에서 원하는 기능과 같지 않을 때, 자식 클래스에서 부모 클래스의 메서드를 재정의하여 기능을 변경시키는 것을 메서드 재정의(method overriding)라고 합니다.

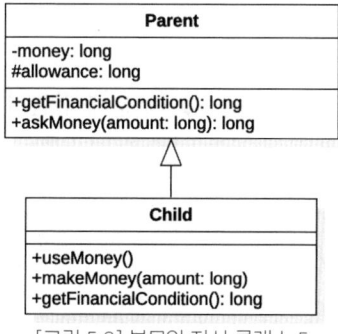

[그림 5.8] 부모와 자식 클래스 5

C++ 언어에서는 다음과 같이 부모 클래스의 메서드를 재정의합니다. C++ 언어에서 자식 클래스에서 부모 클래스에 접근하려면 '부모클래스명::멤버명' 형식의 코드를 사용합니다.

```
class Child : public Parent
{
    long money;
public :
```

```
        void useMoney()
        {
            // 생략 …
        }
        void makeMoney(long amount)
        {
            // 생략 …
        }
        long getFinancialCondition()
        {
            return money + Parent::getFinancialCondition();
            // 또는,
            // return money + __super::getFinancialCondition();
        }
    };
```

자바 언어에서도 다음과 같이 부모 클래스의 메서드를 재정의할 수 있습니다. 자바 언어에서 자식 클래스에서 부모 클래스 부분에 접근하려면 super 예약어를 사용합니다.

```
    class Child extends Parent {
        public void useMoney() {
            // 생략 …
        }
        private long money;
        public void makeMoney(long amount) {
            // 생략 …
        }
        public long getFinancialCondition() {
            return money + super.getFinancialCondition();
        }
    }
```

C# 언어에서는 base 예약어를 사용하여 자식 클래스에서 부모 클래스 부분에 접근할 수 있습니다.

```
class Child : Parent {
    public void useMoney() {
        // 생략 ...
    }
    private long money;
    public void makeMoney(long amount) {
        // 생략 ...
    }
    public long getFinancialCondition() {
        return money + base.getFinancialCondition();
    }
}
```

이제 우리는 Child 클래스 인스턴스를 통하여 getFinancialCondition() 메서드를 호출할 때 Child 클래스에서 기능을 재정의한 재정의 메서드가 호출되어 원하는 결과를 얻을 수 있게 됩니다.

```
Child child = new Child();                          // Child 클래스 인스턴스 생성
long financial = child.getFinancialCondition();     // Child 클래스 메서드 호출
```

만약 다음 코드와 같이 Child 클래스 인스턴스의 참조 정보를 Parent 클래스 타입의 참조 변수에 저장하고 getFinancialCondition() 메서드를 호출한다면 어떻게 될까요?

```
Parent parent = new Child();                        // Child 클래스 인스턴스 생성
long financial = parent.getFinancialCondition();    // ???
```

이 경우에는 자바 언어와 C# 언어가 서로 다르게 반응합니다. 결론부터 말하면 자바 언어에서 Child 클래스에서 재정의한 메서드가 호출되는 반면에, C# 언어에서는

105

5장 발가락이 닮았다 - 일반화와 상속성

Parent 클래스의 메서드가 호출됩니다. 자바 언어 측에서는 아무리 Parent 클래스 타입의 참조 변수에 저장된다고 하더라도 그것이 Child 클래스 인스턴스의 참조 정보이므로 Child 클래스에 재정의한 메서드가 호출되어야 한다고 주장하는 것이고, C# 언어 측에서는 Child 클래스 인스턴스의 참조 정보라고 하더라도 Parent 클래스 타입의 참조 변수에 저장되므로 Parent 클래스에 정의되어 있는 메서드를 호출하는 것이 맞다고 주장합니다. 글쎄 어느 것이 맞는 이야기일까요? 예를 들어 다음 코드는 어떨까요?

```
Parent parent = new Child();        // Child 클래스 인스턴스 생성
parent.makeMoney(10000);            // ???
```

자바 언어 측의 설명이 설득력을 가지려면 이 코드도 실행되어야 하지 않을까요? 그러나 자바 컴파일러는 makeMoney() 메서드가 Parent 클래스에 정의되어 있지 않다고 에러를 발생시킵니다. 그렇다면 자바 언어가 틀린 것일까요? 천만에 그렇지 않습니다. C# 언어에서도 위의 코드는 자바 언어와 같은 에러를 발생시키게 됩니다. 여기에서 중요한 것은 이렇게 설명하는 것 자체가 틀린 것이지요. 이것은 단지 다형성(polymorphism)이라고 하는 객체지향 개념을 지원하는 방법이 다른 것 뿐입니다. 결론부터 말하면 자바 언어는 기본적으로 다형성 개념을 지원하고, C++ 언어와 C# 언어는 가상 메서드(virtual method)를 통해서만 다형성을 지원하기 때문에 서로 다른 결과가 나온 것 뿐입니다. 이제 자세한 사항을 C++ 언어를 통해서 알아보겠습니다.

가상 메서드란 해당 메서드가 자식 클래스에서 재정의할 것으로 기대되는 메서드라는 것을 의미하는 것입니다. 부모 클래스의 기대대로 자식 클래스에서 이 메서드를 재정의한다면, 자식 클래스의 인스턴스가 부모 클래스 타입으로 타입 변환되어 부모 클래스의 참조 변수를 통하여 이 메서드를 호출할 때 재정의된 자식 클래스 버전의 메서드를 호출할 것이라는 것을 말하는 것입니다.

C++ 언어에서 가상 메서드를 정의하기 위해서는 virtual이란 예약어를 사용합니다.

```
class Parent
{
    long money;
public :
    long askMoney(long amount);
    virtual long getFinancialCondition()
    {
        return money;
    }
protected :
    long allowance;       // 용돈
};
```

그리고 Child 클래스에서는 Parent 클래스의 기대대로 다음과 같이 가상 메서드를 재정의할 수 있습니다.

```
class Child : public Parent
{
    // 생략...
public :
    long getFinancialCondition()
    {
        return money + __super::getFinancialCondition();
    }
};
```

이제 다음과 같이 Child 클래스의 인스턴스를 생성한 후에 그 시작 주소 즉, 인스턴스 포인터를 Parent 클래스의 포인터 타입의 변수에 저장할 수 있습니다.

```
Parent * parent = new Child;
long financial = parent->getFinancialCondition();    // Child 클래스 멤버 함수 호출
```

5장 발가락이 닮았다 - 일반화와 상속성

이제 parent 포인터 변수를 통해 가상 메서드인 getFinancialCondition() 멤버 함수를 호출하면 Child 클래스에 재정의한 멤버 함수가 호출되게 됩니다. 물론, 다음과 같이 parent 포인터 변수에 Parent 클래스 인스턴스 포인터를 저장한다면 Parent 클래스에 정의된 멤버 함수가 호출되게 됩니다.

```
Parent * parent = new Parent;
long financial = parent->getFinancialCondition();    // Parent 클래스 멤버 함수 호출
```

만약 다음 코드와 같이 실행 시에 조건에 따라서 parent 포인터 변수에 저장되어야 하는 인스턴스 포인터가 다른 경우를 생각해 보기로 합니다.

```
Parent * parent;
if ( age > 30)
    parent = new Parent;
else
    parent = new Child;
long financial = parent->getFinancialCondition();
```

위의 코드에서는 age 변수의 값이 30 보다 크면 Parent 클래스의 인스턴스를 생성하여 그 인스턴스 포인터를 parent 포인터 변수에 저장하고, 30 이하이면 Child 클래스의 인스턴스를 생성하여 그 인스턴스 포인터를 parent 포인터 변수에 저장한 후에 getFinancialCondition() 멤버 함수를 호출하고 있습니다. 이 경우 parent 포인터 변수에 저장된 인스턴스 포인터에 따라 어느 버전의 getFinancialCondition() 멤버 함수를 호출할지 결정됩니다.

사실 이러한 것을 다형성(polymorphism)이라고 합니다. 이 말은 poly(많은)와 morphe(형태)의 합성어로서 말 그대로 "여러 개의 형태를 띠는 것"이란 의미가 됩니다. 객체지향 개념에서 다형성이란 "같은 메시지에 대해 객체가 서로 다르게 반응하는 것"으로 정의됩니다. 위의 예에서 같은 getFinancialCondition() 멤버 함수 호출에 대하여 서로 다른 결과를 가져오는 것이지요.

또한 실행 시에 parent 포인터 변수에 저장된 값에 따라 어떤 멤버 함수를 호출할

지를 결정하게 되므로, 이것을 동적 바인딩(dynamic binding)이라고 합니다. 여기에서 동적(dynamic)이라고 할 때 '실행 시에 어찌어찌한다'라는 의미로 이해하면 됩니다. 반면에 컴파일러가 컴파일 시에 메서드를 어떻게 호출해야 할지를 분명하게 알고 있게 되는 경우를 정적 바인딩(static binding)이라고 합니다.

C++ 언어에서 동적 바인딩은 가상 함수 테이블(virtual function table, vtable)을 사용하여 구현됩니다. 가상 함수 테이블이란 가상 메서드가 정의된 모든 클래스에 대하여 컴파일러가 구축하는 함수 포인터 배열로 이해할 수 있습니다. 가상 메서드가 정의된 클래스는 모두 각각 가상 함수 테이블을 갖게 됩니다. 예를 들어 다음 코드의 경우를 살펴보겠습니다.

```cpp
class Root
{
public :
    virtual void function1()
    {
        cout << "Root::function1" << endl;
    }
    virtual void function2()
    {
        cout << "Root::function2" << endl;
    }
    virtual void function3()
    {
        cout << "Root::function3" << endl;
    }
private :
    int var1;
};
class Derived1 : public Root
{
public :
```

```cpp
        virtual void function2()
        {
            cout << "Derived1::function2" << endl;
        }
        virtual void function4()
        {
            cout << "Derived1::function4" << endl;
        }
    private :
        int var2;
};
class Derived2 : public Derived1
{
    public :
        virtual void function3()
        {
            cout << "Derived2::function3" << endl;
        }
        virtual void function5()
        {
            cout << "Derived2::function5" << endl;
        }
    private :
        int var3;
};
```

위의 코드에서 Root, Derived1, Derived2 클래스는 다음과 같은 가상 함수 테이블을 갖게 됩니다.

객체지향 이야기

Root 클래스	Derived1 클래스	Derived2 클래스
&Root::function1	&Root::function1	&Root::function1
&Root::function2	&Derived1::function2	&Derived1::function2
&Root::function3	&Root::function3	&Derived2::function3
	&Derived1::function4	&Derived1::function4
		&Derived2::function5

[그림 5.9] 가상 함수 테이블

또한 가상 메서드를 포함하는 클래스의 각 인스턴스에는 해당 클래스의 가상 함수 테이블의 주소를 저장하는 vptr이라고 하는 감추어진 가상 함수 테이블 포인터 변수를 갖고 있습니다. 따라서 만약 다음과 같이 Derived2 클래스의 인스턴스가 생성되었다면, 다음과 같은 메모리 구조를 갖게 됩니다.

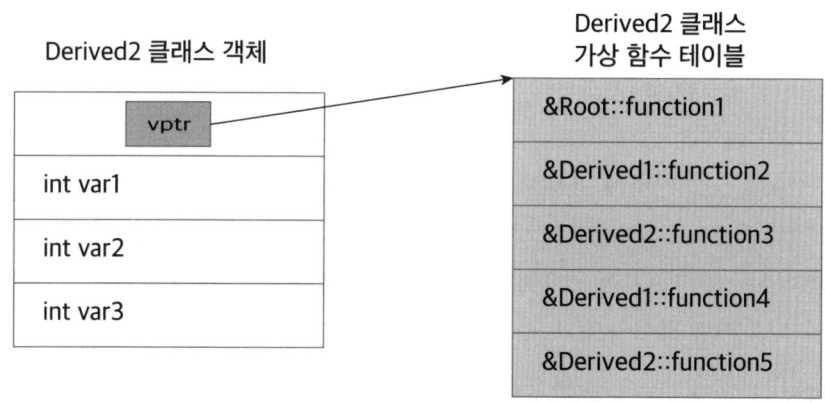

[그림 5.10] Derived2 클래스 객체 메모리 구조

이제 다음 코드와 같이 동적 바인딩으로 function3() 멤버 함수를 호출할 때,

```
Derived2 d2;
Root* pRoot = &d2;
pRoot->function3();
```

이 경우 컴파일러마다 구현 방법이 다소 다르기는 하지만 일반적으로 C++ 컴파

5장 발가락이 닮았다 - 일반화와 상속성

일러는 내부적으로 다음과 같은 코드를 작성하게 됩니다.

(*(pRoot->vtable[2]))(pRoot);

funtion3 멤버 함수는 가상 함수 테이블의 0부터 시작하여 2번째 배열 요소에 있으므로 vtable[2] 함수 포인터를 호출하며, 따라서 Derived2 클래스에 구현된 function3 멤버 함수가 호출되게 됩니다. 이때 function3 멤버 함수에 인수로 전달되는 pRoot 즉, d2 객체의 시작 주소는 C++ 언어의 this 포인터가 되는 것입니다.

이와같이 C++ 언어에서는 virtual 예약어를 명확하게 지정하여 가상 메서드로 정의한 멤버 함수에 대해서만 객체지향의 다형성 개념을 지원합니다. 그러나 자바 언어에서는 디폴트로 모든 메서드가 가상 메서드입니다. 따라서 자바 언어에서는 virtual이란 예약어를 제공할 필요가 없는 것이지요. 그렇다면 왜 C++ 언어에서는 굳이 프로그래머가 명확하게 가상 메서드를 지정하게 했을까요? 그것은 가상 메서드를 사용하는 것이 오버헤드(overhead, 부담)를 가중시키기 때문입니다. 앞의 설명에서 알 수 있듯이 C++ 컴파일러는 가상 메서드가 정의된 모든 클래스에 대하여 인스턴스를 생성할 때 가상 함수 테이블을 작성합니다. 만약 가상 메서드의 기능이 필요없다면 이것은 실행 속도나 메모리 사용에 있어서 낭비가 되는 것이지요. 실제로 이 기능을 무분별하게 사용할 때 많은 문제를 야기시키는 것을 종종 볼 수 있습니다. 그래서 C++ 언어에서는 이 기능을 사용할 것인지의 여부를 프로그래머가 선택하게 하는 것이지요. 꼭 필요하다면 사용해라. 그러나 다 네 책임이니까 조심해서 사용해라 뭐 이런 것이지요.

이러한 가상 메서드의 잘못된 사용 중의 하나가 부모 클래스의 구현 의도를 손상시키는 것입니다. 이번에는 자바 언어로 작성된 다음 코드의 예를 살펴보겠습니다.

```
class Root {
    public void method1() {
        System.out.println("Root.method1");
        method2();
    }
    public void method2() {
```

```
        System.out.println("Root.method2");
    }
}
```

아마도 Root 클래스를 작성한 프로그래머는 method1() 메서드가 호출될 때 자신의 클래스 즉, Root 클래스에 정의된 method2() 메서드가 호출될 것을 기대하고 있을 겁니다. 당연히 그렇겠지요. 그러나 자식 클래스에서 다음과 같이 method2() 메서드를 재정의한다면 사정은 사뭇 달라집니다.

```
class Derived extends Root {
    public void method2() {
        System.out.println("Derived.method2");
    }
}
```

이제 Derived 클래스의 인스턴스를 생성하여 Root 클래스 타입의 참조 변수를 통해서 method1() 메서드를 호출한다면 이것이 심각한 문제라는 것을 쉽게 알 수 있게 될 것입니다.

```
Root root = new Derived();
root.method1();
```

위의 코드는 다음과 같은 결과를 보여줍니다.

```
Root.method1
Derived.method2
```

오잉? 어째 이런 일이? 하고 놀랄 필요가 전혀 없습니다. 그래서 가상 메서드란 놈을 함부로 막 사용해서는 안된다는 것이지요. 그래서 C++ 언어에서는 가상 메서드의 사용 여부를 프로그래머가 선택할 수 있게 하는 것이지요.

C# 언어에서도 이러한 C++ 언어의 개념을 그대로 이어받고 있습니다. 따라서

C# 언어에서 virtual이란 예약어를 지정한 메서드에 대해서만 다형성 개념을 지원할 수 있게 하는 것이지요. 우리가 앞에서,

```
Parent parent = new Child();
long financial = parent.getFinancialCondition();
```

위의 코드가 Parent 클래스의 메서드를 호출한 것도 Parent 클래스의 getFinancialCondition() 메서드에 virtual이란 예약어를 지정하지 않았기 때문입니다. 따라서 우리는 다음 코드와 같이 Parent 클래스의 getFinancialCondition() 메서드에 virtual이란 예약어를 지정해야 합니다.

```
class Parent {
    private long money;
    public long askMoney(long amount) {
        // 생략…
    }
    virtual public long getFinancialCondition() {
        return money;
    }
    protected long allowance;// 용돈
}
```

또한, Child 클래스의 재정의 메서드에도 다음과 같이 이 메서드가 부모 클래스의 가상 메서드를 재정의(override)한 것임을 명확하게 지정해야 합니다.

```
class Child : Parent {
    public void useMoney() {
        // 생략 …
    }
    private long money;
    public void makeMoney(long amount) {
        // 생략 …
```

```
        }
        override public long getFinancialCondition() {
            return money + base.getFinancialCondition();
        }
    }
```

그렇다면 C# 언어에서는 굳이 자식 클래스의 재정의 메서드에 override란 예약어를 사용하게 하는 걸까요? 그것은 C# 언어가 가상 메서드를 좀 더 엄격하게 사용하게 함으로써 앞에서 살펴본 가상 메서드의 문제점을 해결할 수 있게 하기 위한 것으로 생각됩니다. 앞에서 우리는 가상 메서드가 부모 클래스의 구현 의도를 손상시키는 위험성에 대해 살펴보았습니다. 이번에는 C# 언어에서 이 문제점을 어떻게 해결할 수 있는지 살펴보도록 하겠습니다.

```
class Root {
    public void method1() {
        System.Console.WriteLine("Root.method1");
        method2();
    }
    virtual public void method2() {
        System.Console.WriteLine("Root.method2");
    }
}
```

만약 다음과 같이 override 예약어를 사용하여 method2() 메서드를 재정의한다면 앞에서 자바 언어 코드의 경우와 완전히 동일한 결과를 가져오게 될 것입니다.

```
class Derived : Root {
    override public void method2() {
        System.Console.WriteLine("Derived.method2");
    }
}
```

5장 발가락이 닮았다 – 일반화와 상속성

그러나, 부모 클래스의 메서드가 virtual로 지정되어 자식 클래스에서 그 메서드를 재정의할 것으로 기대한다고 해서 반드시 재정의해야 하는 것은 아닐 것입니다. 그보다는 오히려 위의 코드의 경우에는 자식 클래스에서 부모 클래스의 가상 메서드를 감추어버리고, 완전히 새로운 버전의 메서드를 구현한다면 이러한 문제점을 제거할 수도 있을 것입니다. 이때 우리는 재정의 메서드에 new 예약어를 지정할 수 있으며, 이러한 메서드를 새정의 메서드(new method)라고 합니다.

```
class Derived : Root {
    new public void method2() {
        System.Console.WriteLine("Derived.method2");
    }
}
```

이제 Derived 클래스의 인스턴스를 생성하여 Root 클래스 타입의 참조 변수를 통해서 method1() 메서드를 호출해도 Root 클래스의 method1() 메서드의 구현 의도를 전혀 손상시키지 않게 됩니다. 따라서 다음 코드는

```
Root root = new Derived();
root.method1();
```

다음과 같은 결과를 보여줍니다.

```
Root.method1
Root.method2
```

사실 부모 클래스의 가상 메서드에 대하여 override 예약어든 new 예약어든 아무 것도 지정하지 않는다면 새정의 메서드로 간주됩니다. 따라서 굳이 new 예약어를 지정할 필요가 없는 것이지요. 다만 new 예약어를 지정하지 않으면 컴파일러가 경고 메시지를 보냅니다. 이 메서드는 재정의할 것으로 기대되는 메서드인데 왜 재정의하지 않았느냐? 싫다면 마라. 뭐 이런 식이 되는 것이지요. 그러나 에러는 아니기 때문에 프로그램 실행에는 문제가 없습니다. 그러나 new 예약어를 지정하면 이

러한 불평이 없어지게 됩니다.

　이번에는 삼각형, 사각형, 원형 등을 클래스로 정의하는 것에 대해서 생각해 보기로 하겠습니다. 우리는 삼각형이란 원점과 세 개의 꼭지점을 갖는 도형으로 정의할 수 있습니다. 마찬가지로 사각형을 원점과 좌측 상단 위치, 그리고 가로의 길이, 세로의 길이를 갖는 도형으로 정의하고, 원형을 원점과 반지름을 갖는 도형으로 각각 정의할 수 있습니다. 그리고 이들은 모두 스스로 그림을 그리는 기능을 제공하는 draw()라고 하는 메서드를 제공합니다. 그렇다면 이들에서 공통적인 요소 즉, 좌표와 draw() 메서드를 포함하는 일반적인 도형을 나타내는 Geometry라고 하는 클래스를 정의한 후, 이 클래스에서 각각 삼각형을 나타내는 Triangle, 사각형을 나타내는 Rectangle, 원형을 나타내는 Circle 클래스를 파생시킬 수 있습니다. 따라서 이들 클래스는 다음과 같이 UML 표현될 수 있을 것입니다.

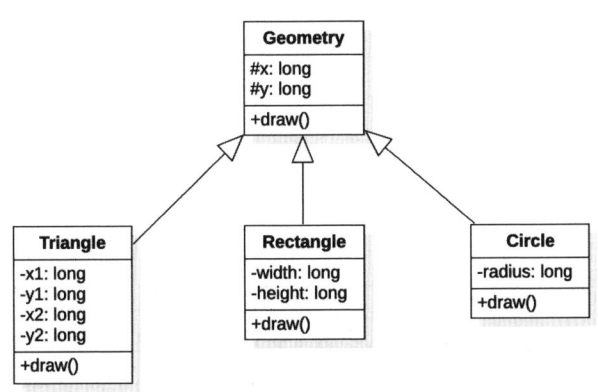

[그림 5.11] 도형 클래스 계층도

　이들 클래스에서 우리가 생각해야 할 첫 번째 사항은 Geometry 클래스의 draw 메서드를 어떻게 구현할 것인가 하는 것입니다. 만약 도형이 삼각형이라면 Geometry 클래스에서 상속받은 좌표(x, y 멤버)와 자신의 클래스에 추가로 정의된 두 개의 좌표값(x1, y1, x2, y2 멤버)을 가지고 삼각형을 그릴 수 있을 것입니다. 마찬가지로 사각형인 경우에는 좌표와 가로와 세로의 길이(width, height 멤버) 정보를 가지고 사각형을 그릴 것입니다. 물론 원형인 경우에도 좌표와 반지름(radius 멤버)을 가지고 원형을 그릴 수 있겠지요. 그러나 그저 도형이란 것을 어떻게 그려야 할까요? 물론 다형성의 원리를 적용하여 해결할 수도 있습니다. 하지만 Geometry

클래스의 인스턴스가 생성된다면 그것은 삼각형도 아니고, 사각형이나 원형도 아닙니다. 따라서 Gemoetry 클래스 인스턴스에 draw() 메서드를 호출하여 그리게 할 방법이 없는 것입니다. 이와 관련하여 두 번째 고려해야 할 사항은 Geometry 란 클래스가 다분히 개념적이라는 것입니다. 실제로 도형이란 객체는 없는 것이지요. 그렇다면 Geometry 클래스의 인스턴스는 생성될 수 없어야 합니다. 따라서 Geometry 클래스는 일반 클래스와는 다른 방법으로 구현되어야 합니다. 우리는 이러한 클래스와 메서드를 추상 클래스(abstract class)와 추상 메서드(abstract method)로 구현할 수 있습니다. UML에서는 다음 그림과 같이 추상 클래스와 추상 메서드는 이름을 기울임체로 표시합니다.

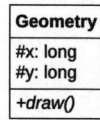

[그림 5.12] 추상 클래스와 추상 메서드의 UML 표현

추상 메서드란 구현 코드를 포함하지 않는 메서드입니다. 메서드의 원형(prototype)만을 제공하는 것이지요. 또한 이러한 추상 메서드를 포함하고 있는 클래스를 추상 클래스라고 합니다. 추상 메서드는 본질상 가상 메서드입니다. 따라서 파생되는 자식 클래스에서 반드시 추상 메서드를 재정의해야만 합니다. 만약 자식 클래스가 부모 클래스의 추상 메서드를 재정의하지 않는다면 자식 클래스도 추상 클래스가 됩니다. 또한 추상 클래스는 인스턴스를 생성할 수 없습니다. 그것은 추상 클래스가 기능을 정의할 수 없는 메서드를 포함하는 개념적인 클래스이기 때문입니다.

C++ 언어에서 추상 메서드는 순수 가상 멤버 함수(pure virtual member function)로 구현합니다. 또한 C++ 언어에서 순수 가상 멤버 함수를 포함하고 있는 클래스를 추상 클래스라고 합니다. 다음은 C++ 언어에서 draw()라고 하는 추상 메서드를 포함하는 Geometry라고 하는 추상 클래스를 정의한 예입니다.

```
class Geometry                // 추상 클래스
{
protected :
```

```
        long x;
        long y;
    public :
        virtual void draw() = 0;        // 추상 메서드
    };
```

자바 언어와 C# 언어에서는 추상 메서드에는 abstract 예약어를 지정하며, 이러한 추상 메서드를 포함하는 클래스에도 abstract 예약어를 지정하여 추상 클래스로 정의해야 합니다.

```
    abstract class Geometry {           // 추상 클래스
        protected long x;
        protected long y;
        public abstract void draw();    // 추상 메서드
    }
```

우리는 지금까지 부모 클래스가 하나인 경우에 대해서만 생각했습니다. 그러나 자식이 아버지와 어머지 어느 한 분만 닮는 것이 아닌 것 같이, 클래스 사이의 관계에서도 어느 하나의 부모 클래스에서만 파생하는 것은 아닙니다. 자식이 아버지와 어머니 모두에게서 외모나 성격, 재산을 상속받는 것처럼 클래스 역시 두 개 이상의 부모 클래스로부터 파생될 수 있습니다. 우리는 이러한 클래스의 사이의 관계를 다중 상속(multiple inheritance)이라고 합니다. 다중 상속 관계는 UML로 다음과 같이 표현될 수 있습니다.

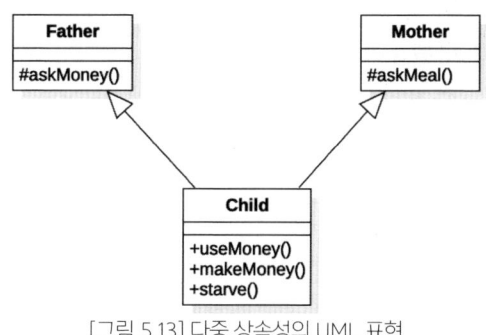

[그림 5.13] 다중 상속성의 UML 표현

5장 발가락이 닮았다 - 일반화와 상속성

앞의 그림은 자식(Child 클래스)이 아버지(Father 클래스)로 부터는 돈이 필요할 때(useMoney() 메서드) 용돈을 달라고 요구(askMoney() 메서드)하고, 어머니(Mother 클래스)께는 배고플 때(starve() 메서드) 밥을 달라고 요구(askMeal() 메서드)하는 상황을 표현하고 있습니다. 이러한 다중 상속성은 C++ 언어에서만 지원하는 기능으로, 앞의 그림은 C++ 언어로 다음과 같이 구현될 수 있습니다.

```
class Father
{
protected :
    void askMoney();
};
class Mother
{
protected :
    void askMeal();
};
class Child : public Father, public Mother
{
public :
    void useMoney();
    void makeMoney();
    void starve();
}
```

그러나 이와같은 다중 상속성은 아주 중요한 문제를 발생시킬 수도 있습니다. 다음 그림을 살펴보도록 하겠습니다.

객체지향 이야기

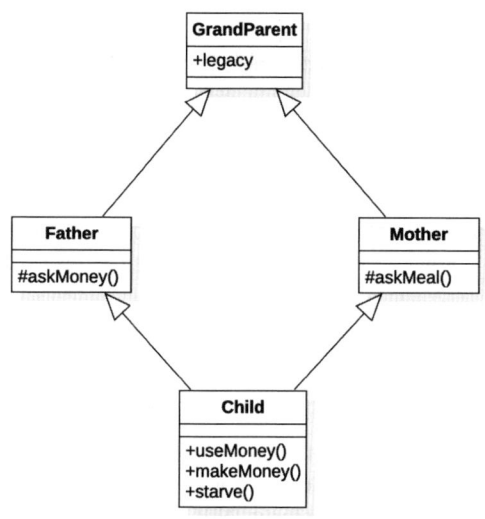

[그림 5.14] 다중 상속의 문제점

현실에서 위의 그림과 같은 일이 발생하면 큰일나겠지요. 아버지와 어머니가 서로 남매 사이니까요. 클래스에서도 이런 다중 상속 관계가 이루어진다면 아주 골치 아픕니다. 왜냐구요? 그림을 잘 보기 바랍니다. 그림에서는 아버지도 조부모에게서 유산(legacy 멤버)을 상속받고, 어머니도 조부모에게서 유산을 상속받습니다. 그러니까 결국 자식도 조부모의 유산을 상속받은 셈이 되는 것이지요. 만약 자식이 조부모의 유산을 사용하기 위해 legacy 멤버에 접근한다고 할 때 어떤 legacy 멤버를 접근하게 될까요? 아버지가 상속받은 lagacy 멤버일까요? 어머니가 상속받은 legacy 멤버일까요? 모른다구요? 혹시 이해가 안돼서 모르는 것은 아니구요? 그렇다면 다음 그림을 보기 바랍니다.

121

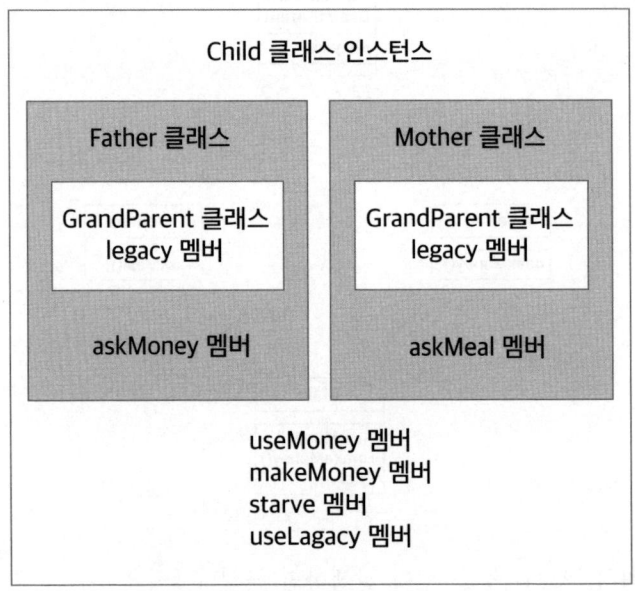

[그림 5.15] Child 클래스 인스턴스 구조

위의 그림에서 보는 바와 같이 Child 클래스의 인스턴스에서 접근할 수 있는 GrandParent 클래스의 legacy 멤버는 두개입니다. 각각 Father 클래스와 Mother 클래스가 GrandParent 클래스로부터 상속받은 것이지요. 어느 부분의 legacy 멤버를 사용해야 할까요?

```
void Child :: useLegacy()
{
    // 어느 legacy 멤버를 사용해야 하나요?
    // 아버지? 어머니?
    // 어느 것이라도 좋으니 사용할 수 있게 해주세요.
}
```

모르겠다구? 그래요. 모르는 것이 당연하지요. C++ 컴파일러도 모른답니다. 이 경우 해결 방법이 있습니다. 영역 결정 연산자(::, scope resolution operator)를 사용하여 어느 클래스 부분의 멤버를 사용할지를 명확하게 지정하는 것입니다.

```
void Child :: useLegacy()
{
    // 난 아버지 측의 legacy 멤버를 사용합니다.
    myLegacy = Father::legacy;
}
```

그러나 이것은 근본적인 해결 방법은 되지 못합니다. 여전히 두 개의 legacy 멤버 복사본이 메모리에 남아있게 되니까요. 따라서 이 문제를 근본적으로 해결하기 위해서는 다음 그림과 같이 Father 클래스와 Mother 클래스가 하나의 legacy 멤버를 공유해야 합니다.

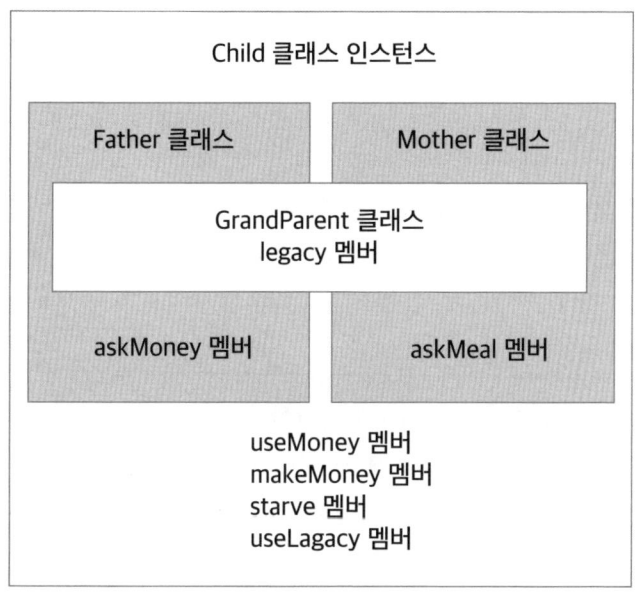

[그림 5.16] legacy 멤버의 공유

Child 클래스 인스턴스가 위의 그림과 같은 메모리 구조를 갖게 하기 위해서는 Father 클래스와 Mother 클래스가 모두 GrandParent 클래스를 가상 부모 클래스(virtual parent class)로 지정해야 합니다.

```
class GrandParent
{
```

```
    protected :
        long legacy;
};
class Father : public virtual GrandParent
{
    // 생략…
};
class Mother : public virtual GrandParent
{
    // 생략…
};
class Child : public Father, public Mother
{
    // 생략…
};
```

이제 가상 부모 클래스를 포함하는 다중 상속된 클래스는 가상 부모 클래스의 인스턴스를 하나만 포함하게 되므로 앞에서 발생했던 모호성을 근본적으로 해결할 수 있게 됩니다. 그러나 가상 부모 클래스에는 많은 오버헤드가 발생하므로 아주 조심해서 사용해야만 합니다.

이러한 이유로 해서 자바 언어와 C# 언어에서는 다중 상속성의 기능을 제공하지 않습니다. 다만 다음 장에서 살펴보게 될 인터페이스(interface)로부터 파생하는 경우에는 다중 상속성을 지원합니다. 또 다시 가슴 깊이 새기기 바랍니다. 과유불급!

6장
홈 씨어터 꾸미기
– 인터페이스와 실현

6장
홈 씨어터 꾸미기 – 인터페이스와 실현

18 73년 에디슨이 발명한 축음기(Phonograph)는 단순히 소리를 녹음하여 재생하기 위한 것이었습니다. 이때가 오디오의 원년이라고 말할 수 있지요. 이때부터 소리를 녹음하고 재생하는 기기들이 개발되기 시작하였으며, 최대한 원음에 가까운 소리를 얻고자 하는 노력들이 시작되었습니다.

[그림 6.1] 축음기와 진공관 라디오

처음 소리의 재생한 형태는 단순히 1개의 채널로 녹음되고 재생되는 모노(mono) 방식이었습니다. 한 개의 스피커를 사용하였고 여러 개의 스피커가 있더라도 똑같은 소리를 재생하였습니다. 이것은 결국 공간적인 느낌을 전달하지 못하고 단순히 소리만을 답답하게 들려주게 되었습니다. 이러한 단점을 개선한 것이 스테레오(stereo)방식입니다. 소리가 왼쪽과 오른쪽으로 완전히 분리되어 깨끗하고 맑은 소리를 전달하게 되었습니다. 왼쪽과 오른쪽 각각의 소리를 전달하기 위하여 2개의 스피커가 필요하게 되었으며, 하이파이(Hi-Fi) 시스템에서는 두 개의 스피커가 기

객체지향 이야기

본적으로 사용되고 있습니다.

여기에 만족하지 않고 좀 더 공간적인 소리의 이미지를 얻기 위하여 서라운드 시스템이 도입되었습니다. 이것은 전면에 2개의 스피커뿐만 아니라 측면벽이나 후면에 설치하는 서라운드 스피커를 설치하여 새로운 음향 환경을 갖추게 되었습니다. 이것이 바로 돌비 서라운드(Dolby Surround), 돌비 프로 로직(Dolby Pro Logic)이었습니다. 전면에 왼쪽과 오른쪽 스피커와 중앙에 센터 스피커, 후면에 서라운드 스피커를 도입하게 되었습니다. 그러나 이때까지도 모든 채널이 각각으로 분리되지 못하고 왼쪽과 오른쪽 2개 채널의 신호를 가지고 조합하는 소리를 얻기 때문에 완벽한 입체 음향은 되지 못하였습니다. 이러한 단점을 보완하여 각각의 채널이 분리된 5.1 채널 스피커 시스템이 도입되었습니다. 각 채널이 완전히 분리된 스피커 시스템으로 돌비 디지털(Dolby Digital, AC-3)이나 디티에스(dts, Digital Theater System)라는 디지털 음향 처리(DSP, Digital Sound Processing)를 하게 되었지요. 이와 함께 비디오 부분에서는 DVD(Digital Versatile Disc)가 개발되어 CD와 같은 음질에 VTR보다 훨씬 선명한 화질을 볼 수 있게 되었습니다. 이렇게 하여 지금은 마치 극장이나 공연장에 와있는 그 느낌을 그대로 집으로 가져와 즐길 수 있는 홈 씨어터(가정 극장) 시대에 와있는 것이지요.

[그림 5.2] 홈 씨어터 꾸미기

아! 위의 그림은 슬프게도 우리 집이 절대로 아닙니다. 집에 저런 홈 씨어터 환경을 갖추고 있으면 얼마나 좋겠습니까? 그치요! 그런데 갑자기 객체지향 기술을 이야기하다 전혀 상관없을 것 같은 홈 씨어터 이야기는 해서 속을 긁어 놓냐구요? 그건 프로그램에서나마 우리도 한 번 홈 씨어터를 꾸며서 마음을 좀 달래보자는 거지

6장 홈 씨어터 꾸미기 – 인터페이스와 실현

요.

홈 씨어터는 영상(화면)과 음향(소리) 부분과 공간 환경 등 3가지 부분으로 나눌 수 있습니다. 공간 환경이야 뭐 절대로 내 마음대로 되는 것이 아니니까 속시원하게 포기하기로 하지요. 영상 부분에서는 천만 원을 호가하는 프로젝터와 스크린을 갖추려면 돈도 돈이지만 공간 환경도 어마어마해야 하니까 이것도 미련없이 포기하고 그냥 집에 있는 TV를 사용하기로 하겠습니다. 여기에 조금 돈을 투자해서 DVD 플레이어 한 대를 사기로 하지요. 그리고 내가 음질 중시형이니 만큼 음향 부분에는 과감하게 돈을 투자하여 5.1 채널 디지털 음향 처리를 지원하는 AV 프로세서와 멀티 채널 파워 앰프를 사고 싶지만, 이 역시 경제적 여건이 따라주지 않는 관계로 다음으로 미루어야 할 것 같습니다. 조금 경제적인 여건이 호전되면 프로세서와 앰프가 하나로 합쳐진 AV 리시버를 하나 사기로 하겠습니다. 대신에 이전에 조금 큰 맘 먹고 과감하게 투자해서 장만해 두었던 돌비 프로 로직 기능을 제공하는 오디오 앰프를 사용하기로 하지요. 그래도 5개의 스피커가 들을 만한 음향 환경을 제공해줄 겁니다. 이러다보니 결국 DVD 플레이어 한 대만 사면 되는군요. 그러나 저러나 걱정입니다. 사정이 이렇다보니 TV, DVD 플레이어, 오디오 앰프, 스피커 모두 서로 다른 회사의 제품이네요. 이것을 어떻게 연결해야 되지요? 여러분 알고 있나요? 뭐라구요? 아주 쉽다구요?

만약 이들 기기들이 각각 자신의 회사 제품하고만 연결할 수 있게 했다면 서로 다른 회사의 제품을 연결하는 것은 어림 반푼 어치도 없는 이야기일 것입니다. 이것은 우리가 매일 사용하고 있는 컴퓨터도 마찬가지지요. 여러분이 컴퓨터를 완제품으로 구입할 수도 있지만, 컴퓨터 하드웨어를 조금 알고 있는 사람이라면 전자 상가에 나가 마더 보드, CPU, 메모리, 하드 디스크, 사운드 카드, CD 롬 드라이브, DVD 드라이브, 플로피 디스크 드라이브, 네트워크 카드, 본체 케이스 등을 원하는 부품을 하나씩 구입하여 조립하여 사용할 수도 있을 것입니다. 이들 부품이 각각 서로 다른 회사에서 생산된 것이지만 문제없이 조립하여 사용할 수 있는 것이지요. 이것이 어떻게 가능할까요?

만약 DVD 플레이어가 S-비디오 단자로 출력한다면 TV에서도 입력받을 수 있는 S-비디오 단자를 제공해야만 DVD 플레이어가 전송하는 영상을 TV 화면에 표시할 수 있을 것입니다. 이 경우 다시 말해 S-비디오 방식이 DVD 플레이어와 TV를 연결할 수 있게 하는 수단이 되며, 이것은 업계에서 표준으로 정한 하나의 영상 전송 방법이 되는 것입니다. 이와같이 부품들을 연결하게 하는 매개체를 인터페이스(interface)라고 합니다. 그러나 영상을 전송하는 방법에는 S-비디오만 있는 것은 아닙니다. 우리가 가장 흔히 접할 수 있는 방식으로는 컴포지트 비디오(composite video) 방식이 있습니다. 이것은 영상 신호의 휘도(Y, 흑백) 정보와 색(C, 색상) 정보를 혼합하여 하나의 케이블을 통해 주고 받는 방식입니다. 노란색으로 표시된 단자로 흔히 AV 단자라고 부르는 것이지요. 컴포지트 비디오 방식보다 더 향상된 전송 효율을 가지고 있어서 선명한 화질을 보여주는 방식으로 S-비디오(seperate-video) 방식이 있습니다. 이것은 영상 신호의 휘도 정보와 색 정보를 처음부터 나누어 주고 받는 방식입니다. 흔히 수퍼 단자 또는 S-VHS라고 하는데 이건 잘못된 용어랍니다. 정확히 말하면 Y/C 분리 단자라고 하며 미니 딘 커넥터(mini din connector)가 달린 케이블로 연결합니다. 컴포넌트 비디오(component video) 방식이라는 것도 있습니다. 이것은 S-비디오 방식의 색 정보를 Cr과 Cb로 나누어 색차 정보를 얻는 방식입니다. 색 정보가 RGB로 디코딩될 때 Cr과 Cb를 연산하여 녹색(G)의 색차를 알 수 있게 한 것입니다. 화면의 색 구성 비율은 3:6:1(적색:녹색:청색)로 되어 있어서 휘도와 3 색의 색차 수치를 모두 알게 되므로 S-비디오보다 더 정확한 색 정보를 얻을 수 있으며, 75 옴의 동축 케이블 3개 라인으로 연결합니다. 이러한 영상 전송 방식들 즉, 컴포지트 비디오, S-비디오, 컴포넌트 비디오 방식은 DVD 플레이어와 TV를 연결하는 인터페이스가 되는 것이지요. 그나저나 이걸 꼭 알아야 인터페이스를 이해할 수 있냐구요? 아이구, 그런 건 아니죠. 그냥 참고 사항 정도로만 생각하면 됩니다. 그러나 영상 전송 방식을 이해하는 것이 아무래노 도움은 되겠죠?

인터페이스란 일종의 계약서입니다. 예를 들어 DVD 플레이어와 TV가 컴포넌트 비디오 방식으로 영상을 전송하는 중에 갑자기 TV가 컴포넌트 비디오 방식의 기능을 바꾸면 TV는 계약을 위반하게 되는 것이고, 따라서 DVD 플레이어는 TV에게 영상 신호를 보낼 수 없게 될 것입니다. 또한 인터페이스를 일종의 사양서(specification)로 생각할 수도 있습니다. 이 사양서에는 앞에서 언급한 바와 같은 영상을 전송하는 방법 즉, 행위들이 기술되게 되며, 이와같이 서비스를 명시하는데 사용되는 행위의 집합이 바로 인터페이스인 것입니다. 위의 영상 전송 방식을 UML로 표현한다면 다음 그림과 같습니다.

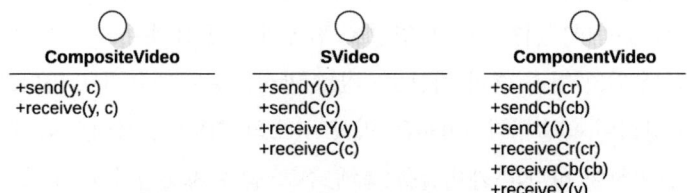

[그림 6.3] 영상 전송 방식 인터페이스의 UML 표현

C++ 언어에서 인터페이스는 순수 가상 멤버 함수(pure virtual member function)만 멤버로 포함하는 추상 클래스로 정의됩니다. 순수 가상 멤버 함수란 구현 코드를 전혀 갖지 않는 가상 메서드를 말합니다. 순수 가상 멤버 함수와 가상 메서드에 대해서는 '5. 발가락이 닮았다'를 참고해주기 바랍니다.

```
class CompositeVideo
{
public :
    virtual void send(int y, int c) = 0;
    virtual void receive(int y, int c) = 0;
};
class SVideo
{
public :
    virtual void sendY(int y) = 0;
    virtual void sendC(int c) = 0;
    virtual void receiveY(int y) = 0;
    virtual void receiveC(int c) = 0;
};
class ComponentVideo
{
public :
    virtual void sendCr(int cr) = 0;
```

```
        virtual void sendCb(int cb) = 0;
        virtual void sendY(int y) = 0;
        virtual void receiveCr(int cr) = 0;
        virtual void receiveCb(int cb) = 0;
        virtual void receiveY(int y) = 0;
    };
```

자바 언어와 C# 언어에서는 interface라는 예약어를 사용하여 인터페이스를 정의하게 됩니다. 인터페이스의 모든 멤버는 기본적으로 공개 멤버이므로 굳이 public 예약어를 사용할 필요가 없습니다.

```
    interface CompositeVideo {
        void send(int y, int c);
        void receive(int y, int c);
    }
    interface SVideo {
        void sendY(int y);
        void sendC(int c);
        void receiveY(int y);
        void receiveC(int c);
    }
    interface ComponentVideo {
        void sendCr(int cr);
        void sendCb(int cb);
        void sendY(int y);
        void receiveCr(int cr);
        void receiveCb(int cb);
        void receiveY(int y);
    }
```

자바 언어에서는 추상 메서드만 포함하는 추상 클래스로도 인터페이스를 정의할 수 있습니다. 그러나 interface라는 예약어를 사용하여 인터페이스를 정의하는 것이 보다 일반적인 방법입니다. 추상 클래스에 대해서도 5장 '발가락이 닮았다' 를 참고해주기 바랍니다.

```java
abstract class CompositeVideo {
    public abstract void send(int y, int c);
    public abstract void receive(int y, int c);
}
abstract class SVideo {
    public abstract void sendY(int y);
    public abstract void sendC(int c);
    public abstract void receiveY(int y);
    public abstract void receiveC(int c);
}
abstract class ComponentVideo {
    public abstract void sendCr(int cr);
    public abstract void sendCb(int cb);
    public abstract void sendY(int y);
    public abstract void receiveCr(int cr);
    public abstract void receiveCb(int cb);
    public abstract void receiveY(int y);
}
```

　TV가 영상 전송 방식 인터페이스를 제공하고자 한다면 이들 인터페이스에 정의된 서비스 즉, 행위들을 구현해야 합니다. 이것을 UML에서는 실현(realization)이라고 합니다. 만약 TV가 ComponentVideo 인터페이스를 실현한다면 다음과 같이 두 가지 형식의 UML로 표현할 수 있습니다.

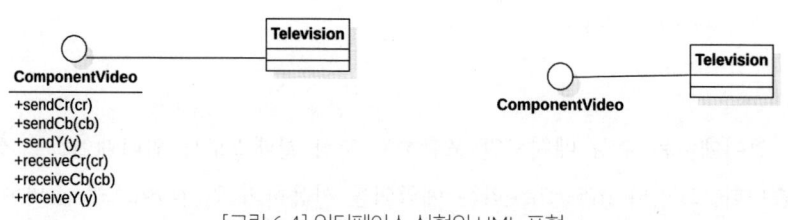

[그림 6.4] 인터페이스 실현의 UML 표현

클래스가 인터페이스를 실현하기 위해서는 해당 클래스를 인터페이스에서 파생하도록 해야합니다. 이때 파생 클래스에서는 인터페이스에 정의된 모든 멤버를 구현해야 합니다. 또한, 하나의 클래스가 여러 인터페이스를 실현할 수 있습니다. 다시 말하면 클래스는 여러 인터페이스로부터 다중 상속될 수 있다는 것이지요. 따라서 TV가 앞에서 언급한 세 가지 영상 전송 방식 인터페이스를 실현한다면 다음과 같이 UML로 표현할 수 있습니다.

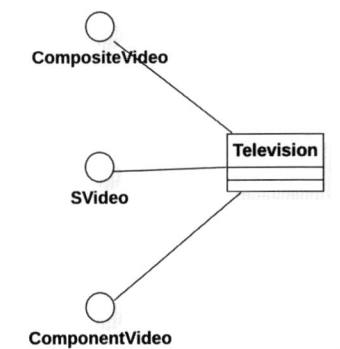

[그림 6.5] 클래스의 다중 인터페이스 실현

C++ 언어에서는 인터페이스를 정의한 추상 클래스에서 파생하는 자식 클래스를 정의하고, 추상 클래스에 정의된 모든 순수 가상 멤버 함수를 구현하는 것으로 인터페이스를 실현하게 됩니다. 여기에서는 멤버 함수의 구현 코드 부분은 생략하기로 하겠습니다.

```
class Television : public CompositeVideo,
                   public SVideo,
                   public ComponentVideo
{
public :
    // CompositeVideo 인터페이스 메서드
    void send(int y, int c);
    void receive(int y, int c);

    // SVideo 인터페이스 메서드
```

```
        void sendC(int c);
        void receiveC(int c);

        // ComponentVideo 인터페이스 메서드
        void sendCr(int cr);
        void sendCb(int cb);
        void receiveCr(int cr);
        void receiveCb(int cb);
        // SVideo 와 ComponentVideo 인터페이스 공통 메서드
        void sendY(int y);
        void receiveY(int y);
    };
```

자바 언어에서는 implements 예약어를 사용하여 인터페이스에서 파생하는 자식 클래스를 정의하고, 인터페이스에 정의된 모든 메서드를 구현하는 것으로 인터페이스를 실현하게 됩니다. 또는 추상 메서드만을 멤버로 포함하는 추상 클래스로 인터페이스를 정의한 경우에는 extends 예약어를 사용하여 추상 클래스에서 파생하는 자식 클래스를 정의합니다. 여기에서는 인터페이스에서 파생하는 경우에 대해서만 코드를 정의하며, 마찬가지로 메서드의 구현 코드 부분은 생략하기로 하겠습니다.

```
    class Television implements CompositeVideo, SVideo, ComponentVideo {
        // CompositeVideo 인터페이스 메서드
        public void send(int y, int c) {
        }
        public void receive(int y, int c) {
        }
        // SVideo 인터페이스 메서드
        public void sendC(int c) {
        }
        public void receiveC(int c) {
        }
        // ComponentVideo 인터페이스 메서드
```

```
        public void sendCr(int cr) {
        }
        public void sendCb(int cb) {
        }
        public void receiveCr(int cr) {
        }
        public void receiveCb(int cb) {
        }
        // SVideo 와 ComponentVideo 인터페이스 공통 메서드
        public void sendY(int y) {
        }
        public void receiveY(int y) {
        }
    }
```

 C# 언어에서는 인터페이스에서 파생하는 자식 클래스를 정의하고, 인터페이스에 정의된 모든 메서드를 구현하는 것으로 인터페이스를 실현하게 됩니다. 여기에서는 마찬가지로 메서드의 구현 코드 부분은 생략하기로 하겠습니다.

```
    class Television :CompositeVideo, SVideo, ComponentVideo {
        // CompositeVideo 인터페이스 메서드
        public void send(int y, int c) {
        }
        public void receive(int y, int c) {
        }
        // SVideo 인터페이스 메서드
        public void sendC(int c) {
        }
        public void receiveC(int c) {
        }

        // ComponentVideo 인터페이스 메서드
```

```
    public void sendCr(int cr) {
    }
    public void sendCb(int cb) {
    }
    public void receiveCr(int cr) {
    }
    public void receiveCb(int cb) {
    }
    // SVideo 와 ComponentVideo 인터페이스 공통 메서드
    public void sendY(int y) {
    }
    public void receiveY(int y) {
    }
}
```

C# 언어에서는 명시적 인터페이스 구현이라고 하는 새로운 방법으로 인터페이스를 구현할 수 있는 방법을 제공합니다. 명시적 인터페이스 구현에 대해서는 이장 마지막 부분에서 설명하도록 하겠습니다. 조금만 기다려 주세요.

그렇다면 이번에는 클래스에 실현된 인터페이스를 사용하는 것에 대해서 살펴볼까요? 예를 들어 DVD 플레이어에서는 TV에서 실현한 IComponentVideo 인터페이스를 통해 TV d에 영상 정보를 전송할 수 있습니다. 이것은 다음 그림과 같이 UML에서 종속 관계로 표현할 수 있습니다.

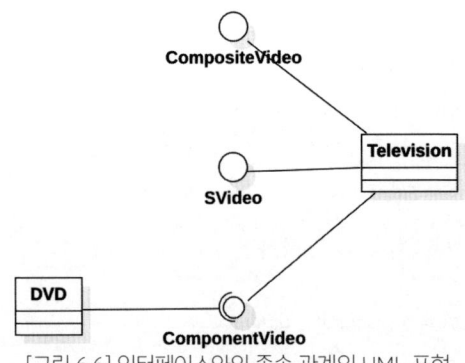

[그림 6.6] 인터페이스와의 종속 관계의 UML 표현

물론 다음 그림과 같이 DVD 플레이어가 세 가지 영상 전송 방식을 모두 사용할 수도 있겠지요.

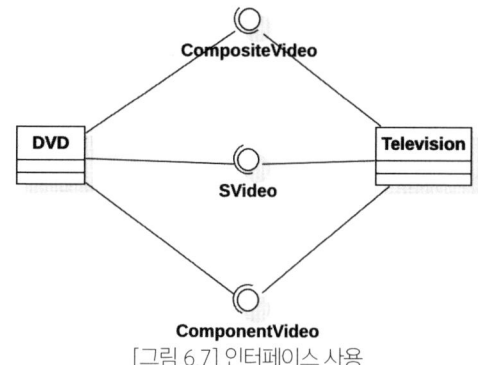

[그림 6.7] 인터페이스 사용

우리가 이미 4장 '혼자서는 살 수 없어요'에서 살펴본 바와 같이 종속 관계의 대부분은 메서드의 인수로서 다른 클래스를 사용하는 경우입니다. 인터페이스의 경우에 C++ 언어에서는 다음과 같이 인터페이스의 포인터가 인수로 넘어가게 됩니다.

```
class DVD
{
public :
    void sendVideoInfo( ComponentVideo* pVideo)
    {
        pVideo->sendCr(cr);
        pVideo->sendCb(cb);
        pVideo->sendY(y);
    }
};
```

물론, 이 경우에 어디에선가 다음과 같이 Television 클래스의 인스턴스가 생성된 후 ComponentVideo* 타입으로 변환된 후 DVD 클래스의 sendVideoInfo() 멤버 함수를 호출하겠지요.

6장 홈 씨어터 꾸미기 – 인터페이스와 실현

```
Televeion tv;
ComponentVideo* pComponentVideo = &tv;
// 또는,
ComponentVideo* pComponentVideo = (ComponentVideo*) &tv;
sendVideoInfo(pComponentVideo);
```

자바나 C# 언어에서는 포인터를 지원하지 않으므로 인터페이스의 참조 정보가 인수로 넘겨지게 됩니다. 예를 들어 자바나 C# 언어에서는 다음과 같이 구현할 수 있습니다.

```
class DVD {
    public void sendVideoInfo( ComponentVideo video) {
        video.sendCr(cr);
        video.sendCb(cb);
        video.sendY(y);
    }
}
```

이때도 어디에선가 다음과 같이 Television 클래스의 인스턴스를 생성한 후 IComponentVideo 인터페이스 타입으로 변환된 후 DVD 클래스의 SendVideoInfo() 메서드를 호출할 것입니다.

```
Televeion tv = new Television();
ComponentVideo componentVideo = tv;
// 또는,
ComponentVideo componentVideo = (ComponentVideo) tv;
// C# 언어만
ComponentVideo componentVideo = tv as ComponentVideo;
sendVideoInfo(componentVideo);
```

여기서 잠깐! 앞에서 인터페이스가 부품들을 연결하게 하는 매개체라고 했던 것을 기억하십니까? 그렇다면 DVD 클래스의 sendVideoInfo() 메서드는 전혀 코드를 수정한다든지 기능을 변경시키지 않고도 다른 TV 클래스, 가령 Television2 클래스의 인스턴스에게 영상 정보를 보내는 것이 가능하지 않을까요? 이것을 UML로 다음과 같이 표현할 수 있을 것입니다.

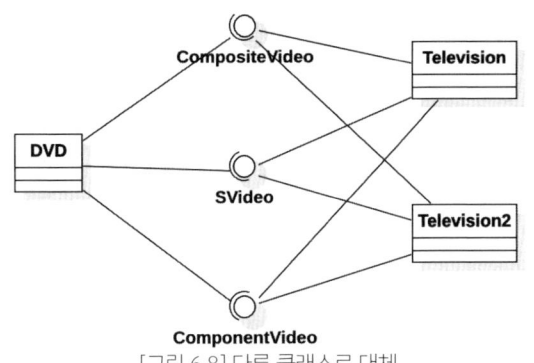

[그림 6.8] 다른 클래스로 대체

그렇지요. 위의 그림에서처럼 Television2 클래스가 이들 인터페이스를 실현하고 있다면 설사 Television 클래스와는 구현 방법이 다르다고 할지라도 DVD 클래스에서는 아무런 문제없이 대체해서 사용할 수 있게 되는 것입니다. 앞에서 인터페이스를 사양서(specification)에 비유했습니다. TV가 A 회사의 Television 이든, B 회사의 Television2이든 영상 전송 방식의 사양서 즉, 인터페이스를 만족하도록 구현했다면 DVD 는 성공적으로 TV 에 영상 정보를 전송할 수 있게 되는 것이지요.

물론 TV가 이들 인터페이스를 어떻게 구현했느냐에 따라 화질이 달라질 수도 있습니다. 화질이 좋지만 값이 비싼 TV도 있을 수 있고, 화질은 별로 좋지는 않지만 값이 싼 TV도 있는 것 처럼 말입니다. DVD는 같은 방법으로 TV에게 영상 정보를 받으라고 메시지를 보냈는데 TV에 따라서 서로 다른 화질의 결과를 보여주는 것이지요. 이것을 다형성(polymorphism)이라고 하는 것입니다. 이처럼, 인터페이스는 다형성의 원리에 기초하고 있는 것이지요.

이와같이 인터페이스는 소프트웨어를 부품화시켜 독립적으로 제작하고 이것을 유기적으로 결합시킬 수 있게 하는 아주 중요한 요소가 됩니다. 마치 블록 쌓기 놀이는 하는 것과 같이 소프트웨어 부품 즉, 컴포넌트(component)를 끼워넣기(plug-in)할 수 있는 것이지요. 바로 이 개념이 현대의 소프트웨어 개발 방법의 주류를 이

6장 홈 씨어터 꾸미기 - 인터페이스와 실현

루고 있는 컴포넌트 기반의 소프트웨어(component-based software) 개발 방법의 핵심입니다.

그러면 이제는 뒤로 돌아가 인터페이스를 구현하고 사용하는 것에 대해서 조금 더 살펴보기로 하겠습니다. 우리는 인터페이스를 실현하는 클래스를 인터페이스로부터 파생시키고 인터페이스의 메서드를 재정의하였습니다. 이때 인터페이스의 메서드가 기본적으로 공개 멤버이므로 인터페이스를 실현하는 클래스에서도 공개 멤버로 메서드를 재정의하였습니다. 그렇다면 이것은 인터페이스를 실현하는 클래스의 인스턴스를 인터페이스 타입으로 변환하지 않고 직접 공개 메서드를 호출할 수 있다는 것을 의미합니다. 그렇죠? 따라서 다음과 같이 코드를 작성하는 것도 가능하게 됩니다. 여기에서는 대표적으로 C# 언어를 사용하기로 하겠습니다.

```
Television tv = new Television();
tv.sendCr(cr);
tv.sendCb(cr);
tv.sendY(Y);
```

여기에서 여러분은 두 가지 정도의 의문점이 생각나지 않나요? 도무지 생각나지 않는다구요? 그렇다면 내가 거꾸로 여러분에게 물어보기로 하겠습니다. 꼭 대답해야 합니다. 알겠지요? 먼저 앞에서 우리는 sendY()와 receiveY() 메서드가 SVideo와 ComponentVideo 인터페이스의 공통으로 정의되어 있기 때문에 Television 클래스에서 한 번만 구현했습니다. 그렇지요? 기억나지 않으면 빨리 뒤로 가보세요. 그렇다면 이제 질문하겠습니다. 첫째로 tv 인스턴스에 sendY() 메서드를 호출할 때 어느 인터페이스의 메서드를 호출한 것일까요? SVideo 인터페이스인가요? 아니면 ComponentVideo 인터페이스인가요? 두 번째 질문도 이것과 관련성이 있습니다. Television 클래스에서 구현한 sendY()와 receiveY() 메서드의 구현 코드는 SVideo 인터페이스를 위한 것인가요? 아니면 ComponentVideo 인터페이스를 위한 것인가요? 설사 메서드명은 갖더라도 인터페이스마다 구현 코드가 달라야 하는 것 아닌가요? 인터페이스마다 영상 전송 방식이 서로 다르니까 말이죠. 이 질문에 대답할 수 없다면 위의 구현 방법은 잘못된 것임에 틀림없습니다.

그러면 이러한 문제점을 해결하기 위해서는 어떻게 구현해야 할까요? 첫째로 설사 같은 메서드명을 갖고 있더라도 인터페이스마다 다른 방법으로 구현해야 합니다. 인터페이스마다 구현 방법이 다를 수도 있기 때문입니다. 둘째로 인터페이스 메서드는 반드시 인터페이스를 통해서 호출하도록 해야 합니다. 인스턴스를 통해 인터페이스 메서드를 호출하는 것은 어느 인터페이스의 메서드를 호출하는 것인지 명확하지 않기 때문이죠.

C++ 언어와 자바 언어에서는 이런 문제점을 해결할 수 있는 방법을 제공하지 않습니다. 그러나 C# 언어에서는 이러한 문제점을 해결할 수 있는 방법을 제공합니다. C# 언어에서는 명시적 인터페이스 구현(explicit interface implementation)이라고 하는 방법을 제공합니다. 명시적 인터페이스 구현이란 여러 인터페이스에서 파생하는 클래스를 구현할 때는 각각의 인터페이스의 메서드에 대하여 별도의 구현 코드를 제공하는 것을 말합니다.

```csharp
class Television :CompositeVideo, SVideo, ComponentVideo {
    // CompositeVideo 인터페이스 메서드
    void CompositeVideo.send(int y, int c) {
    }
    void CompositeVideo.receive(int y, int c) {
    }
    // SVideo 인터페이스 메서드
    void SVideo.sendC(int c) {
    }
    void SVideo.receiveC(int c) {
    }
    void SVideo.sendY(int y) {
    }
    void SVideo.receiveY(int y) {
    }
    // ComponentVideo 인터페이스 메서드
    void ComponentVideo.sendCr(int cr) {
    }
```

```
        void ComponentVideo.sendCb(int cb) {
        }
        void ComponentVideo.receiveCr(int cr) {
        }
        void ComponentVideo.receiveCb(int cb) {
        }
        void ComponentVideo.sendY(int y) {
        }
        void ComponentVideo.receiveY(int y) {
        }
    }
```

이와같이 명시적으로 구현된 인터페이스의 메서드에는 public, private, protected 등의 접근 지정자(access specifier)나 abstract, virtual, override, new 등의 예약어를 지정할 수 없습니다. 그러나 디폴트는 비공개 멤버이므로 이제부터는 클래스 인스턴스를 통해서 인터페이스 메서드를 호출할 수 없습니다.

```
    Television tv = new Television();
    tv.sendCr(cr);              // 에러!!
```

또한, 같은 메서드명에 대하여 인터페이스마다 서로 다른 방식으로 구현하므로, 다음 코드에서 sendY() 메서드 호출은 서로 다른 구현 메서드를 호출하게 됩니다.

```
    Television tv = new Television();
    ComponentVideo video1 = tv;
    video1.sendY(y);
    SVideo video2 = tv;
    video2.sendY(y);
```

우리는 지금까지 인터페이스에 대해서 생각해보았습니다. 사실 인터페이스라는 용어는 자바 언어에서 처음 사용했습니다. 앞에서 살펴본 것처럼 C++는 순수한 가상 멤버 함수만 멤버로 포함하는 추상 클래스로 인터페이스를 정의하기는 하지만 그래도 인터페이스라는 용어를 직접적으로 사용하지는 않았습니다. 자바 이후에 C# 언어를 포함하여 다른 프로그래밍 언어에서 인터페이스라는 용어를 채택하였습니다. Objective-C나 스위프트와 같은 프로그래밍 언어는 인터페이스란 용어 대신에 프로토콜(protocol)이란 용어를 사용하지만 개념은 동일합니다.

인터페이스란 용어는 그 이후에 나오는 컴포넌트(component)나 서비스(service)를 기반으로 하는 컴포넌트 기반 개발(CBD, Component-Based Development)나 서비스 지향 아키텍처(SOA, Service-Oriented Architecture), 마이크로서비스 아키텍처(MSA, Micro Service Architecture)와 같은 기술의 시작점이 됩니다. 따라서 인터페이스 개념을 잘 이해하고 있는 것이 이후에 나오는 기술과 현재의 기술을 이해하는데 많은 도움이 됩니다. 여러분이 꼭 이해하셔야 할 아주 중요한 개념입니다.

빈 페이지

7장
내가 만들어 쓴다
- 사용자 정의 데이터 타입

7장
내가 만들어 쓴다 – 사용자 정의 데이터 타입

많은 학자들 사이에서 객체지향 프로그래밍이란 무엇이냐 라는 질문에 대해 의견이 분분합니다. 그런데 대부분의 학자들 사이에서 일치하는 하나의 의견은 객체지향 프로그래밍이 추상적인 데이터 타입(abstract data type)을 정의할 수 있게 한다고 하는 것입니다. 여기에서 추상적인 데이터 타입이란 사용자가 정의한 데이터 타입을 가리키며, 사용자 정의 데이터 타입(user-defined data type)이라고도 합니다. 여기에서 사용자란 프로그래머 또는 개발자를 가리키는 것이겠지요. 결국 사용자 정의 데이터 타입이란 사용자가 필요에 따라 만들어 사용하는 데이터 타입을 말하는 것이지요.

객체지향 프로그래밍에서는 클래스를 사용하여 추상적인 데이터 타입 즉, 사용자 정의 데이터 타입을 정의합니다. 그러나 객체지향 프로그래밍 언어만 사용자 정의 데이터 타입을 지원하는 것은 아니지요. C 언어를 포함한 대부분의 절차적 언어에서도 나름대로 사용자 정의 데이터 타입을 정의할 수도 있도록 합니다. C 언어의 경우에는 구조체를 사용합니다. 그러나 여기서 우리가 고려해야 할 사항은 구조체로 정의한 데이터 타입이 본질적인 데이터 타입이 되기 위해서는 int나 double과 같은 내장 데이터 타입에서와 같이 연산이 가능해야 할 것입니다. 예를 들어 다음과 같이 구조체로 String이란 사용자 정의 데이터 타입을 정의했다고 가정합니다.

```
struct String
```

```
{
    char* buffer;
    int length;
};
```

String 타입이 본격적인 데이터 타입이 되기 위해서는 다음과 같이 연산에 참여할 수 있어야 합니다.

```
String s1, s2, s3;
s3 = s1 + s2;        // String 데이터 타입의 연산
```

C 언어에서 이것이 가능한가요? 당연히 그렇지 않습니다. C 언어의 구조체는 단지 데이터의 구조만을 결정할 뿐입니다. 그것 외에는 어떠한 기능도 제공하지 않습니다. 그러나 객체지향 프로그래밍 언어에서 클래스에는 데이터 구조 뿐만 아니라 메서드까지 포함할 수 있습니다. 결국 이 메서드를 통해서 우리는 클래스의 인스턴스에 대해 연산이 가능하도록 할 수 있는 것입니다. 그렇다고 모든 객체지향 프로그래밍 언어가 연산 기능을 제공하는 것은 아닙니다. 자바 언어는 C++ 언어가 제공하는 연산자 오버로딩(operator overloading)이나 변환 연산자(conversion operator) 함수와 같은 기능을 제공하지 않습니다. 지금은 자바 언어에서도 String 타입의 두 인스턴스가 포함하고 있는 문자열에 다음과 같이 + 연산자를 사용할 수 있습니다.

```
String s1, s2, s3;
s3 = s1 + s2;
```

하지만 이것은 어디까지나 자바 언어에서 이런 기능을 제공해 주는 것일 뿐이며 일반적인 클래스에서는 가능하지 않습니다. 예를 들어 유리수를 표현하는 Rational 클래스를 다음과 같이 정의할 수 있습니다.

```
class Rational {
    private int numer;      // 분자
```

```
        private int denom;          // 분모
        public Rational(int n, int d) {
            this.numer = n;
            this.denom = d;
        }
        public Rational add(Rational that) {
            return new Rational(
                this.numer * that.denom + that.numer * this.denom,
                this.denom * that.denom
            );
        }
        public Rational multiply(Rational that) {
            return new Rational(this.numer * that.numer, this.denom * that.denom);
        }
    }
```

위의 코드에서 add()와 multiply() 메서드가 정의된 것에 주목하시기 바랍니다. 두 개의 Rational 객체 즉, 유리수를 더하기 위해서는 add() 메서드를 사용해야 합니다. 또 두 유리수를 곱할 때도 multiply() 메서드를 사용해야 합니다.

```
        Rational r1 = new Rational(1, 2);
        Rational r2 = new Rational(2, 3);
        Rational r3 = new Rational(3, 4);
        Rational r4 = r1.add(r2);
        Rational r5 = r4.multiply(r3);
        Rational r6 = r1.add(r2).multiply(r3);
```

하지만 이러한 구문보다는 + 연산자나 * 연산자를 사용하는 구문이 더 간단하고 의미가 명확하지 않나요? 예를 들어서 이렇게 말이죠.

```
        Rational r4 = r1 + r2;
        Rational r5 = r4 * r3;
```

Rational r6 = (r1 + r2) * r3;

그래야 클래스가 진정한 사용자 정의 데이터 타입이 될 수 있는 것이지요. 이와 같이 연산자를 사용한 연산 기능을 지원하는 대표적인 언어로는 C++ 언어를 들 수 있습니다. C# 언어도 여기에 포함됩니다. 그러나 자바 언어에서는 클래스에 이러한 연산 기능을 지원하지 않습니다. 따라서 이장에서 우리는 C++ 언어와 C# 언어를 사용하여 사용자 정의 데이터 타입을 구현하는 방법에 대해서 살펴보겠습니다.

C++ 언어에서는 문자열을 나타내는 특별한 데이터 타입이 없습니다. 따라서 우리는 String이라고 하는 클래스를 정의하는 과정을 통해서 C++ 언어에서 사용자 정의 데이터 타입을 구현하는 방법에 대해서 살펴보겠습니다. 먼저 우리는 다음과 같이 String 클래스를 정의할 수 있습니다.

```cpp
class String
{
public:
    String();
    String(const char* s);
    ~String();
    void display();
private:
    int length;
    char* buffer;
};
String::String()
{
    length = 0;
    buffer = 0;
}
String::String(const char* s)
{
    length = (int)::strlen(s);
```

```
        buffer = new char[length+1];
        ::strcpy(buffer, s);
}
String::~String()
{
    delete [] buffer;
}
void String::display()
{
    char* temp = buffer == 0 ? "<null>": buffer;
    cout << "buffer : "<< temp << ", length : "<< length << endl;
}
```

우리는 이 String 클래스를 다음과 같이 문자열을 저장하는데 사용할 수 있습니다.

```
String s1("I love you."), s2("Do you love me?");
```

이 경우 const char* 타입의 생성자가 호출되어 각각 인수로 전달된 문자열을 저장하고 있게 됩니다. 이제 s2 인스턴스의 문자열을 s1 에 대입하기 위해 다음 코드를 사용하기로 합니다.

```
s2 = s1;
```

위 코드는 아무런 이상이 없는 것처럼 보입니다. 그러나, 실제로는 아주 치명적인 문제점을 내포하고 있습니다. 클래스의 인스턴스를 대입할 때 기본적으로 C++ 컴파일러는 멤버대 멤버 치환을 합니다. 따라서 위의 코드는 다음과 같이 풀어 쓸 수 있습니다.

```
s2.length = s1.length;
s2.buffer = s1.buffer;
```

여기에서 length 멤버를 대입하는 것은 아무런 문제가 없습니다. 그러나 buffer 데이터 멤버는 포인터이기 때문에 문제가 발생하게 됩니다.

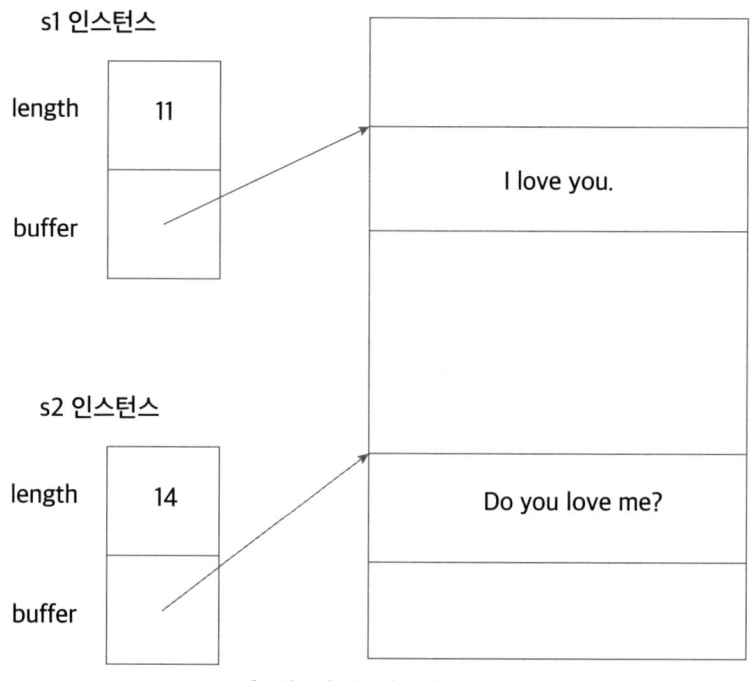

[그림 7.1] 인스턴스 대입 이전

인스턴스를 대입하기 이전에는 위의 그림과 같은 구조를 갖게 됩니다. 그러나 s1 인스턴스를 s2 인스턴스에 대입한 후에는 다음 그림과 같은 결과를 갖게 됩니다.

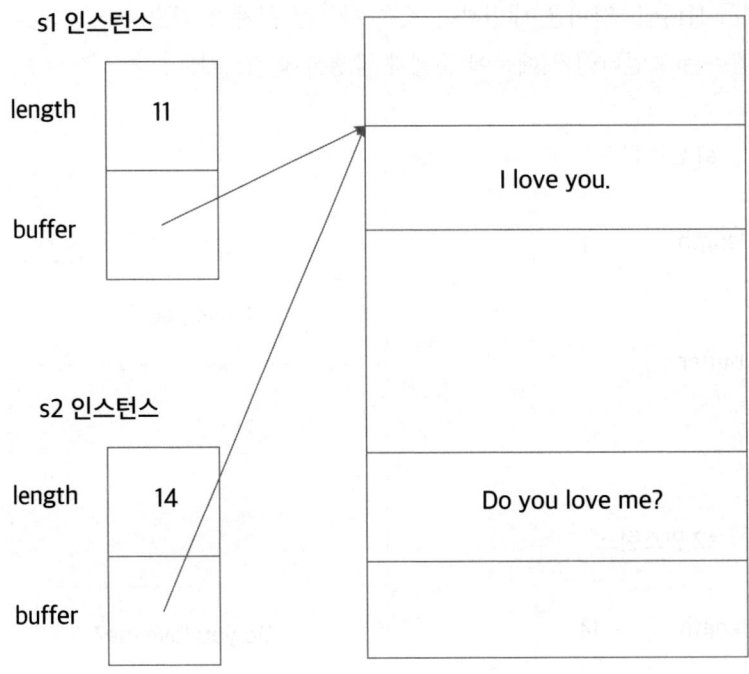

[그림 7.2] 인스턴스 대입 이후

이제 s1 인스턴스와 s2 인스턴스의 buffer 데이터 멤버는 같은 메모리 위치를 가리키게 되었습니다. 그렇다면 이것이 왜 문제일까요? 먼저 대입 연산의 결과로 "Do you love me?" 문자열을 저장하고 있는 메모리가 미아 신세가 되었습니다. 자신을 가리키는 포인터가 없어진 것이지요. 그러나 더 큰 문제는 인스턴스가 소멸할 때 발생한답니다. 인스턴스 소멸 순서는 생성 순서와 완전히 정반대이므로 s2 인스턴스 먼저 소멸될 것입니다.

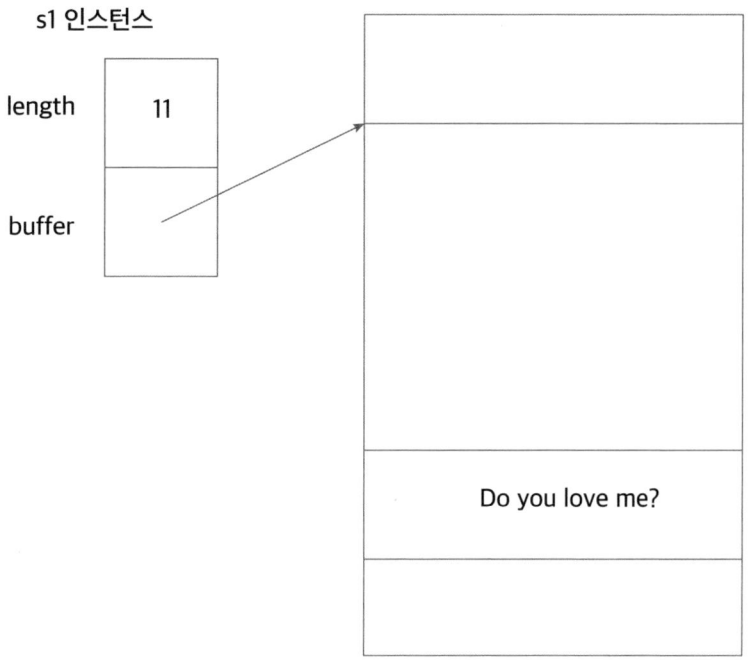

[그림 7.3] s2 인스턴스 소멸 후

s2 인스턴스가 소멸될 때 String 클래스의 소멸자는 s2 인스턴스의 buffer 데이터 멤버가 가리키는 메모리 영역까지 해제하게 됩니다. 여기까지는 좋습니다. 그렇지요? 그러나 다음에 s1 인스턴스가 소멸될 때 소멸자에서는 buffer 데이터 멤버가 가리키고 있는 메모리 영역을 해제시키려고 할 것입니다. 그러나 그 메모리는 이미 s2 인스턴스가 소멸될 때 해제되었으므로 프로그램에는 치명적인 에러가 발생하게 됩니다.

그렇다면 이 문제를 어떻게 해결할 수 있을까요? 그것은 String 클래스에서 = 연산자의 행위를 변경시키는 것입니다. 이것을 연산자 오버로딩(operator overloading)이라고 합니다. 연산자 오버로딩이란 연산자의 의미를 재정의하여 변경시킴으로써 클래스가 연산의 기능을 갖게 하는 것입니다. String 클래스의 인스턴스에서 = 연산자가 사용될 때 멤버 대 멤버 치환하는 대신에 buffer 데이터 멤버에 문자열이 복사되게 하는 것이죠. 연산자를 오버로딩시키기 위해서는 operator라는 예약어를 사용합니다.

7장 내가 만들어 쓴다 - 사용자 정의 데이터 타입

```cpp
class String
{
public:
    String();
    String(const char* s);
    ~String();
    const String& operator= (const String& s);
    void display();
private:
    int length;
    char* buffer;
};
const String& String::operator =(const String& s)
{
    if(&s == this)
        return *this;
    delete [] this->buffer;
    this->length = s.length;
    this->buffer = new char[length+1];
    ::strcpy(this->buffer, s.buffer);
    return *this;
}
```

이제 우리는 안전하게 = 연산자를 사용할 수 있습니다.

```cpp
s2 = s1;
```

이때 우리가 방금 정의한 operator=() 멤버 함수가 호출되어 s1 인스턴스의 문자열을 s2 인스턴스에 복사하는 기능을 수행하게 됩니다. 따라서 위의 코드는 다음과 같은 의미를 갖게 됩니다.

```cpp
s2.operator= (s1);
```

다음과 같이 다중 대입도 가능합니다.

　　String s3;
　　s3 = s2 = s1;

그러나 아직 부족한 것이 있습니다. char* 타입의 문자열 상수를 String 클래스 인스턴스에 복사하기 위해 다음과 같이 사용할 수는 없습니다.

　　s3 = "I love you.";

그것은 opeartor=() 멤버 함수의 매개변수의 타입이 다르기 때문입니다. 따라서 우리는 다음과 같이 char* 타입의 매개변수를 갖는 = 연산자 오버로딩 함수 즉, opeartor=(const char*) 멤버 함수를 정의해야 합니다.

```cpp
class String
{
public:
    String();
    String(const char* s);
    ~String();
    const String& operator= (const String& s);
    const String& operator= (const char* s);
    void display();
private:
    int length;
    char* buffer;
};
const String& String::operator =(const char* s)
{
    delete [] buffer;
    length = (int)::strlen(s);
    buffer = new char[length+1];
```

7장 내가 만들어 쓴다 – 사용자 정의 데이터 타입

```
    ::strcpy(buffer, s);
    return *this;
}
```

여기까지 문제점을 짚어본 김에 String 클래스에 이와 유사한 문제를 하나 더 살펴보겠습니다. 이번에는 다음 코드를 살펴보기 바랍니다.

```
String s1("I love you.");
String s2 = s1;           // 또는, String s2(s1);
```

앞에서 이미 생성된 인스턴스 사이에 = 연산자가 사용된 경우는 대입(assignment)이므로 대입 연산자 오버로딩 함수를 통해서 문제를 해결할 수 있습니다. 그러나 이 경우에는 아직 s2 인스턴스가 생성되지 않은 초기화 상태이므로 아직 대입 연산자 오버로딩 함수가 동작되지 않습니다. 이와같이 초기화의 경우에는 복사 생성자(copy constructor)가 호출됩니다. 복사 생성자란 자신의 데이터 타입을 인수로 받아들이는 생성자를 말합니다. 그러나 대입 연산자의 디폴트 구현 방법이 멤버 대 멤버 치환인 것 처럼, 디폴트 복사 생성자의 구현 방법 또한 멤버 대 멤버 치환입니다. 따라서 String 클래스에서 디폴트 복사 생성자를 그대로 사용하는 것은 대입 연산자를 그대로 사용하는 것과 동일한 문제를 야기시키게 됩니다. 따라서 우리는 다음과 같이 복사 생성자를 정의해 주어야만 합니다.

```
class String
{
public:
    String();
    String(const char* s);
    String(const String& s);
    ~String();
    const String& operator= (const String& s);
    const String& operator= (const char* s);
    void display();
```

```
private:
    int length;
    char* buffer;
};
String::String(const String& s)
{
    this->length = s.length;
    this->buffer = new char[length+1];
    ::strcpy(this->buffer, s.buffer);
}
```

이제 연산자 오버로딩에 대해서 설명을 계속하겠습니다. 대부분의 연산자들이 연산자 오버로딩의 대상이 될수 있습니다. 그러나 여기에는 몇 가지 제약 사항이 있습니다. 가령 제곱 계산을 위해 ** 와 같은 새로운 연산자를 정의할 수는 없습니다. 반드시 기존에 있는 연산자만을 대상으로 해야 합니다. 또한 연산자에 적용되는 피연산자의 수를 변경시킬 수는 없습니다. + 연산자는 두 개의 연산자를 갖는 이항 연산자입니다. 이것을 연산자가 하나인 단항 연산자로 의미를 변경시킬 수는 없는 것입니다. 또한 연산자의 우선 순위나 결합성 규칙도 변경시킬 수 없습니다. 그리고 연산자의 의미가 명확하고 모호함이 없을 때만 사용하는 것이 바람직합니다. 예를 들어 + 연산자는 문자열 결합이란 의미가 명확하지만, 의미가 명확하지 않은 * 연산자를 String 클래스에 중복시킬 수는 없을 것입니다. 또한 의미가 유사한 연산자는 함께 정의하는 것이 바람직합니다. 예를 들어 + 연산자를 중복시켰다면 += 연산자도 함께 정의하는 것이 좋으며, == 연산자를 중복해야 한다면 != 연산자도 포함시키는 것이 바람직합니다.

여러분이 주의할 것은 연산자 오버로딩을 남용한다면 그것은 오히려 프로그램을 읽기 어렵게 만들 뿐이라고 하는 것입니다. 따라서 단지 프로그램 코드를 입력하기 쉽게 한다는 명목으로 연산자 오버로딩을 남용하는 것은 아주 좋지 않습니다. 연산자 오버로딩은 모든 사람들이 쉽게 납득할 만한 수준에서 아주 조심하여 적절하게 사용하는 것이 바람직합니다. 따라서 우리는 String 클래스에 = 연산자 외에도 의미가 명확한 + 연산자와 += 연산자, == 연산자, != 연산자 등을 구현하기로 합니

7장 내가 만들어 쓴다 - 사용자 정의 데이터 타입

다. + 연산자는 문자열 결합의 기능을 제공하며, += 연산자는 문자열 결합, == 연산자와 != 연산자는 문자열 비교의 기능을 각각 제공합니다. 또한 문자열을 char 배열 형식으로 접근할 수 있도록 [] 연산자도 추가하기로 하겠습니다.

```cpp
class String
{
public:
    String();
    String(const char* s);
    String(const String& s);
    ~String();
    const String& operator= (const String& s);
    const String& operator= (const char* s);
    const String operator+(const String& s) const;
    const String operator+(const char* s) const;
    const String& operator+=(const String& s);
    const String& operator+=(const char* s);
    bool operator==(const String& s) const;
    bool operator==(const char* s) const;
    bool operator!=(const String& s) const;
    bool operator!=(const char* s) const;
    char operator[](int index) const;
    void display();
private:
    int length;
    char* buffer;
};
const String String::operator+(const String& s) const
{
    // 사용예 : s3 = s1 + s2;
    char* temp = new char[this->length + s.length + 1];
    ::strcpy(temp, this->buffer);
```

```
        ::strcat(temp, s.buffer);
        String retVal(temp);
        delete [] temp;
        return retVal;
}
const String String::operator+(const char* s) const
{
        // 사용예 : s3 = s1 + "Do you love me?";
        char* temp = new char[this->length + (int)::strlen(s) + 1];
        ::strcpy(temp, buffer);
        ::strcat(temp, s);
        String retVal(temp);
        delete [] temp;
        return retVal;
}
const String& String::operator+=(const String& s)
{
        // 사용예 : s3 += s1;
        char* temp = new char[this->length + 1];
        ::strcpy(temp, this->buffer);
        delete [] this->buffer;
        length += s.length;
        ::strcpy(this->buffer, temp);
        ::strcat(this->buffer, s.buffer);
        delete [] temp;
        return *this;
}
const String& String::operator+=(const char* s)
{
        // 사용예 : s3 += "I love you.";
        char* temp = new char[length + 1];
        ::strcpy(temp, buffer);
        delete [] buffer;
```

7장 내가 만들어 쓴다 – 사용자 정의 데이터 타입

```cpp
        length += (int)::strlen(s);
        ::strcpy(buffer, temp);
        ::strcat(buffer, s);
        delete [] temp;
        return *this;
}
bool String::operator==(const String& s) const
{
        // 사용예 : if ( s1 == s2 )
        return ::strcmp(this->buffer, s.buffer) == 0;
}
bool String::operator==(const char* s) const
{
        // 사용예 : if ( s1 == "Do you love me?" )
        return ::strcmp(buffer, s) == 0;
}
bool String::operator!=(const String& s) const
{
        // 사용예 : if ( s1 != s2 )
        return ::strcmp(this->buffer, s.buffer) != 0;
}
bool String::operator!=(const char* s) const
{
        // 사용예 : if ( s1 != "Do you love me?" )
        return ::strcmp(buffer, s) != 0;
}
char String::operator[](int index) const
{
        // 사용예 : char ch = s1[0];
        if(index >= 0 && index < length)
            return buffer[index];
        return '\0';
}
```

이제 s1 인스턴스와 char* 타입의 문자열을 결합하기 위해 다음과 같이 코드를 작성할 수 있습니다.

```
String s1("I love you."), s2;
s2 = s1 + "Do you love me?";
```

위의 코드는 s1 인스턴스의 operator+(const char*) 멤버 함수가 호출되어 두 문자열을 결합한 후 s2 인스턴스에 복사하게 됩니다. 그러나 다음과 같은 경우에는 어떻게 될까요?

```
s2 = "Do you love me?"+ s1;
```

위의 코드에서도 s1 인스턴스의 operator+(const char*) 멤버 함수가 호출될까요? 이 코드에 대해 C++ 컴파일러는 에러를 발생시키게 됩니다. 이러한 문제점을 해결하려면 전역 연산자 오버로딩(global operator overloading)을 사용해야 합니다. 이때 friend 예약어를 사용하여 전역 연산자 오버로딩 함수를 프랜드 함수로 지정합니다.

```
class String
{
public:
    String();
    String(const char* s);
    String(const String& s);
    ~String();
    const String& operator= (const String& s);
    const String& operator= (const char* s);
    const String operator+(const String& s) const;
    const String operator+(const char* s) const;
    const String& operator+=(const String& s);
    const String& operator+=(const char* s);
    bool operator==(const String& s) const;
```

```
        bool operator==(const char* s) const;
        bool operator!=(const String& s) const;
        bool operator!=(const char* s) const;
        char operator[](int index) const;
        friend String operator+(const char* s1, const String& s2);
        void display();
    private:
        int length;
        char* buffer;
    };
    String operator+(const char* s1, const String& s2)
    {
        char* temp = new char[(int)::strlen(s1) + s2.length + 1];
        ::strcpy(temp, s1);
        ::strcat(temp, s2.buffer);
        String retVal(temp);
        delete [] temp;
        return retVal;
    }
```

전역 연산자 오버로딩 함수의 매개변수 리스트 순서는 피연산자의 데이터 타입 순서와 일치합니다. 따라서 char* 타입의 문자열이 + 연산자 앞에 오는 경우에는 operator+(const char* s1, const String& s2) 전역 연산자 오버로딩 함수가 호출됩니다. 물론 String 클래스 타입의 인스턴스가 + 연산자 앞에 오는 경우에는 String 클래스의 멤버 함수인 operator+(const char* s) 연산자 오버로딩 함수가 호출되겠지요. 이때 주의할 것은 다음과 같이 같은 의미를 갖는 멤버 연산자 오버로딩 함수와 전역 연산자 오버로딩 함수가 함께 있지 않도록 해야 합니다.

```
    class String
    {
    public :
        const String operator+(const char* s) const;
```

```
        // 에러!!!!
        friend String operator+(const String& s1, const char* s2);
    };
```

이제 우리의 String 클래스에 char* 타입의 문자열을 먼저 인수로 받아들이는 operator==() 와 operator!=() 전역 연산자 오버로딩 함수를 추가하기로 하겠습니다.

```
    class String
    {
    public:
        String();
        String(const char* s);
        String(const String& s);
        ~String();
        const String& operator= (const String& s);
        const String& operator= (const char* s);
        const String operator+(const String& s) const;
        const String operator+(const char* s) const;
        const String& operator+=(const String& s);
        const String& operator+=(const char* s);
        bool operator==(const String& s) const;
        bool operator==(const char* s) const;
        bool operator!=(const String& s) const;
        bool operator!=(const char* s) const;
        char operator[](int index) const;
        friend String operator+(const char* s1, const String& s2);
        friend bool operator==(const char* s1, const String& s2);
        friend bool operator!=(const char* s1, const String& s2);
        void display();
    private:
        int length;
```

```
        char* buffer;
    };
    bool operator==(const char* s1, const String& s2)
    {
        // 사용예 : if ("Do you love me?"== s1)
        return ::strcmp(s1, s2.buffer) == 0;
    }
    bool operator!=(const char* s1, const String& s2)
    {
        // 사용예 : if ("Do you love me?"!= s1)
        return ::strcmp(s1, s2.buffer) != 0;
    }
```

C++ 언어에서 내장 데이터 타입 사이에는 타입 변환(type conversion)이 자유롭게 이루어집니다. 따라서 클래스도 데이터 타입이라면 내장 데이터 타입과 마찬가지로 자유로운 타입 변환을 지원해야 할 필요가 있습니다. 예를 들어 다음 코드의 경우를 생각해보기로 하겠습니다.

```
    String s1 = "I love you.", s2;
    s2 = s1 + 'c';
```

이 경우 String 데이터 타입의 s1 과 char 데이터 타입의 'c'가 + 연산을 하기 위해서는 s1 이 char 데이터 타입으로 변환을 하든 'c'가 String 데이터 타입으로 변환을 해야 합니다. 만약 그 둘 다 변환할 수 없다면 C++ 컴파일러는 에러를 발생시키게 될 것입니다. 이 경우 char 데이터 타입의 'c' 스스로가 String 데이터 타입으로 변환하기는 불가능합니다. 왜냐면 char 데이터 타입은 사용자 정의 데이터 타입인 String 데이터 타입이 있다는 사실조차도 모르기 때문입니다. 그렇기 때문에 어떻게 하든 + 연산이 성공하기 위해서는 사용자 정의 데이터 타입인 String 클래스에서 s1 인스턴스를 char 데이터 타입으로 변환하든가 char 데이터 타입인 'c'를 String 데이터 타입으로 변환시켜야만 합니다. 이와같이 내장 데이터 타입을 사용자 정의 데이터 타입으로 변환해야 할 필요가 있을 때 해당 클래스에서는 적절한 변환 생성자(conversion constructor)가 호출되며, 사용자 정의 데이터 타입을 내장 데이터 타입으로 변환할 때는 해당 내장 데이터 타입의 변환 연산자(conversion operator) 함수가 호출됩니다. 마찬가지로 다른 사용자 정의 데이터 타입을 자신의 사용자 정의 데이터 타입으로 변환해야 할 필요가 있을 때 해당 클래스에서는 적절한 변환 생성자가 호출되며, 자신의 사용자 정의 데이터 타입을 다른 사용자 정의 데이터 타입으로 변환할 때도 변환 연산자 함수가 호출됩니다. 여기에서는 내장 데이터 타입과 사용자 정의 데이터 타입 사이의 타입 변환에 대해서만 다루게 됩니다. 서로 다른 사용자 정의 데이터 타입 사이의 변환도 이 원리에 맞추어 생각하면 손쉽게 해결됩니다.

변환 생성자(conversion constructor)란 하나의 매개변수를 갖는 생성자로서, 내장 데이터 타입을 사용자 정의 데이터 타입으로 변환해야 할 필요가 있을 때 호출됩니다. 복사 생성자도 매개변수를 하나만 갖지만 변환 생성자에서는 제외됩니다. 우리는 이미 String 클래스에서 변환 생성자를 정의했습니다. const char* 타입의 매개변수를 갖는 생성자가 그것이죠. 다시말해 const char* 타입의 값을 String 데이터 타입으로 변환해야 할 필요가 있을 때 이 생성자가 호출됩니다. 우리는 여기에 int 데이터 타입을 String 데이터 타입으로 변환해야 할 필요가 있을 때 호출되는 int 데이터 타입을 매개변수로 갖는 생성자와, char 데이터 타입을 String 데이터 타입으로 변환해야 할 필요가 있을 때 호출되는 char 데이터 타입을 매개변수로 갖는 생성자를 정의하도록 하겠습니다.

```
class String
{
public:
    String();
    String(const char* s);
    String(const String& s);
    String(const int value);
    String(const char ch, const int count = 1);
    ~String();
    const String& operator= (const String& s);
```

```cpp
        const String& operator= (const char* s);
        const String operator+(const String& s) const;
        const String operator+(const char* s) const;
        const String& operator+=(const String& s);
        const String& operator+=(const char* s);
        bool operator==(const String& s) const;
        bool operator==(const char* s) const;
        bool operator!=(const String& s) const;
        bool operator!=(const char* s) const;
        char operator[](int index) const;
        friend String operator+(const char* s1, const String& s2);
        friend bool operator==(const char* s1, const String& s2);
        friend bool operator!=(const char* s1, const String& s2);
        void display();
    private:
        int length;
        char* buffer;
};
String::String(const int value)
{
    char temp[256];
    ::itoa(value, temp, 10);
    length = (int)::strlen(temp);
    buffer = new char[length + 1];
    strcpy(buffer, temp);
}
String::String(const char ch, const int count)
{
    length = count;
    buffer = new char[length+1];
    ::memset(buffer, ch, length);
    buffer[length] = '\0';
}
```

객체지향 이야기

String(const char ch, const int count = 1) 생성자의 경우에는 두 번째 인수가 디폴트 인수값 1을 가지므로 매개변수가 char 데이터 타입 하나만 지정되는 경우에도 사용할 수 있으므로 변환 생성자로 간주됩니다. 따라서 이들 변환 생성자는 다음과 같이 사용될 수 있습니다.

    String s1 = 'c';   // char 타입을 String 타입으로 변환
    String s2 = 123;   // int 타입을 String 타입으로 변환

또한 다음과 같이 타입 변환이 필요한 경우에도 암시적으로 호출됩니다. 이 경우 타입 변환 과정에서 생성된 임시 인스턴스는 변환이 끝나면 자동 소멸됩니다.

    String s3;
    s3 = 123;

위 코드에서는 먼저 int 데이터 타입의 변환 생성자가 호출되어 123을 String 데이터 타입으로 변환한 다음, String 데이터 타입의 매개변수를 갖는 operator=() 함수가 호출되어 문자열을 s3 인스턴스에 복사합니다.

    String s4;
    s4 = s1 + 'c';

위 코드의 경우에도 먼저 char 데이터 타입의 변환 생성자가 호출되어 'c'를 String 데이터 타입으로 변환합니다. 다음에는 String 데이터 타입의 매개변수를 갖는 operator+() 함수와 operator=() 함수가 차례로 호출되어 문자열을 결합한 다음 그 결과의 문자열을 s4 인스턴스에 복사합니다.

변환 연산자(conversion operator) 함수란 사용자 정의 데이터 타입을 내장 데이터 타입으로 변환할 때 호출되는 함수입니다. 다음과 같은 경우를 생각해 보겠습니다.

    String s3 = 123;
    char buffer[256];

::strcpy(buffer, s3);

위의 코드에서 strcpy 전역 함수는 두개의 char* 데이터 타입을 인수로 받아들이는 함수입니다. 따라서 이 경우에 String 데이터 타입의 s3 인스턴스는 스스로 char* 데이터 타입으로 변환해야 할 필요가 있습니다. 따라서 이 코드가 동작되게 하려면 우리는 다음과 같이 String 데이터 타입을 char* 데이터 타입으로 변환하는 변환 연산자 함수를 제공해야 합니다. 변환 연산자 함수는 어떠한 값도 반환하지 않으며 인수도 받지 않습니다. 또한 변환 연산자 함수는 정적 멤버 함수가 아니어야 하며 프랜드 함수로 정의할 수도 없습니다.

```
class String
{
public:
    String();
    String(const char* s);
    String(const String& s);
    String(const int value);
    String(const char ch, const int count = 1);
    ~String();
    const String& operator= (const String& s);
    const String& operator= (const char* s);
    const String operator+(const String& s) const;
    const String operator+(const char* s) const;
    const String& operator+=(const String& s);
    const String& operator+=(const char* s);
    bool operator==(const String& s) const;
    bool operator==(const char* s) const;
    bool operator!=(const String& s) const;
    bool operator!=(const char* s) const;
    char operator[](int index) const;
    operator const char*() const;
```

```
    friend String operator+(const char* s1, const String& s2);
    friend bool operator==(const char* s1, const String& s2);
    friend bool operator!=(const char* s1, const String& s2);
    void display();
private:
    int length;
    char* buffer;
};
String::operator const char *() const
{
    return buffer;
}
```

마찬가지로 다음 코드와 같이 String 데이터 타입을 int 데이터 타입으로 변환해야 할 필요가 있을 수 있겠지요.

```
String s3 = 123;
int value = s3;        // String 타입을 int 타입으로 변환
```

따라서 우리는 다음과 같이 int 데이터 타입의 변환 연산자 함수를 추가할 수 있습니다.

```
class String
{
public:
    String();
    String(const char* s);
    String(const String& s);
    String(const int value);
    String(const char ch, const int count = 1);
    ~String();
    const String& operator= (const String& s);
```

```cpp
        const String& operator= (const char* s);
        const String operator+(const String& s) const;
        const String operator+(const char* s) const;
        const String& operator+=(const String& s);
        const String& operator+=(const char* s);
        bool operator==(const String& s) const;
        bool operator==(const char* s) const;
        bool operator!=(const String& s) const;
        bool operator!=(const char* s) const;
        char operator[](int index) const;
        operator const char*() const;
        operator int() const;
        friend String operator+(const char* s1, const String& s2);
        friend bool operator==(const char* s1, const String& s2);
        friend bool operator!=(const char* s1, const String& s2);
        void display();
    private:
        int length;
        char* buffer;
};
String::operator int() const
{
        return ::atoi(buffer);
}
```

 지금까지 우리가 작성한 String 클래스는 특별한 문제가 없이 잘 작동되는 것처럼 보입니다. 그러나 위의 String 클래스는 많은 문제점을 안고 있습니다. 그리고 그 대부분의 원인이 그저 필요하다고 무분별하게 많은 기능을 추가한 것에 있습니다. 항상 강조하지 않나요? 과유불급! 그럼 무엇이 문제인지 살펴볼까요?

```cpp
        String s1 = 123, s2;
        s2 = s1 + 456;
```

우리는 위의 코드에서 456을 String 타입으로 변환한 후 s1과 + 연산을 하고 그 결과를 s2 인스턴스에 복사할 것을 기대하고 있습니다. 그렇지요? 하지만 이 코드를 컴파일하면 슬프게도 여러분은 다음과 같은 에러 메시지를 만나게 될 것입니다.

  error C2666: 'String::operator '+'' : 4개 오버로드에 비슷한 변환이 있습니다.

operator+() 함수가 호출될 때 4개의 유사한 타입 변환이 발생한다는 것이지요. '워째 이런 일이?' 하고 의아해 하겠지만 조금도 이상한 일이 아닙니다. C++컴파일러는 친절하게도 그 원인을 알려줍니다.

  'const String String::operator +(const String &) const' 일 수 있습니다.
  또는 'String operator +(const char *,const String &)'
  또는 'built-in C++ operator+(int, int)' 일 수 있습니다.
  또는 'built-in C++ operator+(const char *, int)' 일 수 있습니다.
    인수 목록 '(String, int)' 을(를) 일치시키는 동안.

(String, int) 인수 리스트와 일치시키려고 하다보니 4 가지 방법이 가능하기 때문에 컴파일러가 어떤 방법으로 타입 변환을 해야 할지 모르겠다는 것이지요. 첫 번째 가능성은 int 타입을 String 타입으로 변환한 후, operator +(const String &) 연산자 오버로딩 함수를 호출할 수도 있다는 것입니다. 두 번째로는 String 타입을 char* 타입으로 변환하고, int 타입을 String 타입으로 변환한 후 operator +(const char *,const String &) 전역 연산자 오버로딩 함수를 호출할 수도 있습니다. 또한 세 번째 가능성으로는 String 타입을 int 타입으로 변환한 후에 C++ 내장 operator+(int, int) 연산자를 호출할 수도 있다는 것이지요. 마지막으로 String 타입을 char* 타입으로 변환한 후에 C++ 내장 operator+(const char *,, int) 연산자를 호출할 가능성도 있습니다.

이 모든 타입 변환의 가능성은 모두 무리하게 변환 생성자와 변환 연산자 함수를 정의한 것에서 연유됩니다. 물론 이러한 모호성을 해결하는 방법이 있습니다. 그것은 강제 타입 변환을 지정하여 원하는 변환 형태를 컴파일러에게 알려주는 것입니다.

7장 내가 만들어 쓴다 - 사용자 정의 데이터 타입

```
String s1 = 123, s2;
s2 = (int)s1 + 456;
```

위의 코드는 먼저 s1 인스턴스를 int 타입으로 변환하여 그 결과인 123을 456과 더하기 연산을 한 후, int 타입의 변환 생성자가 호출되어 그 결과인 579를 s2 인스턴스에 문자열로 저장하게 됩니다.

```
String s1 = 123, s2;
s2 = s1 + (String)456;
```

그러나 위의 코드는 먼저 int 타입의 변환 생성자가 호출되어 456을 String 타입으로 변환한 후, operator+() 연산자 오버로딩 함수가 호출되어 문자열 결합을 합니다. 다음에는 다시 operator=() 연산자 오버로딩 함수가 호출되어 그 결과 문자열 "123456"을 s2 인스턴스에 저장하게 됩니다. 따라서 어떻게 강제 타입 변환을 지정하느냐에 따라 서로 다른 결과를 가져오게 되는 것입니다.

이렇게 강제 타입 변환을 통해서 문제를 해결할 수 있다고 하더라도 무분별하게 너무 많은 기능을 추가하다 보면 오히려 많은 문제를 야기시킬 수 있습니다. 따라서 여러분은 이들 기능을 필요한 경우에만 적절하게 사용하는 것이 바람직합니다. 여담으로 C++ 언어를 공부하다 보면 인생을 배우게 됩니다. 모든 게 다 그렇지요. 중용이 참으로 어렵지요.

자! 이제는 C# 언어에서 사용자 정의 데이터 타입을 정의하는 방법에 대해서 살펴보겠습니다. C# 언어의 타입 시스템(type system)은 C++ 언어와 다른 점이 많습니다. 오히려 자바 언어의 타입 시스템과 많이 닮아 있지요. C# 언어의 타입 시스템은 값 타입(value type)과 참조 타입(reference type)으로 구분됩니다. bool, int, double, decimal 등의 내장 데이터 타입은 값 타입에 속합니다. 구조체(structure)와 열거형(enum)도 값 타입에 속합니다. 반면에 클래스나 배열은 참조 타입입니다.

C++ 언어와 마찬가지로 우리는 사용자 정의 데이터 타입을 클래스 즉, 참조 타입

으로 정의할 수 있습니다. 그러나 값 타입에 속하는 내장 데이터 타입과는 달리, 참조 타입인 클래스는 힙(heap) 메모리에 할당됩니다. 또한 클래스 타입의 참조 변수의 값도 널(null)일 수 있습니다. 또한 참조 변수의 값을 대입하면 그 참조 변수가 참조하고 있는 클래스의 인스턴스에 포함된 값을 복사하는 것이 아니라 참조값 자체를 복사하게 됩니다. 이것은 마치 C++ 언어에서 포인터 변수의 값을 대입하는 것과 유사합니다. 이와같은 클래스는 결국 내장 데이터 타입과는 다른 특성을 갖기 때문에 값 타입의 사용자 정의 데이터 타입을 정의하는 데는 다소 부적절합니다. 이것을 해결하기 위해서는 구조체를 사용하는 것이 바람직합니다.

C# 언어에서 구조체는 내장 데이터 타입과 같은 값 타입에 속합니다. 따라서 힙 메모리에 클래스의 인스턴스를 할당하는 클래스와는 달리, 구조체의 인스턴스는 항상 스택(stack)에 할당됩니다. 이것은 구조체 변수에는 참조값이 저장되는 것이 아니라 값 자체가 저장되므로 결코 널(null)이 될 수 없다는 것을 의미합니다. 또한, 구조체는 항상 인수가 없는 디폴트 생성자(default constructor)를 제공하기 때문에 구조체 변수에 저장되는 값은 디폴트 값으로 초기화가 됩니다. 그리고 구조체 변수의 값을 대입하면 참조값이 아닌 값 자체가 복사됩니다. 결국 구조체로 정의된 사용자 정의 데이터 타입은 내장 데이터 타입과 같은 특성을 갖게 되는 것이지요. 그러면 지금부터 구조체를 사용하여 사용자 정의 데이터 타입을 구현해 보도록 하겠습니다. C++ 언어와는 달리 이미 C# 언어에서는 string 데이터 타입을 제공하고 있으므로 우리는 앞에서 자바 언어로 작성했던 유리수를 표현하는 Rational이라고 하는 사용자 정의 데이터 타입을 정의해 보기로 하겠습니다. 따라서 Rational 데이터 타입은 다음과 같이 분모(denominator)와 분자(numerator), 두 필드를 갖습니다.

```
struct Rational {
    private int numerator;      // 분자
    private int denominator;    // 분모
    public Rational(int n, int d) {
        numerator = n;
        denominator = d;
    }
```

7장 내가 만들어 쓴다 - 사용자 정의 데이터 타입

```csharp
    public int Numerator {
       get {
          return numerator;
       }
    }
    public int Denominator {
       get {
          return denominator;
       }
    }
    public override string ToString() {
       return numerator.ToString() + "/"+ denominator.ToString();
    }
}
```

이제 우리는 다음과 같이 Rational 데이터 타입을 사용할 수 있습니다.

```csharp
    Rational r = new Rational(1, 2);
    string s = r.ToString();          // s == "1/2"
```

이제 우리의 Rational 데이터 타입에 연산 기능을 부여해 보기로 하겠습니다. C++ 언어와 마찬가지로 C# 언어에서도 연산자 오버로딩(operator overloading)을 사용해 사용자 정의 데이터 타입에 연산 기능을 구현할 수 있습니다. 연산자 오버로딩 메서드는 operator 예약어를 사용하며, 반드시 공개(public), 공유(static) 멤버이어야 합니다. 또한 연산자 오버로딩 메서드에는 적어도 반드시 하나의 자신의 타입의 인수가 포함되어 있어야 합니다. 우리는 다음과 같이 두 유리수를 더하기 위한 + 연산자 오버로딩 메서드를 정의할 수 있습니다.

```csharp
    struct Rational {
       private int numerator;       // 분자
       private int denominator;     // 분모
       public Rational(int n, int d) {
```

```
            // 생략…
        }

        public int Numerator {
            // 생략…
        }
        public int Denominator {
            // 생략…
        }
        public override string ToString() {
            // 생략…
        }
        public static Rational operator + (Rational lhs, Rational rhs) {
            int n, d;
            if(lhs.Denominator == rhs.Denominator) {
                n = lhs.Numerator + rhs.Numerator;
                d = lhs.Denominator;
            }
            else {
                n = lhs.Numerator * rhs.Denominator + rhs.Numerator * lhs.Denominator;
                d = lhs.Denominator * rhs.Denominator;
            }
            return new Rational(n, d);
        }
    }
```

이제 우리는 다음과 같이 두 유리수를 더하는 코드를 사용할 수 있습니다.

```
Rational r1 = new Rational(1, 2);
Rational r2 = new Rational(1, 3);
Rational r3 = r1 + r2;
string s = r3.ToString();        // s == "5/6"
```

만약 유리수와 정수를 더하고 싶다면 다음과 같이 int 타입의 인수를 갖는 + 연산자 오버로딩 메서드를 추가해야 합니다. 이때 지정된 인수의 순서가 중요합니다. 이 점은 마치 C++ 언어에서 전역 연산자 오버로딩 함수와 비슷합니다.

```
struct Rational {
    private int numerator;      // 분자
    private int denominator;    // 분모
    public Rational(int n, int d) {
        // 생략…
    }
    public int Numerator {
        // 생략…
    }
    public int Denominator {
        // 생략…
    }
    public override string ToString() {
        // 생략…
    }
    public static Rational operator + (Rational lhs, Rational rhs) {
        // 생략…
    }
    public static Rational operator + (Rational lhs, int rhs) {
        Rational r = new Rational(rhs, 1);
        Rational temp = lhs + r;
        return temp;
    }
    public static Rational operator + (int lhs, Rational rhs) {
        Rational l = new Rational(lhs, 1);
        Rational temp = l + rhs;
        return temp;
    }
```

        }

이제 우리는 다음과 같이 유리수와 정수를 더하는 코드를 사용할 수 있습니다.

    Rational r1 = new Rational(1, 2);
    Rational r2 = new Rational(1, 3);
    Rational r3 = r1 + 3;   // operator + (Rational lhs, int rhs) 메서드 호출
    string s1 = r3.ToString();   // s1 == "7/2"
    Rational r4 = 3 + r1;   // operator + (int lhs, Rational rhs) 메서드 호출
    string s2 = r4.ToString();   // s2 == "7/2"

Rational 데이터 타입에 + 연산자의 기능을 부여했다면 -, *, / 등의 연산자의 기능을 함께 부여하는 것이 바람직할 것입니다. 그러나 대입 연산자를 오버로딩할 수는 없기 때문에 +=, -=, *=, /= 등의 연산자도 오버로딩할 수 없습니다. -, *, / 연산자에 대해서는 여러분 스스로 구현 코드를 추가해 보기 바랍니다.

C# 언어에서는 C++ 언어와는 달리 모든 타입이 궁극적으로는 object 클래스에서 파생됩니다. object 클래스는 모든 자식 클래스에서 필요한 최소한의 기능을 정의하고 있으며, 여기에는 인스턴스의 내용을 비교하는데 사용되는 Equals() 가상 메서드를 포함합니다. object 클래스의 Equals() 메서드의 디폴트 구현 코드는 해시 코드의 값을 비교하여 두 인스턴스가 동일한지 여부를 판단하게 됩니다. 우리는 이 Equals() 메서드를 재정의하여 기능을 변경시킬 수도 있지만, == 연산자를 오버로딩하는 것이 보다 일반적인 방법입니다. 만약 == 연산자를 오버로딩한다면 그 짝이 되는 != 연산자도 함께 오버로딩해야 합니다.

    struct Rational {
        private int numerator;   // 분자
        private int denominator;   // 분모
        public Rational(int n, int d) {
            // 생략...
        }
        public int Numerator {

```
        // 생략…
    }
    public int Denominator {
        // 생략…
    }
    public override string ToString() {
        // 생략…
    }
    public static Rational operator + (Rational lhs, Rational rhs) {
        // 생략…
    }
    public static Rational operator + (Rational lhs, int rhs) {
        // 생략…
    }
    public static Rational operator + (int lhs, Rational rhs) {
        // 생략…
    }

    public static bool operator == (Rational lhs, Rational rhs) {
        return lhs.Numerator == rhs.Numerator &&
            lhs.Denominator == rhs.Denominator;
    }
    public static bool operator != (Rational lhs, Rational rhs) {
        return !(lhs.Numerator == rhs.Numerator &&
            lhs.Denominator == rhs.Denominator);
    }
}
```

이제 우리는 다음과 같이 == 연산자와 != 연산자를 사용할 수 있습니다.

```
if(r1.Equals(r1))
    Console.WriteLine("r1 equals to r1");
else
```

```
        Console.WriteLine("r1 doesn't equal to r1");

    if(r1 == r1)
        Console.WriteLine("r1 == r1");
    else
        Console.WriteLine("r1 !=  r1");

    if(!r1.Equals(r2))
        Console.WriteLine("r1 doesn't equal to r2");
    else
        Console.WriteLine("r1 equals to r2");

    if(r1 != r2)
        Console.WriteLine("r1 !=  r2");
    else
        Console.WriteLine("r1 == r2");
```

C# 언어에서도 C++ 언어와 마찬가지로 사용자 정의 타입에도 타입 변환을 허용합니다. 이와같은 사용자 정의 타입 변환(user-defined type conversion)은 C++ 언어에서는 변환 연산자 함수와 변환 생성자가 결합된 것과 같은 기능을 제공합니다. 다시 말해 C++ 언어의 변환 연산자 함수와 같이 내장 데이터 타입이나 다른 사용자 정의 데이터 타입을 자신의 사용자 정의 데이터 타입으로 변환하는 기능과, 자신의 사용자 정의 데이터 타입을 내장 데이터 타입이나 다른 사용자 정의 데이터 타입으로 변환을 둘 다 허용하는 기능입니다.

그러나 C++ 언어와는 달리 사용자 정의 타입 변환에는 암시적 또는 묵시적(implicit)인 변환과 명시적(explicit) 변환이 있습니다. 암시적 타입 변환은 다른 데이터 타입으로 변환해야 할 필요가 있을 때마다 자동적으로 타입을 변환하는 것이므로 일반적으로 데이터의 손실이 없는 경우에 사용됩니다. 반면에, 명시적 타입 변환은 데이터의 손실이 예상되어 명시적으로 강제 타입 변환을 지정하는 경우에만 타입을 변환하는 경우에 사용됩니다.

사용자 정의 타입 변환을 허용하기 위해서는 operator 예약어를 사용하여 공개(public), 공유(static) 메서드 멤버를 정의해야 합니다. 이때 암시적 타입 변환을 허용하려면 implicit 예약어를, 명시적인 타입 변환만을 허용하려면 explicit 예약어를 함께 사용합니다. 먼저 다음 코드는 데이터의 손실 없이 int 데이터 타입을 Rational 데이터 타입으로 변환하는 암시적 타입 변환 메서드의 예를 보여줍니다.

```
struct Rational {
    private int numerator;      // 분자
    private int denominator;    // 분모
    public Rational(int n, int d) {
        // 생략…
    }
    public int Numerator {
        // 생략…
    }
    public int Denominator {
        // 생략…
    }
    public override string ToString() {
        // 생략…
    }
    public static Rational operator + (Rational lhs, Rational rhs) {
        // 생략…
    }
    public static Rational operator + (Rational lhs, int rhs) {
        // 생략…
    }
    public static Rational operator + (int lhs, Rational rhs) {
        // 생략…
    }
    public static bool operator == (Rational lhs, Rational rhs) {
        // 생략…
```

```
    }
    public static bool operator != (Rational lhs, Rational rhs) {
        // 생략...
    }

    public static implicit operator Rational(int i) {
        return new Rational(i, 1);
    }
}
```

이제 우리는 operator Rational(int) 타입 변환 메서드를 사용하여 다음과 같이 int 데이터 타입을 Rational 타입으로 변환할 수 있습니다.

```
Rational r = 2;
string s = r.ToString();       // s = "2/1"
```

그러나 만약 double 데이터 타입을 Ratioanl 타입으로 변환해야 한다든지, 아니면 Rational 타입을 int 데이터 타입이나 double 데이터 타입으로 변환해야 한다면 우리는 이 변환 과정에서 데이터의 손실을 예상할 수 있습니다. 이와같이 데이터의 손실이 예상되는 경우에는 강제 타입 변환 구문을 사용하여 사용자가 명시적으로 타입 변환을 하겠다는 의사를 표시할 때만 타입 변환을 하게 하는 것이 바람직하다고 할 수 있습니다. 이와같은 경우에 우리는 타입 변환 메서드를 명시적으로 정의할 수 있습니다. 다음은 Rational 타입을 double 데이터 타입으로 변환하는 명시적 타입 변환 메서드의 예를 보여줍니다.

```
struct Rational {
    private int numerator;      // 분자
    private int denominator;    // 분모
    public Rational(int n, int d) {
        // 생략...
    }
    public int Numerator {
```

```
        // 생략...
    }
    public int Denominator {
        // 생략...
    }
    public override string ToString() {
        // 생략...
    }
    public static Rational operator + (Rational lhs, Rational rhs) {
        // 생략...
    }
    public static Rational operator + (Rational lhs, int rhs) {
        // 생략...
    }
    public static Rational operator + (int lhs, Rational rhs) {
        // 생략...
    }
    public static bool operator == (Rational lhs, Rational rhs) {
        // 생략...
    }
    public static bool operator != (Rational lhs, Rational rhs) {
        // 생략...
    }
    public static implicit operator Rational(int i) {
        // 생략...
    }
    public static explicit operator double(Rational r) {
        return (double)r.Numerator / r.Denominator;
    }
}
```

이제 우리는 operator double(Ratiional) 타입 변환 메서드를 다음과 같이 Rational 타입을 강제로 double 데이터 타입으로 변환하는데 사용할 수 있습니다.

```
Rational r = new Rational(1, 2);
double d = (double)r;        // d = 0.5
```

이와같은 명시적 타입 변환 메서드는 강제 타입 변환을 하는 경우에만 호출되며, 암시적 타입 변환에는 사용될 수 없습니다.

또한 C# 언어에서는 연산자 오버로딩 메서드와 타입 변환 메서드가 중복되는 경우에는 연산자 오버로딩 메서드가 우선합니다. 예를 들어, 다음과 같이 두 메서드가 정의되어 있다고 할 때,

```
public static Rational operator + (Rational lhs, double rhs) {
    // 생략…
}
public static explicit operator double(Rational r) {
    // 생략…
}
```

다음 코드를 실행하면 연산자 오버로딩 메서드가 우선하므로 operator+(Rational, double) 메서드가 호출됩니다.

```
Rational r = new Rational(1, 2);
double d = (double)r1 + 0.4;      // d == 0.9
```

위 코드에서는 먼저 우선 순위에 따라 operator+(Rational, double) 메서드가 호출되어 r1 인스턴스와 0.4의 더하기 연산을 수행한 후, operator double(Ratiional) 타입 변환 메서드가 호출되어 그 결과를 double 데이터 타입으로 변환을 변환하게 됩니다. 따라서 d 변수에는 0.9가 저장되는 것이지요. 이처럼 C# 언어에서는 연산자 오버로딩 메서드와 타입 변환 메서드가 중복되는 경우에는 연산자 오버로딩 메서드가 우선적으로 연산하도록 우선 순위를 부여함으로써 우리가 C++ 언어에서 본 바와 같은 모호함의 문제를 해결하고 있습니다.

지금까지 우리는 C++ 언어와 C# 언어에서 클래스나 구조체가 본격적인 사용자

7장 내가 만들어 쓴다 - 사용자 정의 데이터 타입

데이터 타입으로서 연산에 참여할 수 있도록 하는 연산자 오버로딩과 타입 변환 방법에 대해서 살펴보았습니다. 그러나 여기에서 여러분이 명심해야 할 점은 C++ 언어와 C# 언어가 이러한 기능을 제공하기 때문에 그렇지 않은 자바 언어 보다 더 객체지향적인 프로그래밍 언어다 라고 단정하지 말아야 한다는 점입니다. 어떤 면에서는 자바 언어에서 이들 기능을 제외시킨 것은 이들 기능을 추가하는 것이 얻는 것 보다는 잃는 것이 많다고 판단되었기 때문일 수도 있습니다. 그만큼 이들 기능은 많은 오버헤드를 가져오게 되므로 필요한 때 적절하게 사용하는 판단력과 지혜가 필요합니다. 이제 객체지향 개념과 객체지향 프로그래밍 언어에서의 구현 방법에 대해 어느 정도 이해했나요? 지금까지 정말로 수고하셨습니다.

2부 객체지향 원칙과 실천

- [ ] 8장 소프트웨어 개발 프로세스
- [ ] 9장 객체지향 설계 5원칙
- [ ] 10장 클린 코드
- [ ] 11장 애플리케이션 프레임워크
- [ ] 12장 디자인 패턴
- [ ] 13장 리팩토링
- [ ] 14장 객체지향 방법론
- [ ] 15장 객체지향 너머

빈 페이지

8장 소프트웨어 개발 프로세스

8장
소프트웨어 개발 프로세스

소프트웨어 시스템을 개발하는 것은 결코 쉬운 작업이 아닙니다. 아무리 작은 유틸리티 프로그램이라고 하더라도 여러 개의 클래스와 소스 코드로 구성되게 마련입니다. 더욱이 대규모의 기업용 애플리케이션을 개발하는 일은 많은 개발자와 고도의 기술을 필요로 합니다. 이제 객체지향 개념도 이해하고 자바나 닷넷 기술도 잘 익힌 후에라도 실제로 처음부터 소프트웨어를 개발하려고 하면 어디서부터 시작해야 할지 모르는 정말로 난처한 상황에 부딪치기 쉽습니다. 흔히 소프트웨어 시스템을 개발하는 일은 건물을 건축에 비유하곤 합니다. 요즘에는 집 안에서 강아지와 함께 지내는 사람들도 많기 때문에 그럴 일은 많지 않겠지만 만약 여러분에게 강아지가 살 집을 지으라고 한다면 아마도 여러분은 혼자서 머리 속에 떠오르는 대로 널판지 위에 대충 도면을 그리고 톱으로 자른 다음, 망치로 쿵쾅거리며 못을 박아 완성할 것입니다. 이것은 한 사람이 충분히 할 수 있는 아주 간단한 작업입니다. 널판지 위에 간단한 도면을 그리고, 널판지와 톱, 망치, 못 등의 간단한 도구를 사용하며, 아주 간단한 프로세스를 거치게 됩니다.

객체지향 이야기

[그림 8-1] 강아지 집을 짓는 일은 간단하다

이번에는 사람이 살 수 있는 집을 지어야 한다면 어떻게 해야 할까요? 사람이 살 수 있는 집은 편리해야 하며, 효율적인 냉난방 시설을 갖추어야 하며, 주변의 소음을 차단하여 쾌적한 환경을 갖추어야만 합니다. 어디 이것 뿐인가요? 이런 집을 대충 머리 속에서 생각나는 대로 지을 수는 없는 노릇입니다. 여러분은 톱과 망치를 꺼내들기 전에 집을 어떻게 지을지 설계하기 원하겠지요. 당연합니다. 무작정 집을 짓다가 잘못되어 부수고 다시 지어야 하는 일이 생기면 곤란하기 때문이죠.

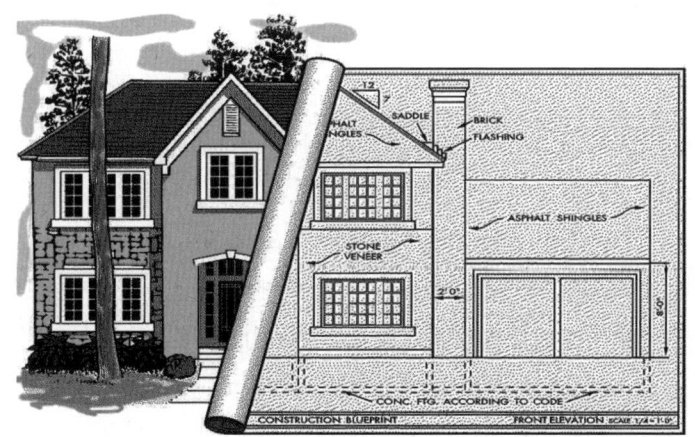

[그림 8-2] 집을 짓는 일은 설계와 프로세스, 좋은 도구가 필요하다

또한, 이런 작업은 혼자서 하기는 쉽지 않으므로, 아마도 여러분은 여러 사람들과 한 팀이 되어 작업하기를 원할 것입니다. 또한 여러 사람이 함께 작업해야 하므로 집을 짓는 절차가 잘 정의되어 있어야 합니다. 그리고 이젠 톱과 망치만으로는 절대

189

적으로 부족하지요. 집을 짓는데 필요한 좀 더 좋은 도구가 필요합니다.

　이제 여러분이 고층 건물을 짓는다고 가정해 보기로 하겠습니다. 무엇이 필요할까요? 과연 집을 짓는데 사용한 방법과 동일한 방법을 사용하여 고층 건물을 건축할 수 있을까요?

[그림 8-3] 고층 건물을 건축할 때 무엇이 필요할까?

　여러분이 건축 현장에서의 오랜 시간 동안 작업하여 많은 경험이 축적된 기술자라고 가정하기로 하겠습니다. 톱과 망치를 사용하는 방법은 물론이고, 건축에 필요한 많은 기술들을 갖고 있다고 하겠습니다. 아마도 여러분은 경험적으로 집을 짓는 데 있어서 기초 공사는 어떻게 해야 하며, 방수와 방습, 지붕과 홈통, 외벽 마무리, 내벽 마무리 등의 공사를 실행하는 방법을 알고 있을 것입니다. 그리고 어쩌면 여러분은 머리 속에서 그려지는 대로 여러분의 집을 완성할 수도 있을 것입니다. 여러분이 아주 경험이 풍부한 기술자라면 아무런 문제없이 중소 규모 정도의 집을 지을 수도 있을 것입니다. 그러나 고층 건물인 경우에는 사정이 다릅니다. 만약 여러분이 현장에서의 건축 기술 경험만으로 고층 건물을 건축하려고 한다면 분명히 많은 문제들이 발생하게 될 것입니다. 어쩌면 작은 지진에도 건물은 무너져내릴 것이며, 고층 건물 상단에서 부는 바람에도 건물 전체가 기우뚱거리게 될 수도 있습니다. 분명한 것은 작은 집을 짓는 것과는 달리, 고층 건물을 건축할 때는 단지 건축 현장에서의 경험 그 이상이 필요합니다. 이처럼 건물을 건축하기 위해서는 건물을 건축하는 과정 즉, 프로세스(process)와 각 프로세스에서 사용하는 도구, 그리고 기술이 필요합니다.

이것은 소프트웨어를 구축하는데 있어서도 마찬가지입니다. 기업용 애플리케이션 즉, 엔터프라이즈 시스템을 구축한다는 것은 간단한 프로그램을 작성하는 것과는 전혀 다릅니다. 무작정 프로그램을 작성하다가 문제가 생기면 뒤엎어버리고 다시 시작할 수는 없는 노릇입니다. 일관되고 체계적인 프로세스를 통해서 견고한 아키텍처 구조도 정립해야 합니다. 그 후에라야 성공적이며 효율적인 엔터프라이즈 시스템을 개발할 수 있게 되는 것입니다. 따라서 소프트웨어 시스템을 개발할 때 소프트웨어 개발 프로세스를 따라야 합니다.

소프트웨어 개발 프로세스(software development process)란 높은 품질, 효과적인 리소스 할당, 효율적인 비용 및 시간 관리를 향상시키기 위해 고안된 실행(practice)들의 집합입니다. 효율적이고 견고한 소프트웨어 시스템을 구축하기 위해서는 개발 프로세스를 정의하고 개발에 참여하는 모든 개발자들이 개발 프로세스를 따라야 합니다.

소프트웨어 개발 프로세스는 포멀 프로세스와 애자일 프로세스로 구분됩니다.

- 포멀 프로세스

- 애자일 프로세스

포멀 프로세스(formal process)는 개발자들이 반드시 따라야 하는 개발 프로세스를 자세하게 정의함으로써, 개발자들이 소프트웨어와 개발 작업, 개발 환경, 개발 조직을 이해할 수 있는 구조를 제공합니다. 포멀 프로세스는 여러 개발 그룹 사이의 협업이 요구되는 대규모 프로젝트의 경우에 필수적입니다. 그리고 이러한 대규모 프로젝트의 경우에는 소프트웨어가 복잡하기 마련인데 포멀 프로세스는 이러한 소프트웨어의 복잡성을 잘 처리할 수 있습니다.

그러나 변경을 수용하기 어렵다는 점이 가장 큰 단점입니다. 소프트웨어를 개발하다 보면 반드시 필수적으로 변경이 뒤따릅니다. 가장 많은 경우로 고객이 요구가 변경될 수도 있고, 처음에는 드러나지 않았던 문제들이 불쑥 튀어나와서 이 문제를 해결하려고 하다 보면 기존의 설계와 코드가 변경될 수도 있습니다. 사실 이것을 피할 방법은 없습니다. 소프트웨어 개발 초기에 아무리 완벽하게 설계하고 코드를 작성했다고 하더라도 시간이 지나면서 여러 가지 문제점이 드러나게 마련입니다. 그것은 개발자의 학습과 경험의 정도가 달라지기 때문에 발생하기도 합니다. 아마도 여러분도 1년쯤 전에 작성된 코드를 지금 보면 왜 이렇게 작성했을까 창피해서 쥐구멍이라도 들어가고 싶은 심정이 들었던 경험을 갖고 있을지도 모르겠습니다. 저는 이런 경험이 많았습니다. 처음에 소프트웨어 시스템의 업무 도메인(business domain)과 기술에 관한 지식이 부족한 상태에서 설계하고 코드를 작성했다고 하더라도 시간이 지나면서 점차 업무와 기술에 대한 지식과 경험이 쌓이게 되면서 이전의 설계와 코드에서 문제점을 발견할 수도 있습니다.

이런 저런 이유로 인해서 변경을 하게 되면 이러한 변경으로 인해 여러 가지 다른 영향을 미칠 수도 있습니다. 다른 그룹에 의존적인 인터페이스의 변경은 빌드를 깨뜨릴 수 있으며, 컴포넌트의 변경은 사용성 문제, 결함, 보안, 성능 문제를 야기시킬 수 있습니다. 따라서 공유 인터페이스와 컴포넌트의 변경은 조심스럽게 조율되어야 합니다. 이러한 조율은 모든 그룹이 소프트웨어를 자유롭게 변경하는 것을 방해하고, 따라서 민첩성을 제한하게 됩니다. 협업하는 그룹은 공유 컴포넌트에 대한 공통적인 이해와 이들을 언제 어떻게 변경해야 하는지에 대하여 공통적인 개념을 갖고 있어야 합니다.

또한 포멀 프로세스는 과도하게 규범적이 될 수도 있습니다. 개발자들은 경험이 부족하고 잘 알지 못하다고 가정하는 경향이 있습니다. 따라서 무엇을 어떻게 빌드하며, 특정한 작업을 수행하는데 필요한 기술은 무엇인지를 알려주고 규범적으로 개발 프로세스를 따르게 함으로써 실수를 줄일 수 있다고 생각합니다. 그리고 산출물의 양도 많습니다. 어떤 프로젝트의 경우에는 커다란 방 안에 한쪽 벽면이 모두 인쇄된 산출물로 채워지는 경우도 보았습니다.

이러한 포멀 프로세스의 대표 주자는 Rational Unified Process입니다. 줄여서 RUP이라고 부릅니다. RUP(주로 '럽'이라고 부릅니다)은 지금은 IBM에 인수된 래쇼날(Rational)이라고 하는 회사에 모인 소프트웨어 엔지니어링 분야의 3명의 대가(3 amigos)들인 부치(Booch), 럼바(Rumbaugh), 야콥슨(Jacobson) 등이 만든 객체지향 개념이 도입된 대표적인 소프트웨어 개발 프로세스입니다.

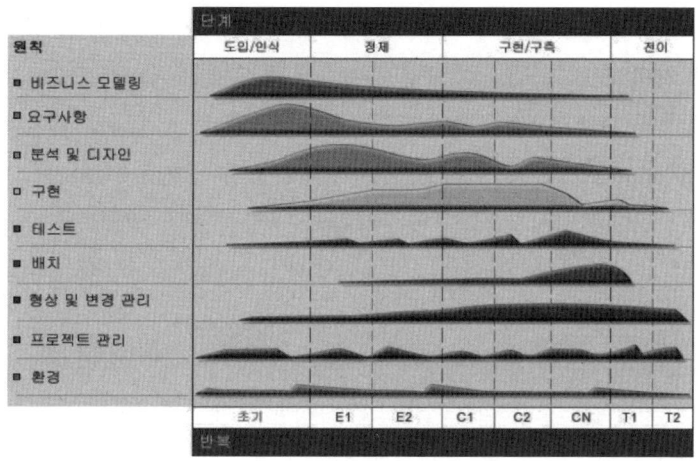

[그림 8-4] RUP

　RUP은 두 개의 차원을 통해 RUP의 전체 아키텍처를 나타냅니다. 가로 축은 시간을 나타내고, 시간이 전개되면서 프로세스의 라이프사이클 측면을 표시합니다. 세로 축은 특성에 따라 논리적으로 활동을 그룹화하는 원칙을 나타냅니다. 여기에는 비즈니스 모델링, 요구사항, 분석 및 설계(디자인), 구현, 테스트 등의 개발 활동과 형상 및 변경 관리, 프로젝트 관리, 환경 등 관리 활동이 포함됩니다. 그래프는 시간이 경과함에 따라 초점이 어디에 맞춰지는지를 나타냅니다. 예를 들어, 초기 반복(iteration)에서는 요구사항에 더 많은 시간을 소비하고 이후 반복에서는 구현에 더 많은 시간을 소비하게 됩니다.

　애자일 프로세스(agile process)는 포멀 프로세스의 문제점을 극복하기 위해 등장했습니다. 애자일 프로세스는 개발 그룹 사이의 자치성을 허용함으로써 민첩성을 확보하려는 시도를 합니다. 팀을 작게 유지하고 산출물 대신에 대화를 통한 커뮤니케이션을 장려합니다. 그리고 비즈니스 이해 당사자들이 요구사항을 손쉽게 확인할 수 있도록 여러 개의 작은 반복으로 분할합니다.

　애자일 프로세스에서는 동작하는 소프트웨어 시스템을 만들어내는 것을 목표로 합니다. 따라서 소프트웨어 시스템을 설계를 하는 시간을 대폭 줄이고 코드 작성에 집중합니다. 산출물은 대화를 통한 커뮤니케이션에 사용할 수 있는 정도로 간단하게 작성합니다. 또한 포멀 프로세스의 규범적인 개발 프로세스도 없습니다. 단지 프로젝트를 수행하는 동안에 사용해야 하는 일련의 실천(practice)들만 있을 뿐입니다. 이러한 애자일 프로세스의 특성으로 인해 애자일 프로세스가 소프트웨어 개발 프로세스를 전혀 따르지 않는 것처럼 생각하는 경우가 많습니다. 그래서 처음부터 소프트웨어 개발 프로세스의 각 단계를 생략하고 코드를 작성하는 것에만 집중하는 것으로 오해하는 경우도 많습니다. 소위 "닥치고 코딩" 하자는 것이지요. 하지만 형식이 달라지는 것 뿐이고 소프트웨어 시스템을 개발하는데 수행되어야 하는 프로세스의 각 단계를 전혀 무시하지 않습니다. 예를 들어 애자일 프로세스의 실천 중에 하나로 테스트 주도적 개발(TTD, Test-Driven Development)이라는 것이 있습니다. 간단히 설명하자면 코드를 작성하기 전에 테스트 코드를 먼저 작성해서 요구사항에 따라서 테스트가 성공되도록 코드를 작성해서 애플리케이션을 완성해 나가는 방식을 말합니다. 이 실천에서 설계가 빠진 것처럼 보이지만 실제로는 테스트 코드를 작성하는 과정 안에 포함되어 있습니다.

그렇다고 하더라도 포멀 프로세스처럼 개발 프로세스가 규범적이지 않기 때문에 아무래도 코드 작성에 집중하게 됩니다. 그러다 보면 코드가 중복되어 비대해져서 커다란 진흙 덩어리(big ball of mud)로 변질될 수도 있고 코드가 엉켜져서 변경하기 어려운 스파게티 코드(spaghetti code)가 되는 경향이 있습니다. 이러한 문제점을 해결하기 위해 애자일 프로세스에서는 이 책의 다음 장에서부터 설명하게 될 객체지향 설계 5원칙(5 Object-Oriented Design Principles), 디자인 패턴(Design Pattern), 클린 코드(Clean Code), 리팩토링(Refactoring) 등의 실천들을 강조합니다. 소프트웨어 시스템을 설계할 때 객체지향 설계 5원칙을 따라 설계 패턴을 적용하며, 코드를 작성할 때 커다란 진흙 덩어리나 스파게티 코드가 되지 않고 다른 개발자들과의 커뮤니케이션을 원활하게 하기 위해 클린 코드에 정의된 실천을 따르고, 각 반복 말미에 계속적인 리팩토링을 통해 소프트웨어가 비대해지는 것을 방지합니다. 그리고 사실 이러한 애자일 실천들은 애자일 프로세스에서 뿐만 아니라 포멀 프로세스를 따를 때도 필요합니다.

애자일 프로세스는 인포멀 프로세스(informal process)로서 적은 전문가 팀원으로 구성되는 작은 프로젝트에 적당하고 변경을 잘 처리할 수 있다는 것이 장점입니다. 이처럼 민첩성을 증가시켜 더 빠르게 개발하고자 하는 것은 기업이 비용을 줄여서 더 많은 이익을 내고자 하는 것과 유사합니다.

그러나 이러한 시도는 어느 시점까지는 효과적입니다. 문제는 불필요한 것과 함께 필요한 인프라 구조도 버려질 수 있다는 것입니다. 따라서 큰 규모의 프로젝트에는 심각한 문제를 일으킬 수 있으며, 복잡성을 처리하기에는 적당하지 않습니다. 치명적으로 아키텍처 불일치(architectural missmatch)를 가져올 수도 있습니다. 그것은 팀원들이 가능한 한 독립적으로 작업을 하며, 팀원들이 공통 아키텍처에 동의하게 하는 것은 광범위한 변경없이 컴포넌트를 통합시킬 수 있지만 그렇게 하기 위해서는 민첩성의 희생이 필요하게 됩니다. 많은 사람들이 관련되어야 하며, 많은 문서가 필요하며, 팀들은 자신의 반복을 동기화해야 하기 때문입니다. 또한 유연성 없는 요구사항을 만들 수 있으며, 이 경우 컴포넌트를 공유하는 어떤 팀원도 다른 사람에게 물어보지 않고 인터페이스를 변경시킬 수 없고 공유 인터페이스는 다른 사람에게 물어보지 않고는 넘을 수 없는 경계선이 되므로 리팩토링도 더 어려워지게 됩니다. 설계 문서를 작성하지 않음으로 인해 지원성(supportability) 문제를 야기시킬 수도 있습니다. 이 경우 지리적인 분산은 이들 문제를 더욱 악화시킵니다. 팀원들이 지리적으로 원거리에 떨어져서 작업한다면 어떤 설계 결정이 이루어졌는지, 대안은 어떤 것들이 고려되었는지, 왜 그런 결정을 내렸는지를 이해하기 어렵기 때문입니다. 또 팀원의 기억력에 의존하기 때문에 시간이 지나면서 세부사항을 잊게 됩니다. 코드에 의존하기 때문에 다른 사람이 작성한 코드를 빨리 이해할 수 없게 됩니다. '여기에 구현되지 않았군' 즉, NIH(Not Implemented Here) 증후군 현상으로 컴포넌트를 유지보수를 하기보다는 다시 작성하게 되는 경향이 있으며 그로 인해 코드가 커다란 진흙 덩어리 또는 스파게티 코드가 되기 쉬우며 이것을 수정하는 비용은 크게 늘어납니다.

XP(extreme programming)는 대표적인 애자일 개발 프로세스입니다. XP는 소규모에서 중간 규모의 팀이 예측 가능한 일정과 예산, 그리고 최소한의 오버헤드로 높은 품질의 소프트웨어를 개발하기 위해 사용할 수 있는 개발 프로세스입니다.

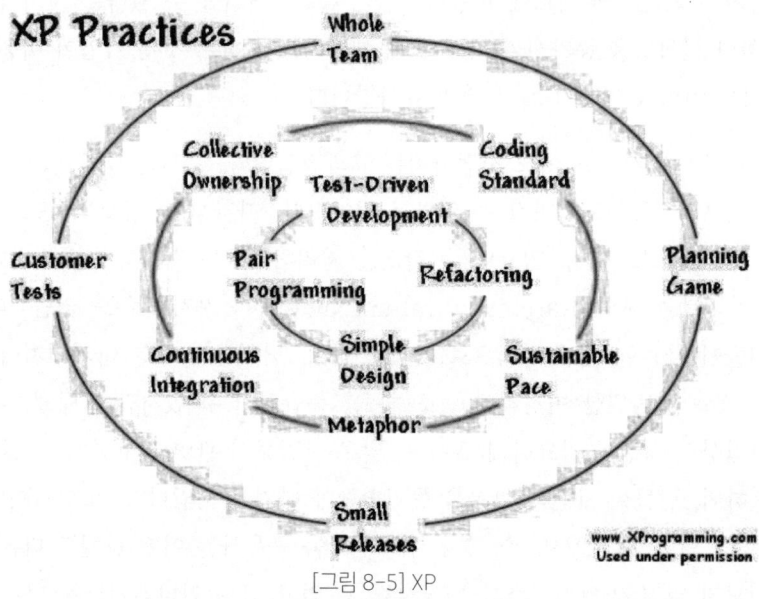

[그림 8-5] XP

가장 바깥쪽 원은 "라이프 사이클"이라고 부르는 것으로, XP 프로젝트를 진행하면서 테스트를 거쳐 실행되는 소프트웨어를 만들기 위해 지켜야 하는 것입니다. 전체 팀(whole team) 즉, 고객 멤버와 개발 멤버가 물리적으로 함께 작업하여 프로젝트를 빌드합니다. 그들은 릴리즈 계획과 반복 계획의 계획 게임(planning game) 요소를 사용하여 소프트웨어의 연속적인 작은 릴리즈(small releases)를 계획하고 모두 고객 테스트(customer test)를 통과하도록 합니다.

가장 안쪽의 원은 개발자가 매일 해야 하는 작업을 나타냅니다. 각 특징을 간단하게 설계(simple design)함으로써 그 특징에 대해서만 설계하도록 합니다. 프로그래머는 모든 제품 코드 개발 기간 동안에 둘이서 짝을 이루어 프로그래밍(pair programming)하면서 계속적으로 코드를 리뷰하고 팀 규모의 시스템을 이해합니다. 이 실천은 언뜻 보기에 비효율적인 것처럼 보이지만 실제로는 소프트웨어 품질을 향상시키는데 아주 큰 도움이 됩니다. 이들은 테스트 기반 개발(TDD, Test-Driven Development)을 사용하여 소프트웨어를 빌드합니다. 이 기법은 최소한의 노력으로 잘 만들어지고 테스트가 된 소프트웨어를 만들 수 있게 합니다. 그리고 설계는 계속적인 리팩토링(refactoring) 향상 과정으로 깨끗하게 유지합니다.

중간의 원은 XP의 중요한 지원 프랙티스를 포함합니다. 소프트웨어는 공통적이고 공유되며, 진화하는 메타포어(metaphor)에 따라서 설계되며, 이들 메타포어는 함께 사용될 때 도움을 주게 됩니다. 매일 많은 시스템 빌드를 연속적으로 통합(CI, Continuous Integration)하며 각각은 완전히 테스트됩니다. 팀은 모든 코드의 소유권을 공유하며 변경이 필요하면 하나의 개인이 아니라 자격을 갖춘 짝이 수정할 수 있습니다. 모든 사람이 모든 것을 작업하기 때문에 팀은 표준 코딩 방식(standard way of coding)을 발전시킵니다. 마지막으로 XP 팀은 지속적인 페이스(sustainable pace)로 작업하여 프로젝트의 처음부터 마지막까지 예측할 수 있는 기반으로 테스트된 소프트웨어를 전달할 수 있도록 합니다.

애자일 프로젝트 관리 프레임워크로는 스크럼(Scrum)과 칸반(Kanban)이 많이 사용됩니다. 스크럼은 7명 정도의 팀원으로 구성된 팀이 작업을 관리하고 공동으로 스프린트(sprint)라고 하는 1주에서 4주 정도의 짧은 주기로 문제를 해결하는데 사용하는 프레임워크입니다. 스크럼은 마치 럭비에서 스크럼을 짜듯이 7명 정도의 팀원들이 같은 장소에서 모여 다음과 같은 수명 주기로 작업을 수행합니다.

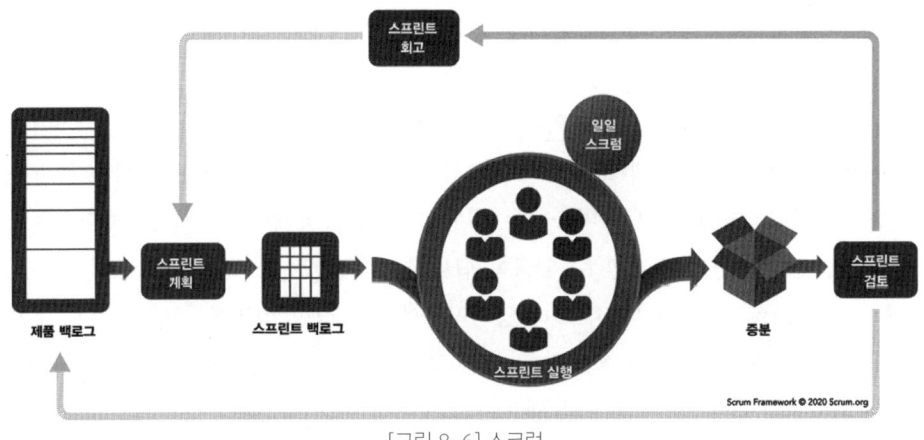

[그림 8-6] 스크럼

스크럼에는 제품 소유자, 스크럼 마스터 그리고 스크럼 팀 등 세 가지 역할이 있습니다. 제품 소유자(product owener)는 팀이 빌드하는 내용과 이유를 담당하고, 제품 백로그를 최신의 상태로 우선 순위에 따라 관리합니다. 스크럼 마스터(scrum master)는 스프린트 중에 발생하는 장애나 기타 문제를 해결하는 동시에 스크럼 팀이 작업을 수행하는 과정에서 겪을 수 있는 어려운 문제들을 개선할 수 있는 방법을 지속적으로 찾아 해결해줍니다. 스크럼 팀(scrum team)의 구성원은 실제로 제품을 빌드합니다. 팀은 제품의 엔지니어링과 함께 제공되는 품질에 대한 책임을 갖습니다.

제품 백로그(product backlog)는 팀이 제공할 수 있는 작업의 우선 순위 목록입니다. 애자일 팀의 제품 소유자는 필요에 따라 백로그를 추가하거나 변경하고 다시 작성할 책임을 갖습니다. 백로그 맨 위에 있는 항목은 항상 스크럼 팀에서 실행할 준비가 되어 있어야 합니다. 스프린트 계획(sprint planning)에서 팀은 예정된 스트린트에서 작업할 백로그 항목을 선택합니다. 팀은 우선 순위에 따라 해당 스프린트에서 완료할 수 있다고 생각하는 백로그 항목을 선택합니다. 스프린트 백로그(sprint backlog)는 팀이 스프린트에서 수행해야 할 항목의 목록입니다. 일반적으로 스프린트 백로그의 각 항목은 작업으로 세분화됩니다. 팀의 모든 멤버가 스프린트 백로그에 있는 작업을 달성할 수 있다고 동의하면 스프린트가 시작됩니다. 스트린트가 시작되면 스프린트 백로그에서 항목을 꺼내와 스프린트를 실행(sprint execution)합니다. 스크럼은 팀이 스프린트를 실행하는 방법을 지정하지 않습니다. 팀은 자체적으로 작업을 관리하는 방법을 결정합니다. 스크럼은 매일 스탠드업(standup)이라고도 하는 일일 스크럼(daily scrum)을 수행합니다. 일일 스크럼은 스트림 팀이 매일 15분 정도 회의가 길어지지 않도록 서서 회의를 합니다. 각 팀원은 어제부터의 진행 상황과 오늘 계획, 그리고 진행을 방해하는 모든 사항을 간략하게 보고합니다. 이때 스크럼 마스터는 팀원의 작업을 방해하는 사항을 해결해주어 팀이 작업을 원활하게 수행할 수 있도록 합니다. 스프린트가 끝나면 팀은 먼저 스프린트 검토(sprint review)에서 이해 당사자들에게 달성한 성과를 보여줍니다. 소프트웨어를 시연하고 그 가치를 설명합니다. 그리고 팀은 스프린트 회고(sprint retrospective)를 통해서 잘 된 것과 개선이 필요한 사항을 숙고하는 시간을 갖습니다. 스프린트 회고의 결과는 다음 스프린트에서 반영됩니다. 스프린트의 결과로 증분을 산출합니다. 증분(increment)은 실행 가능한 품질을 가져야 합니다. 그리고 팀과 제품 소유자가 설정한 모든 품질 기준을 충족해야 합니다.

칸반은 간판 또는 광고판을 의미하는 일본어입니다. 원래는 도요타 자동차 회사에서 제조의 효율성을 개선하기 위해 만들어졌지만 소프트웨어 개발에서도 작업 처리 흐름이나 처리량과 같은 목표를 동일하게 공유하기 때문에 소프트웨어 개발의 효율성을 개선하기 위해 사용됩니다. 개발 팀의 작업 진행률과 현재 상태는 작업 항목 또는 문서 목록보다는 시각적으로 표시될 때 더 쉽게 이해할 수 있습니다. 이것을 위해 칸반 보드(Kanban board)를 도입하여 진행 상황별로 구성된 카드를 사용하여 전반적인 상태를 나타냅니다. 칸반 보드의 여러 상태에서 작업을 카드로 시각화하면 프로젝트가 현재 있는 위치에 대한 큰 그림을 쉽게 볼 수 있을 뿐만 아니라 생산성에 영향을 줄 수 있는 잠재적인 병목 상태를 식별하는데 도움이 됩니다.

[그림 8-7] 칸반 보드

일반적으로 이해당사자는 작업을 개발 팀에 할당하여 기능 구현을 요청하는 것이 일반적이었습니다. 보통은 최종 기한이 촉박해서 팀이 기간 내에 기능을 제공하기 위해 서두르다 보면 품질이 저하되는 경우가 많습니다. 칸반은 작업을 수행하기 전에 충족해야 하는 합의된 품질 수준을 유지하는데 중점을 두기 때문에 이미 최대 용량에서 작업 중인 팀에는 작업을 할당하지 않습니다. 그 대신에 팀의 작업이 완료되어 작업을 할 수 있게 되면 작업을 끌어와 백로그에 추가하는 끌어오기 모델을 사용합니다.

칸반은 공원을 관리하는 방식과 유사합니다. 공원에 너무 많은 인원이 들어오게 되면 공원의 생태계가 훼손되기 쉽기 때문에 입장권의 개수를 제한하고 입장객에게 입장권을 나누어줍니다. 제한된 입장권이 모두 발부되었다면 더 이상 입장객을 받아들이지 않습니다. 그러다가 공원에서 퇴장하는 사람이 입장권을 반납하면 대기하고 있는 입장객에게 입장권을 발부하여 공원에 있는 사람의 인원 수를 제한적으로 유지하여 생태계를 유지하게 합니다. 이 입장권이 칸반 즉, 간판입니다. 소프트웨어에서도 이와 마찬가지로 한 번에 너무 많은 작업을 수행하는 팀은 빈번하고 비용이 많이 드는 컨텍스트 전환으로 생산성이 저하될 수 있습니다. 그리고 작업이 완료되지 않아 계획에서부터 완료되는 기간인 리드 타임(lead time)이 많아지게 됩니다. 팀이 한 번에 작업할 수 있는 작업의 개수를 제한하면 컨텍스트의 전환을 줄이면서 집중할 수 있게 되어 효율적이게 됩니다. 이와같이 팀이 현재 작업 중인 항목을 WIP(Work In Progreess) 즉, 진행 중인 작업이라고 합니다. 팀은 WIP를 제한하여 작업이 WIP를 초과하지 않도록 합니다. 만약 WIP 제한을 초과한다면 그 이유를 조사하고 근본적인 원인을 해결하기 위해 노력합니다.

9장 객체지향 설계 5원칙

9장
객체지향 설계 5원칙

우리가 지난 장에서 살펴본 애자일 프로세스에서는 소프트웨어를 어떻게 설계할까요? 지난 장에서 설명한 바와 같이 애자일 프로세스도 규범적이지 않다는 것 뿐이지 소프트웨어 시스템을 개발하는데 수행되어야 하는 프로세스의 각 단계를 수행할 수 밖에 없습니다. 설계도 마찬가지입니다. 그러나 작은 반복 안에서 소프트웨어를 빌드하다 보면 자연스럽게 코드를 작성하는데 집중하게 될 수 밖에 없고, 그러다보면 아무래도 소프트웨어의 큰 그림 즉, 소프트웨어 아키텍처나 설계에 소홀해지게 됩니다. 소프트웨어 아키텍처는 간단히 말해서 시스템의 전반적인 구조입니다. 소프트웨어 시스템의 컴포넌트와 이들 사이의 관계 그리고, 이들의 설계 및 변경에 대한 원리와 가이드라인을 정의한 구조입니다. 다시 말해 구현할 소프트웨어 시스템의 커다란 그림을 표현하는 것이 소프트웨어 아키텍처입니다. 애자일 프로세스에서 소프트웨어 아키텍처 즉, 큰 그림은 소프트웨어와 함께 발전해 나갑니다. 각 반복에서 개발 팀은 현재 소프트웨어 시스템이 해야 하는 일에 맞도록 소프트웨어 아키텍처를 발전시켜 나갑니다. 미래에 있을 요구나 필요한 기능을 미리 고민하는데 많은 시간을 들이지 않습니다. 현재의 요구와 필요한 기능을 충족시킬 수 있는 소프트웨어 구조 즉, 소프트웨어 아키텍처에만 집중합니다. 이것이 전반적인 소프트웨어 아키텍처에 집중하는 접근 방법을 취하는 포멀 프로세스와의 차이점이라고 할 수 있습니다.

그렇다고 해서 애자일 프로세스에서 소프트웨어 아키텍처와 설계를 포기하는 것은 아닙니다. 현재 시스템의 요구와 필요한 기능에 따라서 가장 적절한 소프트웨어 아키텍처와 설계를 점진적으로 발전시켜 나가게 됩니다. 따라서 애자일 프로세스에서 소프트웨어 아키텍처와 설계 과정은 계속적으로 수행됩니다. 그렇다면 소프트웨어 아키텍처와 설계가 좋다는 것을 어떻게 알 수 있을까요? 로버트 마틴(Rober Martin)이라고 하는 유명한 소프트웨어 엔지니어링 분야의 권위자는 자신의 저서 Agile Principles, Patterns, and Practices in C#이라고 하는 유명한 책에서 잘못된 설계는 구린내(design smell)를 풍기는 징후를 보인다고 설명합니다. 사실 제가 "구린내"라고 번역한 용어 smell은 애자일 프로세스 진영에 있는 개발자들이 많이 사용하는 용어입니다. 어떤 애자일 개발자가 아기가 응가를 했다는 것을 아기 엉덩이 근처에 코를 대고 냄새를 맡아서 확인한다고 하는데서 유래한 용어입니다. 로버트 마틴은 설계에서의 구린내 즉, 잘못된 설계의 징후로 다음과 같은 7 가지를 나열합니다. 그리고 이들 징후가 프로젝트에 쌓이지 않도록 이들을 피해야만 한다고 강조합니다.

- 경직성(rigidity)
- 취약성(fragility)
- 부동성(immobility)
- 점착성(viscosity)
- 쓸데없이 복잡힘(needless complexity)
- 쓸데없이 반복함(needless repetition)
- 불투명성(opacity)

경직성이란 설계를 변경하기 어려운 것을 말합니다. 아주 단순한 방법으로도 소프트웨어를 변경하기 어렵습니다. 설계가 경직되어 있으면 하나를 변경할 때 의존되는 다른 클래스를 계속해서 변경해야 합니다. 따라서 변경해야 하는 클래스가 많으

9장 객체지향 설계 5원칙

면 많을수록 설계는 그만큼 더 많이 경직되어 있는 것입니다.

취약성은 설계가 깨지기 쉬운 것을 말합니다. 한 군데를 변경했을 뿐인데 다른 여러 클래스에 영향을 미쳐서 설계가 깨지게 됩니다. 보통은 변경되는 클래스와는 개념적으로 서로 관련이 없는 다른 클래스들에 영향을 미칩니다. 따라서 클래스를 변경하면 더 많은 클래스에 문제를 야기시키게 되기 때문에 마치 강아지가 제 꼬리 물기를 하듯이 빙빙 돌면서 원래의 변경되는 클래스에 도로 문제를 발생시키는 현상이 발생합니다.

부동성은 설계를 재사용하기 어려운 것을 말합니다. 잘 설계된 클래스는 떼어내서 다른 시스템에서도 무리없이 재사용될 수 있습니다. 하지만 원래의 시스템에서 이들 클래스를 분리하는 작업에 드는 수고나 위험성이 크다면 부동성의 구린내를 풍기는 것이 됩니다.

점착성은 정확하게 제대로 된 일을 하기 어려운 것을 말합니다. 보통 개발자들은 소프트웨어를 변경해야 할 때 여러가지 방안을 찾아냅니다. 이들 방안 중에서 어떤 것은 선택되어 설계에 반영이 되고 다른 것은 버려지게 됩니다. 설계에 선택된 방안이 버려진 것 보다 더 사용하기 어려울 때 설계의 점착성이 높다고 말합니다.

쓸데없이 복잡한 것은 과도하게 설계가 되었다는 것을 나타냅니다. 다시 말해 현재 유용하지 않은 기능들을 포함하고 있다는 것을 말합니다. 이것은 보통 개발자들이 향후에 요구에 포함될 것이라고 생각되는 기능들을 보통은 자신을 과시할 목적으로 미리 포함시키는 경우가 많습니다. 처음에는 이것이 좋아보일지는 모르지만 결국에는 문제를 일으키는 경우가 더 많습니다.

쓸데없이 반복하는 것은 코드가 중복되었다는 것을 나타냅니다. 개발자들이 받는 가장 큰 유혹은 복사해서 붙여넣기(copy, cut and paste)입니다. 기존의 코드를 사용하여 새로운 기능을 구현하는 가장 손쉬운 방법이기 때문입니다. 이러한 방식으로 구현된 소프트웨어 시스템은 너무 흔해서 우리 주위에 널려 있습니다. 만약 복사한 코드에 버그가 있거나 기능 변경의 요구가 있다면 붙여넣기 한 모든 코드를 수정해야 합니다. 그 중 어느 하나라도 수정하지 않는다면 새로운 버그를 만들어냅니다. 어느 시점에서는 수정해야 할 곳이 너무 많아서 포기해야 하는 경우도 발생할 수 있습니다. 보통 중복된 코드를 갖는 설계는 취약성도 함께 갖게 마련입니다.

불투명성은 구조화되지 않은 표현을 말합니다. 그래서 이해하기 어려운 코드가 되는 경향을 갖습니다. 코드는 명확하고 단순하게 작성하는 것이 좋습니다. 하지만 어느 경우에는 자신을 과시할 목적으로 다른 사람이 이해하기 어려운 코드를 작성하기도 합니다. 이러한 코드는 시간이 지나가면서 점점 더 불투명한 코드가 되어 버려 나중에는 코드를 작성한 본인도 이해할 수 없는 상태가 되기도 합니다.

애자일 프로세스에서 소프트웨어 아키텍처와 설계 과정을 각 반복마다 계속적으로 수행하여 발전시켜 나가는 방식을 선택한 이유는 요구 변경에 민첩하게 대응하기 위한 것입니다. 사실 포멀 프로세스에서 요구 변경은 가장 다루기 어려운 과제 중 하나입니다. 그래서 대규모 시스템 개발 프로젝트에서 프로젝트 관리자가 가장 신경을 쓰는 부분도 변경 관리입니다. 요구 변경은 피할 수 없는 하나의 과정입니다. 외국에서는 보통 요구 변경이 있을 때 그에 소요되는 비용도 함께 지불하는 경우가 많습니다만, 우리나라의 경우에는 변경 비용을 고려하지 않는 경우가 비일비재합니다. 따라서 프로젝트 관리자의 가장 좋은 변경 관리 전략은 변경을 허용하지 않는 것입니다. 그래서 고객과 개발사 간에 분쟁이 자주 발생하게 되는 것이지요. 그러나 마냥 고객 탓만 할 수 없는 것이 우리가 앞에서 살펴본 대로 나쁜 설계 징후 즉, 구린내를 풍기는 설계가 너무 많기 때문이기도 합니다.

이제 설계의 구린내를 풍기는 설계의 예를 하나 들어보도록 하겠습니다. 이제 고객이 로깅 정보를 콘솔에 출력하는 기능을 요구하였다고 가정하겠습니다. 이때 우리는 다음과 같이 로깅 기능을 구현하는 Logger 클래스를 작성할 수 있습니다. 편의상 자바 언어로만 코드를 작성하도록 하겠습니다.

```java
public class Logger {
    public void write(String message) {
        System.out.println(message);
    }
}
```

간단하지요? 이제 로깅 기능이 필요할 때마다 다음과 같이 Logger 클래스의 인스턴스를 생성하고 write() 메서드를 호출하면 됩니다.

　　new Logger().write("로깅 정보");

　이번에는 고객의 요구가 콘솔에 뿐만 아니라 로깅 정보를 파일에도 저장해야 한다고 변경되었다고 하겠습니다. 이때 write() 메서드에 어디에 로깅 정보를 출력할 것인지를 인수로 받는 매개변수를 추가하여 다음과 같이 변경할 수 있습니다.

```
public class Logger {
    public void write(String message, boolean bFile) throws FileNotFoundException {
        if(bFile) {    // 파일에 저장함
            PrintWriter writer = new PrintWriter("log.txt");
            writer.println(message);
        } else {       // 콘솔에 출력함
            System.out.println(message);
        }
    }
}
```

　한번 더 고객의 요구가 변경되어 이번에는 데이터베이스에도 로깅 정보를 저장해야 한다고 하겠습니다. 이 경우에는 bFile 매개변수를 콘솔과 파일, 데이터베이스를 구분하는데 사용할 수 없으니까 다음과 같이 Logging 열거형을 추가하여 매개변수 타입으로 사용하기로 하겠습니다.

```
enum Logging {
    Console, File, DB
}
```

　그리고 이제 write() 메서드를 다음과 같이 변경할 수 있습니다.

```
public class Logger {
    public void write(String message, Logging logging)
```

```
            throws FileNotFoundException, SQLException {
    if(logging == Logging.File) {           // 파일에 저장함
        PrintWriter writer = new PrintWriter("log.txt");
        writer.println(message);
    } else if(logging == Logging.DB) {      // 데이터베이스에 저장함
        Connection connection = DriverManager.getConnection
            ("jdbc:oracle:thin:@localhost:1521/XE", "user", "password");
        String SQL_INSERT = "INSERT INTO log (log_message) VALUES (message)";
        Statement stmt = connection.createStatement();
        stmt.executeUpdate(SQL_INSERT);
        stmt.close();
        connection.close();
    } else                                  // 콘솔에 출력함
        System.out.println(message);
  }
}
```

여기에서 각 변경 때마다 write() 메서드의 구조가 변경되었습니다. 처음에는 String 타입의 매개변수 하나만 있었지만, 첫 번째 변경에서 boolean 타입의 매개변수가 추가되었고, 두번째 변경에서는 boolean 타입이 Logging 열거형 타입으로 바뀌었습니다. 이와 함께 write() 메서드 안에서 if 문의 구조도 점점 복잡해져 갑니다. 따라서 위의 설계는 경직성과 부동성, 불투명성 등의 구린내를 풍기게 됩니다. 만약 또 다른 변경 요구가 있다면 Logger 클래스의 구조는 점점 더 무너지게 될 것입니다.

만약 좋은 개발자라면 첫 번째 요구가 변경되었을 때 변경에 민첩하고 유연하게 대응할 수 있도록 다음과 같이 설계를 변경시켰을 것입니다.

```
    public interface Logger {
        void write(String message);
    }
    public class ConsoleLogger implements Logger {
```

```
    public void write(String message) {
        System.out.println(message);
    }
}
public class FileLogger implements Logger {
    private PrintWriter writer;
    public FileLogger(String filename) throws IOException {
        writer = new PrintWriter(filename);
    }
    public void write(String message) {
        writer.println(message);
    }
}
```

그러면 두 번째 요구가 변경되었을 때 다음과 같이 데이터베이스에 로그 정보를 저장하는 DBLogger 클래스를 추가하는 것으로 민첩하고 유연하게 대응할 수 있게 됩니다.

```
    public class DBLogger implements Logger {
        private Connection connection;
        private Statement stmt;
        public DBLogger() throws SQLException {
            connection = DriverManager.getConnection
                ("jdbc:oracle:thin:@localhost:1521/XE", "user", "password");
            stmt = connection.createStatement();
        }
        public void write(String message) {
            try {
                String SQL_INSERT = "INSERT INTO log (message) VALUES (message)";
                stmt.executeUpdate(SQL_INSERT);
            } catch(SQLException e) {
                e.printStackTrace();
```

			}
		}
	}

이제 콘솔에 로그 정보를 출력하고 싶다면 다음과 같이 사용할 수 있습니다.

```
Logger logger;
logger = new ConsoleLogger();
logger.write("로깅 정보");
```

만약 파일이나 데이터베이스에 로그 정보를 저장하고 싶다면 ConsoleLogger 클래스의 인스턴스를 생성하는 대신에 FileLogger나 DBLogger 클래스의 인스턴스를 생성하는 것으로 변경하면 충분합니다.

```
logger = new DBLogger();
```

이와같은 설계는 클래스를 수정하지 않고도 쉽게 확장할 수 있도록 한 좋은 설계의 예가 됩니다.

로버트 마틴은 위에서 언급한 같은 저서에서 객체지향 방식의 좋은 설계를 위한 다음과 같은 5가지 원칙을 제시합니다.

- Single-Responsibility Principle(SRP)

- Open/Closed Principle(OCP)

- Liskov Substitution Principle(LSP)

- Interface Segregation Principle(ISP)

- Dependency-Inversion Principle(DIP)

그리고 이들 원칙의 앞 문자를 따서 이들 원칙을 SOLID 원칙이라고 부릅니다.

Single-Responsibility Principle(SRP) 즉, 단일 책임의 원칙은 클래스는 변경할 단 하나의 이유만 가져야 한다는 원칙입니다. 그러니까 책임(responsibility)이란 변경해야 할 이유가 됩니다. 우리는 책임을 다른 말로 클래스가 해야 할 일이라고 이해할 수 있습니다. 그러니까 하나의 일을 잘하도록 클래스를 설계해야 한다는 것을 의미합니다. 이것을 응집력(cohesion)이라고도 합니다. 클래스는 강한 응집력을 갖도록 설계되어야 합니다. 다음 코드를 살펴보기로 하겠습니다.

```java
public class Car {
    private final int MAX;      // 최대 연료량
    private int gas;            // 현재 연료량
    public Car(int max) {
        MAX = max;
    }
    public int getMAX() {
        return MAX;
    }
    public int getGas() {
        return gas;
    }
    public void setGas(int gas) {
        this.gas = gas;
    }
    public void accelerate() {   // 가속하다
        if(gas > 0)
            gas--;
    }
    public void fillUp() {       // 연료를 주입하다
        this.gas = MAX;
    }
}
```

위의 Car 클래스는 가속할 때 연료를 소모하는 accelerate() 메서드와 연료를 최대로 주입하는 fillUp() 메서드를 포함합니다. 이것은 Car 클래스가 두 개의 책임을 제공하는 것을 의미합니다. 하나는 가속하여 연료를 소모하는 것이고, 다른 하나는 연료를 최대로 주입하는 것입니다. 하지만 자동차는 스스로 연료를 주입할 수 없습니다. 그러니까 fillUp() 메서드는 Car 클래스가 제공해야 하는 책임(resposibility)이 아닌 것입니다. 따라서 위의 Car 클래스 설계는 단일 책임의 원칙을 위반하고 있는 것이 됩니다. Car 클래스 설계가 단일 책임의 원칙을 준수하기 위해서는 Car 클래스에서 fillUp() 메서드를 제거해야 합니다.

```java
public class Car {
    private final int MAX;      // 최대 연료량
    private int gas;            // 현재 연료량
    public Car(int max) {
        MAX = max;
    }
    public int getMAX() {
        return MAX;
    }
    public int getGas() {
        return gas;
    }
    public void setGas(int gas) {
        this.gas = gas;
    }
    public void accelerate() {   // 가속하다
        if(gas > 0)
            gas--;
    }
}
```

그리고 fillUp() 메서드가 수행하는 책임을 다른 클래스, 가령 주유소를 나타내는 GasStation 클래스로 분리해야 합니다.

```
public class GasStation {
    public void fillUp(Car car) {    // 연료를 주입하다
        car.setGas(car.getMAX());
    }
}
```

단일 책임의 원칙은 필자가 생각하기에 5 가지 원칙 중 가장 중요한 원칙입니다. 다음 코드의 예를 보겠습니다.

```
public class Employee {
    public void payCheck() {
        // 급여 계산을 하다
    }
    public void save() {
        // 데이터베이스에 사원 정보를 저장하다
    }
}
```

위의 코드에서 Employee 클래스는 급여 계산을 하는 payCheck() 메서드와 데이터베이스에 사원 정보를 저장하는 save() 메서드 등 두 개의 책임을 갖기 때문에 단일 책임의 원칙을 위배하고 있습니다. 단일 책임의 원칙을 준수하도록 Employee 클래스를 설계한다면 save() 메서드를 분리해서 다음과 같이 별도의 EmployeeRepository 클래스에 두는 것이 바람직합니다.

```
public class EmployeeRepository {
    public void save(Employee employee) {
        // 데이터베이스에 사원 정보를 저장하다
    }
}
```

객체지향 이야기

Open/Closed Principle(OCP) 즉, 개방/폐쇄의 원칙은 소프트웨어 실체(entity) 즉, 클래스나 모듈, 함수 등은 확장에 열려 있어야 하지만, 변경에는 닫혀져 있어야 한다는 원칙입니다. 이것은 변경하는데 드는 비용을 가능한 한 줄이고, 확장을 위한 비용은 가능한 한 극대화해야 한다는 의미로, 요구가 변경돼도 기존 클래스를 수정하지 않고 기존 클래스를 확장해서 재사용할 수 있어야 한다는 뜻입니다. 개방/폐쇄의 원칙의 예는 이미 우리가 앞에서 Logger 인터페이스와 ConsoleLogger, FileLogger, DBLogger 클래스의 예에서 볼 수 있습니다. 또 다른 예로 이번에는 다음과 같이 도형을 나타내는 Shape 클래스의 예를 살펴보도록 하겠습니다.

```java
public class Shape {
    private ShapeType shapeType;
    public ShapeType getShapeType() {
        return shapeType;
    }
}
```

현재 도형으로 원형과 사각형 등 두 종류만 있다고 한다면 다음과 같이 ShapeType 열거형을 정의할 수 있습니다.

```java
public enum ShapeType {
    Circle, Square
}
```

그리고 다음과 같이 원형과 사각형을 나타내는 Circle과 Square 클래스를 정의할 수 있습니다.

```java
public class Circle extends Shape {
    private double radius;
    private Point center;
    public void drawCircle() {
        // 원형 그리기
```

```
    }
  }
  public class Square extends Shape {
    private double width;
    private Point topLeft;
    public void drawSquare() {
      // 사각형 그리기
    }
  }
  public class Point {
    public double x;
    public double y;
  }
```

그리고 도형의 배열을 인수로 받아서 각 도형 배열 요소를 그리는 drawShapes() 메서드를 다음과 같이 구현할 수 있습니다.

```
    void drawShapes(Shape[] list, int n) {
      for(int i = 0; i < n; i++) {
        Shape shape = list[i];
        switch(shape.getShapeType()) {
          case Square:
            Square square = (Square) shape;
            square.drawSquare();
            break;
          case Circle:
            Circle circle = (Circle) shape;
            circle.drawCircle();
            break;
        }
      }
    }
```

그러나 이러한 설계는 삼각형과 같이 새로운 유형의 도형이 추가되었을 때 개방/폐쇄의 원칙을 위배하게 됩니다. 삼각형을 나타내는 Triangle 클래스를 추가할 때 ShapeType 열거형과 drawShapes() 메서드의 switch 문을 변경해야 하기 때문입니다.

개방/패쇄의 원칙을 준수하도록 클래스를 설계한다면 다음과 같이 Shape 인터페이스를 도입할 수 있습니다.

```java
public interface Shape {
    void draw();
}
public class Circle implements Shape {
    public void draw() {
        // 원형 그리기
    }
}
public class Square implements Shape {
    public void draw() {
        // 사각형 그리기
    }
}
```

그리고 drawShapes() 메서드를 다음과 같이 구현할 수 있습니다.

```java
void drawShapes(Shape[] list) {
    for(Shape shape : list)
        shape.draw();
}
```

이제 삼각형이 추가될 때도 기존의 클래스는 변경에는 닫혀질 수 있게 됩니다. 또한 확장에는 열려 있어 Shape 인터페이스를 실현하는 Triangle 클래스를 추가하기만 하면 됩니다.

9장 객체지향 설계 5원칙

```
public class Triangle implements Shape {
    public void draw() {
        // 삼각형 그리기
    }
}
```

이처럼 개방/폐쇄의 원칙은 인터페이스를 도입하여 추상화와 다형성 메커니즘을 사용하며, 관리 가능하고 재사용할 수 있는 설계를 만들어 주는 기반이 됩니다.

Liskov Substitution Principle(LSP) 즉, 리스코프 치환의 원칙은 서브 타입(sub type)은 언제나 기반 타입(base type)으로 대체될 수 있어야 한다는 원칙입니다. 바바라 리스코프(Barbara Liskov)가 데이터 추상화와 계층성(Data Abstraction and Hierarchy)이라는 컨퍼런스 키노트에서 이 원칙을 제시하였기 때문에 원칙 이름에 그녀의 이름이 사용되었습니다. 이 원칙은 간단히 말해서 클래스 A가 클래스 B의 서브 타입이라면 프로그램의 행위에 영향을 미치지 않고 B 클래스 타입을 A 클래스 타입으로 대체할 수 있어야 한다는 것입니다. 이 원칙의 고전적인 예는 사각형입니다. 사각형의 폭과 높이는 어떤 값이든 될 수 있습니다.

```
public class Rectangle {
    private Point topLeft;
    protected double width;
    protected double height;
    public double getWidth() {
        return width;
    }
    public void setWidth(double width) {
        this.width = width;
    }
    public double getHeight() {
        return height;
    }
    public void setHeight(double height) {
```

```
        this.height = height;
    }
    public double area() {
        return this.height * this.width;
    }
}
```

그리고 정사각형은 폭과 높이가 같은 사각형입니다. 따라서 다음과 같이 정사각형을 사각형에서 파생시킬 수 있습니다.

```
public class Square extends Rectangle {
}
```

그런데 정사각형인 Square 클래스는 굳이 height와 width 필드를 둘 다 가질 필요가 없습니다. 그러나 Square 클래스가 Rectangle 클래스의 서브 타입이기 때문에 이들 두 필드를 갖게 되고 이것은 낭비가 됩니다. 하지만 이러한 낭비는 대부분의 경우에 그다지 중요하지는 않습니다. 이러한 메모리 낭비보다는 Square 클래스가 Rectangle 클래스의 서브 타입으로 정의한 것은 더 중요한 다른 문제를 야기시킵니다. Square 클래스의 height와 width 필드의 값은 같아야 합니다. 따라서 다음과 같이 Square 클래스에 height와 width의 필드값을 변경하는 세터(setter) 메서드를 재정의할 수 있습니다.

```
class Square extends Rectangle {
    public void setWidth(double width) {
        super.width = width;
        super.height = width;
    }
    public void setHeight(double height) {
        super.height = height;
        super.width = height;
    }
}
```

9장 객체지향 설계 5원칙

이제 Square 객체의 높이를 변경할 때 폭도 변경되고, 폭을 변경할 때도 높이가 함께 변경됩니다.

```
Square square = new Square();
square.setWidth(10);      // height도 10으로 변경됨
square.setHeight(20);     // width도 20으로 변경됨
```

하지만 다음 메서드의 경우를 생각해보기로 하겠습니다.

```
public static void foo(Rectangle r) throws Exception {
    r.setWidth(20);
    r.setHeight(30);
    if(r.area() != 600)
        throw new Exception("600이 아닙니다!");
}
```

만약에 foo() 메서드에 인수로 Rectangle 객체를 전달한다면 아무런 문제가 되지 않습니다. 그러나 Square 객체가 전달된다면 foo() 메서드는 "600이 아닙니다!"라는 메시지를 출력하는 예외를 발생시키게 됩니다. foo() 메서드의 두번째 행에서 setHeight() 메서드가 호출될 때 height 필드 뿐만 아니라 width 필드의 값도 30으로 변경되기 때문에 area() 메서드가 호출되면 그 결과는 900이 되기 때문입니다. 여기에서 문제는 foo() 메서드를 작성한 개발자는 Rectangle 객체의 width를 변경시킬 때 height가 변경되지 않는다고 가정했다는 것입니다. 분명히 사각형의 폭을 변경시켜도 높이에 영향을 미치지 않는다고 충분히 가정할 수 있습니다. 그러나 foo() 메서드에 전달되는 모든 객체가 이러한 가정을 만족시키는 것은 아닙니다. 따라서 foo() 메서드에서 Square 타입은 Rectangle 타입으로 치환될 수 없기 때문에 Square 클래스와 Rectangle 클래스 사이의 관계는 리스코프 치환의 법칙을 위배한 것이 됩니다.

이제 이들 클래스를 리스코프 치환의 원칙을 준수하도록 다음과 같이 작성할 수 있습니다.

```
public interface Shape {
    double area();
}
public class Rectangle implements Shape {
    private Point topLeft;
    protected double width;
    protected double height;
    public double getWidth() {
        return width;
    }
    public void setWidth(double width) {
        this.width = width;
    }
    public double getHeight() {
        return height;
    }
    public void setHeight(double height) {
        this.height = height;
    }
    public double area() {
        return this.height * this.width;
    }
}
public class Square implements Shape {
    private Point topLeft;
    protected double size;
    public double getSize() {
        return size;
    }
    public void setSize(double size) {
        this.size = size;
    }
    public double area() {
```

        return this.size * this.size;
    }
}

　Dependency-Inversion Principle(DIP) 즉, 의존성 역전의 원칙은 상위 수준의 모듈(high-level module)은 하위 수준의 모듈(low-level module)에 의존하지 말아야 한다는 원칙입니다. 이 원칙에서 역전(inversion)이란 용어를 사용한 이유는 이전의 전통적인 소프트웨어 개발 방법론 즉, 구조적 분석 설계(structured analysis and design) 방법론에서 모듈의 계층도에 있는 상위 수준의 모듈이 하위 수준 모듈에 의존하는 방식으로 설계하는 경향을 갖기 때문입니다.

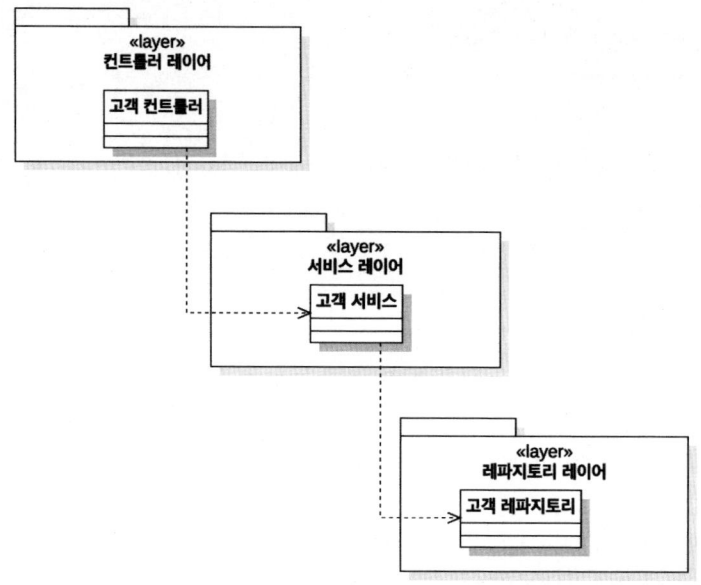

[그림 9-1] 하위 수준 모듈에 의존하는 상위 수준 모듈

　위의 그림에서는 3 개의 레이어로 구성된 시스템의 패키지 다이어그램을 보여줍니다. 가장 상위 수준으로 컨트롤러 레이어가 오고, 다음에는 서비스 레이어, 가장 하위 수준으로 레파지토리 레이어가 옵니다. 그리고 가장 상위 수준의 컨트롤러 레이어에 포함되는 고객 컨트롤러 클래스는 하위 수준 레이어인 서비스 레이어에 포

함된 고객 서비스 클래스에 의존합니다. 그리고 다시 서비스 레이어의 서비스 클래스는 가장 하위 수준의 레파지토리 레이어에 포함되는 고객 레파지토리 클래스에 의존합니다. 이것을 코드로 작성하면 다음과 같습니다.

```
public class CustomerController {
    private CustomerService customerService;
    public CustomerController() {
        this.customerService = new CustomerService();
    }
    public Customer getCustomer() {
        return this.customerService.getCustomer();
    }
}
public class CustomerService {
    private CustomerRepository customerRepository;
    public CustomerService() {
        this.customerRepository = new CustomerRepository();
    }
    public Customer getCustomer() {
        return this.customerRepository.getCustomer();
    }
}
public class CustomerRepository {
    public Customer getCustomer() {
        return new Customer();
    }
}
public class Customer {
    private String name;
    private String address;
    private String email;
    // 게터/세터 메서드 생략
```

9장 객체지향 설계 5원칙

    }

위의 코드에서 CustomerController 클래스는 CustomerService 클래스 타입의 필드를 포함합니다. 따라서 CustomerController 클래스는 CustomerService 클래스에 의존하게 되어 CustomerService 클래스가 변경될 때 CustomerController 클래스의 생성자와 getCustomer() 메서드의 구현도 변경되어야 합니다. 마찬가지로 CustomerSrvice 클래스는 CustomerRepository 클래스 타입의 필드를 포함합니다. 따라서 CustomerService 클래스는 CustomerRepository 클래스에 의존하게 되어 CustomerRepository 클래스가 변경될 때 CustomerService 클래스의 생성자와 getCustomer() 메서드의 구현도 변경되어야 합니다.

이러한 문제를 해결하기 위해 의존성 역전의 원칙은 상위 수준의 모듈에 필요한 서비스의 인터페이스를 두고 하위 수준의 모듈에서 이 인터페이스를 구현하게 합니다. 그리고 상위 수준 모듈에서는 하위 수준 모듈에 직접 의존하는 대신에, 상위 수준 모듈에 둔 인터페이스를 통해서 하위 수준의 모듈을 사용함으로써 하위 수준 모듈이 상위 수준 모듈에 있는 추상화된 인터페이스를 의존하도록 의존성을 역전시킵니다. 이것을 다시 패키지 다이어그램으로 표현하면 다음과 같습니다.

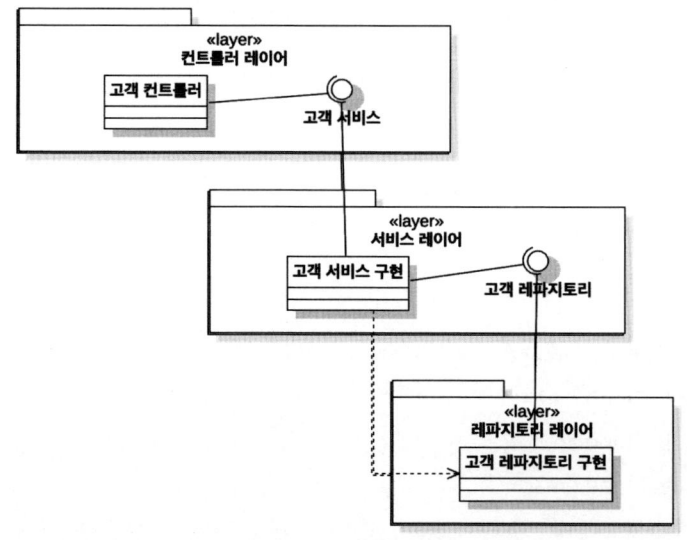

[그림 9-2] 의존성 역전

위의 다이어그램에서 가장 상위 수준의 컨트롤러 레이어에 고객 서비스 인터페이스를 두고 하위 수준인 서비스 레이어의 고객 서비스 구현 클래스가 이 고객 서비스 인터페이스에 의존하게 함으로써 의존성을 역전시키고 있습니다. 마찬가지로 고객 서비스 레이어도 고객 레파지토리 인터페이스를 두고 가장 하위 수준인 레파지토리 레이어의 고객 레파지토리 구현 클래스가 이 고객 레파지토리 인터페이스에 의존하게 함으로써 의존성을 역전시킵니다. 이것을 다시 코드로 작성하면 다음과 같습니다.

```java
public interface CustomerService {
    Customer getCustomer();
}
public class CustomerController {
    private CustomerService customerService;
    public CustomerController() {
        this.customerService = new CustomerServiceImpl();
    }
    public Customer getCustomer() {
        return this.customerService.getCustomer();
    }
}
public interface CustomerRepository {
    Customer getCustomer();
}
public class CustomerServiceImpl implements CustomerService {
    private CustomerRepository customerRepository;
    public CustomerServiceImpl() {
        this.customerRepository = new CustomerRepositoryImpl();
    }
    public Customer getCustomer() {
        return this.customerRepository.getCustomer();
    }
}
```

9장 객체지향 설계 5원칙

```
public class CustomerRepositoryImpl implements CustomerRepository {
  public Customer getCustomer() {
    return new Customer();
  }
}
```

위의 코드에서 CustomerServiceImpl 클래스는 CustomerService 인터페이스에 의존하여 getCustomer() 메서드를 구현하고, CustomerController 클래스는 CustomerServiceImpl 클래스에 직접 의존하는 대신에 CustomerService 인터페이스를 통해서 CustomerServiceImpl 클래스를 사용합니다. 마찬가지로 CustomerRepositoryImpl 클래스는 CustomerRepository 인터페이스에 의존하여 getCustomer() 메서드를 구현하고, CustomerServiceImpl 클래스는 CustomerRepositoryImpl 클래스에 직접 의존하는 대신에 CustomerRepository 인터페이스를 통해서 CustomerRepositoryImpl 클래스를 사용합니다.

여기서 한 가지 문제점은 CustomerController 클래스에서 CustomerServiceImpl 클래스의 생성자에 의존하고, 마찬가지로 CusotmerServiceImpl 클래스의 생성자에서도 CustomerRepositoryImpl 클래스의 생성자에 의존한다는 것입니다. 따라서 의존성 역전의 원칙이 좀 더 완벽하게 적용되기 위해서는 이와같은 하위 수준의 모듈의 클래스 생성자에 대한 의존성도 제거해야 합니다. 이것을 위해 우리는 의존성 주입(DI, Dependency Injection)을 도입할 수 있습니다.

```
public class CustomerController {
  private CustomerService customerService;
  public CustomerController(CustomerService customerService) {
    this.customerService = customerService;
  }
  // 생략...
}
public class CustomerServiceImpl implements CustomerService {
  private CustomerRepository customerRepository;
  public CustomerServiceImpl(CustomerRepository customerRepository) {
```

```
            this.customerRepository = customerRepository;
        }
        // 생략...
    }
```

위의 코드에서 CustomerController 클래스의 생성자에서는 CustomerService 인터페이스 타입의 객체를 주입받아 customerService 필드에 저장합니다. 마찬가지로 CustomerServiceImpl 클래스의 생성자에서도 CustomerRepository 인터페이스 타입의 객체를 주입받아 customerRepository 필드에 저장합니다. 이것을 의존성 주입이라고 합니다.

그렇다면 이와같이 의존성을 주입하는 주체가 있어야 합니다. 이 역할을 수행하는 주체를 IoC 컨테이너라고 합니다.

```
    public class IoCContainer {
        publc CustomerController createCustomerController() {
            return new CustomerController(new CustomerSerivceImpl());
        }
        public CustomerService crateCustomerService() {
            return new CustomerServiceImpl(new CustomerRepository());
        }
    }
```

이제 CustomerController 클래스의 인스턴스를 생성할 때 IoCContainer 클래스의 인스턴스를 생성하고 createCustomerController() 메서드를 호출합니다.

```
        IoCContainer iocContainer = new IoCContainer();
        CustomerController customerController = iocContainer.createCustomerController();
```

마찬가지로 CustomerServiceImpl 클래스의 인스턴스를 생성할 때는 createCustomerService() 메서드를 호출합니다.

CustomerService customerService = iocContainer.createCustomerService();

IoC는 Inversion of Control의 약자로 제어의 역전 또는 제어의 역흐름으로 현대 소프트웨어에서 애플리케이션 프레임워크에 포함되는 기능입니다. 애플리케이션 프레임워크에 대해서는 11장 애플리케이션 프레임워크에서 자세히 설명하므로 여기에서는 이해를 돕기 위해 간단하게 설명하기로 하겠습니다.

프레임워크는 공통 라이브러리(common library)와는 다릅니다. 공통 라이브러리란 애플리케이션에서 공통적으로 사용할 수 있는 함수들의 집합입니다. 애플리케이션이 공통 라이브러리의 기능이 필요하다면 그때마다 그냥 공통 라이브러리의 함수를 불러다 쓰면 됩니다. 따라서 공통 라이브러리를 사용할 때 제어의 흐름은 애플리케이션 코드에서 공통 라이브러리로 이동하게 됩니다. 그러나 프레임워크의 경우에 제어 흐름의 주도권은 프레임워크에 있습니다. 다시 말해, 프레임워크에서 애플리케이션 코드로 제어 흐름이 이동합니다. 이것을 제어의 역흐름 또는 제어의 역전(IoC, Inversion Of Control)이라고 하는 것이지요. 즉, 프레임워크 코드가 전체 애플리케이션의 처리 흐름을 제어하며, 특정한 이벤트가 발생할 때 다형성(polymorphism)을 통해 애플리케이션이 확장한 메서드를 호출함으로써 제어가 프레임워크로부터 애플리케이션으로 거꾸로 흐르게 합니다.

Interface Segregation Principle(ISP) 즉, 인터페이스 분리의 원칙은 클라이언트가 사용하지 않는 메서드에 의존하도록 강제하지 말아야 한다는 원칙입니다. 이 원칙은 "커다란" 인터페이스가 갖는 단점을 처리하기 위한 것입니다. 인터페이스를 사용하는 클라이언트를 기준으로 분리함으로써 클라이언트의 목적과 용도에 적합한 인터페이스만 제공하도록 합니다. 이 원칙은 인터페이스의 단일 책임을 강조하는 것으로 보면 됩니다. 그러니까 단일 책임의 원칙이 클래스의 단일 책임을 강조한다면 인터페이스 분리 원칙은 인터페이스의 단일 책임을 강조하는 것이 되는 것이지요. 다음 코드의 예를 보겠습니다.

```
public interface ProductService {
    Product getProduct(long id);           // 제품 정보 읽기
```

```
    List<Product> getProducts();              // 제품 목록 읽기
    void saveProduct(Product product);        // 제품 정보 저장
    void deleteProduct(long id);              // 제품 정보 삭제
    long getInventory(long id);               // 제품 재고 정보 읽기
    void stockInventory(long id, long quantity);  // 제품 입고
    void takeInventory(long id, long quantity);   // 제품 출고
}
```

ProductService 인터페이스는 제품 정보를 읽고, 저장하고 삭제하는 기능과 함께 제품의 재고 정보를 읽고 제품을 입고 및 출고하는 기능도 포함하고 있습니다. 그리고 다음과 같이 ProductController 클래스에서 ProductService 인터페이스의 일부 메서드만 사용한다고 하겠습니다.

```
public class ProductController {
    private ProductService productService;
    public ProductController(ProductService productService) {
        this.productService = productService
    }
    public void getProduct(long id) {
        return productService.getProduct(id);    // 제품 정보 읽기
    }
    public void getProducts() {
        return productService.getProducts();     // 제품 목록 읽기
    }
    public void insertProduct(Product product) {
        productService.saveProduct(product);     // 제품 정보 저장
    }
    public void deleteProduct(long id) {
        productService.deleteProduct(id);        // 제품 정보 삭제
    }
}
```

이 경우에 앞에서 정의한 ProductService 인터페이스는 인터페이스 분리 원칙을 위배한 것이 됩니다. 따라서 인터페이스 분리 원칙을 준수하도록 ProductService 인터페이스를 설계한다면 제품의 재고 정보를 관리하는 마지막 3개의 메서드를 InventoryService 인터페이스로 분리하여 다음과 같이 정의할 수 있습니다.

```
public interface ProductService {
    Product getProduct(long id);              // 제품 정보 읽기
    List<Product> getProducts();              // 제품 목록 읽기
    void saveProduct(Product product);        // 제품 정보 저장
    void deleteProduct(long id);              // 제품 정보 삭제
}
public interface InventoryService {
    long getInventory(long id);                        // 제품 재고 정보 읽기
    void stockInventory(long id, long quantity);       // 제품 입고
    void takeInventory(long id, long quantity);        // 제품 출고
}
```

이러한 인터페이스 분리는 다시 ProductService 인터페이스가 제품 정보를 관리하는 단일 책임을 갖도록 설계한 것이 되며, InventoryService 인터페이스도 제품 재고 정보를 관리하는 단일 책임을 갖도록 설계한 것이 됩니다.

이와같은 객체지향 설계의 5 원칙은 애자일 프로세스에서 각 반복마다 설계의 구린내를 피하고 좋은 설계로 진화하기 위한 실천으로 정의되었지만, 애자일 프로세스 뿐만 아니라 포멀 프로세스에서 설계 단계에 인터페이스와 클래스를 설계할 때도 유용하게 적용할 수 있는 지침이 됩니다.

10장 클린 코드

10장
클린 코드

다시 로버트 마틴(Robert Martin)입니다. 이번에는 그의 다른 또 하나의 유명한 저서 Clean Code입니다. 로버트 마틴은 이 책에서 어떤 코드가 좋은 코드인가를 논의합니다. 이 책에 들어가기 전에 눈에 띄는 글이 있습니다. 내부 표지 밑에 있는 글입니다.

> 자신을 전문가라고 부르려면 마땅히 깨끗한 코드를 작성해야만 합니다. 최선을 다하지 못한 것에 대한 합리적인 변명은 없습니다.

심금을 울리는 구절입니다. 저 역시 30년이 넘는 시간을 개발자로서 살면서 수많은 코드를 작성했고, 또 다른 개발자들이 작성한 수많은 코드를 보았습니다. 이제는 코드만 보고도 어느 정도 코드를 작성한 개발자의 성격도 추측할 수 있는 상태가 되었습니다. 다른 개발자들과 협업을 잘하는 개발자의 코드는 코딩 규약을 잘 지키고 있으며 간결하고 이해하기 쉽게 명확하게 작성되어 있는 것을 쉽게 볼 수 있습니다. 제가 생각하기에 좋은 코드는 이런 코드입니다. 코딩 규약을 지키는 것은 개발자로서 의무이기 때문에 더 논의할 것은 없습니다. 하지만 간결하고 이해하기 쉽게 작성된 명확한 코드란 어떤 코드일까요? 팩토리얼(factorial)을 구하는 메서드를 구현한 두 개의 코드를 보여드리겠습니다. 여러분도 알고 있듯이 팩토리얼은 n! 값을 구하는 알고리즘입니다. 첫 번째 구현 코드는 다음과 같습니다.

```
int factorial(int x) {
    int factorial = x;
    for(int i = 0; i <= x; i++)
        factorial *= i;
    return factorial;
}
```

두 번째 구현 코드는 다음과 같습니다.

```
int factorial(int x) {
    if(x <= 1) return 1;
    return x * factorial(x - 1);
}
```

여러분은 이 두 코드 구현 중에서 어느 것이 간결하고 이해하기 쉽게 작성된 코드라고 생각하나요? 첫 번째 코드는 for 반복문을 사용하여 구현되었고, 두 번째 코드는 재귀적 호출을 사용해서 구현되었습니다. 첫 번째 for 반복문을 사용하여 구현된 코드는 4 줄로 작성되었고, 두 번째 재귀적 호출로 구현된 코드는 단 두 줄 뿐입니다. 간결한 코드는 당연히 재귀적 호출을 사용한 두 번째 코드입니다. 하지만 이해하기 쉬운가요? 여기에서 의견이 나뉘어져서 팽행히 맞섭니다. 그것은 재귀적 호출 구문을 이해하기 어려워하는 개발자들이 상당수 있기 때문입니다. 혹자는 재귀적 호출이 실행 시간을 단축시키기 때문에 더 좋은 코드라고 합니다. 그러나 이 주장은 정확하지 않을 수 있습니다. 사실 두 코드의 실행 시간은 거의 비슷하기 때문입니다. 재귀적 호출 구문에 익숙하지 않은 개발자라면 첫 번째 구현 코드가 더 이해하기 쉬운 코드라고 생각할 수 있고, 재귀적 호출 구문에 익숙하다면 두 번째 구현 코드가 더 이해하기 쉽다고 말할 수 있습니다.

예를 들어 어떤 프로젝트에 30명의 개발자로 구성된 개발 조직이 구성되어 있다고 하겠습니다. 이 개발 조직은 경력이 많은 개발 리더를 제외하고는 대부분의 개발자가 경력이 많지 않은 상태라고 가정하겠습니다. 만약 개발 리더가 재귀적 호출 구문에 아주 익숙해서 두 번째 구현 코드를 작성했다면 아직 재귀적 호출 구문에 익숙

10장 클린 코드

하지 않은 다른 개발자들은 이해하기 어려울 것입니다. 물론 다른 개발자들도 언젠가 경력과 함께 실력이 쌓이면서 재귀적 호출 구문을 쉽게 이해할 수 있게 되겠지만, 현재 프로젝트의 개발 조직에서는 for 반복문으로 구현된 첫 번째 구현 코드가 훨씬 이해하기 쉬운 코드입니다. 또 다른 경우로 이번에는 7 명의 베테랑 개발자로 구성된 애자일 팀이 있다고 하겠습니다. 이 개발 조직에서는 재귀적 호출 구문으로 작성된 두 번째 구현 코드가 더 이해하기 쉬운 코드가 될 수 있습니다. 이처럼 이해하기 쉽다는 것은 어느 정도 상대적인 기준이 됩니다.

클린 코드 책에서 첫 번째 장을 시작하면서 경험이 많은 개발자들에게 클린 코드 즉, 깨끗한 코드가 무엇인지를 물어보고 의견을 듣는 섹션이 있습니다. 어떤 개발자는 한 가지를 제대로 하는 코드라고 대답합니다. 다른 사람은 단순하고 직접적인 코드라고 합니다. 또 다른 사람이 읽기 쉽고 고치기 쉬운 코드라고 합니다. 그리고 중복이 없는 코드라고 말합니다. 그런데 이들 의견을 모두 종합해서 보면 우리가 이미 지난 장 객체지향 설계 5원칙에서 다루었던 내용과 아주 유사합니다. 그러니까 객체지향 설계 5원칙이 잘 반영된 코드가 좋은 코드라는 셈이 됩니다.

그리고 본격적으로 두 번째 장에서 깨끗한 코드는 의미있는 이름을 가져야 한다고 합니다. 변수, 함수, 클래스 이름은 명확히 의도가 드러나야 한다고 강조합니다. 그런데 이 말은 어디에서 들어본 것 같지 않나요? 제가 쓴 책 "자바 프로그래밍 기초 (전병선, 리얼데브러닝, 2023)"의 2장 변수에서 변수명을 부여하는 규칙에 대해서 다음과 같이 설명하고 있습니다.

> 변수 이름을 부여할 때 몇가지 문법적인 제약 사항이 있다. 먼저 변수 이름은 반드시 영문자나 밑줄 문자 (_), 달러 기호 ($)로 시작해야 한다. 중략... 변수명 즉, 식별자를 표현하는데 이와같은 규칙을 잘 지켰다면 유효한 변수명이 될 수 있다.
> 하지만 규칙을 잘 지켰다고 해서 좋은 식별자는 아니다. 변수명으로 어떤 의미도 표현하지 않는 a, b, c 나 x, y, z 와 같은 이름을 사용하는 것은 삼가는 것이 좋다. 예를 들어 다음과 같이 변수가 선언되어 있다고 하자.
> int a;
> 여러분은 이 변수명만 보고 이 변수에 어떤 값을 저장하고, 어떤 값이 저장되어 있을 지 짐작할 수 있을까? 물론 여러분이 코드를 직접 작성하기 때문에 본인은 알 수 있겠지만, 다른 개발자가 여러분이 작성한 이 변수명을 보고 쉽게 알 수는 없을 것이다. 하지만 age란 변수명이 사용되었다

면 이 변수에 나이를 나타내는 정수값을 저장하겠구나 하고 짐작할 수 있다. 이처럼 사람이 보고 이해하기 쉽도록 변수의 이름을 부여하는 것이 아주 중요하다. 물론 a나 x와 같은 단순한 변수명을 사용하는 것이 입력하는 코드의 양도 줄일 수 있고 여러모로 편리할 것이다. 하지만 여러 개발자들이 협업하는 실무에서 프로젝트를 한다면 이야기는 달라진다. 여러분이 작성한 코드를 다른 개발자가 보고 수정할 수도 있고, 반대로 다른 개발자가 작성한 코드를 여러분이 보고 수정할 수도 있다. 따라서 다른 개발자와의 협업에서 의사소통을 쉽게 하기 위해서는 변수와 같은 식별자의 이름을 붙이는 일은 아주 중요하다. 많은 경우에서 프로젝트 별로 변수명을 부여하는 규칙을 만들어 놓고 모든 개발자들이 지키도록 강제하는 경우가 많다. 따라서 처음부터 이해하기 쉽도록 변수명을 부여하는 습관을 들이는 것이 좋다.

그러므로 식별자에는 의미 있는 이름을 부여하도록 유의해야 한다. 그저 abc, xyz와 같이 아무런 의미가 없는 식별자보다는 age, birthday와 같이 식별자만 보아도 무엇을 위한 것인지 추측할 수 있는 식별자를 사용하는 것이 바람직하다. 만약 의미 있는 이름을 부여하기 위해 여러 단어를 결합시켜야 한다면 각 단어는 대문자로 시작한다. 예를 들어 phonenumber와 같이 그냥 단어를 결합시키는 것보다는 phoneNumber와 같이 대문자로 시작하는 단어를 사용하면 식별하기가 쉽다. 사실 이름을 부여하는데 문법적인 규칙 외에 어떤 특별한 다른 규칙이 있는 것은 아니다. 하지만 자바 개발자들은 관습적으로 카멜 케이스(camelCase)를 사용한다. 우리말로 "단봉낙타" 표기법이라고도 부른다.

이것이 꼭 변수명을 부여하는데만 적용되는 것일까요? 함수명이든 클래스명이든 식별자 이름에는 모두 해당하는 말입니다. 그러니까 깨끗한 코드가 의미있는 이름을 가져야 한다는 것은 우리가 프로그래밍 언어를 배울 때부터 반드시 알고 사용해야 하는 기본적인 사항입니다. "내가 정말 알아야 할 모든 것은 유치원에서 배웠다"는 책의 제목처럼 아주 기본적인 것입니다. 따라서 클린 코드를 작성하는 것에 대한 강박 관념을 가질 이유가 없습니다. 기본에 충실한 코드, 원칙에 충실한 코드가 이미 클린 코드이기 때문입니다.

그렇다고 하더라도 로버트 마틴의 클린 코드 책은 클린 코드를 작성하는데 필요한 실천을 잘 정리해 두었다는데 그 의미가 있습니다. 이 책에는 좋은 코드와 나쁜 코드를 구분하는 다양한 경우와 구현 코드 사례를 제시합니다. 저는 여러분이 이 책을 구입해서 읽을 것을 추천드립니다. 우리말로 번역된 번역서도 이미 출간되어 있습니다. 여기에서는 정리된 이들 실천 중에서 우리가 이미 지난 장에서 살펴본 것과 기본적인 것들은 제외하고 중요한 몇 가지를 추려서 살펴보도록 하겠습니다.

10장 클린 코드

변수, 함수, 클래스 이름과 같은 식별자는 의도가 드러나는 이름을 사용해야 합니다. 의도가 드러나는 이름을 사용하면 코드를 훨씬 이해하기 쉽고 변경하기 쉬워집니다.

```
public List<int[]> getThem() {
    List<int[]> list1 = new ArrayList<int[]>();
    for(int[] x : theList)
        if(x[0] == 4)
            list1.add(x);
    return list1;
}
```

위의 코드의 목적이 무엇일까요? 복잡한 표현식도 없고 들여쓰기도 잘 되어 있지만 무엇을 하려고 하는지 이해하기 어렵습니다. 먼저 메서드 이름 getThem이 무엇을 의미할까요? 이 이름 보다는 의도를 명확하게 이해할 수 있도록 플래그가 있는 셀의 목록을 구한다는 의미로 getFlaggedCells라고 변경할 수 있습니다.

```
public List<int[]> getFlaggedCells() {
    // 생략...
}
```

그러면 이 메서드가 반환하는 list1 변수 이름도 flaggedCells라고 변경하는 것이 좋겠지요.

```
public List<int[]> getFlaggedCells() {
    List<int[]> flaggedCells = new ArrayList<int[]>();
    // 생략...
}
```

그리고 세 번째 행의 for 문에서 theList는 어떤 목록을 말하는 걸까요? 만약 셀의 목록이 게임 보드라면 gameBoard라는 이름을 사용해서 다음과 같이 바꿀 수 있을 것입니다.

```
public List<int[]> getFlaggedCells() {
    List<int[]> flaggedCells = new ArrayList<int[]>();
    for(int[] x : gameBoard)
      // 생략...
}
```

그리고 네 번째 행의 if 문에서 x 배열의 0번째가 4인지 여부를 검사하는 것은 어떤 의미를 갖고 있나요? 0번째 인덱스는 상태 값이 저장된 위치이고, 상태 값이 4라는 것은 플래그된 상태라는 의미라면 다음과 같이 코드를 변경할 수 있습니다.

```
private final int STATUS_VALUE = 0;
private final int FLAGGED = 4;
public List<int[]> getFlaggedCells() {
    List<int[]> flaggedCells = new ArrayList<int[]>();
    for(int[] cell : gameBoard)
      if(cell[STATUS_VALUE] == FLAGGED)
        flaggedCells.add(cell);
    // 생략...
}
```

또한 반환하는 셀의 목록도 int 타입의 배열 대신에 셀을 표현하는 Cell 클래스로 다음과 같이 대체할 수 있습니다.

```
public List<Cell> getFlaggedCells() {
    List<Cell> flaggedCells = new ArrayList<Cell>();
    for(Cell cell : gameBoard)
      if(cell[STATUS_VALUE] == FLAGGED)
        flaggedCells.add(cell);
    return flaggedCells;
}
```

이와같이 의미있는 이름으로 변경하니까 최종 코드는 훨씬 이해하기 쉬운 코드가 되었습니다.

함수 또는 메서드는 작게 만드는 것이 좋습니다. 각 함수가 한 가지 일만 해야 하고 그 일을 잘해야 합니다. 함수에 단일 책임의 원칙을 적용하는 것과 마찬가지입니다. 그렇게 하기 위해서는 함수 안에 있는 문장은 모두 같은 추상화 수준에 있어야 합니다. 예를 들어 도서를 주문할 때 다음과 같은 4 개의 작업을 처리한다고 하겠습니다.

- 도서 검색하다
- 주문하다
- 지불하다
- 배송하다

이 경우에 다음과 같이 도서 주문을 처리하는 processBookOrder() 메서드는 모두 같은 추상화 수준에 있습니다.

```
public void processBookOrder() {
    List<Book> books = searchBooks(condition);   // 도서 검색하다
    placeOrder(customer, books);                 // 주문 하다
    payOrder(customer, books);                   // 지불하다
    deliverOrder(customer, books);               // 배송하다
}
```

그러나 다음 코드는 함수 안에 있는 문장의 추상화 수준이 서로 다릅니다.

```
public void processBookOrder() {
    List<Book> books = searchBooks(condition);   // 도서 검색하다
    for(Book book : books) {
        boolean bStock = verifyInventory(book);   // 재고 확인하다
```

```
            if(!bStock) {                            // 출판사에 도서를 주문하다
                List<Book> books = orderBooksFromPublisher(book);
                stockBooks(books):                    // 도서를 입고하다
            }
        }
        confirmOrder(customer, books);                // 확정하다
        payOrder(customer, books);                    // 지불하다
        deliverOrder(customer, books);                // 배송하다
    }
```

이와같이 한 함수 내에 추상화 수준이 섞여 있으면 특정한 표현이 근본적인 개념인지 아니면 세부적인 것인지 구분하기 어려워져서 헷갈리게 됩니다. 그래서 한 단계 내려가기 규칙(Stepdown Rule)을 적용하는 것이 좋습니다. 코드는 이야기처럼 위에서 아래로 읽을 수 있어야 좋습니다. 한 함수 다음에는 추상화 수준이 한 단계 낮은 함수가 위치하도록 합니다. 결국 위에서 아래로 프로그램을 읽으면 함수 추상화 수준이 한 번에 한 단계씩 낮아지게 됩니다. 도서 검색하다를 표현하는 searchBooks() 메서드는 한 단계 낮은 추상화 수준으로 다음과 같이 구현할 수 있습니다.

```
    public List<Book> searchBooks(SearchCondition condition) {
        LIst<Book> books = getBooks(condition);       // 도서 목록을 조회하다
        return chooseBook(books);                     // 도서를 선택하다
    }
```

각각 주문하다, 지불하다, 배송하다를 표현하는 placeOrder()와 payOrder(), deliverOrder() 메서드도 다음과 같이 한 단계 낮은 추상화 수준으로 구현합니다.

```
    public void placeOrder(Customer customer, List<Book> books) {
        for(Book book : books) {
            boolean bStock = verifyInventory(book);   // 재고 확인하다
            if(!bStock) {                             // 출판사에 도서를 주문하다
                List<Book> books = orderBooksFromPublisher(book);
```

```
            stockBooks(books):               // 도서를 입고하다
        }
    }
    confirmOrder(customer, books);           // 확정하다
}
public void payOrder(Customer customer, List<Book> books) {
    Creditcard card = chooseCreditcard(customer);   // 신용카드를 선택하다
    makePayment(card, books);                // 신용카드로 지불하다
}
public void deliverOrder(Customer customer, List<Book> books) {
    requestDelivery(customer, books);        // 배송 요청하다
    pickupBooks(customer, books);            // 도서 를 가져오다
    deliverBooks(customer, books);           // 도서를 배송하다
}
```

함수 안에 switch 문을 사용할 때 함수를 작게 만들기 어려워집니다. 본질적으로 switch 문은 N 가지를 처리하기 때문입니다. 다음 코드의 예를 보겠습니다.

```
public double payCheck() throws Exception {
    switch(this.type) {
        case REGULAR: return this.salary;
        case SALES: return this.salary + this.allowanceRate * this.performance;
        case TEMPORARY: return this.wage * this.time;
        default: throw new Exception();
    }
}
```

위의 payCheck() 메서드는 여러 가지 문제가 있습니다. 먼저 메서드가 큽니다. 새로운 사원 유형이 추가될 때마다 switch 문은 덩달아 커집니다. 그리고 이것은 폐쇄/개방의 원칙을 위배하는 것이 됩니다. 또한 한 가지 이상의 일을 하기 때문에 단일 책임의 원칙도 위배하고 있습니다. 무엇보다 가장 심각한 문제는 이러한 메서드의 구조가 동일한 구조를 갖는 메서드가 무한정 존재할 수 있다는 것입니다. 예를

들어 우리는 다음과 같이 같은 구조를 갖는 세금 계산을 하는 calculateTax() 메서드를 만들 수 있습니다.

```
public double calculateTax() throws Exception {
    switch(this.type) {
        case REGULAR: return this.salary * 0.1;
        case SALES:
            return this.salary * 0.1 + (this.allowanceRate * this.performance) * 0.2;
        case TEMPORARY: return 0;
        default: throw new Exception();
    }
}
```

이러한 문제를 해결하는 한가지 방법으로 추상 팩토리(Abstract Factory) 패턴을 사용할 수 있습니다. 여기에서 팩토리(factory)는 말 그대로 인스턴스를 생성하는 공장과 같은 역할을 하는 클래스입니다. 추상 팩토리 패턴에 대해서는 12장 디자인 패턴에서 상세히 살펴보도록 하겠습니다.

```
public abstract class Employee {
    protected double salary;
    protected double wage;
    protected int time;
    protected double allowanceRate;
    protected double performance;
    public abstract double payCheck() throws Exception;
    public abstract double calculateTax() throws Exception;
}
public abstract class EmployeeFactory {
    public Employee makeEmployee(EmployeeType type) throws Exception;
}
public class ConcreteEmployeeFactory extends EmployeeFactory {
    @Override
```

```
public Employee makeEmployee(EmployeeType type) throws Exception {
    switch (type) {
        case REGULAR: return new RegularEmployee();
        case SALES: return new SalesEmployee();
        case TEMPORARY: return new TemporaryEmployee();
        default: throw new Exception();
    }
}
```

이렇게 추상 팩토리 안에 switch 문을 상속 관계로 숨겨서 노출되지 않도록 하고 다형성을 이용하여 적절한 Employee 클래스의 파생 클래스가 생성되도록 합니다.

```
public class RegularEmployee extends Employee {
    @Override
    public double payCheck() throws Exception {
        return super.salary;
    }
    @Override
    public double calculateTax() throws Exception {
        return this.salary * 0.1;
    }
}
public class SalesEmployee extends Employee {
    @Override
    public double payCheck() throws Exception {
        return this.salary + this.allowanceRate * this.performance;
    }
    @Override
    public double calculateTax() throws Exception {
        return this.salary * 0.1 + (this.allowanceRate * this.performance) * 0.2;
    }
}
```

```
public class TemporaryEmployee extends Employee {
    @Override
    public double payCheck() throws Exception {
        return this.wage * this.time;
    }
    @Override
    public double calculateTax() throws Exception {
        return 0;
    }
}
```

이제 이들 클래스를 다음과 같이 사용할 수 있습니다.

```
EmployeeFactory factory = new ConcreteEmployeeFactory();
Employee employee = factory.makeEmployee(EmployeeType.REGULAR);
employee.payCheck();
employee.calculateTax();
```

명령(command)과 질의(query) 함수를 구분하는 것이 좋습니다. 함수는 뭔가를 수행하든가 뭔가를 반환하거나 둘 중 하나만 하는 것이 좋다는 의미입니다. 어떤 일을 수행하고 값을 반환하지 않은 함수를 명령 함수라고 하고, 어떤 값을 반환하는 함수를 질의 함수라고 합니다. 아주 간단한 예로 세터(setter) 메서드는 명령 함수이고 게터(getter) 메서드는 질의 함수입니다. 함수는 명령 함수이든가 질의 함수이든가 해야 합니다. 명령 함수이면서 질의 함수가 될 수 없다는 것입니다. 함수가 명령 함수이면서 질의 함수인 경우에는 혼란을 야기시키게 됩니다.

```
public boolean setAttr(String attribute, String value);
```

위의 함수는 attribute 매개변수로 전달된 애트리뷰트에 value 매개변수로 전달된 값을 저장하고 성공하면 true를 반환하고 애트리뷰트가 없으면 false를 반환하도록 하고 있습니다.

```
if(setAttr("name", "김일")) ...
```

위의 코드는 "name"이 "김일"로 설정되어 있는지 확인하는 것인지, 아니면 "name"을 "김일"로 설정하는 것인지 의미가 모호해집니다. 이러한 혼란을 애초부터 없애려면 명령 함수와 질의 함수를 구분하는 것이 좋습니다. 이와같이 명령 함수와 질의 함수를 구분하는 것을 CQS(Command Query Seperation) 패턴이라고도 합니다.

다음은 CustomerService 인터페이스는 CQS 패턴이 적용된 예를 보여줍니다.

```
public interface CustomerService {
    Customer getCustomer(long id);
    List<Customer> getCustomers();
    void saveCustomer(Customer customer);
    void deleteCustomer(long id);
}
```

CustomerService 인터페이스에서 getCustomer()와 getCustomers() 메서드는 질의 함수이고, saveCustomer()와 deleteCustomer() 메서드는 명령 함수입니다.

주석(comment)은 어떤 정보 보다도 유용합니다. 그러나 주석이 나쁜 코드를 보완할 수 없습니다. 클린 코드에서는 좋은 주석을 다음과 같이 정의합니다.

- 법적인 주석 : 때로는 회사가 정립한 구현 표준에 맞춰 법적인 이유로 특정 주석을 넣으라고 명시하기도 합니다. 여기에는 저작권 정보와 소유권 정보 등이 들어갈 수 있습니다.

- 정보를 제공하는 주석 : 기본적인 정보를 주석으로 제공하면 좋습니다.

- 의도를 설명하는 주석 : 때로는 주석으로 구현 이해를 도와주는 걸 넘어서 결정에 깔린 의도까지 설명하기도 합니다.

- 의미를 명료하게 설명하는 주석 : 때때로 모호한 인수나 반환값은 그 의미를 읽기 좋게 주석으로 표현하면 이해하기 쉬워집니다.
- 결과를 경고하는 주석 : 때로 다른 개발자에게 결과를 경고할 목적으로 주석을 사용합니다.
- TODO 주석 : 앞으로 할 일을 주석으로 남겨두면 편합니다. 중요하지만 당장 구현하기 어려운 업무를 주석으로 기술합니다.
- 중요성을 강조하는 주석 : 자칫 대수롭지 않다고 여겨질 뭔가의 중요성을 강조하기 위해서도 주석을 사용합니다.

우리가 1부 객체지향 개념의 이해에서 살펴보았듯이 객체는 데이터를 감추고 행위를 노출시킵니다. 그래서 어떤 객체를 사용하는 모듈은 객체의 내부 구조에 대해서 알지 못해야 합니다. 이것을 디미터 법칙(Law of Demeter)이라고 합니다. 이것은 객체가 접근자(accessor)를 통해서 내부 구조를 노출시키지 않아야 한다는 것입니다. 좀 더 정확히 말하자면 디미터 법칙은 클래스 C의 메서드 f()가 다음 메서드만 호출해야 한다고 주장합니다.

- 클래스 C
- f() 메서드가 생성한 객체
- f() 메서드의 인수로 넘어온 객체
- 클래스 C의 인스턴스 변수에 저장된 객체

하지만 위 객체에서 허용된 메서드가 반환하는 객체의 메서드는 호출하지 않아야 합니다. 다음 코드는 디미터 법칙을 위반하고 있습니다.

final String outtputDir = ctx.getOptions().getScratchDir().getAbsolutePath();

getOptions() 메서드가 반환한 객체의 getScratchDir() 메서드를 호출하고, 다시 getScratchDir() 메서드가 반환한 객체의 getAbsolutePath() 메서드를 호출하고 있기 때문입니다.

앞에서와 같은 코드를 열차 사고(Train Wrecks)라고 부릅니다. 이 말은 비유적으로 엉망진창을 의미합니다. 앞의 코드는 다음과 같이 나누는 것이 좋습니다.

```
Options opts = ctx.getOptions();
File scratchDir = opts.getScratchDir();
final String outputDir = scratchDir.getAbsoulutePath();
```

프로그래밍 언어가 예외 처리를 지원하지 않던 시절에 에러가 발생했다는 것을 알려주는 방법은 에러 플래그를 설정하거나 에러 코드를 반환하게 해서 호출 측에서 에러 플래그나 에러 코드를 검사하게 하는 것이었습니다.

```
int withdraw(int amount) {
  if (amount > balance) {
    return -1;
  }
  else {
    balance -= amount;
    return 0;
  }
}
```

위의 withdraw() 메서드에서는 인출하는 금액이 잔액보다 크면 -1을 반환하고 아니면 0을 반환합니다. 따라서 이 메서드를 호출한 측에서는 다음과 같이 반환값을 검사해야 하기 때문에 코드가 복잡해집니다.

```
if(withdraw(10000) == 0)
    System.out.println("성공적으로 인출하였습니다.");
else
```

```
    System.out.println("잔액이 부족합니다.");
```

이보다는 다음과 같이 에러가 발생할 때 예외를 던지는 것이 훨씬 더 좋습니다.

```
void withdraw(int amount) throws BalanceException {
  if (amount > balance) {
    throw new BalanceException();
  }
  balance -= amount;
}
```

이처럼 예외가 발생할 코드를 작성할 때는 try-catch 코드 블럭으로 코드를 시작하는 것이 좋습니다.

```
try {
    withdraw(10000);
} catch (BalanceException ex) {
    System.out.println("잔액이 부족합니다.");
}
```

이와 유사하게 null을 반환하지 않는 것이 좋습니다. null을 반환하는 코드는 일거리를 늘릴 뿐만 아니라 호출자에게 문제를 떠넘기는 셈이 됩니다. 만약 null을 검사하는 것을 빼먹는다면 실행 시에 에러가 발생하게 됩니다.

```
List<Employee> employees = getEmployees();
if(employees != null) {
    for (Employee e : employees) {
        totalPay += e.getPay();
    }
}
```

이 경우에는 차라리 예외를 던지거나 또는 비어있는 객체와 같은 특수한 객체를 반환하는 것이 더 좋습니다.

```
public List<Employee> getEmployees() {
    if (/* 사원이 없다면 */) {
        return Collections.emptyList();
    }
}
```

그러면 null을 반환하는지 여부를 검사하지 않고도 깨끗한 코드를 작성할 수 있습니다.

```
List<Employee> employees = getEmployees();
for (Employee e : employees) {
    totalPay += e.getPay();
}
```

마찬가지로 메서드의 인수로 null을 전달하는 것은 최대한 피해야 합니다.

11장 애플리케이션 프레임워크

11장
애플리케이션 프레임워크

옛날 옛날 옛적에 개발자들의 꿈이 치킨집 사장이라는 우스게 소리가 있었답니다. 월화수목금금금에 매일 야근을 해야 했기 때문에 야근이 끝나면 맥주 한 잔이 생각났고 팀원들이 모두 우루루 근처 치킨 집으로 달가서 치맥을 즐겼습니다. 그래서 개발자가 퇴사를 하고 이전 직장 근처에 치킨집을 내면 이전 동료들이 찾아와 많이 팔아주었기 때문에 돈을 많이 벌 수 있었답니다. 지금은 주간 근무 시간이 법적으로 정해져 있어서 옛날 이야기가 되어 버렸습니다만 당시 과도한 근무로 인한 스트레스로 자조 섞인 웃픈 이야기랍니다. 그나저나 이참에 아예 치킨집을 개업해 볼까요? 치킨집을 하려면 무엇이 필요하고 무엇을 해야 하나요? 아무 것도 모른다면 그냥 프렌차이즈에 가입하는 것도 현명한 방법일 수 있습니다. 그리고 프렌차이즈 매뉴얼 대로 닭을 튀겨서 프렌차이즈가 제공하는 다음 그림과 같이 구획이 나뉘어진 상자 안에 한 쪽에는 후라이드를 넣고, 다른 한 쪽에는 양념을 넣고, 각종 소스랑 샐러드, 그리고 콜라까지 넣고 상자 뚜껑을 덮어서 포장하여 배달하면 간단하게 끝납니다.

객체지향 이야기

[그림 11.1] 치킨 상자

이 치킨 상자가 프레임워크입니다. 프레임워크(framework)란 단어가 의미하는 바 그대로 틀 구조, 뼈대, 골격, 구조, 구성입니다. 어떤 일을 처음부터 하는 것은 결코 쉽지 않습니다. 그보다는 이미 그 일을 하는데 있어서 어떤 틀 구조가 정의되어 있어서 그 틀에 맞추어 일을 할 수 있다면, 그래서 이로 말미암아 그 일을 완성할 수 있다면 우리는 훨씬 쉽게 일을 할 수 있게 될 것입니다.

서비스나 애플리케이션에 대해서도 이런 프레임워크가 있어서 활용할 수 있다면 우리는 훨씬 쉽게 서비스나 애플리케이션을 설계하고 구축할 수 있게 될 것입니다. 그리고 우리는 이러한 목적을 갖는 프레임워크를 애플리케이션 프레임워크(application framework)라고 합니다. 애플리케이션 프레임워크를 그냥 프레임워크라고 부르는 경우가 많습니다. GoF(gang of four)의 Design Patterns에서는 프레임워크를 다음과 같이 정의합니다.

> "프레임워크는 소프트웨어의 특정한 클래스에 대하여 재사용할 수 있는 설계로 구성되는 관련된 클래스들의 집합이다. 프레임워크는 설계를 추상적인 클래스로 분리하고 그들의 책임과 협동 관계를 정의함으로써 아키텍처적인 가이드를 제공한다. 여러분은 프레임워크로부터 추상적인 클래스를 서브클래싱하여 애플리케이션에 특정한 서브 클래스를 생성함으로써 특정한 애플리케이션에 대하여 프레임워크를 커스터마이징한다"

프레임워크는 다음과 같은 이점을 제공합니다.

11장 애플리케이션 프레임워크

- 모듈화
- 재사용성
- 확장성

프레임워크는 구현을 인터페이스 뒤에 감추는 캡슐화를 통해서 모듈화(modularity)를 강화합니다. 프레임워크의 모듈화는 설계와 구현의 변경에 따르는 영향을 국소화함으로써 손쉽게 소프트웨어의 품질을 향상시킬 수 있게 합니다.

프레임워크가 제공하는 인터페이스는 여러 애플리케이션에서 반복적으로 사용할 수 있는 일반적인 컴포넌트를 정의할 수 있게 함으로써 재사용성(reusability)을 높여줍니다. 프레임워크 재사용성은 도메인 지식과 경험있는 개발자들의 이전의 노력을 활용하여, 애플리케이션의 요구사항과 소프트웨어 설계에 대한 공통의 솔루션을 반복적으로 재개발하고 그에 대해 유효성을 다시 확인하는 작업을 피할 수 있게 합니다. 프레임워크 컴포넌트를 재사용하는 것은 소프트웨어의 품질, 성능, 신뢰성, 상호운용성을 향상시킬 뿐만 아니라, 프로그래머의 생산성을 상당히 높여줍니다.

프레임워크는 다형성(polymorphism)을 통해 애플리케이션이 프레임워크의 인터페이스를 확장할 수 있게 합니다. 프레임워크 확장성(extensibility)은 새로운 애플리케이션 서비스와 특성을 커스터마이징하는 것을 보장하는데 있어서 필수적인 사항이며, 또한 프레임워크를 애플리케이션의 가변성으로부터 분리함으로써 재사용성의 이점을 얻게 합니다.

참고로 프레임워크는 공통 라이브러리(common library)와는 다릅니다. 공통 라이브러리란 애플리케이션에서 공통적으로 사용할 수 있는 함수들의 집합입니다. 애플리케이션이 공통 라이브러리의 기능이 필요하다면 그때마다 그냥 공통 라이브러리의 함수를 불러다 쓰면 됩니다. 따라서 공통 라이브러리를 사용할 때 제어의 흐름은 애플리케이션 코드에서 공통 라이브러리의 함수로 이동합니다. 그러나 프레임워크의 경우에 제어 흐름의 주도권은 프레임워크에 있습니다. 다시 말해 프레임워크에서 애플리케이션 코드로 제어 흐름이 이동합니다. 이것을 제어의 역흐름(IoC, Inversion Of Control) 또는 제어의 역전이라고 합니다. 그리고 프레임워크에서 이러한 제어의 역흐름은 '나를 부르지 마라. 내가 너를 부를 것이다(Don't call me, I'll call you.)'라고 하는 헐리우드 원칙(hollywood principle)에 따릅니다. 즉, 프레임워크 코드가 전체 애플리케이션의 처리 흐름을 제어하며, 특정한 이벤트가 발생할 때 다형성(polymorphism)을 통해 애플리케이션이 확장한 메서드를 호출함으로써 제어가 프레임워크로부터 애플리케이션으로 거꾸로 흐르게 합니다.

사실 프레임워크라고 하는 개념이 등장하기 이전에도 유사한 개념들이 소프트웨어 개발에 사용되었습니다. 다음 그림은 이들 개념의 발전 과정을 보여줍니다.

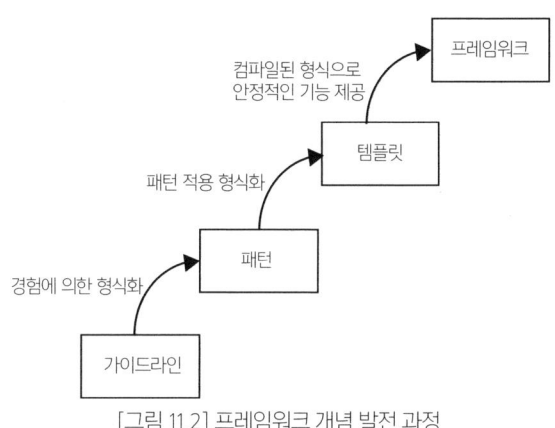

[그림 11.2] 프레임워크 개념 발전 과정

앞에서 언급한 바와 같이 아무 것도 없는 상태에서 처음부터 애플리케이션을 개발한다는 것은 무척이나 어렵습니다. 이런 것을 가리켜 다소 속된 표현으로 '맨 바닥에 헤딩한다'고 하든지 '삽질한다'고 말합니다. 이러한 자조적인 표현이 생길 정도로 우리 주위에서는 아직도 이런 일은 흔히 발생합니다. 이런 문제를 해결하기 위한 방법이 가이드라인(guideline)을 제공하는 것입니다. 우리는 소프트웨어 시스템을 개발할 때 많은 참고 서적의 가이드를 받으면서 작업을 하게 됩니다. 이런 가이드라인을 경험에 의해 형식화한 것이 패턴(pattern)입니다. 패턴이란 반복적으로 발생하는 문제들을 설명하고, 이 문제들에 대한 해결 방안의 핵심을 설명한 것입니다. 그리고 템플릿을 작성하여 패턴 적용을 자동화하고, 이것을 다시 컴파일된 형식으로 발전시킨 것이 바로 프레임워크입니다. 따라서 프레임워크를 사용하면 애플리케이션의 개발 생산성 향상에 많은 도움을 얻게 됩니다.

이처럼 프레임워크를 사용하면 여러 가지 이점이 있습니다. 그런데 이상하리 만큼 우리나라 개발자들은 프레임워크를 사용하는 것을 꺼립니다. 프레임워크보다는 라이브러리를 더 선호합니다. 예를 들어 웹 애플리케이션을 개발할 때 Angular 자바스크립트 프레임워크보다는 React 자바스크립트 라이브러리를 더 선호합니다. 가장 큰 이유는 라이브러리가 어떤 기능을 제공하는지 한 번 살펴보고 자신의 프로그램에 라이브러리를 사용하면 되니까 특별히 라이브러리에 대해서 공부할 것이 없지만, 프레임워크를 사용할 때는 프레임워크가 제공하는 인터페이스를 구현하거나 클래스를 재정의하는 규칙을 따라야 해서 애플리케이션을 개발하기 전에 공부를 해야 하기 때문일 것입니다. 그래서 프레임워크를 공부하고 제공하는 규칙을 따라야 애플리케이션을 개발할 수 있다는 것이 어쩐지 조금은 귀찮고 번거로운 일이라고 생각해서 프레임워크를 선호하지 않는 것 같습니다.

하지만 오히려 프레임워크를 사용하면 귀찮은 여러가지 일에서 해방되어 손쉽게 애플리케이션을 개발할 수 있습니다. 예를 들어 스프링(Spring) 프레임워크를 사용하면 웹 애플리케이션을 개발할 때 굳이 힘들게 서블릿을 구현할 필요가 없습니다. 컨트롤러를 정의하면 자동적으로 URL이 맵핑된 핸들러 메서드에 HTTP 요청이 들어옵니다. 항상 문자열로 들어오는 요청 매개변수의 값을 다른 타입으로 변환하는 수고를 할 필요도 없습니다. 스프링 프레임워크가 자동적으로 변환해주기 때문입니다. 이러한 복잡한 작업들을 굳이 코드로 작성할 필요가 없습니다. 그냥 스프링 프레임워크가 요구하는 규칙에 따라서 코드를 추가해 주기만 하면 복잡한 작업에서 해방될 수 있습니다. 이것이 프레임워크를 사용하는 이점입니다.

그러고 보니까 처음 아이폰을 사용했을 때의 기억이 납니다. 제가 처음 사용한 아이폰은 2009년 아이폰 3GS였습니다. 얼마 후에 iOS 운영체제 업데이트가 있었는데 업데이트를 하고 나니까 외국에서 만든 앱들은 정상적으로 작동하는데 우리나라에서 만든 앱은 거의 모두 정상적으로 작동하지 않았습니다. 제가 앱을 만든 당사자가 아니어서 그저 짐작할 수 있는 것으로는 아마도 iOS 운영체제가 제공하는 프레임워크를 따르지 않고 독자적인 방식으로 코드를 작성했기 때문일 것입니다. 요즘은 그렇지 않지만 당시에는 아이폰 앱 개발이 생소했기 때문에 겪을 수 밖에 없는 작은 해프닝이었습니다. 하지만 그 때 저는 프레임워크에 맞추어 애플리케이션을 개발하는 것에 대한 중요성을 다시 한번 인식하는 기회를 갖게 되었습니다.

프레임워크를 기반으로 하는 애플리케이션은 다음과 같이 여러 레이어로 구성됩니다.

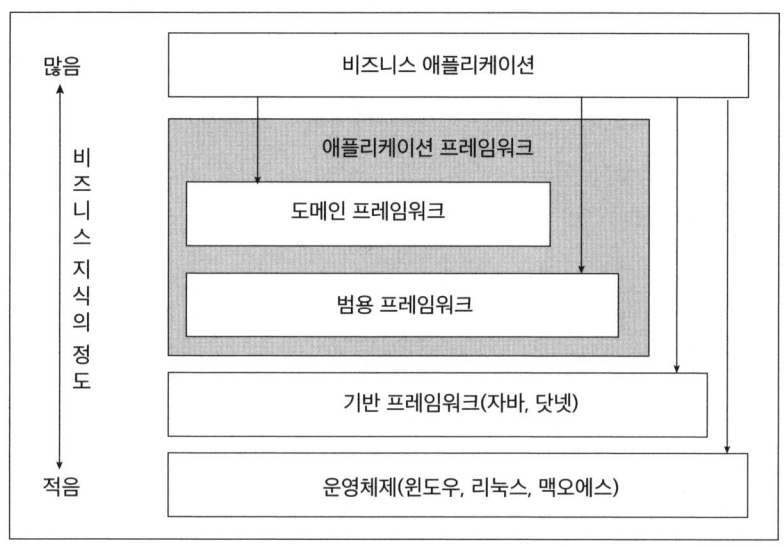

[그림 11.3] 프레임워크 레이어

애플리케이션은 크게 애플리케이션 레이어(application layer)와 프레임워크 레이어(framework layer)로 구분됩니다. 프레임워크 레이어는 다시 애플리케이션 프레임워크 레이어(application framework layer)와 시스템 프레임워크 레이어(system framework layer)로 구분되지요.

시스템 프레임워크 레이어의 시스템 프레임워크(system framework)는 애플리케이션과 애플리케이션 프레임워크에 프로그래밍 모델을 제공하는 프레임워크로, Java EE나 Microsoft의 .NET 프레임워크, COM/DCOM, 그리고 OMG의 COR-BA 등이 여기에 포함됩니다. 시스템 프레임워크를 파운데이션 프레임워크(foundation framework)라고도 합니다.

애플리케이션 프레임워크 레이어는 도메인 프레임워크(domain-specific framework)와 범용 프레임워크(cross-domain framework)로 구분됩니다. 도메

11장 애플리케이션 프레임워크

인 프레임워크는 특정한 비즈니스 도메인을 대상으로 하는 프레임워크 컴포넌트로 구성되며, 특정한 비즈니스 도메인의 모든 애플리케이션에 공통된 비즈니스 지식을 구현합니다. 범용 프레임워크는 비즈니스 도메인 지식을 포함하지 않습니다. 따라서 범용 프레임워크는 비즈니스 도메인에 관계없이 대부분의 애플리케이션에서 공통적으로 발견될 수 있는 컴포넌트와 서비스로 구성됩니다. 범용 프레임워크의 예로는 Struts, Spring, Microsoft의 Entity Framework 등을 들 수 있습니다.

우리가 관심을 가져야 하는 부분은 애플리케이션 프레임워크 레이어에 있는 프레임워크입니다. 그래서 이들 프레임워크를 애플리케이션 프레임워크(application framework)라고 부릅니다.

애플리케이션 프레임워크를 개발하는 일을 쉽지 않습니다. 대상 애플리케이션에서 공통성(commonality)과 가변성(variability)을 분석하는 것에서부터 시작합니다. 애플리케이션에서 공통성이 반복해서 나타나는 위치를 공통 스팟(common spot)이라고 합니다. 애플리케이션의 일정 부분이 그다지 큰 변화 없이 반복해서 나타난다면 우리는 애플리케이션으로부터 공통 스팟을 추출하여 프레임워크 레이어에 있는 컴포넌트로 패키징할 수 있습니다. 이와같이 공통 스팟을 프레임워크로 이동시킴으로써 공통 스팟의 중복을 피할 수 있으며 여러 애플리케이션에서 코드를 재사용할 수 있게 됩니다. 이에 대하여 애플리케이션에서 가변적인 위치를 핫 스팟(hot spot)이라고 합니다. 핫 스팟은 애플리케이션마다 가변적이어서 프레임워크를 커스터마이징할 수 있는 위치입니다. 공통 스팟의 공통적인 부분은 프레임워크 컴포넌트 안에 구현됩니다. 그러나 핫 스팟은 나중에 애플리케이션이 커스터마이징하여 채워넣을 수 있도록 비워둡니다. 보통은 인터페이스로 정의하거나 추상적인 클래스로 정의하여 각 애플리케이션은 프레임워크에 있는 핫 스팟 위치에 인터페이스를 구현하거나 추상적인 클래스를 재정의하여 고유한 기능을 끼워 넣음으로써 프레임워크가 각 애플리케이션마다 서로 다르게 행위를 하게 합니다. 그러니까 애플리케이션 프레임워크를 사용하는 입장에서는 핫 스팟에서 프레임워크가 제공하는 인터페이스나 추상적인 클래스에 대해서 알고 메서드를 재정의하여 구현하기만 하면 됩니다.

프레임워크는 구현 기법에 따라 화이트박스 프레임워크(white-box framework)와 블랙박스 프레임워크(black-box framework), 그리고 그레이박스 프레임워크(gray-box framework)로 구분됩니다.

화이트박스 프레임워크는 추상적인 클래스로 구성됩니다. 다음 클래스 다이어그램에서 프레임워크에 포함된 RuleApplication 클래스는 추상 클래스로서 ruleOne()과 ruleTwo() 추상 메서드를 포함합니다. 애플리케이션은 RuleApplication에서 파생한 RuleImpl 클래스에 ruleOne()과 ruleTwo() 메서드를 구현함으로써 애플리케이션의 고유 기능을 구현합니다.

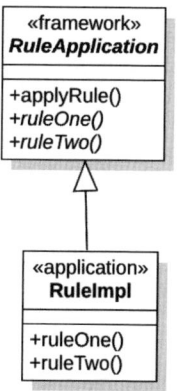

[그림 11.4] 화이트박스 프레임워크 클래스 다이어그램

RuleApplication 클래스의 ruleOne()과 ruleTwo() 메서드를 후크 메서드(hook method)라고 합니다. 후크 메서드는 애플리케이션 고유의 로직을 채워 넣은 핫 스팟으로서의 역할을 합니다. 이에 대하여 RuleApplication 클래스의 applyRule() 메서드를 템플릿 메서드(template method)라고 합니다. 템플릿 메서드는 특정한 오퍼레이션의 프로세스 흐름을 기술하며 공통 스팟으로서의 역할을 합니다.

11장 애플리케이션 프레임워크

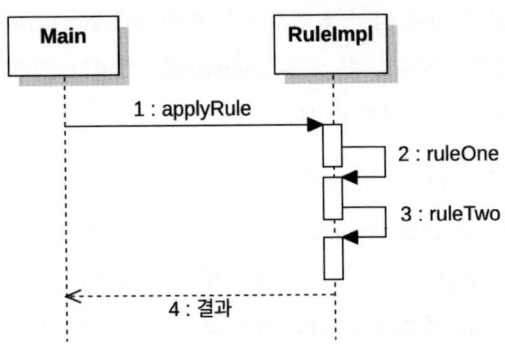

[그림 11.5] 화이트박스 프레임워크 시퀀스 다이어그램

위의 시퀀스 다이어그램에서 애플리케이션은 RuleImpl 클래스의 인스턴스를 생성하고 applyRule() 메서드를 호출합니다. 이때 RuleImpl 클래스는 RuleApplication 클래스에서 파생하였기 때문에 RuleApplication 클래스에 공통 스팟으로 구현된 applyRule() 메서드가 호출됩니다. 이때 applyRule() 메서드는 RuleImpl 클래스에 핫 스팟으로 구현된 ruleOne() 메서드와 ruleTwo() 메서드를 호출함으로써 애플리케이션 고유의 기능을 실행하게 됩니다.

이와같이 화이트박스 프레임워크 기법은 구현하기 쉽다는 장점을 갖습니다. 그러나 화이트박스 프레임워크는 본질상 유연성이 부족하다는 문제를 갖고 있습니다. 앞의 RuleApplication 클래스의 applyRule() 메서드에서 볼 수 있는 바와 같이 템플릿 메서드에 프로세스의 흐름이 고정되어 있습니다. 따라서 이 프로세스 흐름을 변경해야 할 필요가 있을 때 프레임워크의 해당 컴포넌트를 변경시키거나 이 흐름을 반영하는 새로운 컴포넌트를 개발해야 합니다. 또한 개발자가 프레임워크 내부의 세부 사항을 잘 알고 있어야 프레임워크를 제대로 사용할 수 있습니다. 개발자가 프레임워크 내부의 추상 클래스(abstract class)의 후크 메서드(hook method) 즉, 추상 메서드(abstract method)를 구현할 때 추상 클래스에 정의된 메서드나 변수를 참조해야 하는 경우가 많습니다. 따라서 화이트박스 프레임워크를 사용하려면 프레임워크 내부의 세부 사항을 잘 이해하고 있어야만 합니다.

화이트박스 프레임워크의 이런 문제점을 해결하기 위한 기법이 블랙박스 프레임워크(black-box framework) 기법입니다. 블랙박스 프레임워크의 핫 스팟은 인터페이스로 정의됩니다. 다음 클래스 다이어그램은 앞에서의 화이트박스 프레임워크의 예를 블랙박스 프레임워크로 변경한 경우입니다.

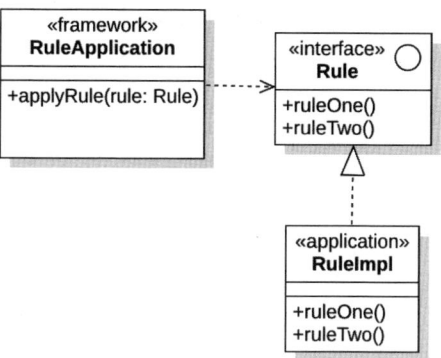

[그림 11.6] 블랙박스 프레임워크 클래스 다이어그램

위의 다이어그램에서 핫 스팟은 Rule 인터페이스로 정의됩니다. 애플리케이션이 구현하는 RuleImpl 클래스는 Rule 인터페이스를 실현하여 애플리케이션 고유의 기능을 제공합니다. 프레임워크에 포함되는 RunApplication 클래스의 applyRule() 메서드는 매개변수로 전달된 Rule 인터페이스를 통해 애플리케이션이 제공한 My-RuleImpl 클래스의 ruleOne()과 ruleTwo() 메서드를 호출합니다.

11장 애플리케이션 프레임워크

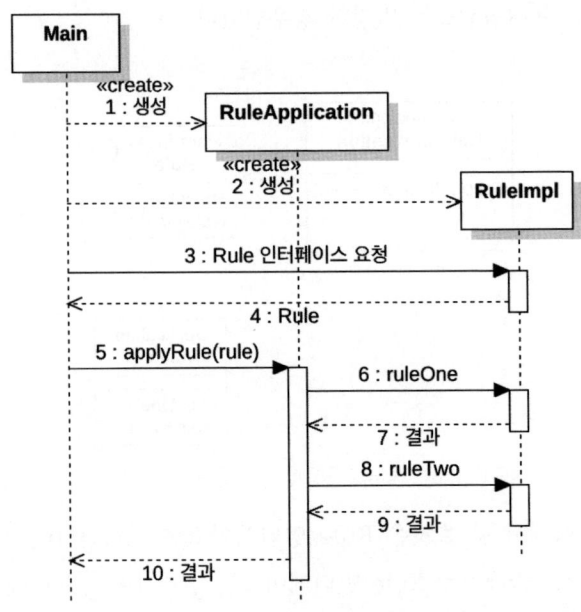

[그림 11.7] 블랙박스 프레임워크 시퀀스 다이어그램

블랙박스 프레임워크는 프레임워크 내부 구현 세부 사항을 감추는 컴포넌트로 구성되어 있기 때문에 내부 구현을 알 필요가 없습니다. 그러나 블랙박스 프레임워크는 화이트박스 프레임워크보다 구현하기 어렵습니다. 화이트박스 프레임워크와 비교할 때 블랙박스 프레임워크는 더 큰 유연성을 제공할 수 있습니다. 그러나 그것도 공짜는 아닙니다. 유연성을 확보하기 위해서는 애플리케이션이 템플릿 메서드를 구현해야 하는 경우도 있기 때문입니다.

화이트박스 프레임워크와 블랙박스 프레임워크의 장단점을 적절하게 혼합한 기법이 그레이박스 프레임워크(gray-box framework)입니다. 블랙박스 프레임워크는 구현이 어려운 단점을 보완하기 위해 다음 클래스 다이어그램과 같이 인터페이스를 실현한 클래스를 제공합니다.

객체지향 이야기

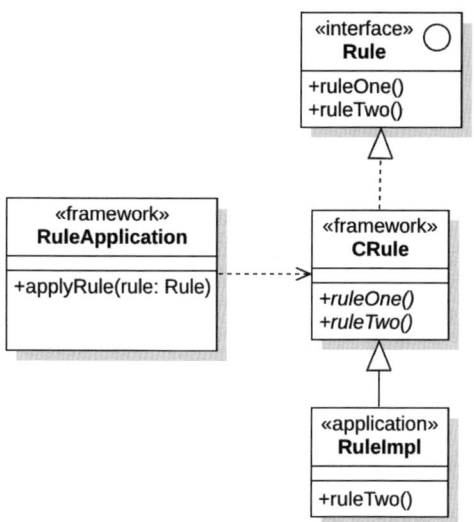

[그림 11.8] 그레이박스 프레임워크 클래스 다이어그램

위의 클래스 다이어그램에서 프레임워크가 제공하는 CRule 클래스는 Rule 인터페이스를 실현합니다. 이 클래스에서는 프레임워크의 디폴트 기능이 구현되어 있습니다. 애플리케이션이 이 기능을 만족한다면 그대로 사용할 수 있고, 메서드를 재정의하여 애플리케이션 고유의 기능을 제공할 수도 있습니다. 위의 예에서 RuleImpl 클래스는 CRule 클래스에서 파생하여 ruleTwo() 메서드의 기능을 재정의하여 애플리케이션 고유의 기능을 제공하고 있습니다.

소프트웨어 시스템을 개발할 때 두 가지 근본적인 어려움이 있습니다. 그 하나는 복잡성이고 다른 하나는 변경성입니다. 복잡성이란 소프트웨어 시스템의 여러 구성 요소가 복잡하게 상호 연결되어 있다는 것이고, 변경성이란 요구 사항이 변경될 때 프로그램을 수정하기 어렵다는 것입니다. 간단한 프로그램이라고 하더라도 다음과 같이 여러 객체들로 구성되어 있기 마련입니다.

11장 애플리케이션 프레임워크

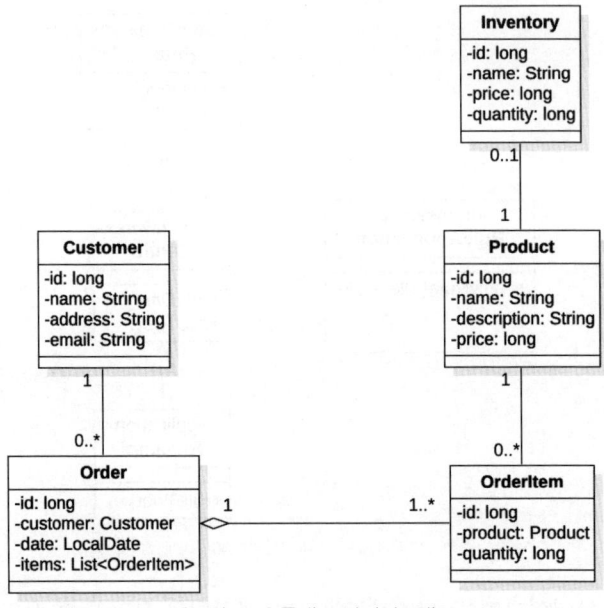

[그림 11.9] 클래스 다이어그램

이처럼 소프트웨어 시스템이 복잡하고 변경하기 어려운 근본적인 이유 중의 하나는 위의 클래스 다이어그램에서처럼 하나의 소프트웨어 시스템은 여러 클래스로 구성되어 있으며, 이들 구성 요소가 서로 의존성(dependency)이 강하다는 것입니다. 이것을 밀접한 결합성(tightly-coupling)이라고 합니다. 다음 코드를 살펴보겠습니다.

```java
public class Customer {
    private long id;
    private String name;
    private String address;
    private String email;
    private Order order;
    public void createOrder() {
        this.order = new Order();
    }
    public void putOrder() {
        this.order.purchaseOrder(this);
```

                }
            }
        public class Order {
            private long id;
            Customer customer;
            private LocalDate date;
            private List<OrderItem> items;
            public void purchaseOrder(Customer customer) {
                this.customer = customer;
                String name = this.customer.getName();
                String address = this.customer.getAddress();
                // 생략...
            }
        }

위의 코드에서 Customer 클래스는 Order 클래스에 대하여 의존성을 갖는다고 합니다. Order 클래스의 구현 세부사항이 변경되면 Customer 클래스도 변경해야 하기 때문입니다. 또한 Customer 클래스는 createOrder() 메서드에서 Order 클래스의 인스턴스를 생성하는 방법에 의존합니다. 또한 Order 클래스도 Customer 클래스에 대하여 의존성을 갖습니다. purchaseOrder() 메서드에 전달된 Customer 클래스의 인스턴스의 구현 세부 사항이 변경되면 Order 클래스도 영향을 받기 때문입니다.

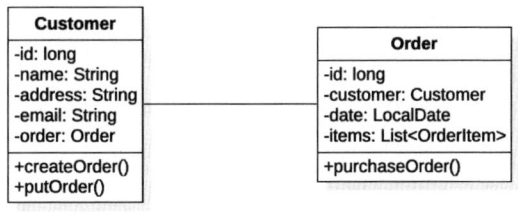

[그림 11.10] 의존적인 관계

소프트웨어 시스템이 문제를 해결하기 위해서는 바로 이러한 의존성을 제거해야만 합니다. 이러한 의존성을 해결하는 방법이 있습니다. 첫 번째로는 인터페이스를

11장 애플리케이션 프레임워크

도입하는 것입니다.

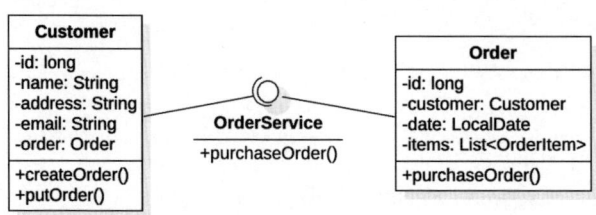

[그림 11.11] 인터페이스 도입

위의 클래스 다이어그램에서는 OrderService라는 인터페이스를 도입하여 Customer 클래스와 Order 클래스 사이의 직접적인 의존성을 제거하고 있습니다. 따라서 Customer 클래스와 Order 클래스는 서로 느슨한 결합성(loosely-coupling)을 갖게 됩니다.

```java
public interface OrderService {
    purchaseOrder(Customer customer);
}
```

이제 Order 클래스는 Customer 클래스에 영향을 주지 않고도 내부 구조를 변경할 수도 있고 프로그램의 로직을 변경시킬 수 있게 됩니다.

```java
public class Order implements OrderService {
    private long id;
    Customer customer;
    private LocalDate date;
    private List<OrderItem> items;
    public void purchaseOrder(Customer customer) {
        this.customer = customer;
        String name = this.customer.getName();
        String address = this.customer.getAddress();
        // 생략...
    }
}
```

객체지향 이야기

OrderService 인터페이스를 변경시키지 않는 범위 내에서 Order 클래스를 변경해도 Customer 클래스에 영향을 주지 않게 됩니다. Customer 클래스에서는 Order 클래스를 직접 사용하지 않고 OrderService 인터페이스를 통해서만 사용하기 때문입니다.

```
public class Customer {
    // 생략...
    private OrderService order;
    public void createOrder() {
        this.order = new Order();
    }
    public void putOrder() {
        this.order.purchaseOrder(this);
    }
}
```

이로써 Customer 클래스와 Order 클래스 사이의 의존성은 어느 정도 해소되었습니다. 그러나 여전히 Customer 클래스는 Order 클래스의 인스턴스를 생성하는 방법에 의존하고 있습니다. 이 문제를 해결하기 위해서는 먼저 Customer 클래스로부터 Order 클래스의 인스턴스를 생성하는 방법을 제거할 수 있어야 합니다.

```
public class Customer {
    // 생략...
    private OrderService order;
    public void createOrder(OrderService order) {
        this.order = order;
    }
    public void putOrder() {
        this.order.purchaseOrder(this);
    }
}
```

263

11장 애플리케이션 프레임워크

또한 Customer 클래스의 createOrder() 메서드가 호출될 때 Order 클래스의 인스턴스를 생성하고 Customer 클래스의 order 필드에 생성된 Order 클래스의 인스턴스를 저장 즉, 주입(injection)해야 합니다. 이것을 의존성 주입(dependency injection)이라고 합니다. 그리고 이 일은 Customer 클래스가 아닌 다른 클래스가 담당해야 합니다. 우리는 다음과 같이 IoCContainer 클래스가 이러한 역할을 하도록 할 수 있습니다.

```
public class IoCContainer {
    public void createOrder(Customer customer) {
        OrderService order = new Order();
        customer.createOrder(order);
    }
}
```

이처럼 소프트웨어 시스템에 포함되어 있는 모든 클래스 즉, 구성 요소들의 인스턴스를 관리하고, 이들 인스턴스 사이의 의존성을 주입하는 일을 담당하는 소프트웨어 구성 요소를 IoC 컨테이너(IoC container)라고 합니다. 스프링 프레임워크를 포함하는 대부분의 애플리케이션 프레임워크는 이러한 IoC 컨테이너를 제공하고 있습니다.

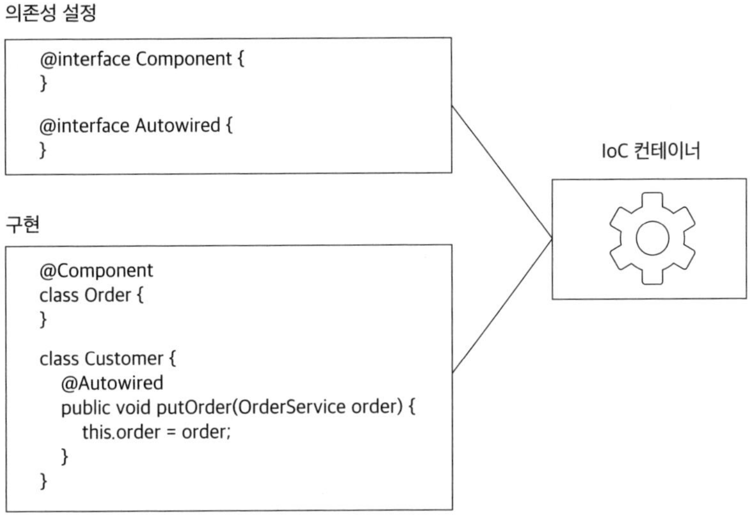

객체지향 이야기

의존성 설정
```
@interface Component {
}
@interface Autowired {
}
```

구현
```
@Component
class Order {
}

class Customer {
    @Autowired
    public void putOrder(OrderService order) {
        this.order = order;
    }
}
```

IoC 컨테이너

[그림 11.12] IoC 컨테이너

스프링(Spring) 프레임워크를 포함하여 대부분의 애플리케이션 프레임워크는 IoC 컨테이너를 제공하여 클래스 인스턴스 사이의 의존성을 주입하는 메커니즘을 제공함으로써 소프트웨어의 복잡성 문제를 해결해줍니다.

스프링(Spring) 프레임워크를 포함하여 대부분의 애플리케이션 프레임워크는 IoC 컨테이너를 제공하여 클래스 인스턴스 사이의 의존성을 주입하는 메커니즘을 제공함으로써 소프트웨어의 복잡성 문제를 해결해줍니다.

또한 대부분의 애플리케이션 프레임워크는 애플리케이션의 전반적인 구조를 결정하는 아키텍처 스타일(architectural style)을 선택합니다. 아키텍처 스타일이란 "사용 방법에 제한을 가진 요소와 관계 타입의 기술(a description of element and relation types, together with a set of constraints on how they can be used)"로 정의됩니다. 1990년대 초에 소프트웨어 아키텍처 커뮤니티의 몇몇 사람들은 반복되는 문제의 해결 방식에서 특정한 종류의 요소들이 서로 특정한 관계 속에서 사용되고 있다는 것을 발견하였습니다. 그리고 그들은 이것을 아키텍처 스타일이라고 불렀습니다. 그와 거의 동시에 객체지향 프로그래밍 커뮤니티에서도 자신의 영역 안에서 문제에 대한 반복적인 해결 방식이 있다는 것을 발견하였고,

이것을 디자인 패턴(design pattern)이라고 불렀습니다. 그리고 1995년에 Gamma를 비롯한 소위 "4인의 갱단(gang of four, GoF)"은 Design Patterns(Gramma 외, 1995, Addison-Wesley)를 발표하였습니다. 우리는 다음 12장 디자인 패턴에서 GoF의 디자인 패턴에 대해서 살펴볼 것입니다.

패턴(pattern)이란 반복적으로 발생하는 문제들을 설명하고, 이 문제들에 대한 해결 방안의 핵심을 설명한 것입니다. 패턴은 13개 부분으로 이루어진 템플릿으로 구성된 패턴 언어(pattern language)를 사용하여 기술됩니다. 여기에는 패턴 이름과 분류, 의도, 다른 이름, 동기, 응용, 구조, 참여자, 협력 방법, 결과, 구현, 예제 코드, 잘 알려진 사용 예, 관련 패턴 등이 포함됩니다. 아키텍처 패턴(architectural pattern)은 아키텍처 스타일을 패턴 언어의 템플릿에 맞추어 기술한 것으로, Buschmann 등이 Pattern-Oriented Software Architecture, Volume 1 : A System of Patterns(Buschmann 외, 1996, John Wiley & Sons) 책을 통해 처음 소개하였습니다. 이책에서는 아키텍처 패턴을 다음과 같이 정의합니다.

> "아키텍처 패턴은 소프트웨어 시스템에 대하여 기본적이며 구조적인 스키마를 표현한다. 이것은 미리 정의된 서브시스템의 집합을 제공하며, 이들의 책임을 명시하고, 이들 사이의 관계를 구성하는 규칙과 가이드라인을 포함한다"

결국 아키텍처 패턴은 가장 높은 레벨의 추상화로 애플리케이션을 구조화하는 방법을 기술하는 것이라고 볼 수 있습니다. 따라서 아키텍처 패턴은 애플리케이션의 기본적인 구조를 명시함으로써 큰 입자(coarse-grained)를 갖는 설계의 시작으로서 사용될 수 있습니다.

그리고 Core J2EE Patterns: Best Practices and Design Strategies 2nd Edition(Deepak Alur 외, Prentice Hall, 2003) 책에는 초기에 자바 EE(Java EE)를 설계할 때 사용된 아키텍처 패턴들이 정리되어 있으며, 이들 아키텍처 패턴은 아직도 자카르타 EE(Jakarta EE)와 스프링 프레임워크에 적용하고 있습니다. 예를 들어 자카르타 EE의 서블릿은 MVC(Model-View-Controller) 패턴을 웹 개발에 적용시켜 구현하는 방식으로, MVC는 애플리케이션의 역할을 모델(model)과

뷰(view), 그리고 컨트롤러(controller)로 나누어 작업을 분담합니다. 그리고 이 패턴은 스프링 MVC나 ASP.NET MVC, 앵귤러(Angular) 자바스크립트 프레임워크 등 현대 애플리케이션 프레임워크에도 사용되고 있습니다.

MVC 패턴은 스몰토크(Smalltalk)-80 환경에 처음 소개되었으며, 업무 서비스(business service)와 도메인 객체(domain object)를 사용자 인터페이스(user interface)로부터 분리시켜 하나 이상의 컨트롤러(controller)를 통해서 이들 사이의 상호작용을 통제하는 아키텍처 패턴(architectural pattern)입니다. 원래의 MVC 패턴은 다음과 같은 클래스 다이어그램의 구조를 갖습니다.

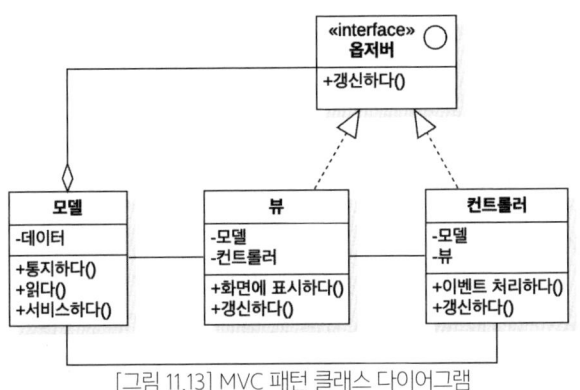

[그림 11.13] MVC 패턴 클래스 다이어그램

MVC 패턴에서 핵심 구성 요소는 모델이다. 모델은 애플리케이션의 핵심적인 기능을 제공하며, 뷰와 컨트롤러를 등록합니다. 그리고 데이터가 변경되면 등록된 뷰와 컨트롤러에게 통지합니다. 뷰는 관련된 컨트롤러를 생성하고 초기화하며, 사용자에게 정보를 표시합니다. 또한 옵저버 인터페이스의 갱신하다 메서드를 구현하여 데이터 변경이 통지될 때 모델로부터 데이터를 읽어 와 처리합니다. 컨트롤러는 사용자 입력을 이벤트로 받아들여서 이 이벤트를 해석하여 모델에 대한 요청을 서비스하거나 뷰에 대한 요청을 표시합니다. 또한 옵저버 인터페이스의 갱신하다 메서드를 구현하여 데이터 변경이 통지될 때 모델로부터 데이터를 읽어 와 처리합니다.

다음 시퀀스 다이어그램은 MVC 패턴에서 각 구성요소의 처리 흐름을 보여줍니다.

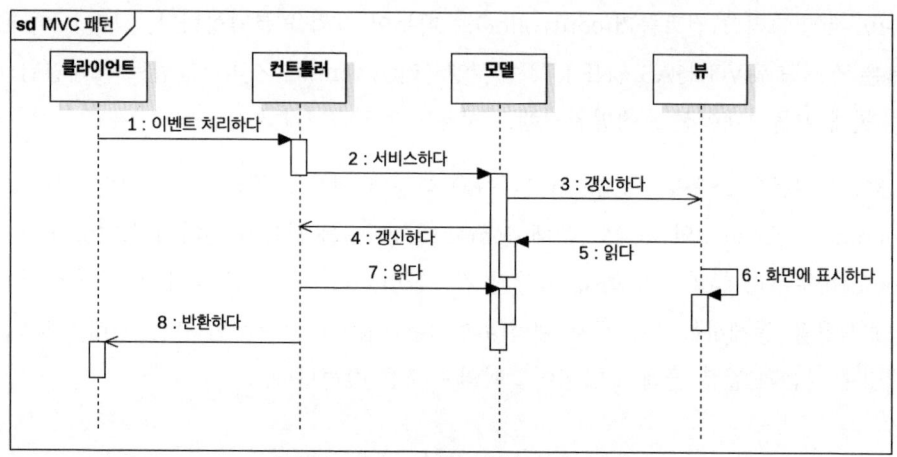

[그림 11.14] MVC 패턴 시퀀스 다이어그램

클라이언트가 컨트롤러에게 이벤트 처리를 요청하면 컨트롤러는 모델의 서비스를 호출합니다. 모델이 작업을 처리하는 중에 자신의 데이터가 변경되면 옵저버를 통해 관련된 뷰와 컨트롤러에게 변경 사항을 통지합니다. 이때 뷰와 컨트롤러의 옵저버 인터페이스 메서드 갱신하다를 호출하게 됩니다. 모델의 데이터 변경을 통지 받은 뷰는 변경된 모델의 데이터를 화면에 표시하기 위해 모델의 데이터를 조회하고, 마찬가지로 모델의 데이터 변경을 통지받은 컨트롤러도 변경 사항을 반영하기 위해 모델의 데이터를 조회합니다. 그리고 컨트롤러는 이벤트 처리에 대한 결과를 클라이언트에게 반환하게 됩니다.

스프링 MVC 프레임워크와 같은 웹 애플리케이션 프레임워크에서 MVC 패턴은 프런트 컨트롤러(Front Contoller) 패턴이 적용되어 컨트롤러가 중심이 되는 약간 변형된 구조를 갖게 됩니다.

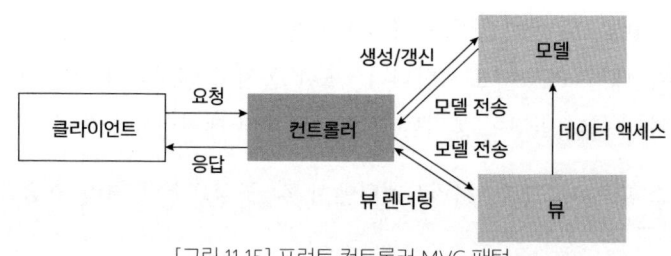

[그림 11.15] 프런트 컨트롤러 MVC 패턴

먼저 클라이언트가 웹 브라우저를 사용하여 컨트롤러에게 데이터 조회 또는 저장 등의 작업을 요청함으로써 작업이 시작됩니다.

컨트롤러는 일반적으로 서블릿으로 구현되며, 업무 로직을 처리하고 모델을 생성하거나 모델의 데이터를 갱신합니다. 그리고 뷰에게 모델을 전송하여 뷰에 변경된 데이터를 사용할 수 있게 합니다. 모델은 POJO 자바 클래스로 구현되며 데이터와 데이터를 처리하는데 필요한 메서드를 포함합니다. 업무 로직은 컨트롤러에서 처리하므로 모델은 자신이 관리하는 데이터에만 집중하게 됩니다. 이것이 원래의 MVC 패턴과 가장 큰 차이점입니다. 뷰는 JSP로 구현되며 컨트롤러가 제공한 모델을 사용하여 데이터에 액세스하여 웹 페이지 즉, 뷰를 렌더링하여 응답을 생성하고 컨트롤러에 전달합니다. 마지막으로 컨트롤러는 클라이언트에게 응답을 전송하고 서비스는 종료하게 됩니다.

또는 다음 그림과 같이 뷰가 클라이언트에 응답하는 구조를 가질 수도 있습니다.

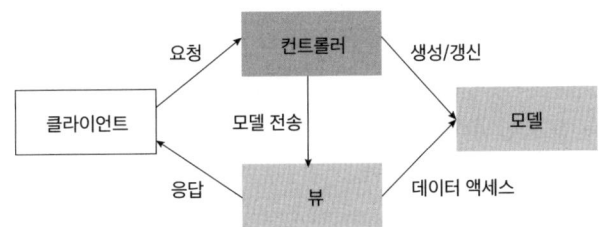

[그림 11.16] 변형된 프런트 컨트롤러 MVC 패턴

이제 MVC 패턴에서 컨트롤러의 역할이 상당히 중요해지고 많아졌습니다. 기존의 뷰와 모델을 조율하는 기능을 넘어서 비즈니스 서비스 기능도 제공해야 합니다. 따라서 이런 문제를 해결하기 위해 우리는 서비스에서 작업자로(Service to Worker) 패턴을 적용할 수 있습니다. 서비스에서 작업자로 패턴의 클래스 다이어그램은 다음과 같습니다. MVC 패턴과의 결합을 설명하기 위해 원래의 클래스 다이어그램에 비즈니스 서비스 클래스를 추가하였습니다.

11장 애플리케이션 프레임워크

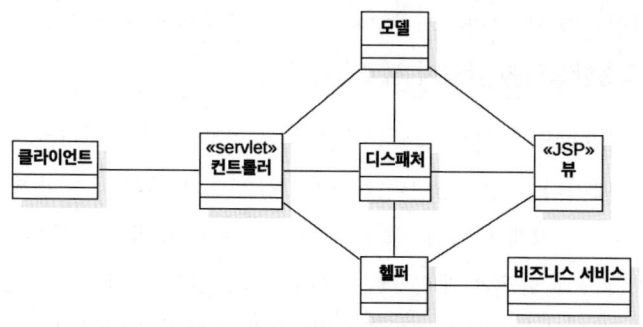

[그림 11.17] 서비스에서 작업자로 패턴 클래스 다이어그램

컨트롤러는 프런트 컨트롤러 패턴과 마찬가지로 요청을 처리하는 시작 접속점(contact point)으로서 인증과 권한과 같은 보안 서비스를 호출하고, 업무 처리 위임, 적절한 뷰 선택 관리, 에러 처리, 컨텐츠 생성 전략 선택 관리 등 요청을 처리하는 것을 관리합니다. 디스패처(dispatcher)는 뷰의 관리와 이동(navigation)에 대한 책임을 갖습니다. 따라서 사용자에게 다음에 보여줄 뷰의 선택을 관리하며, 이 리소스로 제어를 인도하는 메커니즘을 제공합니다. 헬퍼(helper)는 뷰나 컨트롤러가 작업 처리를 완료할 수 있도록 도와줍니다. 따라서 헬퍼는 뷰에서 필요한 데이터를 수집하여 모델에 저장하는 등의 다양한 책임을 갖습니다. 이것을 위해 헬퍼는 비즈니스 서비스를 호출합니다. 비즈니스 서비스는 업무 처리를 위한 로직을 담당합니다.

서비스에서 작업자로 패턴의 시퀀스 다이어그램은 다음과 같습니다.

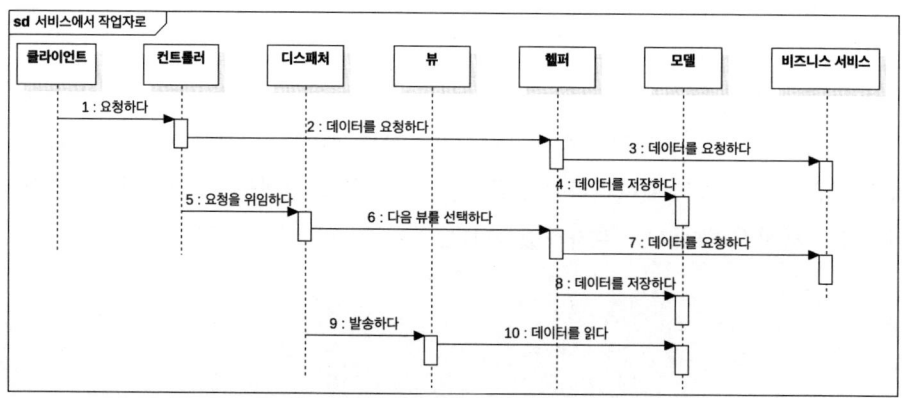

[그림 11.18] 서비스에서 작업자로 패턴 시퀀스 다이어그램

클라이언트가 컨트롤러에게 요청하면 컨트롤러는 직접 헬퍼에게 데이터를 요청할 수도 있고, 디스패처에게 요청을 위임하고 디스패처가 다음 뷰를 선택하는 작업을 요청할 수도 있습니다. 이때 헬퍼는 비즈니스 서비스에게 데이터를 요청하고 모델을 생성한 후에 데이터를 저장합니다. 다음에 디스패처가 선택된 다음 뷰에게 모델을 발송하고 뷰에서는 모델에서 데이터를 읽어 화면에 표시하는 작업을 수행합니다.

웹 애플리케이션에서 MVC 패턴은 서비스에서 작업자로 패턴과 결합하고 여기에 데이터 액세스 객체(Data Access Object) 패턴이 추가되어 비즈니스 서비스로부터 데이터 액세스 로직을 담당하는 DAO(Data Access Object) 즉, 레파지토리 서비스를 분리하여 다음과 같은 구조를 갖게 됩니다.

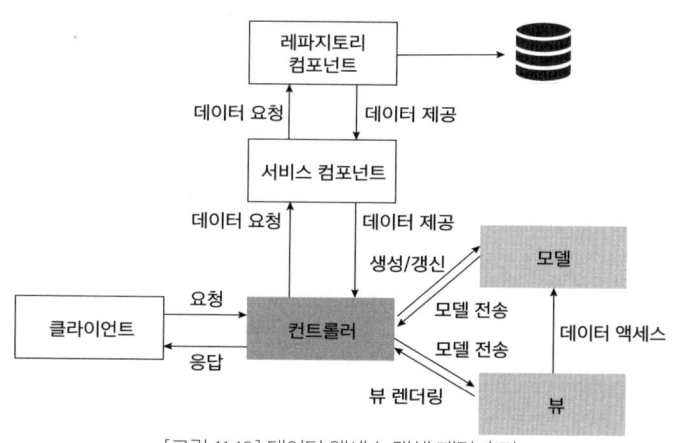

[그림 11.19] 데이터 액세스 객체 패턴 추가

이제 컨트롤러는 업무 로직과 데이터 액세스 로직을 처리하기 위해 서비스 컴포넌트를 호출합니다. 이때 퍼사드(facade) 패턴이 적용되어 서비스 컴포넌트는 애플리케이션 퍼사드로서 역할을 하며 관련된 레파지토리 컴포넌트를 호출하여 데이터 액세스 로직을 제공함으로써 원래의 MVC 패턴에서 모델의 실질적인 역할을 수행합니다.

자카르타 EE의 서블릿 필터(servlet filter)는 리소스에 대한 요청과 리소스로부터의 응답을 가로채서 요청과 응답에 대하여 어떤 행위를 수행하는 것을 말합니다.

필터는 요청과 응답을 검사해서 변경시킬 수 있으며, 요청을 거부하거나 다른 URL로 이동 또는 전송할 수도 있습니다. 이 서블릿 필터는 가로채기 필터(Intercepting Filter) 패턴을 따릅니다. 웹 애플리케이션에 대한 요청을 처리하기 전과 후에 요청과 응답을 가로채어 조작해야 할 경우가 있을 수 있습니다. 어떤 행위가 계속 처리되어야 할지를 결정할 필요가 있을 수도 있고, 들어오고 나가는 데이터를 이후 처리에 적당한 형식으로 바꾸어야 할 경우도 있을 수 있습니다.

이러한 처리를 일련의 조건 로직을 통해 구현할 수도 있습니다. 그러나 각 처리 과정에서 유사한 작업을 수행하기 때문에 많은 코드가 중복될 수 있습니다. 이러한 문제점을 해결하기 위해 가로채기 필터 패턴을 사용합니다. 다음 그림은 가로채기 필터 패턴의 클래스 다이어그램을 보여줍니다.

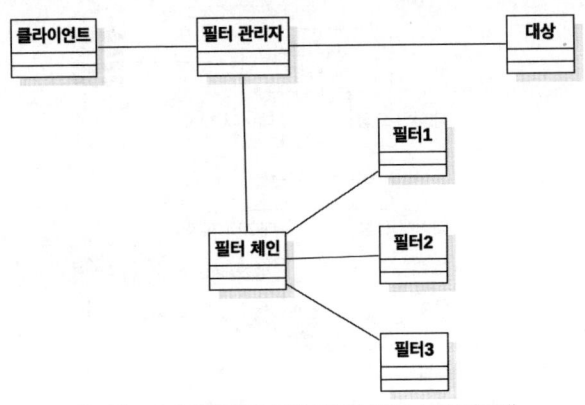

[그림 11.20] 가로채기 필터 패턴 클래스 다이어그램

클라이언트가 필터 관리자에게 요청을 보내면, 필터 관리자는 관련된 필터들과 함께 필터 체인을 생성하고 관리합니다. 필터 체인은 관련된 필터들의 집합을 구성하며, 정렬된 순서대로 필터를 호출합니다. 다음은 이러한 과정을 표현한 가로채기 필터 패턴의 시퀀스 다이어그램을 보여줍니다.

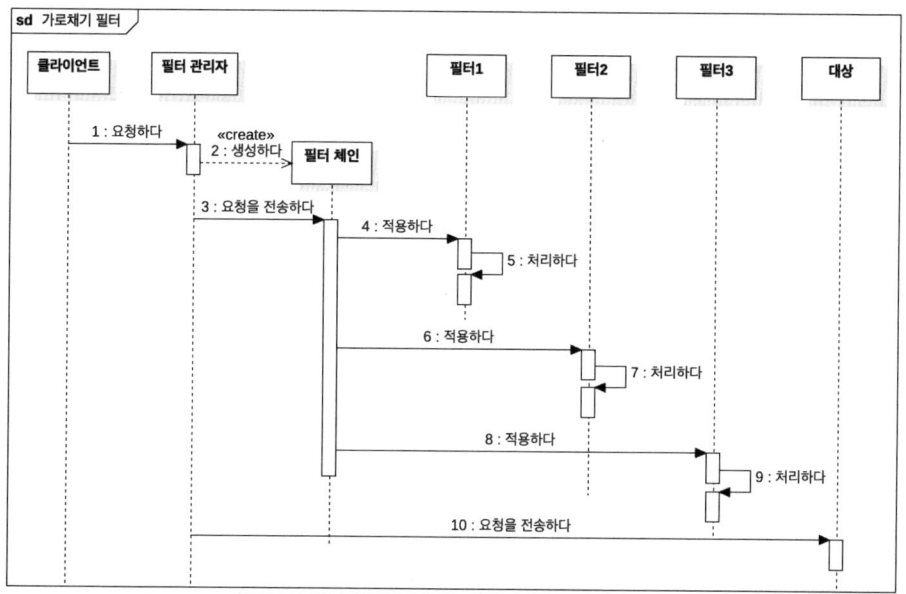

[그림 11.21] 가로채기 필터 패턴 시퀀스 다이어그램

필터 관리자(filter manager)는 필터 처리를 관리합니다. 필터들과 함께 필터 체인을 생성하고 정확한 순서로 필터를 호출하여 처리를 시작합니다. 필터 체인(filter chain)은 독립적인 필터들의 정렬된 집합입니다. 필터1과 필터2, 필터3은 대상에 매핑되는 개별적인 필터(filter)로, 필터 체인은 이들 처리를 조율합니다. 대상(target)은 클라이언트가 요청한 리소스로서 리소스 처리를 담당하는 서블릿이 됩니다.

그리고 이러한 가로채기 필터 패턴은 스프링 보안(Spring Security) 프레임워크에서 보안 필터를 생성하고 관리하는데 사용됩니다.

빈 페이지

12장 디자인 패턴

12장
디자인 패턴

디자인 패턴과 관련된 유명한 게으른 건축가 이야기가 있습니다.

　어느 한 건축가가 대학 건물과 그 주변의 인도에 대한 설계를 하게 되었다. 그러나 그 건축가는 대학 건물만을 설계해 놓고 그 건물 주변의 인도에 대한 설계는 하지 않고 있었다. 그래서 건물은 지어졌지만 사람이 다닐 수 있는 인도는 아직 없었다. 시간이 지나서 눈이 내리는 겨울이 되었다. 사람들은 건물 주위에 인도가 없기 때문에 각자 편한 대로 건물주위를 걸어 다녔다. 겨울이 되기 전까지 인도를 만들지 않고 게으름(?)을 피우던 건축가는 사진기를 가지고 사람들이 눈 위에 만들어 놓은 건물과 건물 사이의 발자국의 모양을 찍기 시작했다. 긴 겨울이 지나고 봄이 되어서 건축가는 겨우 내 찍어 두었던 발자국의 사진을 바탕으로 인도를 만들기 시작했다.

　이 이야기에서 눈 위의 발자국은 사람들이 그 건물을 사용하는 패턴이 됩니다. 이 패턴에 따라 건물의 인도를 만들었기 때문에 사람들은 편리하게 그 건물을 드나들 수 있게 되는 것이지요. 이 이야기가 다른 사람들이 문제를 해결할 때까지 아무 것도 하지 말자는 의미로 오해되지만 않는다면 패턴의 이점을 잘 설명하고 있습니다.

　어떤 문제든 내게만 발생하는 것처럼 보이지만 다른 사람들도 부딪치게 되는 보편적인 경우가 많습니다. 이런 문제들을 모아서 해결 방법까지 정리해 놓은 것을 패턴(pattern)이라고 합니다. 그러니까 패턴을 잘 알아두면 공짜로 다양한 문제 해결 방법을 알 수 있게 되는 것입니다.

우리는 이미 지난 11장 애플리케이션 프레임워크에서 패턴이란 반복적으로 발생하는 문제들을 설명하고, 이 문제들에 대한 해결 방안의 핵심을 설명한 것이라고 설명했습니다. 패턴은 13개의 부분으로 이루어진 템플릿으로 구성된 패턴 언어(pattern language)를 사용하여 기술됩니다. 여기에는 패턴 이름과 분류, 의도, 다른 이름, 동기, 응용, 구조, 참여자, 협력 방법, 결과, 구현, 예제 코드, 잘 알려진 사용 예, 관련 패턴 등이 포함됩니다.

1990년대 초에 객체지향 프로그래밍 커뮤니티에서는 자신의 영역 안에서 문제에 대한 반복적인 해결 방식이 있다는 것을 발견하였고, 이것을 디자인 패턴(design pattern)이라고 불렀습니다. 그리고 1995년에 Gamma를 비롯한 소위 "4인의 갱단(gang of four, GoF)"은 디자인 패턴의 교과서라고 할 수 있는 Design Patterns(Gramma 외, 1995, Addison-Wesley)란 책을 출간하였습니다. GoF는 이책에서 디자인 패턴을 다음과 같이 정의합니다.

> "이책에서 디자인 패턴은 특정한 상황에서 일반적인 설계 문제를 해결하도록 수정된 객체와 클래스 사이의 커뮤니케이션을 기술한 것이다. 디자인 패턴은 재사용 가능한 객체지향적인 설계를 생성하는데 유용한 공통적인 설계 구조에서 주요 개념을 식별하고 이름을 부여하고 추상화한다. 디자인 패턴은 참여 클래스와 인스턴스를 식별하고, 그들의 역할과 협력 관계를 정의하며, 이들에게 책임을 분배한다. 각 디자인 패턴은 특정 객체지향 문제에 집중하며, 언제 패턴을 적용할지, 그리고 다른 설계 제약 관점에서도 패턴을 적용할 수 있는지, 또한 패턴의 사용 결과와 장단점에 대하여 기술한다. 우리는 궁극적으로 설계를 구현해야 하기 때문에 디자인 패턴은 C++와 같은 코드를 사용하여 구현 예를 보여준다"

그러니까 디자인 패턴이란 시스템 설계 시에 자주 발생하는 문제들에 대한 "재사용 가능한 해결책"이라고 이해 할 수 있습니다.

Design Patterns에서는 다음과 같은 디자인 패턴을 정의하였습니다.

12장 디자인 패턴

		목적		
		생성	구조	행위
영역	클래스	Factory Method	Adapter	Interpreter Template Method
	객체	Abstract Factory Builder Prototype Singleton	Adapter Bridge Composite Decorator Facade Proxy	Chain of Responsibility Command Iterator Mediator Momento Flyweight Observer State Strategy Visitor

[표 12.1] 디자인 패턴

GoF 디자인 패턴에서 설명하는 패턴들 사이의 관계를 보여주는 패턴 관계 다이어그램(pattern relationship diagram)은 다음과 같습니다.

객체지향 이야기

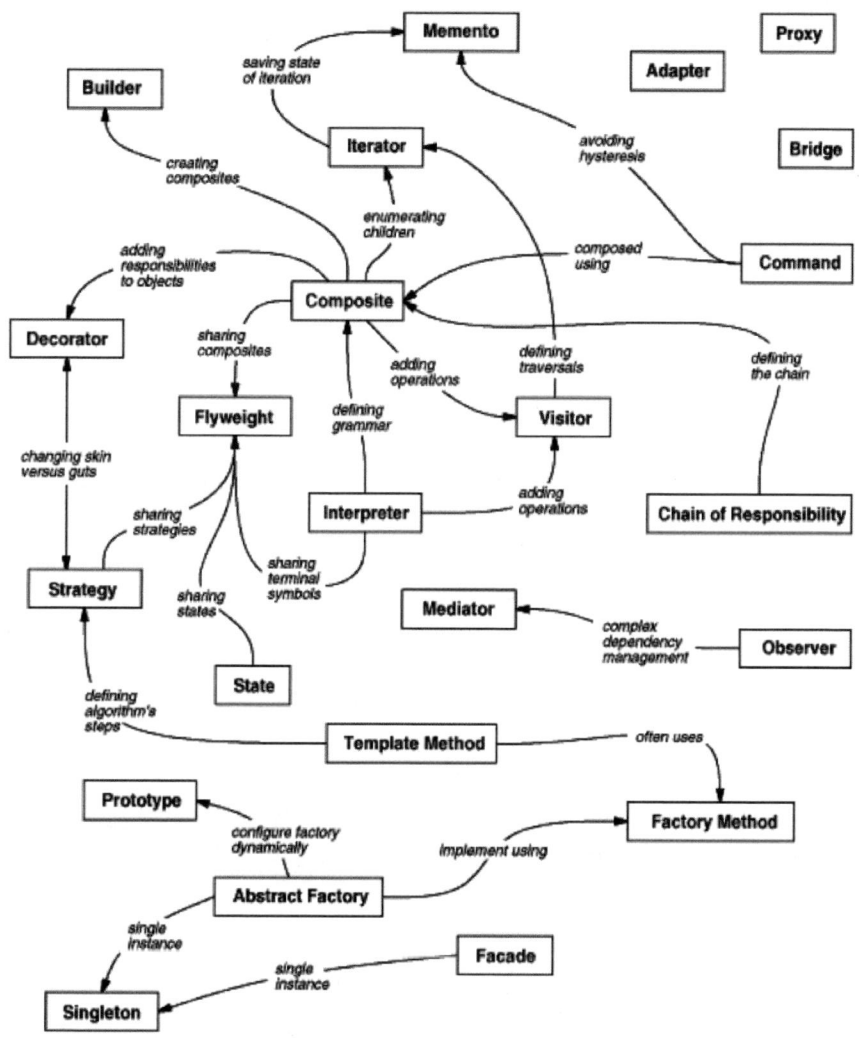

[그림 12.1] 패턴 관계 다이어그램

여기에서는 이책에 있는 디자인 패턴을 요약하여 간단하게 살펴보기로 하겠습니다. 여러분은 가능하다면 이책을 교과서로 생각하고 늘 옆에 두고 모두 익히시기를 바랍니다. 여기에서는 편의상 코드는 자바 언어로 작성하기로 하겠습니다.

12장 디자인 패턴

생성 패턴(creational pattern)은 인스턴스를 생성하는 절차를 추상화하는 패턴입니다. 여기에는 다음과 같은 패턴이 있습니다.

- Abstract Factory(추상 팩토리)
- Builder(빌더)
- Factory Method(팩토리 메서드)
- Prototype(원형)
- Singleton(단일체)

Abstract Factory(추상 팩토리) 패턴은 구체적인 클래스를 지정하지 않고 관련성을 갖는 객체들의 집합을 생성하거나 서로 독립적인 객체들의 집합을 생성할 수 있는 인터페이스를 제공합니다. Abstrat Factory 패턴의 구조는 다음과 같습니다.

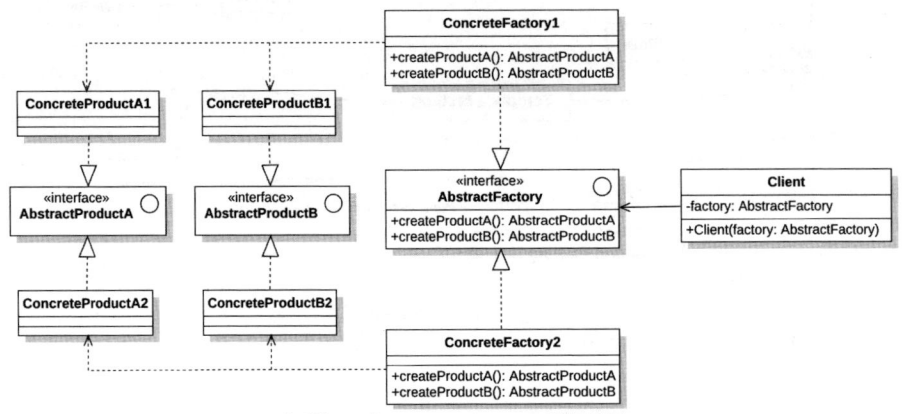

[그림 12.2] Abstract Factory 패턴 구조

위의 다이어그램에서 AbstractFactory는 개념적 제품에 대한 객체를 생성하는 오퍼레이션으로 인터페이스를 정의합니다. ConcreteFactory는 구체적인 제품에 대한 객체를 생성하는 오퍼레이션을 구현합니다. AbstractProduct는 개념적 제품 객체에 대한 인터페이스를 정의합니다. ConcreteProduct는 구체적으로 팩토리가 생성할 객체를 정의하고, AbstractProduct가 정의하고 있는 인터페이스를 구현합

니다. Client는 AbstractFactory와 AbstractProduct 인터페이스를 사용합니다.

Abstrat Factory 패턴을 적용하여 자동차를 생산하는 예를 구현해 보도록 하겠습니다.

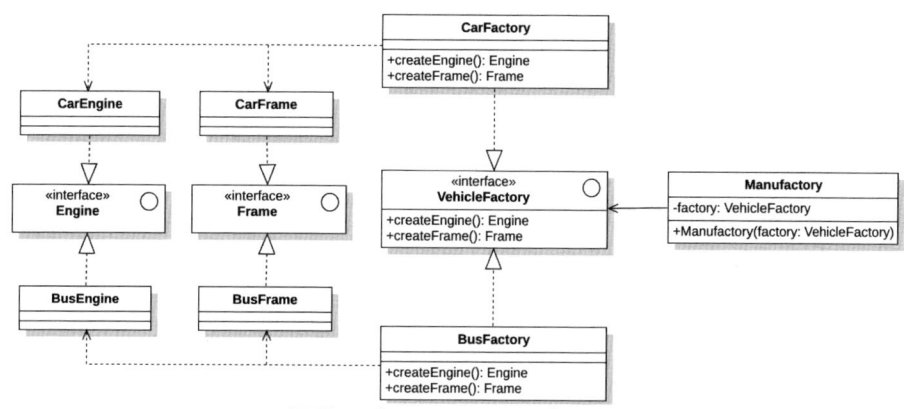

[그림 12.3] Abstrat Factory 패턴 적용

위의 다이어그램에서 VehicleFactory 인터페이스가 AbstractFactory에 해당합니다. 그리고 CarFactory와 BusFactory 클래스는 구체적인 제품으로 승용차와 버스의 부품을 생성하는 메서드를 구현합니다. 그리고 Engine과 Frame 인터페이스는 AbstractProduct로 각각 엔진과 차체 등 부품의 개념적인 인터페이스를 정의하고, CarEngine, CarFrame, BusEngine, BusFrame 클래스는 ConcreteProduct로 각각 CarFactory와 BusFactory가 생성할 객체를 정의합니다.

코드로 다음과 같이 작성할 수 있습니다.

```
public interface VehicleFactory {
    Engine createEngine();
    Frame createFrame();
}
public class CarFactory implements VehicleFactory {
    public Engine createEngine() {
        return new CarEngine();
    }
```

```
        public Frame createFrame() {
            return new CarFrame();
        }
    }
    public class BusFactory implements VehicleFactory {
        public Engine createEngine() {
            return new BusEngine();
        }
        public Frame createFrame() {
            return new BusFrame();
        }
    }
    public interface Engine {
        void run();
    }
    public interface Frame {
        void create();
    }
    public class CarEngine implements Engine {
        public void run() {
            System.out.println("자동차 엔진 시동");
        }
    }
    public class CarFrame implements Frame {
        public void create() {
            System.out.println("자동차 프레임 생성");
        }
    }
    public class BusEngine implements Engine {
        public void run() {
            System.out.println("버스 엔진 시동");
        }
    }
```

```java
public class BusFrame implements Frame {
    @Override
    public void create() {
        System.out.println("버스 프레임 생성");
    }
}
public class Manufactory {
    private VehicleFactory factory;
    public void create() {
        factory.createEngine();
        factory.createFrame();
    }
    pulbic Manufactory(VehicleFactory factory) {
        this.factory = factory;
    }
    public static void main(String[] args) {
        Manufactory manufactory;
        VehicleFactory factory;
        if (/* 자동차 생산 */) {
            factory = new CarFactory();
        } else { /* 버스 생산 */
            factory = new BusFactory();
        }
        manufactory = new Manufactory(factory);
        manufactory.create();
    }
}
```

Builder(빌더) 패턴은 복잡한 객체들을 단계별로 생성할 수 있도록 합니다. 이 패턴을 사용해서 같은 생성 코드를 사용하여 객체의 다양한 유형들과 표현을 생성할 수 있습니다. Builder 패턴의 구조는 다음과 같습니다.

283

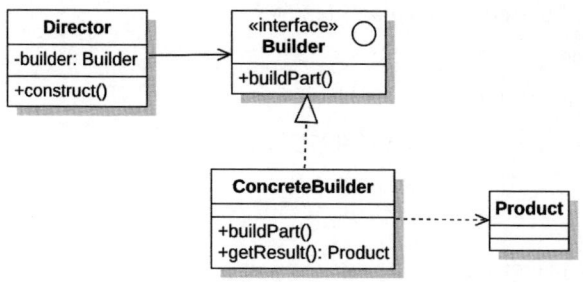

[그림 12.4] Builder 패턴 구조

Builder는 Product 객체의 일부 요소들을 생성하기 위한 인터페이스를 정의합니다. ConcreteBuilder는 Builder 인터페이스를 구현하며 제품의 부품들을 모아 빌더를 합성합니다. Director는 Builder 인터페이스를 사용하는 객체를 합성합니다. Product는 구축할 복합 객체를 표현합니다. ConcreteBuilder는 제품의 내부 표현을 구축하고 복합 객체가 어떻게 구성되는지에 관한 절차를 정의합니다.

이번에는 Builder 패턴을 적용하여 자동차를 생산하는 예를 구현해 보도록 하겠습니다.

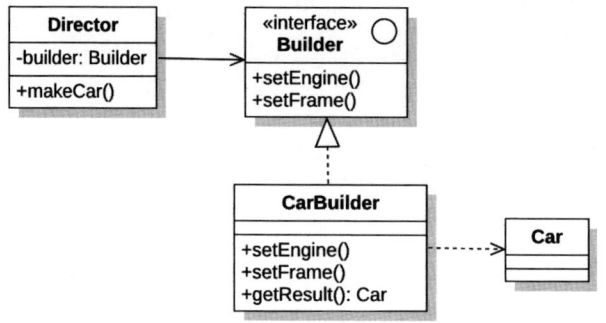

[그림 12.5] Builder 패턴 적용

Builder 인터페이스는 자동차의 부품을 생성하기 위한 인터페이스를 정의합니다. CarBuilder 클래스는 ConcreteBuilder로 부품을 생성하고 그 결과를 반환합니다. Director 클래스는 Builder 인터페이스를 사용하여 객체를 생성하고 합성합니다. Car 클래스는 Product로 복합 객체 즉, 완제품인 자동차를 표현합니다.

코드로 다음과 같이 작성할 수 있습니다.

```java
public interface Builder {
    void setEngine();
    void setFrame();
}
public class CarBuilder implements Builder {
    private Engine engine;
    private Frame frame;
    public void setEngine(Engine engine) {
        this.engine = engine;
    }
    public void setFrame(Frame frame) {
        this.frame = frame;
    }
    public Car getResult() {
        return new Car(engine, frame);
    }
}
public class Director {
    private Builder builder;
    public Director(Builder builder) {
        this.builder = builder;
    }
    public void makeCar() {
        builder.setEngine(new Engine());
        builder.setFrame(new Frame());
    }
}
public class Manufactory {
    public static void main(String[] args) {
        CarBuilder builder = new CarBuilder();
        Director director = new Director(builder);
        director.makeCar();
        Car car = builder.getResult();
```

        }
    }

　　Factory Method(팩토리 메서드) 패턴은 객체를 생성하기 위해 인터페이스를 정의하지만, 어떤 클래스의 인스턴스를 생성할지에 대한 결정은 서브 클래스가 내리도록 합니다. Factory Method 패턴의 구조는 다음과 같습니다.

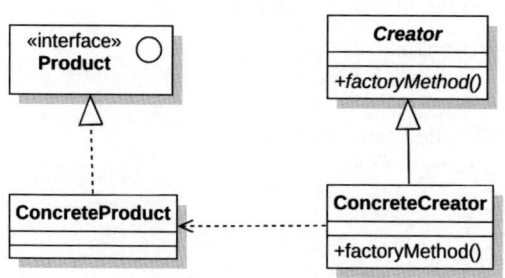

[그림 12.6] Factory Method 패턴 구조

　　Product는 팩토리 메서드가 생성하는 객체의 인터페이스를 정의합니다. ConcreteProduct는 Product 클래스에 정의된 인터페이스를 실제로 구현합니다. Creator는 Product 타입의 객체를 반환하는 팩토리 메서드를 선언합니다. Creator 클래스는 팩토리 메서드를 기본적으로 구현하는데, 이 구현에서는 ConcreteProduct 객체를 반환합니다. 또한 Product 객체의 생성을 위해 팩토리 메서드를 호출합니다. ConcreteCreator는 ConcreteProduct의 인스턴스를 반환하기 위해 팩토리 메서드를 재정의합니다

　　이번에도 Factory Method 패턴을 적용하여 자동차를 생산하는 예를 구현해 보도록 하겠습니다.

객체지향 이야기

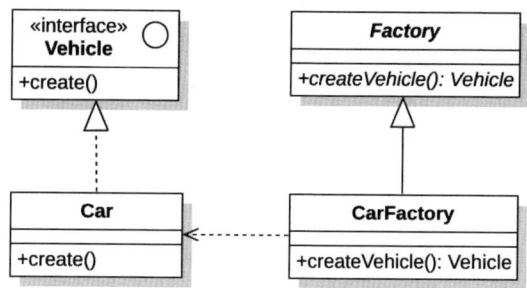

[그림 12.7] Factory Method 패턴 적용

Creator인 Factory 추상 클래스의 createVehicle() 추상 메서드가 팩토리 메서드입니다. 그리고 CarFactory 클래스는 자동차를 생산하는 팩토리 메서드를 재정의합니다. Vehicle 인터페이스는 Product로 팩토리 메서드가 호출하는 메서드를 정의합니다. Car 클래스는 ConcreteProduct로 Vehicle 인터페이스 메서드를 구현합니다.

코드로 다음과 같이 작성할 수 있습니다.

```java
public interface Vehicle {
    void create();
}
public class Car implements Vehicle {
    public void create() {
        System.out.println("자동차 생산");
    }
}
public abstract class Factory {
    public abstract Vehicle createVehicle();
}
public class CarFactory extends Factory {
    public Vehicle createVehicle() {
        return new Car();
    }
}
```

```
public class Manufactory {
    public static void main(String[] args) {
        Factory factory = new CarFactory();
        Vehicle vehicle = fatory.createVehicle();
        vehicle.create();
    }
}
```

Prototype(원형) 패턴은 원형이 되는 인스턴스를 사용하여 생성할 객체의 종류를 명시하고, 이렇게 만든 견본을 복사해서 새로운 객체를 생성합니다. Prototype 패턴의 구조는 다음과 같습니다.

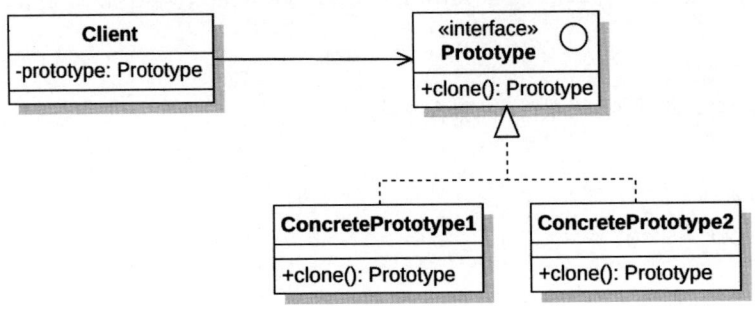

[그림 12.8] Prototype 패턴 구조

Prototype은 자신을 복제하는데 필요한 인터페이스를 정의합니다. ConcretePrototype는 자신을 복제하는 오퍼레이션을 구현합니다. Client는 Prototype에 복제를 요청함으로써 새로운 객체를 생성합니다.

이번에도 Prototype 패턴을 적용하여 자동차를 생산하는 예를 구현해 보도록 하겠습니다.

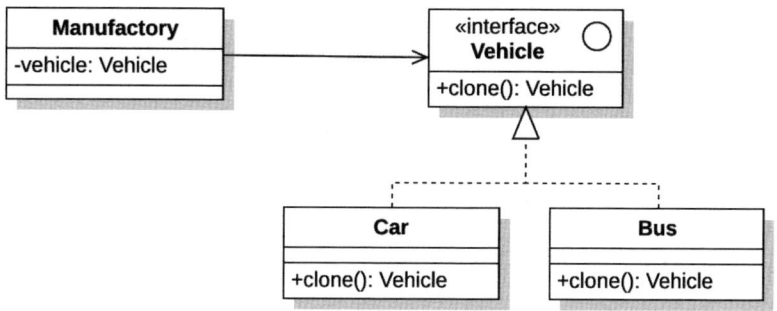

[그림 12.9] Prototype 패턴 적용

Vehicle 인터페이스가 Prototype으로 자신을 복제하는데 필요한 메서드를 정의합니다. Car 클래스와 Bus 클래스는 ConcretePrototype으로 자신을 복제하도록 Vehicle 메서드를 재정의합니다. Manufactory 클래스는 Client로 Vehicle 인터페이스 메서드를 호출하여 복제를 요청함으로써 새로운 객체를 생성합니다.

코드로 다음과 같이 작성할 수 있습니다.

```
public interface Vehicle {
    Vehicle clone();
}
public class Car implements Vehicle {
    public Vehicle clone() {
        return new Car(this);
    }
}
public class Bus implements Vehicle {
    public Vehicle clone() {
        return new Bus(this);
    }
}
public class Manufactory {
    public static void main(String[] args) {
        Car car1 = new Car();
        Car car2 = car1.clone();
```

```
        Bus bus1 = new Bus();
        Bus bus2 = bus1.clone();
    }
}
```

Singleton(단일체) 패턴은 오직 한 개의 클래스 인스턴스만을 갖도록 보장하고, 이에 대한 전역적인 접근법을 제공합니다. Singleton 패턴의 구조는 다음과 같습니다.

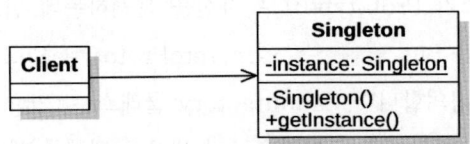

[그림 12.10] Singleton 패턴 구조

Singleton은 getInstance() 오퍼레이션을 정의하여 유일한 인스턴스로의 접근이 가능하도록 합니다. getInstance() 오퍼레이션은 클래스 오퍼레이션으로 자바에서 정적 메서드로 구현합니다. UML 다이어그램에서 클래스 오퍼레이션에는 밑줄이 표시됩니다.

코드로 다음과 같이 작성할 수 있습니다.

```
public class Singleton {
    private static Singleton instance;
    private Singleton() {
    }
    public static Singleton getInstance() {
        if (instance == null) {
            instance = new Singleton();
        }
        return instance;
    }
}
public class Client {
```

```
public static void main(String[] args) {
    Singleton singleton1 = Singleton.getInstance();
    Singleton singleton2 = Singleton.getInstance();
    if(singleton1 == singleton2)
        System.out.println("같은 인스턴스입니다.");
}
}
```

구조 패턴(Structural Pattern)은 더 큰 구조를 형성하기 위해 어떻게 클래스와 객체를 합성하는가와 관련된 패턴입니다. 여기에는 다음과 같은 패턴이 있습니다.

- Adapter(적응자)

- Bridge(가교)

- Composite(복합체)

- Decorator(장식자)

- Facade(퍼사드)

- Flyweight(플라이급)

- Proxy(프록시)

Adapter(적응자) 패턴은 호환되지 않는 인터페이스를 가진 객체들이 협업할 수 있도록 하는 패턴입니다. 전자 제품의 어댑터와 동일한 일을 하는 패턴입니다. Adapter 패턴의 구조는 다음과 같습니다.

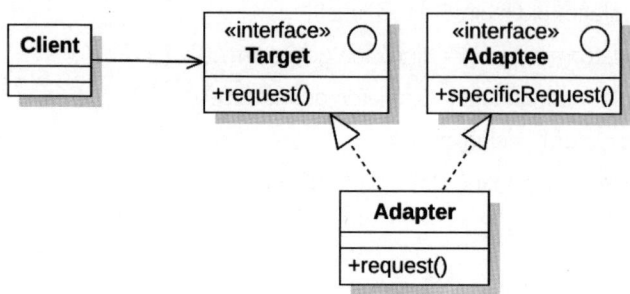

[그림 12.11] Adapter 패턴 구조 (다중 상속)

위의 다이어그램과 같이 다중 상속을 활용할 수도 있고, 다음 다이어그램과 같이 객체를 합성할 수도 있습니다.

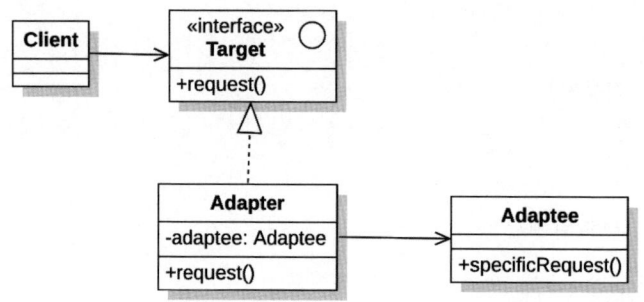

[그림 12.12] Adapter 패턴 구조 (객체 합성)

Target은 클라이언트가 사용할 도메인에 종속적인 인터페이스를 정의하고 있는 클래스입니다. Client는 Target 인터페이스를 만족하는 객체와 동작할 대상입니다. Adaptee는 인터페이스 개조가 필요한 기존의 인터페이스를 정의하고 있는 클래스입니다. Adapter는 Target 인터페이스에 Adaptee의 인터페이스를 맞춰주는 클래스입니다.

하이브리드 자동차에서 가솔린 연료를 모두 사용했을 때 전기를 사용하는 예를 구현하도록 하겠습니다.

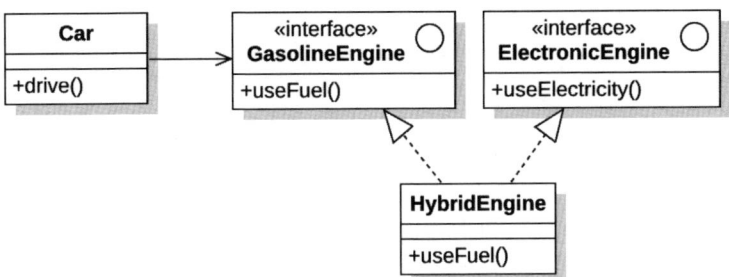

[그림 12.13] Adapter 패턴 적용 (다중 상속)

HybridEngine 클래스가 Adapter로 Target인 GasolineEngine 인터페이스의 메서드가 호출될 때 Adaptee인 ElectroncEngine 인터페이스의 메서드를 호출하여 맞춰줍니다.

코드로 다음과 같이 작성할 수 있습니다.

```
public interface GasolineEngine {
    void useFuel();
}
public interface ElectronicEngine {
    void useElectricity();
}
public class HybridEngine implements GasolineEngine, ElectronicEngine {
    public void useFuel() {
        if( /* 가솔린을 모두 사용 */)
            useElectricity();
    }
    public void useElectricity() {
        System.out.println("전기 사용");
    }
}
public class Car {
    public void drive() {
        GasolineEngine engine = new HybridEngine();
        engine.useFuel();
```

    }
  }

객체를 합성하는 다이어그램은 다음과 같습니다.

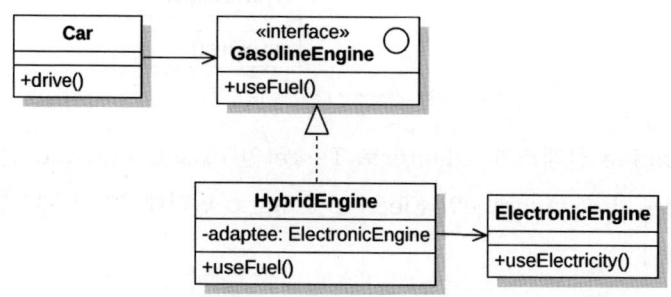

[그림 12.14] Adapter 패턴 적용 (객체 합성)

코드로 다음과 같이 작성할 수 있습니다.

```
public interface GasolineEngine {
   void useFuel();
}
public class ElectronicEngine {
   public void useElectricity() {
      System.out.println("전기 사용");
   }
}
public class HybridEngine implements GasolineEngine {
   private ElectronicEngine electronicEngine;
   public HybridEngine(ElectronicEngine electronicEngine) {
      this.electronicEngine = electronicEngine;
   }
   public void useFuel() {
      if( /* 가솔린을 모두 사용 */)
         electronicEngine.useElectricity();
   }
```

```
    }
    public class Car {
        public void drive() {
            ElectronicEngine elecEngine = new ElectronicEngine();
            GasolineEngine engine = new HybridEngine(elecEngine);
            engine.useFuel();
        }
    }
```

Bridge(가교) 패턴은 구현에서 추상을 분리하여 이들이 독립적으로 다양성을 갖도록 합니다. Bridge 패턴의 구조는 다음과 같습니다.

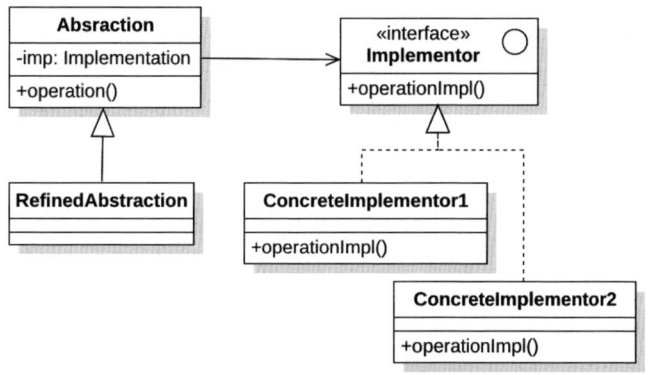

[그림 12.15] Bridge 패턴 구조

Abstraction은 추상화 개념에 대한 인터페이스를 제공하고 객체 구현자(Implementor)에 대한 참조자를 관리합니다. RefinedAbstraction는 추상화 개념에 정의된 인터페이스를 확장합니다. Implementor는 구현 클래스에 대한 인터페이스를 제공합니다. 다시 말해서 실질적인 구현을 제공한 서브클래스들에 있어서 공통적인 오퍼레이션의 시그니처만을 정의하고 있습니다. 이 인터페이스가 Abstraction 클래스에 정의된 인터페이스에 정확하게 대응할 필요는 없습니다. 즉 두 인터페이스는 서로 다른 형태일 수 있습니다. 일반적으로 Implementor 인터페이스는 기본적인 구현 오퍼레이션을 수행하고 Abstraction은 보다 추상화된 서비스 관점의 인터페이스를 제공합니다. 그러므로 서비스 관점의 인터페이스를 구현하

12장 디자인 패턴

기 위해서 Implementor에 정의된 여러 개의 오퍼레이션이 필요할 수도 있습니다. Absraction과 Implementor가 가교 즉, 브릿지를 구성합니다. ConcreteImplementor는 Implementor 인터페이스를 구현하는 것으로 실제적인 구현 내용을 담고 있습니다. 구현 방식이 달라지면 지속적으로 만들어지는 클래스입니다.

이번에는 자동차 리모컨으로 자동차를 작동하는 예를 Bridge 패턴을 적용하여 구현하겠습니다.

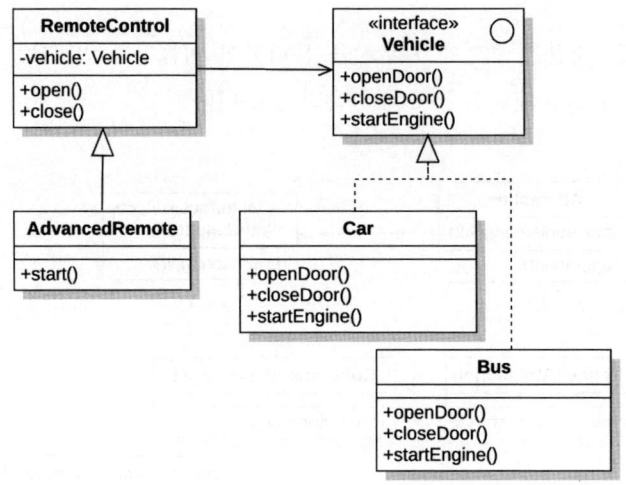

[그림 12.16] Bridge 패턴 적용

Vehicle 인터페이스는 Implementor로 Car 클래스와 Bus 클래스에서 인터페이스를 구현합니다. RemoteControl 클래스는 Abstraction으로 리모콘의 기능을 제공합니다. AdvancedRemote 클래스는 RefinedAbstraction으로 부가적인 기능을 제공합니다.

코드로 다음과 같이 작성할 수 있습니다.

```
public interface Vehicle {
    void openDoor();
    void closeDoor();
    void startEngine();
}
```

```java
public class Car implments Vehicle {
    public void openDoor() {
        System.out.println("승용차 문 열림");
    }
    public void closeDoor() {
        System.out.println("승용차 문 닫힘");
    }
    public void startEngine() {
        System.out.println("승용차 시동 걸기");
    }
}
public class Bus implments Vehicle {
    public void openDoor() {
        System.out.println("버스 문 열림");
    }
    public void closeDoor() {
        System.out.println("버스 문 닫힘");
    }
    public void startEngine() {
        System.out.println("버스 시동 걸기");
    }
}
public class RemoteControl {
    protected Vehicle vehicle;
    public RemoteControl(Vehicle vehicle) {
        this.vehicle = vehicle;
    }
    public void open() {
        vehicle.openDoor();
    }
    public void close() {
        vehicle.closeDoor();
    }
```

```
    }
    public class AdvanceControl extends RemoteControl {
        public AdvanceControl(Vehicle vehicle) {
            super(vehicle);
        }
        public void start() {
            vehicle.startEngine();
        }
    }
```

Composite(복합체) 패턴은 객체들을 트리 구조들로 구성한 후, 이러한 구조들과 개별 객체들처럼 작업할 수 있도록 합니다. Composite 패턴의 구조는 다음과 같습니다.

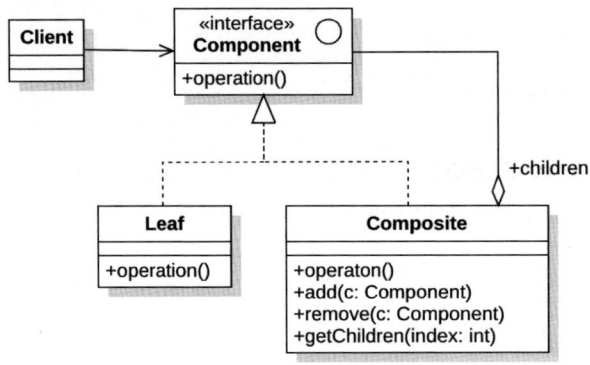

[그림 12.17] Composite 패턴 구조

Component는 집합 관계에 정의될 모든 객체에 대한 인터페이스를 정의합니다. 전체 클래스에 속한 요소들을 관리하는데 필요한 인터페이스를 정의합니다. Leaf는 집합 관계에서의 다른 객체를 포함할 수는 없고 포함되기만 하는 객체로 객체에 가장 기본이 되는 행위를 정의합니다. Composite는 포함된 요소들을 갖는 복합 객체에 대한 행위를 정의합니다. 자신이 합성하고 있는 요소들을 저장하고 있으면서, 각 합성 요소를 다루는데 관련된 오퍼레이션을 구현합니다. Client는 Component 인터페이스를 통해 집합 관계에 있는 객체들을 관리합니다.

이번에는 자동차 부품을 조립하는 예를 Composite 패턴을 적용하여 구현하겠습니다.

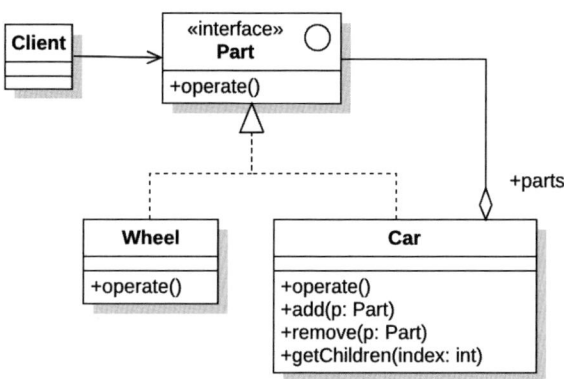

[그림 12.18] Composite 패턴 적용

Component는 Part 인터페이스로 정의됩니다. Wheel 클래스는 Leaf로 복합되지 않는 말단 객체를 표현하고, Car 클래스는 Composite로 여러 부품으로 구성됩니다.

코드로 다음과 같이 작성할 수 있습니다.

```java
public interface Part {
    void operate();
}
public class Wheel implements Part {
    public void operate() {
        System.out.println("바퀴 동작");
    }
}
publc class Car {
    private List<Part> parts = new ArrayList<>();
    public void add(Part p) {
        parts.add(p);
    }
```

```
public void remove(Part p) {
    parts.remove(p);
}
public Part getChildren(int index) {
    return parts.get(i);
}
}
```

Client는 다음과 같이 자동차에 바퀴를 장착합니다.

```
Car car = new Car();
Part wheel = new Wheel();
car.add(wheel);
```

Decorator(장식자) 패턴은 객체에 동적으로 새로운 책임을 추가할 수 있게 합니다. 기능의 유연한 확장을 위해 상속 대신 사용할 수 있는 방법입니다. Decorator 패턴의 구조는 다음과 같습니다.

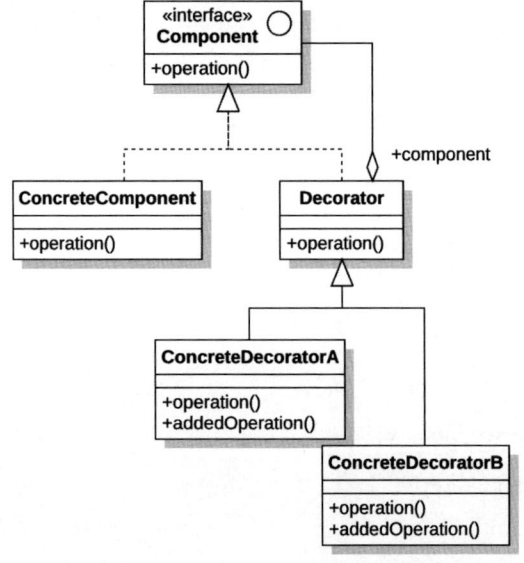

[그림 12.19] Decorator 패턴 구조

Component는 동적으로 추가할 서비스를 가질 가능성이 있는 객체들에 대한 인터페이스입니다. ConcreteComponent는 추가적인 서비스가 실제로 정의되어야 할 필요가 있는 객체입니다. Decorator는 Component 객체에 대한 참조자를 관리하면서 Component에 정의된 인터페이스를 만족하도록 인터페이스를 정의합니다. ConcreteDecorator는 Component에 새롭게 추가할 서비스를 실제로 구현하는 클래스이고 Decorator에 정의된 기본 오퍼레이션을 만족하면서 추가적인 행위를 addOperation()으로 구현합니다.

다음 다이어그램은 Decorator 패턴을 적용하여 깡통 자동차를 속도가 빠르게 하여 스포츠 카를 만들고 금 도금을 하여 럭셔리 카를 만드는 예를 보여줍니다.

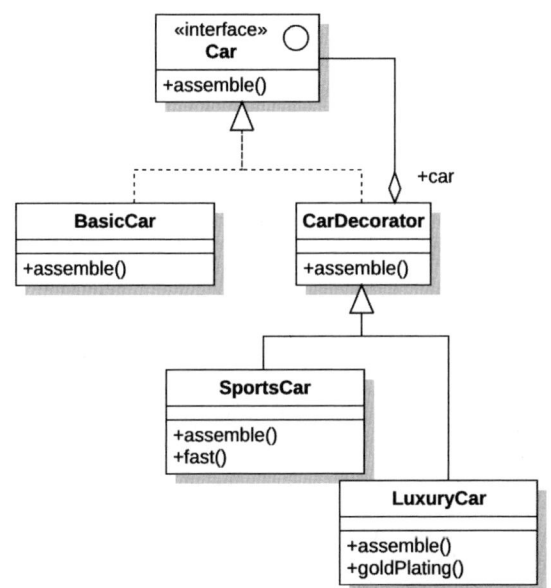

[그림 12.20] Decorator 패턴 적용

CarDecorator 클래스가 Decorator로 Component인 Car 인터페이스를 구현하는 객체에 추가적인 기능을 장식할 수 있게 합니다. BasicCar 클래스는 깡통 자동차를 표현하는 Component의 구현 클래스이고, SportsCar 클래스와 LuxuryCar 클래스는 ConcreteDecorator로 각각 fast()와 goldPlating() 기능이 추가되어 속도가 빠른 스포츠 카와 금 도금이 되어 있는 럭셔리 카를 구현합니다.

12장 디자인 패턴

코드로 다음과 같이 작성할 수 있습니다.

```java
public interface Car {
    public void assemble();
}
public class BasicCar implements Car {
    public void assemble() {
        System.out.print("깡통 자동차");
    }
}
public class CarDecorator implements Car {
    protected Car car;
    public CarDecorator(Car car){
        this.car=car;
    }
    public void assemble() {
        this.car.assemble();
    }
}
public class SportsCar extends CarDecorator {
    public SportsCar(Car car) {
        super(car);
    }
    public void assemble(){
        super.assemble();
        fast();
    }
    public void fast() {
        System.out.println("빠른 스포츠카");
    }
}
public class LuxuryCar extends CarDecorator {
    public LuxuryCar(Car car) {
```

```
        super(car);
    }
    public void assemble(){
        super.assemble();
        goldPlating();
    }
    public void goldPlating() {
        System.out.println("금도금 럭셔리 카");
    }
}
```

Facade(퍼사드) 패턴은 한 서브 시스템 내의 인터페이스 집합에 대한 획일화된 하나의 인터페이스를 제공하여 서브 시스템을 사용하기 쉽도록 상위 수준의 인터페이스를 정의합니다. Facade 패턴의 구조는 다음과 같습니다.

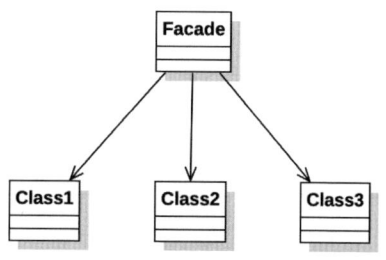

[그림 12.21] Facade 패턴 구조

Facade는 단순하고 일관된 통합 인터페이스를 제공하며, 서브시스템을 구성하는 어떤 클래스가 어떤 요청을 처리해야 하는지를 알고 있으며, 클라이언트의 요청을 해당하는 서브시스템 객체에 전달합니다.

Class1, Class2, Class3는 서브시스템의 기능성을 구현하고, Facade 객체에 의해 할당된 작업을 실제로 처리하지만 Facade에 대한 아무런 정보를 갖고 있지 않습니다.

다음 다이어그램은 Facade 패턴을 사용하여 자동차가 시동을 걸 때 엔진과 공조기, 오디오를 시동하고, 자동차 시동을 끌 때 엔진과 공조기, 오디오를 끄는 예를 보여줍니다.

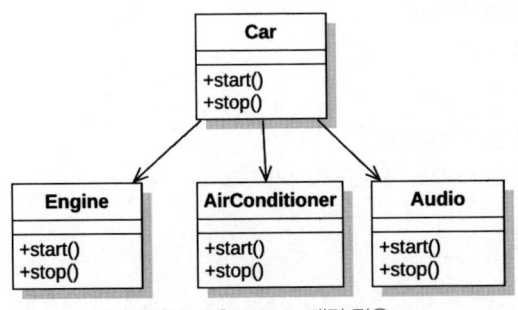

[그림 12.22] Facade 패턴 적용

Car 클래스가 Facade로 내부의 Engine, AirConditioner, Audio 클래스를 제어합니다.

코드로 다음과 같이 작성할 수 있습니다.

```java
public class Car {
    private Engine engine;
    private AirConditioner air;
    private Audio audio;
    public Car() {
        this.engine = new Engine();
        this.air = new AirConditioner();
        this.audio = new Audio();
    }
    public void start() {
        this.engine.start();
        this.air.start();
        this.audio.start();
    }
    public void stop() {
        this.engine.stop();
```

```java
            this.air.stop();
            this.audio.stop();
        }
    }
    public class Engine {
        public void start() {
            System.out.println("엔진 시동");
        }
        public void stop() {
            System.out.println("엔진 끄기");
        }
    }
    public class AirConditioner {
        public void start() {
            System.out.println("공조기 시동");
        }
        public void stop() {
            System.out.println("공조기 끄기");
        }
    }
    public class Audio {
        public void start() {
            System.out.println("오디오 시동");
        }
        public void stop() {
            System.out.println("오디오 끄기");
        }
    }
```

자동차의 시동을 걸고 끄는 코드는 다음과 같습니다.

```java
Car car = new Car();
car.start();
```

car.stop();

Flywieght(플라이급) 패턴은 공유를 통해 많은 수의 입자성이 작은 객체들을 효과적으로 지원합니다. Flywieght 패턴의 구조는 다음과 같습니다.

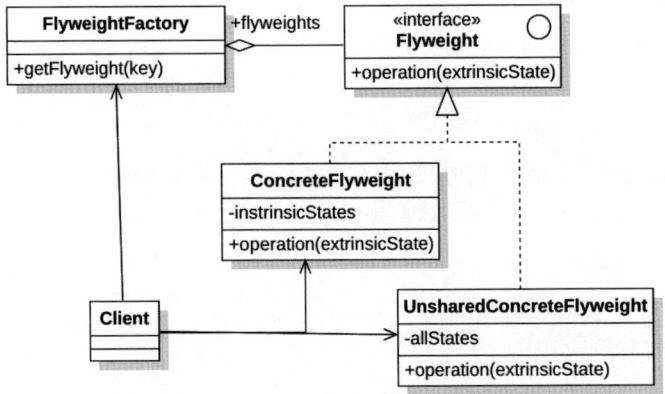

[그림 12.23] Flywieght 패턴 구조

Flyweight는 Flyweight가 받아들일 수 있고 부가적 상태에서 동작해야 하는 인터페이스를 선언하고 있습니다. ConcreteFlyweight는 Flyweight 인터페이스를 구현하고 내부적으로 갖고 있어야 하는 본질적 상태에 대한 저장소를 정의합니다. ConcreteFlyweight 객체는 공유할 수 있는 것이어야 합니다. 그러므로 관리하는 어떤 상태라도 본질적인 것이어야 합니다. 모든 Flyweight 서브 클래스들이 공유될 필요는 없습니다. Flyweight 인터페이스는 공유를 가능하게 하지만 그것을 강요해서는 안됩니다. UnsharedConcreteFlyweight는 이러한 클래스를 표현합니다. FlyweightFactory는 Flyweight 객체를 생성하고 관리하여 Flyweight가 적절히 공유되도록 보장합니다. 클라이언트가 Flyweight를 요청하면 FlyweightFactory 객체는 이미 존재하는 인스턴스를 제공하거나, 만약 존재하지 않는다면 생성해야 합니다. Client는 Flyweight에 대한 참조자를 관리하고 Flyweight의 부가적 상태를 저장합니다.

다음 다이어그램은 Flyweight 패턴을 사용하여 자동차 공장이 수 많은 자동차를 관리하는 예를 보여줍니다.

객체지향 이야기

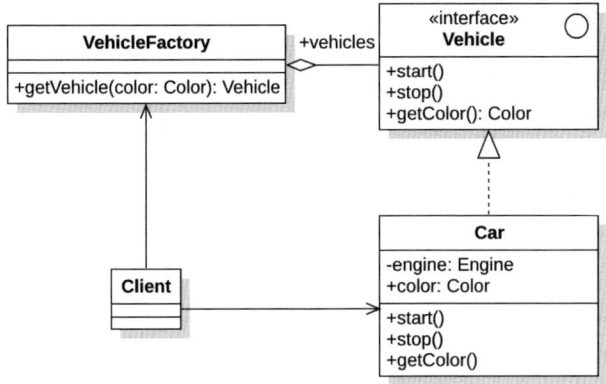

[그림 12.24] Flywieght 패턴 적용

Vehicle 인터페이스는 Flyweight를 정의합니다. ConcreteFlyweight인 Car 클래스는 자동차의 상태를 속성으로 정의합니다. VehicleFactory 클래스는 FlyweightFactory로 Vehicle 인터페이스의 구현체인 Car 클래스의 객체를 관리합니다.

코드로 다음과 같이 작성할 수 있습니다.

```
public interface Vehicle {
    void start();
    void stop();
    Color getColor();
}
public class Car implements Vehicle {
    private Engine engine;
    private Color color;
    public Car(Engine engine, Color color) {
        this.engine = engine;
        this.color = color;
    }
    public void start() {
        this.engine.start();
    }
```

307

```
    public void stop() {
        this.engine.stop();
    }
    public Color getColor() {
        return this.color;
    }
}
pubic class VehicleFactory {
    private Map<Color, Vehicle> vehicleCache;
    public VehicleFactory() {
        this.vehicleCache = new Map<>();
    }
    public Vehicle getVehicle(Color color) {
        return vehicleCache.computeIfAbsent(color, newColor -> {
            Engine newEngine = new Engine();
            return new Car(newEngine, newColor);
        });
    }
}
```

Proxy(프록시) 패턴은 다른 객체에 대한 대체 또는 자리표시자를 제공합니다. Proxy 패턴의 구조는 다음과 같습니다.

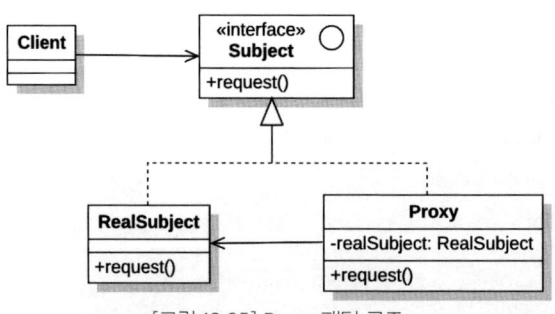

[그림 12.25] Proxy 패턴 구조

Proxy는 실제로 참조할 대상에 대한 참조자를 관리합니다. Subject와 동일한 인터페이스를 제공하여 실제 대상을 대체할 수 있어야 하며, 실제 대상에 대한 접근을 제어하고 실제 대상의 생성과 삭제를 책임집니다. Subject는 RealSubject와 Proxy에 공통적인 인터페이스를 정의하고 있어, RealSubject가 요청되는 곳에 Proxy를 사용할 수 있게 합니다. RealSubject는 프록시가 표현하는 실제 객체입니다.

다음 다이어그램은 Proxy 패턴을 적용하여 얼굴 인식을 해야 운전할 수 있는 경우의 예를 보여줍니다.

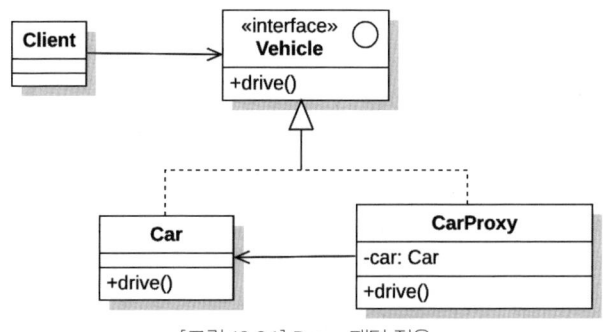

[그림 12.26] Proxy 패턴 적용

Proxy인 CarProxy 클래스는 RealSubject인 Car 클래스에 얼굴을 인식한 후에 운전할 수 있도록 기능을 추가합니다.

코드로 다음과 같이 작성할 수 있습니다.

```java
public interface Vehicle {
    void drive();
}
public class Car implements Vehicle {
    public void drive() {
        System.out.println("주행 중");
    }
}
public class CarProxy implements Vehicle {
    private Car car;
    public CarProxy() {
```

```
        this.car = new Car();
    }
    public void drive() {
        if(/* 얼굴 인식 성공*/)
            this.car.drive();
        else
            System.out.println("운전할 수 없습니다!");
    }
}
```

행위 패턴(Behavioral Pattern)은 어떤 처리의 책임을 어느 객체에 할당하는 것이 좋은 지, 알고리즘을 어느 객체에 정의하는 것이 좋은지를 다루는 패턴입니다. 여기에는 다음과 같은 패턴이 있습니다.

- Chain of Responsibility(책임 연쇄)

- Command(명령)

- Interpreter(해석자)

- Iterator(반복자)

- Mediator(중재자)

- Memento(메멘토)

- Observer(감시자)

- State(상태)

- Stretegy(전략)

- Template Method(템플릿 메서드)

- Visitor(방문자)

우리는 이들 중에서 많이 사용되는 몇가지 패턴에 대해서만 살펴보도록 하겠습니다.

Chain of Responsibility(책임 연쇄) 패턴은 핸들러들의 체인(사슬)을 따라 요청을 전달할 수 있게 해줍니다. Chain of Responsibility 패턴의 구조는 다음과 같습니다.

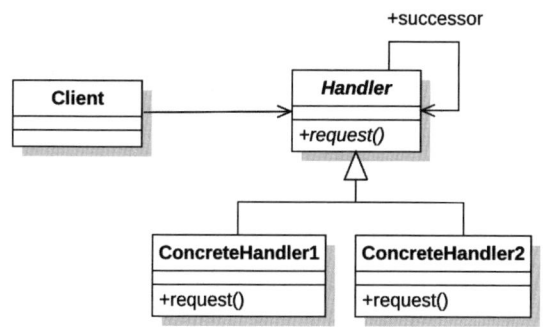

[그림 12.27] Chain of Responsibility 패턴 구조

Handler는 요청을 처리하는 인터페이스를 정의하고, 다음 번 처리자와의 연결을 구현합니다. 즉, 연결 고리에 연결된 다음 객체에게 다시 메시지를 보냅니다. ConcreteHandler는 자신이 처리할 행위가 있으면 처리하고, 그렇지 않으면 다음 번 처리자에게 다시 처리를 요청합니다. Client는 ConcreteHandler 객체에게 필요한 요청을 보냅니다.

다음은 Chain of Responsibility 패턴을 사용하여 자동차 시동을 걸 때 부품의 상태를 체크하는 예를 보여줍니다.

12장 디자인 패턴

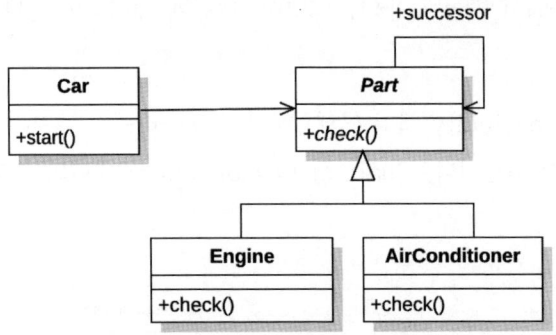

[그림 12.28] Chain of Responsibility 패턴 적용

Part 추상 클래스는 Handler로 부품을 체크하는 기능을 정의하고 다음 번 처리자를 관리합니다. Engine 클래스와 AirConditioner 클래스는 ConcreteHandler로 자신을 체크하는 기능을 구현합니다.

코드로 다음과 같이 작성할 수 있습니다.

```java
public abstract class Part {
    public Part successor;
    public abstract void check();
}
public class Engine extends Part {
    public Engine(Part part) {
        super(part);
    }
    public void check() {
        System.out.println("엔진 검사");
    }
}
public class AirConditioner extends Part {
    public AirConditioner(Part part) {
        super(part);
    }
    public void check() {
```

```
            System.out.println("공조기 검사");
        }
    }
    pubic class Car {
        private Part engine;
        public Car() {
            this.engine = new Engine(new AirConditioner(null));
        }
        public void start() {
            this.engine.check();
            if(this.engine.successor != null)
                this.engine.successor.check();
        }
    }
```

Command(명령) 패턴은 요청을 객체로 캡슐화함으로써 서로 다른 요청으로 클라이언트를 매개변수화하고, 요청을 저장하거나 기록을 남겨서 오퍼레이션의 취소도 가능하게 합니다. Command 패턴의 구조는 다음과 같습니다.

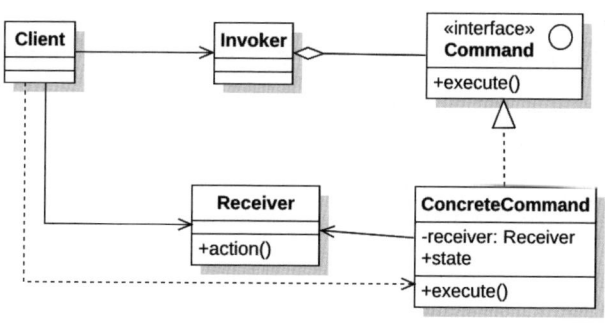

[그림 12.29] Command 패턴 구조

Command는 오퍼레이션 수행에 필요한 인터페이스 정의합니다. ConcreteCommand는 Receiver 객체와 액션 간의 연결성을 정의합니다. 또한 처리 객체에 정의된 오퍼레이션을 호출하도록 execute() 메서드를 구현합니다. Client는 ConcreteCommand 객체를 생성하고 처리 객체로 정의합니다. Invoker

는 Command에게 처리를 수행할 것을 요청합니다. Receiver는 요청에 관련된 행위를 수행합니다.

다음 다이어그램은 Command 패턴을 사용하여 리모콘으로 자동차의 시동을 걸고 끄는 명령을 수행하는 예를 보여줍니다.

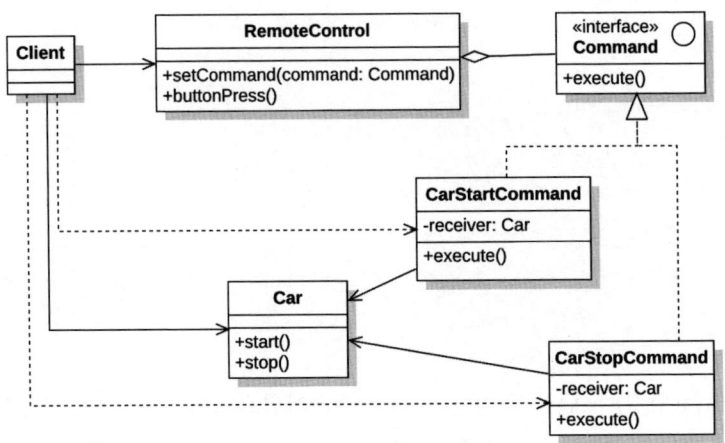

[그림 12.30] Command 패턴 적용

CarStartCommand와 CarStopCommand 클래스는 ConcreteCommand로 명령을 수행할 때 Receiver인 Car 클래스에 구현된 행위를 호출합니다. RemoteControl 클래스는 Invoker로 리모콘 단추를 누를 때 명령을 수행합니다.

코드로 다음과 같이 작성할 수 있습니다.

```
public interface Command {
    void execute();
}
public class Car {
    void start() {
        System.out.println("시동 걸다");
    }
    void stop() {
        System.out.println("시동 끄다");
```

```
        }
    }
    public CarStartCommand implements Command {
        private Car receiver;
        public CarStartCommand(Car receiver) {
            this.receiver = receiver;
        }
        public void execute() {
            receiver.start();
        }
    }
    public CarStopCommand implements Command {
        private Car receiver;
        public CarStopCommand(Car receiver) {
            this.receiver = receiver;
        }
        public void execute() {
            receiver.stop();
        }
    }
    public class RemoteControl {
        private Command command;
        public void setCommand(Command command) {
            this.command = command;
        }
        public void buttonPress() {
            this.command.execute();
        }
    }
```

클라이언트가 리모콘을 사용하는 코드의 예는 다음과 같습니다.

12장 디자인 패턴

```
RemoteControl remote = new RemoteControl();
Car car = new Car();
remote.setCommand(new CarStartCommand(car));
remote.buttonPress();
remote.setCommand(new CarStopCommand(car));
remote.buttonPress();
```

Mediator(중재자) 패턴은 객체 간의 혼란스러운 의존 관계들을 줄여서 객체 간의 직접 통신을 제한하고 중재자 객체를 통해서만 협력하도록 합니다. Mediator 패턴의 구조는 다음과 같습니다.

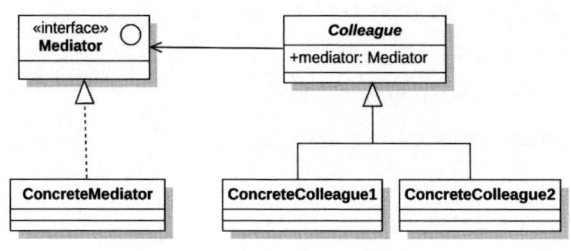

[그림 12.31] Mediator 패턴 구조

Mediator는 Colleague 객체와 교류하는 데 필요한 인터페이스를 정의합니다. ConcreteMediator는 Colleague 객체와 조화를 이룸으로써 이루어지는 협력 행위를 구현하고 자신의 Colleague가 무엇인지를 알고 이를 관리합니다. Colleague는 Mediator 객체가 누구인지를 알고, 다른 객체와 연결성이 필요하면 Mediator를 통해 이루어지도록 합니다.

다음 다이어그램은 Mediator 패턴을 적용하여 채팅룸을 구현하는 예입니다.

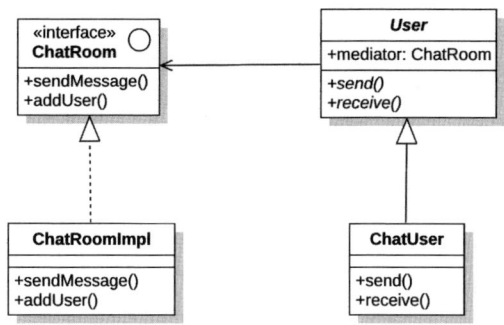

[그림 12.32] Mediator 패턴 적용

ChatRoom 인터페이스는 Mediator로 채팅에서 문자를 보내고 사용자를 등록하는 기능을 정의합니다. ChatRoomImpl 클래스는 ConcreteMediator로 ChatRoom 인터페이스 기능을 구현합니다. User 추상 클래스는 Colleague로 문자를 주고 받는 행위를 정의하고, ChatUser 파생 클래스에서 기능을 구현합니다.

코드로 다음과 같이 작성할 수 있습니다.

```java
public interface ChatRoom {
    void sendMessage(String msg, String userId);
    void addUser(User user);
}
public class ChatRoomImpl implements ChatRoom {
    private Map<String, User> map = new HashMap<>();
    public void sendMessage(String msg, String userId) {
        User user = map.get(userId);
        user.receive(msg);
    }
    public void addUser(User user) {
        this.map.put(user.getId(), user);
    }
}
public abstract class User {
    private ChatRoom mediator;
    private String id;
```

```
    private String name;
    public User(ChatRoom room, String id, String name) {
        this.mediator = room;
        this.name = name;
        this.id = id;
    }
    public abstract void send(String msg, String userId);
    public abstract void receive(String msg);
    // 게터/세터 메서드
}
public class Chatuser extends User {
    public ChatUser(ChatRoom room, String id, String name) {
        super(room, id, name);
    }
    public void send(String msg, String userId) {
        getMediator().sendMessage(msg, userId);
    }
    public void receive(String msg) {
        System.out.println(msg);
    }
}
```

채팅룸을 사용하는 코드는 다음과 같습니다.

```
ChatRoom room = new ChatRoom();
User user1 = new ChatUser(room, "1", "김일");
User user2 = new ChatUser(room, "2", "김이");
room.addUser(user1);
room.addUser(user2);
user1.send("안녕?", "2");
user2.send("반가워.", "1");
```

Observer(감시자) 패턴은 객체 사이에 일대 다의 의존 관계를 정의하고 어떤 객체의 상태가 변할 때 그 객체에 의존성을 가진 다른 객체들이 그 변화를 통지받고 자동으로 갱신될 수 있게 합니다. Observer 패턴의 구조는 다음과 같습니다.

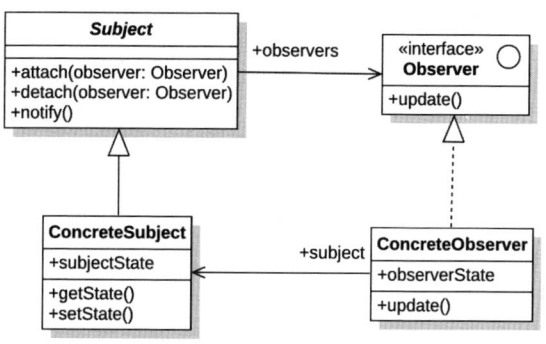

[그림 12.33] Observer 패턴 구조

Subject는 감시자를 알고 있어 다수의 Observer 객체를 관리합니다. Observer 객체를 대상과 연결하거나 무관한 것으로 만드는 데 필요한 인터페이스를 갖습니다. Observer는 대상에 생긴 변화에 관심 있는 객체를 변경하는 데 필요한 인터페이스를 갖고 있습니다. 이로써 Subject의 변경에 따라 변화되어야 하는 객체들의 일관성을 유지합니다. ConcreteObserver는 ConcreteSubject 객체에 대한 참조자를 관리합니다. 대상과 일관성을 유지해야 하는 상태를 저장하고 있습니다. 대상과 일관성을 유지하기 위해 관찰자를 수정해야 하므로 이에 필요한 인터페이스를 구현합니다.

Observer 패턴을 출판-구독(Publish-Subscribe) 패턴이라고도 합니다. 우리가 잡지를 구독할 때 매월 새로운 잡지가 출판되면 배송해 주는 것과 같습니다. 다음 그림은 출판-구독을 구현하는 예입니다.

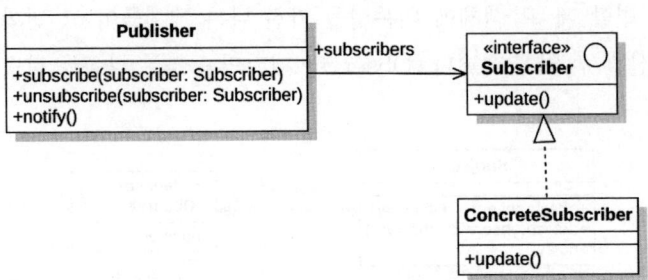

[그림 12.34] Observer 패턴 적용

Subscriber 즉, 구독자가 Observer이고, Publisher 즉, 출판자가 Subject입니다.

코드로 다음과 같이 작성할 수 있습니다.

```java
public interface Subscriber {
    void update();
}
public ConcreteSubscriber implements Subscriber {
    public void update() {
        System.out.println("갱신되었습니다.");
    }
}
public class Publisher {
    private List<Subscriber> subscribers = new ArrayList<>();
    public void subscribe(Subscriber subscriber) {
        this.subscribers.add(subscriber);
    }
    public void unsubscribe(Subscriber subscriber) {
        this.subscribers.remove(subscriber);
    }
    public void notify() {
        for(Subscriber subscriber : subscribers)
            subscriber.update();
    }
```

			}

	출판자와 구독자를 사용하는 코드의 예는 다음과 같습니다.

		Publisher publisher = new Publisher();
		Subscriber subscriber1 = new ConcreteSubscriber();
		publisher.subscribe(subscriber1);
		Subscriber subscriber2 = new ConcreteSubscriber();
		publisher.subscribe(subscriber2);
		publisher.notify();

Template Method(템플릿 메서드) 패턴은 알고리즘의 처리 과정은 변경하지 않고 알고리즘 각 단계의 처리를 서브 클래스에서 재정의할 수 있게 합니다. Template Method 패턴의 구조는 다음과 같습니다.

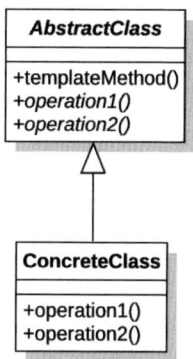

[그림 12.35] Template Method 패턴 구조

AbstractClass는 서브 클래스들이 반드시 구현해야 하는 알고리즘 처리 단계 내의 기본 오퍼레이션이 무엇인지를 정의합니다. ConcreateClass는 서브 클래스로 서브 클래스마다 기본 오퍼레이션을 다르게 구현합니다.

다음은 Template Method 패턴을 사용하여 자동차를 조립하는 예를 보여줍니다.

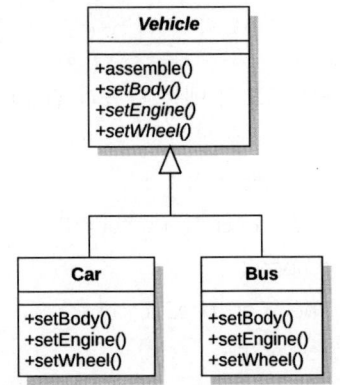

[그림 12.36] Template Method 패턴 적용

Vehicle 추상 클래스의 assemble() 메서드가 템플릿 메서드입니다. 이 메서드는 Car 서브 클래스와 Bus 서브 클래스에 재정의된 부품 조립 메서드를 순서대로 호출하여 부품을 조립합니다.

코드로 다음과 같이 작성할 수 있습니다.

```
public abstract class Vehicle {
    public void assemble() {
        setBody();
        setEngine();
        setWheel();
    }
    publlic abstract void setBody();
    publlic abstract void setEngine();
    publlic abstract void setWheel();
}
public class Car extends Vehicle {
    public void void setBody() {
        System.out.println("승용차 차체 조립");
    }
    public void void setEngine() {
        System.out.println("승용차 엔진 조립");
```

```
        }
        public void void setWheel() {
            System.out.println("승용차 바퀴 조립");
        }
    }
    public class Bus extends Vehicle {
        public void void setBody() {
            System.out.println("버스 차체 조립");
        }
        public void void setEngine() {
            System.out.println("버스 엔진 조립");
        }
        public void void setWheel() {
            System.out.println("버스 바퀴 조립");
        }
    }
```

템플릿 메서드를 사용하는 예는 다음과 같습니다.

```
Vehicle car = new Car();
car.assemble();
Vehicle bus = new Bus();
bus.assmeble();
```

빈 페이지

13장 리팩토링

13장
리팩토링

리팩토링(refactoring)은 소프트웨어를 보다 쉽게 이해할 수 있고, 적은 비용으로 수정할 수 있도록 겉으로 보이는 동작의 변화없이 내부 구조를 변경하여 소프트웨어를 보다 이해하기 쉽고 수정하기 쉽도록 만드는 것을 말합니다.

리팩토링을 수행할 때 다음과 같은 이점을 얻습니다. 리팩토링은 소프트웨어의 설계를 개선시킵니다. 사람들이 코드를 수정함에 따라 코드는 원래의 구조를 잃기가 쉽습니다. 코드를 보고 설계를 파악하는 것은 더욱 어려워질 것입니다. 리팩토링은 이런 코드를 정돈하여 적절한 곳에 있지 않은 코드는 제거합니다. 설계가 좋지 않은 코드는 같은 작업을 할 경우 중복되는 경우가 많으므로 더 많은 코드를 사용합니다. 따라서 설계를 개선하는 중요한 측면 가운데 하나가 중복된 코드를 제거하는 것입니다. 중복을 제거함으로써 각각의 작업에 대한 코드가 오직 한 곳에만 있게 할 수 있습니다. 이것은 좋은 설계의 필수조건입니다.

리팩토링은 소프트웨어를 더 이해하기 쉽게 만듭니다. 기계를 위한 코드가 아니라 사람을 위한 코드를 작성해야 합니다. 리팩토링은 코드를 더 읽기 쉽게 만들어 줍니다. 익숙하지 않은 코드를 이해하기 위해서 리팩토링을 사용하면 그 전에는 보지 못했던 디자인에 관한 것을 볼 수 있게 되며 더 높은 수준의 이해로 이끌어줍니다. 리팩토링은 버그를 찾도록 도와줍니다. 코드를 잘 이해하게 되면 버그도 쉽게 찾을 수 있습니다. 리팩토링은 프로그램을 빨리 작성하도록 도와줍니다. 소프트웨어의 개발 속도를 어느 정도로 유지하기 위해서는 좋은 설계가 필수입니다. 그러나 리팩토링은 시스템의 설계가 나빠지는 것을 멈추게 하여, 소프트웨어를 보다 빨리 개발할 수 있도록 도와줍니다. 또한 설계를 향상시키기도 합니다.

이처럼 리팩토링은 설계를 보완합니다. 물론 사전 설계 없이 리팩토링만 하는 방법도 가능하지만 가장 효율적인 방법은 아닙니다. 설계와 함께 리팩토링을 실시하면 중심적인 작업이 달라집니다. 사전 설계 과정에서는 완벽한 솔루션을 찾을 필요 없이 적당한 솔루션만 생각하면 됩니다. 따라서 설계가 단순해지고, 유연성을 낮추지 않고도 더 간결한 설계가 가능해집니다.

소프트웨어를 이해하기 쉽게 만들려면 수정할 일이 많은데, 그런 수정으로 프로그램이 느려질 수도 있습니다. 리팩토링을 실시하면 분명 소프트웨어는 더 느려지지만, 소프트웨어 성능을 더 간단히 튜닝할 수 있습니다. 성능 최적화 전까지는 성능에 신경을 쓰지 않고 프로그램을 잘 분할된 방식으로 작성합니다. 그리고 성능 최적화 단계에서 그 프로그램을 튜닝합니다. 리팩토링하는 동안에는 단기적으로 소프트웨어가 느려지지만, 최적화를 거치면서 튜닝하기가 훨씬 쉬워져서 결과적으로는 소프트웨어 개발이 더 빨라집니다.

우리는 9장 객체지향 설계 5 원칙에서 잘못된 설계는 구린내(design smell)를 풍기는 징후를 보인다고 하였습니다. 코드에서도 이러한 구린내를 풍길 수 있습니다. 이때가 리팩토링이 필요하다고 판단되는 '의심나는 상황'입니다. 이런 징후가 나타나는 경우 다음과 같이 리팩토링 패턴을 적용할 수 있습니다.

13장 리팩토링

유형	리팩토링 패턴
메서드 정리 (composing method)	Extract Method
	Inline Method
	Inline Temp
	Replace Temp with Query
	Introduce Explaining Variable
	Split Temprorary Variable
	Remove Assignments to Parameters
	Replace Method with Method Object
	Substititude Algorithm
객체 간 기능 이동 (moving features between objects)	Move Method
	Move Field
	Extract Class
	Inline Class
	Hide Delegate
	Remove Middle Man
	Introduce Foreign Method
	Introduce Local Extension

유형	리팩토링 패턴
데이터 구성 (organizing data)	Self Encapsulate Field
	Replace Data Value with Object
	Change Value to Reference
	Change Reference to Value
	Replace Array with Object
	Duplicate Observed Data
	Change Unidirectional Association to Bidirectional
	Change Bidirectional Association to Unidirectional
	Replace Magic Number with Symbolic Constant
	Encapsulate Field
	Encapsulate Collection
	Replace Record with Data Class
	Replace Type Code with Class
	Replace Type Code with Subclasses
	Replace Type code with State/Strategy
	Replace Subclass with Fields
조건문의 단순화 (simplifying conditional expressions)	Decompose Conditional
	Consolidate Conditional Expression
	Consolidate Duplicate Conditional Fragments
	Replace Nested Conditional with Guard Clauses
	Replace Conditional with Polymorphism
	Introduce Null Object
	Introduce Assertion

13장 리팩토링

유형	리팩토링 패턴
메서드 호출 단순화 (making method call simpler)	Rename Method
	Add Parameter
	Remove Parameter
	Separate Query from Modifier
	Parameterize Method
	Replace Paramter with Explicit Method
	Preserve Whole Object
	Replace Parameter with Method
	Remove Setting Method
	Hide Method
	Replace Constructor with Factory Method
	Encapsulate Downcast
	Replace Error Code with Exception
	Replace Exception with Test
일반화 다루기 (dealing with generalization)	Pull Up Field
	Pull Up Method
	Pull Up Constructor Body
	Push Down Method
	Extract Subclass
	Extract Superclass
	Extract Interface
	Collapse Hierarchy
	Form Template Method
	Replace Inheritance with Delegation
	Replace Delegation with Inheritance
대규모 리팩토링 (big refactoring)	Tease Apart Inheritance
	Convert Procedural Design to Objects
	Separate Domain from Presentation
	Extract Hierarchy

[표 13.1] 리팩토링 패턴

코드가 중복된 경우입니다. 똑같은 코드 구조가 두 군데 이상 있을 때 하나로 통일하면 프로그램이 개선됩니다. 한 클래스의 두 메서드 안에 같은 코드가 들어있는 경우에는 Extract Method 후에 Pull Up 패턴을 적용합니다. 코드가 똑같지 않고 비슷한 경우에는 Extract Method 후에 Form Template Method 패턴을 적용합니다. 두 메서드가 알고리즘만 다르고 기능이 같다면 간단한 것으로 Substitute Algorithm 패턴을 적용합니다. 중복 코드가 메서드 가운데 있다면 Extract Surrounding Method 패턴을 적용합니다. 서로 상관없는 두 클래스 안에 중복 코드가 있을 때는 Extract Class 또는 Extract Module 패턴을 적용합니다.

메서드 이름이 긴 경우입니다. 긴 메서드는 이해하고 수정하기 어렵습니다. 최적의 상태로 장수하는 객체 프로그램을 보면 공통적으로 메서드 길이가 짧습니다. 짧은 메서드를 이해하기 쉽게 하려면 메서드의 기능을 한 눈에 알 수 있는 메서드 이름을 사용해야 합니다. 메서드 명은 기능 수행 방식이 아니라 목적(즉, 기능 자체)을 나타내는 이름으로 정합니다. 메서드를 줄이려면 Extract Method 패턴을 적용합니다. 메서드에 임시 변수가 많으면 Replace Temp with Query 또는 Replace Temp with Chain 패턴을 적용합니다. 메서드에 매개변수가 많으면 Introduce Parameter Object 또는 Preserve Whole Object 패턴을 적용합니다. 그래도 여전히 임시 변수와 매개변수가 많으면 Replace Method with Method Object 패턴을 적용합니다. 조건문을 메서드로 추출하려면 Decompose Conditional 패턴을 적용합니다. 반복문을 메서드로 추출하려면 Replace Loop with Collection Closure Method 패턴을 적용합니다.

클래스 하나가 너무 많은 일을 하려는 경우입니다. 기능이 지나치게 많은 클래스에 지나치게 많은 인스턴스 변수가 있으면 중복된 코드를 갖고 있게 마련입니다. 그리고 코드 분량이 많은 클래스도 중복 코드가 있게 마련입니다. 많은 인스턴스 변수를 하나로 묶으려면 Extract Class 또는 Extract Subclass, Extract Module 패턴을 적용합니다. 인스턴스 변수를 모두 사용하지 않으면 Extract Class 또는 Extract Subclass, Extract Module 패턴을 적용합니다. 코드 분량이 많은 클래스라면 Extract Class 또는 Extract Subclass, Extract Module, Extract Interface 패턴을 적용합니다. GUI 클래스인 경우에 데이터와 기능을 서로 다른 도메인 객체에 이동시키려면 Duplicate Observed Data 패턴을 적용합니다.

매개변수 목록이 긴 경우입니다. 긴 매개변수는 이해하기 어렵고, 일관성이 없거나 사용하기 어려울 뿐만 아니라 다른 데이터가 필요할 때마다 계속 수정해야 합니다. 이미 알고 있는 객체에 요청하여 매개변수에 들어있는 데이터를 가져올 수 있을 때는 Replace Parameter with Method 패턴을 적용합니다. 객체에 있는 데이터 묶음을 가져온 후, 데이터 묶음을 그 객체 자체로 변환하려면 Preserve Whole Object 패턴을 적용합니다. 여러 데이터 항목에 논리적인 객체가 없다면 Introduce Parameter Object 패턴을 적용합니다.

다양한 이유로 특정한 하나의 클래스를 자주 변경시켜야 하는 경우입니다. 한 클래스가 다양한 원인 때문에 다양한 방식으로 수정될 때 발생합니다. 예를 들어 새 데이터베이스가 생성될 때마다 3개의 메서드를 수정해야 하는 경우입니다. 특정한 원인으로 인해 수정되는 모든 부분을 찾아서 하나의 클래스로 모으는 Extract Class 패턴을 적용합니다.

변경할 때마다 여러 클래스를 조금씩 수정해야 하는 경우입니다. 수정할 때마다 여러 클래스에서 수많은 자잘한 부분을 고쳐야 한다면 찾기 힘들 뿐만 아니라 꼭 수정해야 할 부분을 놓치게 됩니다. 이때 Move Method, Move Field 패턴을 적용하여 수정할 부분을 전부 하나의 클래스 안에 넣습니다. 또한 Inline Class 패턴을 적용하여 별도의 분산된 클래스에 있던 모든 기능을 한 클래스에 넣을 수 있습니다.

메서드가 자신이 속하지 않은 클래스에 더 많이 접근하는 경우입니다. 잘못된 소속의 메서드가 제일 흔히 접근하는 대상은 데이터입니다. 이때 메서드가 값을 계산하려고 다른 객체에 있는 여러 게터 메서드를 호출하게 됩니다. 이 경우에는 Move Method 패턴을 적용하여 해당 메서드를 더 자주 접근하는 클래스로 이동시킵니다. 메서드의 일부분만 소속이 잘못된 경우에는 Extract Method, Move Method 패턴을 적용하여 적절한 클래스로 이동시킵니다. 한 메서드가 여러 클래스에 들어있는 기능을 사용하는 경우에는 문제의 메서드가 접근하는 데이터가 어느 클래스에 제일 많이 들어 있는지를 파악해서그 클래스로 옮깁니다.

두 클래스에 들어있는 인스턴스 변수나 여러 메서드의 매개변수에서 동일한 3,4개의 데이터 항목이 여러 위치에 몰려있는 경우도 있습니다. 이 경우에는 Extract Class 패턴을 적용하여 이들 데이터 덩어리를 객체로 변환합니다. 그리고 Introduce Parameter Object, Preserve Whole Object 패턴을 적용하여 메서드 매개 변수를 간결하게 수정합니다.

　숫자와 통화를 연동하는 돈에 관련된 데이터나 전화번호와 우편번호와 같은 특수 문자열 데이터에 기본 타입을 고집하는 것 처럼 강박적으로 기본 타입을 사용하려는 경우입니다. 이 경우에는 Repalce Data Value with Object 패턴을 적용하여 이들 데이터를 객체로 전환합니다. 데이터 값이 타입 코드과 그 값이 기능에 영향을 미치지 않는다면 Replace Type Code with Class 패턴을 적용합니다. 조건문에 타입 코드가 사용될 때는 Replace Type Code with Subclass, Replace Type Code with State/Strategy 패턴을 사용합니다. 항상 몰려다니는 여러 개의 필드가 있다면 Extract Class 패턴을 적용합니다. 몰려다니는 기본 타입이 매개변수 목록에 있다면 Introduce Parameter Object 패턴을 적용합니다. 배열을 사용한다면 Replace Array with Object 패턴을 적용합니다.

　switch 문을 많이 사용하는 경우입니다. switch 문의 단점은 반드시 중복이 생긴다는 것입니다. 따라서 같은 switch 문이 프로그램 곳곳에 있게 됩니다. 이 경우에는 다형성 즉, 재정의로 바꿉니다. swtich 부분을 Extract Method 패턴으로 switch 문을 메서드로 빼낸 후에 Move Method 패턴으로 그 메서드를 재정의해야 하는 클래스에 옮겨 놓으면 됩니다. 이와 함께 Replace Type Code with Subclass 와 Replace Type Code with State/Strategy 중에서 적용할지 판단합니다. 상속 구조를 만들었다면 Replace Conditional with Polymorphism 패턴을 적용하고, 하나의 메서드에 영향을 미치는 case 문이 2,3개 밖에 없고, 나중에 모든 case 문을 수정할 일이 없을 깃 같으면 Replace Parameter with Explicit Methods 패턴을 적용합니다. 여러 case 문에 null이 있으면 Introduce Null Object 패턴을 적용합니다.

　별로 사용되지 않은 서브 클래스를 만들어 놓은 경우입니다. 한 클래스의 서브 클래스를 만들 때마다 매번 다른 클래스의 서브 클래스도 만들어야 할 때나 서로 다른 두 상속 계층의 클래스명 접두어가 같으면 이 문제를 의심할 수 있습니다. 중복된 코드 부분을 제거하려면 Move Method, Move Field 패턴을 적용하여 한 상속 계층의 인스턴스가 다른 상속 계층의 인스턴스를 참조하게 합니다.

클래스를 생성할 때마다 유지관리와 이해하기 위한 비용이 추가됩니다. 따라서 비용 만큼의 기능을 수행하지 못하는 비효율적인 클래스는 삭제해야 합니다. 비용 대비 효율이 떨어지는 서브 클래스나 모듈은 Collapse Hierachy 패턴을 적용하고, 거의 쓸모없는 클래스에는 Inline Class 또는 Inlcude Module 패턴을 적용합니다.

일어날 가능성이 거의 없는 경우까지 대비해 필요 없는 코드를 추가한 경우입니다. '그래, 조만간 이런 기능이 필요하겠다' 하는 추측적인 생각은 아직은 필요없는 기능을 수행하고자 온갖 호출과 case 문을 넣게 됩니다. 이처럼 일어날 가능성이 거의 없는 일까지 다 대비한 필요 없는 코드들은 제거합니다. 또한 테스트 케이스에서만 클래스나 메서드가 사용된다면 제거합니다. 별다른 기능이 없는 클래스나 모듈이 없으면 Collapse Hierarchy 패턴을 적용합니다. 불필요한 위임을 제거하려면 Inline Class 패턴을 적용합니다. 사용하지 않는 매개변수가 있다면 Remove Parameter 패턴을 적용합니다. 메서드 명이 두리뭉실하다면 Remove Method 패턴을 적용합니다.

특별한 상황에서만 사용되는 임시 필드를 가진 경우입니다. 어떤 객체 안에 인스턴스 변수가 특정한 상황에서만 사용되는 경우가 있습니다. 객체가 그 안에 들어 있는 모든 변수를 이용할 것으로 기대하기 때문에 이런 코드는 이해하기 어렵게 됩니다. 특정한 상황에서만 사용되는 변수를 둘 곳을 마련하려면 Extract Class, Introduce Null Object 패턴을 적용합니다. 복잡한 알고리즘에 여러 인스턴스 변수를 사용한다면 Extract Class 패턴을 적용합니다.

특정한 작업을 수행하기 위해서 계속해서 다른 클래스의 메서드를 호출하는 경우입니다. 이 경우에는 일반적으로 Hide Delegate 패턴을 적용합니다. 중간 객체가 중개 메서드로 변해서 과잉 중개 메서드(middle man) 낌새의 문제가 발생하는 경우에는 Extract Method 후 Move Method 패턴을 적용합니다.

클래스의 인터페이스의 대부분이 다른 클래스로 위임하는 경우입니다. 클래스나 인터페이스의 여러 메서드가 기능을 위임한다면 Remove Middle Man 패턴을 적용합니다. 일부 메서드에 별 기능이 없다면 Inline Method 패턴을 적용합니다. 부수적인 기능이 있다면 Replace Delegation with Inheritance 패턴을 적용합니다.

클래스 관계가 밀접하여 비공개 부분을 참조하려는 경우에 서로 관계가 밀접한 클래스는 Move Method, Move Field 패턴을 적용합니다. 해당 클래스들이 공통 부분이 있다면 Change Bidirectional Assocaition to Unidirectional, Extract Class 또는 Hide Delegate 패턴을 적용합니다. 수퍼 클래스가 공개하는 것보다 많은 데이터가 서브 클래스에 필요하다면 Replace Inheritance with Delegation 패턴을 적용합니다.

같은 일을 하지만 다른 메서드 원형을 갖는 경우입니다. 기능은 같은데 시그너처가 다른 메서드는 Rename Method, Move Method 패턴을 적용합니다. 코드를 너무 여러 번 옮겨야 한다면 Extract Superclass 패턴을 적용합니다.

라이브러리에서 제공하는 메서드가 불충분한 경우입니다. 이 경우에는 Introduce Foreign Metod, Introduce, Self Encapsulate Field(Local Extension 패턴을 적용합니다.

클래스에 필드와 게터/세터 메서드만 있는 경우입니다. 공개 필드가 있다면 Encapsulate Field 패턴을 적용합니다. 컬렉션 필드가 있다면 Encapsulate Collection 패턴을 적용합니다. 변경되지 않아야 하는 필드가 있다면 Remove Setting Method 패턴을 적용합니다. 그리고 게터/세터 메서드가 다른 클래스에 의해 사용되는 부분을 찾아서 Move Method, Extract Method 후 Hide Method 패턴을 적용합니다.

서브 클래스가 부모 클래스로부터 상속받은 메서드와 데이터를 사용하지 않는 경우입니다. 계층 구조가 잘못 되었다면 Push Down Method, Push Down Field 패턴을 적용합니다. 인터페이스를 거부한다면 Replace Inheritance with Delegation 패턴을 적용합니다.

주석을 필요 이상으로 많이 작성한 경우입니다. 어떤 코드 부분의 기능을 설명할 주석이 필요하다면 Extract Method 패턴을 적용합니다. 메서드가 추출되어 있어도 기능을 설명할 주석이 여전히 필요하다면 Rename Method 패턴을 적용합니다. 시스템의 필수적인 상태에 관한 규칙을 설명해야 한다면 Introduce Assertion 패턴을 적용합니다.

13장 리팩토링

사실 객체지향 설계 5원칙을 잘 따르고 있다면 리팩토링할 일이 많지 않습니다. 결국 이들 리팩토링 패턴은 객체지향 설계 5원칙을 반영한 것이라고 볼 수 있습니다. 이장에서는 지금까지 언급한 모든 리팩토링 패턴을 상세하게 설명하지는 않습니다. 여러분은 Refactoring: Improving the Design of Existing Code 2nd Edition(Martin Fowler 외, Addison-Wesley, 2018) 책을 참조하기를 추천합니다. 이책은 리팩토링 2판(남기혁 역, 한빛 미디어, 2020)으로 번역되어 있습니다.

Extract Method(메서드 추출) 패턴은 그룹으로 함께 묶을 수 있는 코드 조각이 있으면 Extract Method 패턴을 적용하여 코드의 목적이 잘 드러나도록 별도의 메서드로 뽑아냅니다. 예를 들어

```
void printOwing(double amount) {
    printBanner();
    // print details
    System.out.println( "name:" + _name);
    System.out.println( "amount" + amount);
}
```

위의 코드를 다음과 같이 변경시킵니다.

```
void printOwing(double amount){
    printBanner();
    printDetails( amount );
}
void printDetails (double amount){
    System.out.println( "name:" + _name);
    System.out.println( "amount" + amount);
}
```

Inline Method(인라인 메서드) 패턴은 메서드 기능이 너무 단순해서 메서드명만 봐도 알 수 있을 때는 그 메서드의 기능을 호출하는 메서드에 삽입하고 그 메서드는

삭제합니다. 예를 들어

```
int getRating(){
    return (moreThanFiveLateDeliveries())?2:1;
}
boolean moreThanFiveLateDeliveries(){
    return _numberOfLateDeliveries > 5;
}
```

위의 코드를 다음과 같이 변경시킵니다.

```
int getRating(){
    return (_numberOfLateDeliveries>5)?2:1;
}
```

Inline Temp(인라인 임시 변수) 패턴은 간단한 수식의 결과를 저장하는 임시 변수로 인해 다른 리팩토링이 방해를 받는다면 그 임시 변수를 참조하는 부분을 모두 수식으로 치환합니다. 예를 들어

```
double basePrice = anOrder.basePrice();
return (basePrice > 1000)
```

위의 코드를 다음과 같이 변경시킵니다.

```
return (anOrder.BasePrice() > 1000)
```

Replace Temp with Query(임시변수를 메서드 호출로 대체) 패턴은 수식의 결과를 저장하는 임시변수가 있으면 그 수식을 빼내어 메서드로 만든 후, 임시변수 참조 부분을 모두 수식으로 대체합니다.

```
double basePrice = _quantity * _itemPrice;
if ( basePrice > 1000)
```

13장 리팩토링

```
        return basePrice * 0.95;
    else
        return basePrice
```

위의 코드를 다음과 같이 변경시킵니다.

```
    if ( basePrice() > 1000)
        return basePrice() * 0.95;
    else
        return basePrice() * 0.98;
     ...
    double basePrice() {
        return _quantity * _itemPrice;
    }
```

Introduce Explaining Variable(직관적 임시 변수 도입) 패턴은 사용된 수식이 복잡할 때는 수식의 결과나 수식의 일부분을 용도에 부합하는 직관적인 이름의 임시변수에 대입합니다.

```
    if ( (platform.toUpperCase().indexOf("MAC") > -1) &&
         (browser.toUpperCase().indexOf("IE") > -1) &&
         wasInittialized() && resize > 0) {
        // do something
    }
```

위의 코드를 다음과 같이 변경시킵니다.

```
    final boolean isMacOs = platform.toUpperCase().indexOf("MAX") > -1;
    final boolean isIEBrowser = browser.toUpperCase().indexOf("IE") > -1);
    final boolean wasResized = resize > 0;
    if ( isMaxOs && isIEBrowser && wasResized ) {
        // do something
    }
```

Split Temporary Variable(임시 변수 분리) 패턴은 반복 안에 있는 변수나 값을 누적하는 임시 변수가 아닌 임시 변수에 여러 번 값이 대입될 때는 각각 다른 임시 변수를 사용합니다.

```
double temp = 2 * (_height + _width);
System.out.println (temp);
temp = _height * _width;
System.out.println(temp);
```

위의 코드를 다음과 같이 변경시킵니다.

```
final double perimeter = 2 * (_height + width);
System.out.println(perimeter);
final dougle area = _height * _width;
System.out.println(area);
```

Remove Assignments to Parameters(매개변수에 값 대입 제거) 패턴은 매개변수에 값을 대입하는 코드가 있으면 매개변수 대신 임시 변수를 사용하도록 합니다.

```
int descount ( int inputVal, int Quantity, int yearToDate) {
    if (inputVal > 50) inputVal -= 2;
```

위의 코드를 다음과 같이 변경시킵니다.

```
int descount ( int inputVal, int Quantity, int yearToDate) {
    int result = inputVal;
    if (inputVal > 50) result -= 2;
```

Replace Method with Method Object(메서드를 메서드 객체로 대체) 패턴은 지역 변수 때문에 Extract Method를 수행할 수 없는 긴 메서드가 있을 때 그 메서드 자체를 객체로 대체해서 모든 지역 변수를 객체의 필드로 만들고, 그 다음에 그 메서드를 객체 안의 여러 메서드로 분할합니다.

13장 리팩토링

```
class Order {
    double price() {
        double primaryBasePrice;
        double secondaryBasePrice;
        double teriaryBasePrice;
        // long computation;
        ...
    }
    ...
}
```

위의 코드를 다음과 같이 변경시킵니다.

```
class Order {
    double price() {
        PriceCalculator pc = new PriceCalculator();
        return pc.compute();
    }
    ...
}
class PriceCalculator {
    double primaryBasePrice;
    double secondaryBasePrice;
    double teriaryBasePrice;
    double compute() {
        return ...
    }
}
```

Substitute Algorithm(알고리즘 대체) 패턴은 알고리즘을 더 분명한 것으로 교체해야 할 때는 해당 메서드의 내용을 새 알고리즘으로 대체합니다.

```
String foundPerson(String[] people) {
    for (int i = 0; i < people.length; i++) {
        if (people[i].equals ("Don")){
            return "Don";
        }
        if (people[i].equals ("John")){
            return "John";
        }
        if (people[i].equals ("Kent")){
            return "Kent";
        }
    }
    return "";
}
```

위의 코드를 다음과 같이 변경시킵니다.

```
String foundPerson(String[] people) {
    ListCandidates = Arrays.asList(
        new String[] {"Don", John", "Kent"});
    for (int i = 0; i < people.length; i++)
        if (candidates.contains(people[i]))
            return people[i];
    return "";
}
```

　　Move Method(메서드 이동) 패턴은 메서드가 자신이 속한 클래스보다 다른 클래스의 기능을 더 많이 이용한다면 해당 메서드가 가장 많이 이용하는 클래스 안에서 비슷한 내용의 새 메서드를 작성합니다. 기존 메서드는 간단한 위임 메서드로 대체하든가 완전히 삭제합니다.

　　Move Field(필드 이동) 패턴은 필드가 자신이 속한 클래스보다 다른 클래스에서 더 많이 사용될 때는 대상 클래스 안에 새 필드를 선언하고, 그 필드 참조 부분을 모두 새 필드 참조로 대체합니다.

Extract Class(클래스 추출) 패턴은 두 개의 클래스가 해야 할 기능이 하나의 클래스에 들어있을 때 새 클래스를 만들고 기존 클래스의 관련 필드와 메서드를 새 클래스로 이동합니다.

Inline Class(인라인 클래스) 패턴은 클래스의 기능이 너무 적을 때 그 클래스의 모든 기능을 다른 클래스로 합치고 클래스를 삭제합니다.

Hide Delegate(위임 감추기) 패턴은 클라이언트가 객체의 위임 클래스를 직접 호출하면 위임 클래스를 감추는 메서드를 서버에 작성합니다.

Remove Middle Man(과잉 중개 메서드 제거) 패턴은 클래스에 작은 위임이 너무 많으면 위임 객체를 클라이언트가 직접 호출하게 합니다.

Introduce Foreign Method(외래 메서드 도입) 패턴은 사용 중인 서브 클래스에 메서드를 추가해야 하는데 클래스를 수정할 수 없는 경우에는 클라이언트 클래스 안에 서버 클래스의 인스턴스를 첫 번째 인수로 받는 메서드를 작성합니다.

```
Date newStart = new Date (previousEnd.getYear(), previousEnd.getMonth(),
    previousEnd.getDate() + 1);
```

위의 코드를 다음과 같이 변경시킵니다.

```
Date newStart = nextDay (previousEnd);
private static Date nextDay (Date arg) {
    return new Date (arg.getYear(), arg.getMonth(), arg.getDate() + 1);
}
```

Self Encapsulate Field(필드 자체 캡슐화) 패턴은 필드에 직접 접근하던 중 그 필드로의 결합에 문제가 생길 때는 그 필드용 게터/세터 메서드를 작성해서 두 메서드를 통해서만 필드에 접근하게 합니다.

```
private int _low, _high;
boolean includes (int arg){
    return arg >= _low && arg <= _high;
}
```

위의 코드를 다음과 같이 변경시킵니다.

```
private int _low, _high;
 boolean includes (int arg){
    return arg >= getLow() && arg <= getHigh();
}
int getLow() {return _low;}
```

Replace Data Value with Object(데이터 값을 객체로 대체) 패턴은 데이터 항목에 데이터나 기능을 더 추가할 때는 데이터 항목을 객체로 만듭니다.

Change Value to Reference(값을 참조로 바꿈) 패턴은 클래스에 같은 인스턴스가 많이 있어서 이것들을 하나의 객체로 바꾸어야 할 때 그 객체를 참조 객체로 바꿉니다.

Change Reference to Value(참조를 값으로 바꿈) 패턴은 참조 객체가 작고 수정할 수 없고 관리하기 힘들 때 그 참조 객체를 값 객체로 바꿉니다.

Duplicate Observed Data(감시자 데이터 복제) 패턴은 도메인 데이터는 GUI 컨트롤 안에서만 사용할 수 있고, 도메인 메시드가 그 데이디에 접근해야 할 때 그 데이터를 도메인 객체로 복제하고 양측의 데이터를 동기화하는 감시자(observer) 인터페이스 Observer를 작성합니다.

Change Unidirectional Association to Bidirectional(단방향 연관을 양방향으로 바꿈) 패턴은 두 클래스가 서로의 기능을 사용해야 하는데 단방향으로만 연관성을 갖는 경우에 역 포인터를 추가하고 두 클래스를 모두 업데이트할 수 있게 접근 한정자를 수정합니다.

Change Bidirectional Association to Unidirectional (양방향 연관을 단방향

으로 바꿈) 패턴은 두 클래스가 양방향 연관을 갖는데 한 클래스가 다른 클래스의 기능을 더 이상 사용하지 않는다면 불필요한 양방향 연관 관계를 끊습니다.

Replace Magic Number with Symbolic Constant(특수한 의미 숫자를 기호 상수로 대체) 패턴은 특수한 의미를 갖는 리터럴 숫자가 있을 때 의미를 살린 이름의 상수를 작성한 후 리터럴 숫자를 상수로 대체합니다.

```
double potentialEnergy(double mass, double height){
    return mass * 9.91 * height;
}
```

위의 코드를 다음과 같이 변경시킵니다.

```
double potentialEnergy(double mass, double height){
    return mass * GRAVITATION_CONSTNAT * height;
}
static final double GRAVITATIONAL_CONSTANT = 9.81;
```

Encapsulate Field(필드 캡슐화) 패턴은 공개 필드가 있을 때 그 필드를 비공개로 만들고 get/set 메서드를 작성합니다.

```
public String _name;
```

위의 코드를 다음과 같이 변경시킵니다.

```
private String _name;
public String getName() {return _name;}
public void setName(String arg) { _name = arg;}
```

Encapsulate Collection(컬렉션 캡슐화) 패턴은 메서드가 컬렉션을 반환할 때 그 메서드가 읽기 전용 뷰(read-only view)를 반환하게 하고, add/remove 메서드를 제공합니다.

Replace Record with Data Class(레코드를 데이터 클래스로 대체) 패턴은 전통적인 프로그래밍 환경에서 레코드 구조를 이용한 인터페이스를 제공할 때 레코드 구조를 저장할 데이터 객체를 작성합니다.

Replace Type Code with Class(타입 코드를 클래스로 대체) 패턴은 기능에 영향을 미치는 숫자형 타입 코드(열거형)가 있을 때 숫자를 클래스로 대체합니다.

Replace Type Code with Subclasses(타입 코드를 서브 클래스로 대체) 패턴은 클래스 기능에 영향을 주는 읽기전용 타입 코드가 있을 때 타입 코드를 서브 클래스로 대체합니다.

Replace Type Code with State/Strategy(타입 코드를 상태/전략 패턴으로 대체) 패턴은 타입 코드가 클래스의 기능에 영향을 주지만 서브 클래스로 대체할 수 없을 때 그 타입 코드를 상태 객체로 대체합니다.

Replace Subclass with Fields(서브 클래스를 필드로 대체) 패턴은 상수 데이터를 반환하는 메서드만 다른 여러 서브 클래스가 있을 때 그 메서드를 수퍼 클래스의 필드로 대체하고 서브 클래스를 삭제합니다.

Decompose Conditional(조건문 분할) 패턴은 복잡한 조건문(if-then-else)이 있을 때 if, then, else 부분을 각각 메서드로 분할합니다.

```
if (data.before( SUMMER_START ) || data.after(SUMMER_END) )
    charge = quantity * _winterRate + _winterServeceCharge;
else
    charge = quantity * _summerRate;
```

위의 코드를 다음과 같이 변경시킵니다.

```
if (notSummer(date))
    charge = winterCharge(quantity);
else
    charge = summerCharge(quatity);
```

Consolidate Conditional Expression(조건식 통합) 패턴은 여러 조건 검사식의 결과가 같을 때 하나의 조건문으로 통합한 후 메서드로 분할합니다.

Consolidate Duplicate Conditional Fragments(중복 조건 코드 조각 통합) 패턴은 조건문의 모든 절에 같은 실행 코드가 있을 때 같은 부분을 조건문 밖으로 이동시킵니다.

```
if (isSpecialDeal()){
    total = price * 0.95;
    send();
}
else {
    total = price * 0.98;
    send();
}
```

위의 코드를 다음과 같이 변경시킵니다.

```
if (isSpecialDeal())
    total = price * 0.95
else
    total = price * 0.98;
send();
```

Remove Control Flag(제어 플래그 제거) 패턴은 논리 연산식의 제어 플래그 역할을 하는 변수가 있을 때 그 변수를 break 문이나 return 문으로 바꿉니다.

Replace Nested Conditional with Guard Clauses(중첩 조건문을 보호구로 대체) 패턴은 메서드에 조건문이 있어서 정상적인 실행 경로를 파악하기 힘들 때 모든 특수한 경우에 보호 절(guard clause)를 사용합니다.

```
double getPayAmount(){
    double result;
```

```
        if( _isDead) result = deadAmount();
        else {
           if (_isSeparated) result = separatedAmount();
           else {
              if (_isRetried) result = retiredAmount();
              else result = normalPayAmount();
           };
        }
        return result;
}
```

위의 코드를 다음과 같이 변경시킵니다.

```
    double getPayAmount() {
       if (_isDead) return deadAmount();
       if (_isSeparated) return separatedAmount();
       if (_isRetried) return retiredAmount();
       return normalPayAmount();
    }
```

Replace Conditional with Polymorphism(조건문을 다형성으로 대체) 패턴은 객체 타입에 따른 다른 기능을 실행하는 조건문이 있을 때 조건문의 각 절을 서브 클래스의 재정의 메서드 안으로 이동시키고, 원본 메서드는 추상 메서드로 대체합니다.

Introduce Null Object(널 객체 도입) 패턴은 null 값을 검사하는 코드가 계속 나올 때 null 값을 null 객체로 바꿉니다.

Introduce Assertion(단언 도입) 패턴은 일부 코드가 프로그램의 어떤 상태를 전제할 때 단언(assertion)을 넣어서 그 전제를 명시합니다.

```
    double getExpenseLimit() {
        //should have eigher expense limit or a primary project
```

```
        return (_expenseLimit != NULL_EXPENSE)?
            _expenseLimit:
            _primaryProject.getMemberExpenseLimit();
    }
```

위의 코드를 다음과 같이 변경시킵니다.

```
    double getExpenseLimit() {
        Assert.isTrue(_expenseLimit != NULL_EXPENSE || _primaryProject != null);
        return (_expenseLimit != NULL_EXPENSE)?
            _expenseLimit:
            _primaryProject.getMemberExpenseLimit();
    }
```

Rename Method(메서드명 변경) 패턴은 메서드명이 그 목적을 드러내지 못하면 메서드명을 직관적인 이름으로 바꿉니다.

Add Parameter(매개변수 추가) 패턴은 메서드가 자신을 호출한 부분의 정보를 더 많이 알아야 할 때 객체에 그 정보를 전달할 수 있는 매개변수를 추가합니다.

Remove Parameter(매개변수 제거) 패턴은 메서드가 매개변수를 더 이상 사용하지 않을 때 그 매개변수를 삭제합니다.

Separate Query from Modifier(상태 변경 메서드에서 값 반환 메서드 분리) 패턴은 값을 반환하는 기능과 객체의 상태를 변경하는 기능이 하나의 메서드에 들어있을 때 값 반환 메서드와 상태 변경 메서드를 분리합니다.

Parameterize Method(메서드 매개변수화) 패턴은 여러 메서드가 기능은 비슷하고 다른 값을 포함하는 경우에 서로 다른 값을 하나의 매개변수로 전달받는 메서드를 만듭니다.

Replace Parameter with Explicit Methods(매개변수를 명시적 메서드로 대체) 패턴은 매개변수로 전달된 값에 따라서 메서드가 다른 코드를 실행할 때 그 매개변수로 전달될 수 있는 모든 값에 대응하는 메서드를 각각 작성합니다.

```
void setValue (String name, int value) {
    if (name.equals("height"))
        _height = value;
    if (name.equals("width"))
        _width = value;
    Assert.shouldNeverReachHere();
}
```

위의 코드를 다음과 같이 변경시킵니다.

```
void setHeight (int arg) {
    _height = arg;
}
void setWidth (int arg) {
    _width = arg;
}
```

Preserve Whole Object(전체 객체 유지) 패턴은 객체에서 가져온 여러 값을 메서드 호출해서 매개변수를 전달할 때 그 전체 객체를 그대로 매개변수로 전달합니다.

```
int low = daysTempRange().getLow();
int high = days.TempRange().getHight();
withinPlan = plan.withinRange (low, high);
```

위의 코드를 다음과 같이 변경시킵니다.

```
withinPlan = plan.withinRange (daysTempRange());
```

Replace Parameter with Method(매개변수를 메서드로 대체) 패턴은 객체가 A

메서드를 호출하여 그 결과를 B 메서드에게 매개변수로 전달하는데, 결과를 매개변수로 받는 B 메서드도 직접 A 메서드를 호출할 수 있을 때 매개변수를 없애고 A 메서드를 B 메서드가 호출하게 합니다.

```
int basePrice = _quantity * _itemPrice;
discountLevel = getDiscountLevel ();
double finalPrice = discountedPrice (basePrice, discountLevel);
```

위의 코드를 다음과 같이 변경시킵니다.

```
int basePrice = _quantity * _itemPrice;
double finalPrice = discountedPrice (basePrice);
```

Introduce Parameter Object(매개변수 객체 도입) 패턴은 여러 개의 매개변수가 항상 붙어 다닐 때 그 매개변수들을 객체로 바꿉니다.

Remove Setting Method(쓰기 메서드 제거) 패턴은 객체 생성 시 필드 값이 결정되고 변경되지 않은 경우 그 필드를 설정하는 모든 세터 메서드를 삭제합니다.

Hide Method(메서드 감추기) 패턴은 객체 생성 시 필드값이 결정되고 변경되지 않은 경우 그 필드에 값을 저장하는 모든 세터 메서드를 삭제합니다.

Replace Constructor with Factory Method(생성자를 팩토리 메서드로 대체) 패턴은 객체를 생성할 때 단순한 생성만 수행하게 해야 할 때 생성자를 팩토리 메서드로 대체합니다.

```
Employee (int type) {
    _type = type;
}
```

위의 코드를 다음과 같이 변경시킵니다.

```
static Employee create (int type) {
    return new Emplyee (type);
}
```

Encapsulate Downcast(서브 타입 변환 캡슐화) 패턴은 메서드가 반환하는 객체를 호출 부분에서 서브 타입으로 변환해야 할 때 서브 타입 변환 기능을 메서드 안으로 이동시킵니다.

```
Object lastReading () {
    return readings.lastElement ();
}
```

위의 코드를 다음과 같이 변경시킵니다.

```
Reading lastReading () {
    return (Reading) readings.lastElement ();
}
```

Replace Error Code with Exception(에러 코드를 예외로 교체) 패턴은 메서드가 에러를 나타내는 특수한 코드를 반환할 때 에러 코드 반환 코드를 예외 코드로 바꿉니다.

```
int withdraw(int amount) {
    if (amount > _balance)
        return -1;
    else {
        _balance -= amount;
        return 0;
    }
}
```

위의 코드를 다음과 같이 변경시킵니다.

```
void withdraw(int amount) throws BalanceException {
    if(amount > balance) throw new BalanceException();
    _balance -= amount;
}
```

Replace Exception with Test(예외를 테스트로 교체) 패턴은 호출 부분에 사전 검사 코드를 넣으면 되는데 예외를 사용할 때 호출 부분이 사전 검사를 할 수 있도록 수정합니다.

```
double getValueForPeriod(int periodNumber){
    try{
        return _values[periodNumber];
    } catch(ArrayIndexOutOfBoundsException e){
        return 0;
    }
}
```

위의 코드를 다음과 같이 변경시킵니다.

```
double getValueForPeriod(int periodNumber){
    if (periodNumber >= _values.length) return 0;
    return _values[periodNumber];
}
```

Pull Up Field(필드 끌어올리기) 패턴은 두 서브 클래스에 같은 필드가 있을 때 필드를 수퍼 클래스로 이동시킵니다.

Pull Up Method(메서드 끌어올리기) 패턴은 같은 기능을 하는 메서드가 여러 서브 클래스에 있을 때 메서드를 수퍼 클래스로 이동시킵니다.

Pull Up Constructor Body(생성자 몸체 끌어올리기) 패턴은 거의 비슷한 기능을 하는 생성자가 여러 서브 클래스에 있을 때 수퍼 클래스에 생성자를 작성하고 서브 클래스에서 호출합니다.

```
class Manager extends Employee...
    public Manager (String name, String id, int grade) {
        _name = name;
        _id = id;
        _grade = grade;
    }
```

위의 코드를 다음과 같이 변경시킵니다.

```
public Manager (String name, String id, int grade) {
    super (name, id);
    _grade = grade;
```

Push Down Method(메서드 끌어내리기) 패턴은 수퍼 클래스에 있는 기능을 일부 서브 클래스에만 사용할 때 해당 기능을 관련된 서브 클래스로 이동시킵니다.

Push Down Field(필드 끌어내리기) 패턴은 수퍼 클래스에 있는 필드를 일부 서브 클래스에만 사용할 때 해당 필드를 관련된 서브 클래스로 이동시킵니다.

Extract Subclass(서브 클래스 추출) 패턴은 클래스에 일부 인스턴스에서만 사용되는 기능이 있을 때 그 기능 부분을 전담하는 서브 클래스를 생성합니다.

Extract Superclass(수퍼 클래스 추출) 패턴은 기능이 비슷한 두 클래스가 있을 때 수퍼 클래스를 작성하고 공통된 기능들을 수퍼 클래스로 이동시킵니다.

Extract Interface(인터페이스 추출) 패턴은 클래스 인터페이스의 같은 부분을 여러 클라이언트가 사용하거나, 두 클래스에 인터페이스의 일부분이 공통으로 들어 있을 때 공통 부분을 인터페이스로 이동시킵니다.

Collapse Hierarchy(계층 병합) 패턴은 수퍼 클래스와 서브 클래스가 거의 다르지 않을 때 이 둘을 하나로 합칩니다.

13장 리팩토링

Form Template Method(템플릿 메서드 형성) 패턴은 서브 클래스 안의 두 메서드가 거의 비슷한 단계들을 같은 순서로 수행할 때 그 단계들을 시그너처가 같은 두 개의 메서드로 만들어서 두 원본 메서드를 갖게 만든 후, 두 메서드를 수퍼 클래스로 이동시킵니다.

Replace Inheritance with Delegation(상속을 위임으로 대체) 패턴은 서브 클래스가 수퍼 클래스 인터페이스의 일부만 사용할 때나 데이터를 상속받지 못하게 해야 할 때 수퍼 클래스에 필드를 작성하고 모든 메서드가 그 수퍼 클래스에 위임하게 수정한 후 서브 클래스를 삭제합니다.

Replace Delegation with Inheritance(위임을 상속으로 대체) 패턴은 위임을 사용하고 있는데 인터페이스 전반에 간단한 위임을 자주 작성할 때 위임 클래스를 위임 객체의 서브 클래스로 대체합니다.

Tease Apart Inheritance(상속성 정리) 패턴은 하나의 상속 계층이 두 작업을 동시에 수행할 때 상속 계층을 하나 더 만들어서 위임을 통해 다른 계층을 호출합니다.

Convert Procedural Design to Objects(절차적 설계를 객체로 변환) 패턴은 코드가 절차적 방식으로 작성되어 있을 때 데이터 레코드를 객체로 바꾸고, 기능을 분할하여 각각의 객체로 이동시킵니다.

Separate Domain from Presentation(프리젠테이션에서 도메인 분리) 패턴은 도메인 로직이 들어 있는 GUI 클래스가 있을 때 도메인 로직을 별도의 도메인 클래스로 분리합니다.

Extract Hierarchy(계층 추출) 패턴은 한 클래스에 기능이 너무 많고 일부분에라도 조건이 많을 때 각 조건에 해당하는 서브 클래스를 작성해서 계층 구조를 만듭니다.

14장 객체지향 방법론

14장
객체지향 방법론

우리는 8장 소프트웨어 개발 프로세스에서 포멀 프로세스와 애자일 프로세스에 대해서 살펴보았습니다. 그리고 9장 객제지향 설계 5원칙에서부터 13장 리팩토링까지 애자일 프로세스에서 많이 사용되는 실천에 대해서 살펴보았습니다. 물론 이들 실천은 포멀 프로세스에서도 유용하게 활용될 수 있습니다. 이제는 포멀 프로세스로 돌아가 객체지향적으로 생각하고 분석하고 설계할 수 있는 방법 즉, 객체지향 방법론(object-oriented method)에 대해서 살펴보도록 하겠습니다. 우리가 앞에서 객체지향 개념을 이해하기 위해 사용한 UML이 객체지향적인 분석과 설계의 결과인 시스템 모델(system model)을 단일한 형태로 시각적으로 표현할 수 있게 하는 모델링 언어(modeling language)입니다.

객체지향 방법론 분야에는 전세계적으로 세 분의 아주 유명한 대가들이 있습니다. 우리는 이분들을 3 아미고(3 amigos)라고 부릅니다. 성악 분야에도 전세계적으로 유명한 3명의 테너가 있지요. 루치아노 파바로티(Luciano Pavarotti), 플라시도 도밍고(Placido Domingo), 호세 카레라스(Jose Carreras). 이들 세 분을 3 테너라고 부르는 것과 같습니다. 어쨌든 그래디 부치(Grady Booch), 이바 야콥슨(Ivar Jacobson), 제임스 럼바(James Rumbaugh). 이들 3 아미고가 함께 모여 래쇼날 유니파이드 프로세스(Rational Unified Process)라고 하는 객체지향 방법론을 발표했습니다. 사실 UML도 이들 3 아미고가 정의한 것이지요. 여기에서는 이들의 객체지향 방법론을 가능한 한 축약하여 소규모 프로젝트에 적용할 수 있도록 소개하도록 하겠습니다. 보다 자세한 사항은 3 아미고의 유명한 책 The Unified Software Development Process(Jacobson, Booch, Rumbaugh, 1999, Addison-Wesley)를 참고하기 바랍니다. 우리는 다음과 같은 과정으로 객체지향 방법론에 대해 살펴보겠습니다.

작업 흐름	활동	행위
요구 분석	시스템 정의	액터와 유스케이스 찾기
		공통 용어 파악
		보충 사양서 작성
		유스케이스 모델
		유스케이스 우선 순위 결정
	시스템 정의 상세	유스케이스 상세
		유스케이스 모델 상세
분석과 설계	아키텍처 분석	
	행위 분석	유스케이스 분석
		사용자 인터페이스 모델
	아키텍처 상세	아키텍처 설계
		동시성 명세
		배포 명세
	상세 설계	유스케이스 설계
		서브 시스템 설계
		클래스 설계
		데이터베이스 설계
구현	컴포넌트 설계	
	설계 요소 구현	
	단위 테스트	

[표 14-1] 객체지향 방법론 프로세스

유니파이드 프로세스(Unified Process)는 유스케이스 주도적(use-case driven)이며, 아키텍처 중심적(architecture-centric)이며, 반복 점진적(iterative and incremental)이라고 하는 3가지 특징을 갖습니다. 소프트웨어 시스템이 사용자에게 서비스를 제공하기 위해 존재하는 것이라면, 사용자 관점에서 그들이 원하고 필요한 것이 무엇인지를 알아야만 합니다. 간단하게 말해서 유스케이스(use case)란 사용자에게 가치있는 어떤 결과를 가져다 주는 시스템의 서비스라고 할 수 있습니다. 유스케이스 주도적이란 이 유스케이스가 분석과 설계, 개발, 테스트 등 개발의 전 과정을 주도한다고 하는 것이지요. 시스템의 기능을 유스케이스로 표현한다면 그 형식은 아키텍처(architecure)로 표현합니다. 또한 소프트웨어 시스템에서 아키텍처란 구축해야 하는 시스템의 중요한 특징을 나타내는 설계 관점(design view)을 기술 또는 묘사한 것입니다. 먼저 아키텍처의 대체적인 윤곽을 잡은 후에 주요 기능을 수행하는 유스케이스를 선택하여 자세히 기술하여 서브시스템으로 실현하는 과정을 유스케이스를 확장하며 반복하는 것이지요. 이것을 아키텍처 중심적이라고 말합니다. 유니파이드 프로세스의 또 다른 중요한 특징은 반복 점진적이라는 것입니다. 프로젝트 전체 과정을 작은 조각 또는 소규모 프로젝트로 분할한 것을 반복(iteration)이라고 부릅니다. 각 반복에서는 적절한 유스케이스를 선택하여 상세화하고 선택된 아키텍처를 사용하여 설계 요소를 생성한 후에 컴포넌트로 설계 요소를 구현하고 컴포넌트가 유스케이스를 만족하는지 확인합니다. 점진적이란 바로 이러한 반복을 계속 진행시키면서 확장시켜 나가는 것을 의미합니다. 이것은 시스템 개발 초기에 위험 요소(critical factor)를 제거하며 프로젝트를 진행할 수 있는 장점을 제공합니다.

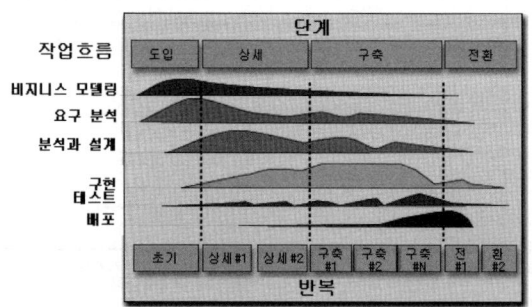

[그림 14.1] 유니파이드 프로세스 개발 단계

여기에서는 이러한 객체지향 방법론을 설명하기 위해 CTEC 수강 등록 시스템을 예로 사용하겠습니다. 하지만 여기에서 이 예제 시스템을 분석하고 설계하는 전체 과정을 완전하게 설명하지는 않습니다. 앞에서 제시한 객체지향 설계 과정의 각 단계를 설명하는데 예로 사용하는 것 뿐이지요. 따라서 설명이 다소 개념 위주로 흐르게 되는 것을 이해하기 바랍니다. 어차피 방법론이라는게 뜬 구름 잡는 이야기일 수도 있으니까요… 먼저 CTEC 수강 등록 시스템의 요구 명세서를 간략하게 제시하겠습니다.

CTEC 수강 등록 시스템 요구 명세서

CTEC(Certified Technical Education Center)은 Microsoft사의 공식 교육 기관으로, Microsoft사에서 인증한 강사(MCT, Microsoft Certified Trainer)에 의하여 Microsoft사의 공식 교육 과정을 강의할 수 있는 교육 기관이다.

CTEC에서 강의할 수 있는 교육 과정은 Microsoft사에서 제공하는 공식 커리큘럼으로 한정된다. 각 교육 과정은 교육 기간과 수강 금액이 정해져 있다. 교육 과정은 버전업 등의 이유로 수시로 변경될 수 있으며, CTEC에서는 항상 새로운 교육 과정으로 대체하여 강의해야 한다. 교육 과정은 반드시 Microsoft사의 MCT 자격증을 소유한 강사에 의하여 교육이 실시되어야 하며, CTEC에서는 같은 교육 과정에 대하여 여러 강사를 보유할 수 있다.

각 교육 과정은 수강생이 원활하게 강의를 받을 수 있도록 선수 교육 과정이 있을 수 있으며, 만약 선수 교육 과정이 있다면 수강생은 해당 선수 교육 과정을 수강해야 원하는 교육 과정을 수강할 수 있다.

CTEC에서의 강의는 강사에 의하여 실시된다. 강사란 Microsoft사의 MCT 자격증을 취득하여 CTEC에서 Microsoft사의 공식 교육 과정을 강의할 수 있는 사람이다. 각 강사는 취득한 MCT 자격증에 따라 여러 교육 과정을 강의할 수 있다. 일반적으로 각 강사는 자신의 전공 분야가 있으며, 해당 분야의 교육 과정을 우선적으로 강의한다.

강의 일정은 분기별로 분기 개시일 1개월 전에 관리자에 의하여 확정되며, 강의 일성에는 교육 과정명, 시작일, 기간, 담당 강사, 강의장 등에 대한 정보가 포함된다. 각 강의 일정은 배정된 강의장의 규모에 따라 정원이 제한된다. 일반적으로 CTEC에는 10에서 15명까지의 수강생을 수용할 수 있는 서로 다른 규모의 여러 강의장이 있을 수 있다.

CTEC에서 교육 과정을 수강하기를 원하는 사람은 직접 혹은 관리자를 통하여 원하는 강의 일정을 확인하고 수강 신청서와 함께 수강료를 납부함으로써 수강 등록한다. 각 강의 일정의 정원은 배정된 강의장에 따라 결정되며, 정원을 초과하여 수강 신청할 수는 없다.

부득이한 이유가 발생한다면 수강 등록자는 해당 교육 과정의 강의 개시일 3일 전에 관리자를 통하여 수강 등록을 취소할 수 있다. 이때 이미 납부된 수강료의 70%가 수강 등록자의 지정된 은행

14장 객체지향 방법론

계좌에 자동 반환된다.

우리는 이와같은 업무에 대하여 다음과 같은 일정으로 프로젝트를 수행하게 될 것입니다.

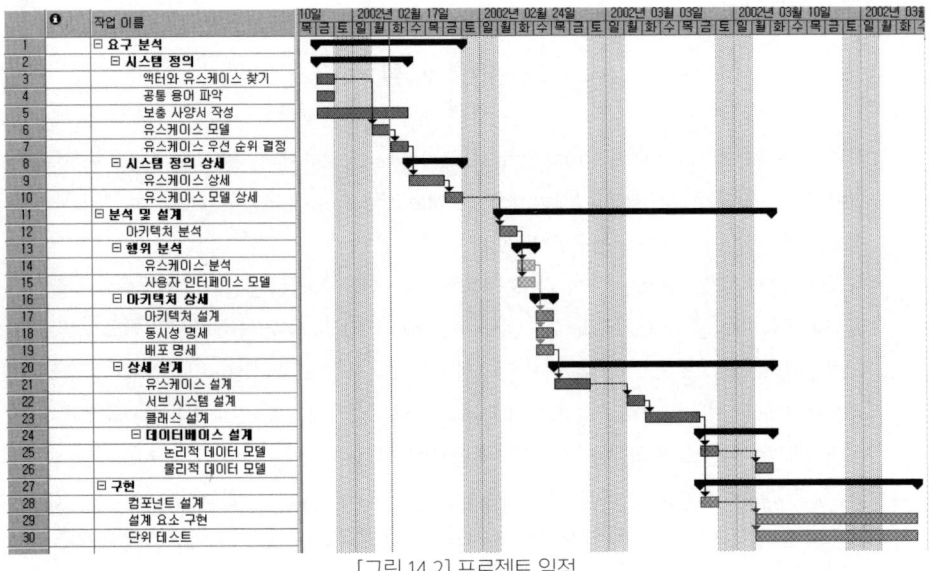

[그림 14.2] 프로젝트 일정

이제 각 단계에서 설계자 또는 아키텍트가 해야 하는 일에 대해서 살펴보도록 하겠습니다.

1 요구 분석

요구분석(requirement) 작업 흐름(workflow)의 목적은 시스템이 무엇을 해야 하는지에 대한 고객과 사용자의 의견을 일치시키고, 시스템 개발자가 시스템의 요구사항을 잘 이해할 수 있게 하며, 시스템의 범위를 결정하고 제약 사항을 파악하기 위한 것입니다.

1.1 시스템 정의

프로젝트에서 가장 처음 해야 할 일은 무엇을 구축할 것인가를 명확하게 정의하는 것입니다. 시스템의 범위를 결정하는 것이지요. 어디가 시스템의 경계이며, 들어오는 것은 무엇이고 무엇이 나가는지를 정의해야 합니다. 이 과정에서 액터(actor)와 유스케이스(use case)을 찾아내어 유스케이스 모델(use-case model)에 정의합니다. 아직 이 단계에서 유스케이스를 세부적으로 기술할 필요는 없습니다. 그 유스케이스의 기능적인 요구 사항(functional requirement)을 파악할 수 있는 정도로 간단하게 요약하면 됩니다. 비기능적인 요구 사항(non-functional requirement)과 같이 특정한 유스케이스에 할당할 수 없는 요구사항은 별도의 보충 사양서(supplementary specification)에 기록합니다. 용어와 개념을 개발 구성원들이 서로 다르게 이해하는 데에서 오는 혼란을 피하기 위해 공통 용어와 개념을 일치시켜 용어집(glossary)에 기록합니다. 일단 시스템의 범위가 결정되면 찾아낸 유스케이스의 우선 순위를 결정합니다. 이 우선 순위에 따라 이후의 과정이 반복적으로 이루어지게 됩니다. 이 단계에서 소위 시스템의 큰 그림이 그려지게 되며, 프로젝트 진행 과정에서 세부적인 사항들이 수정될 것입니다.

1.1.1 액터와 유스케이스 찾기

액터(actor)란 구현하고자 하는 시스템과 서로 작용하는 사람이나 다른 시스템을 말합니다. 따라서 액터는 시스템의 일부분이 아니며, 시스템 외부에 있는 것입니다. 그러므로 액터를 찾는 것은 시스템의 범위를 결정하는 것과 상관이 있습니다.

액터
[그림 14.3] 액터

액터를 찾는 가장 기본적인 방법은 시스템의 사용자가 수행하는 역할을 찾아내는 것입니다. 만약 여러 사람이 같은 역할을 한다면, 그 사람들 모두 하나의 액터가 됩니다. 반대로 한 사람이 여러 역할을 한다면, 그 사람은 역할에 따라 여러 액터로 나뉘어지게 됩니다. CTEC 수강 등록 예제 시스템에서는 수강생, 강사, 관리자, 회계 시스템 등의 액터를 찾아낼 수 있습니다.

유스케이스(use case)란 특정한 액터에게 가치있는 확실한 결과를 가져다 주는

14장 객체지향 방법론

시스템이 수행하는 행위 즉, 시스템이 제공하는 기능을 가리킵니다.

[그림 14.4] 유스케이스

유스케이스를 식별하는 기준은 두 가지입니다. 하나는 그 시스템의 행위가 시작에서 하나의 단위로 끝까지 완료되는가 하는 것이고, 다른 하나는 그 행위가 액터에게 가치있는 어떤 것을 제공하는가 하는 것입니다. 이들 두 가지 기준을 만족시킨다면 그 행위는 유스케이스일 가능성이 높습니다. 어느 정도의 세부 행위를 하나의 유스케이스에 포함시킬 것인가 하는 것도 이 기준에 의해 결정해야 할 필요가 있습니다. 이것에 대한 정답은 없습니다. 또 하나의 문제는 유사한 기능들을 어떻게 유스케이스에 묶느냐 하는 것입니다. 예를 들어 교육과정 정보를 추가, 삭제, 변경하는 것이 하나의 유스케이스인가 세 개의 유스케이스인가 하는 것이지요. 이 경우에는 하나의 유스케이스로 간주하는 것이 일반적입니다. 이들 기능이 관리자라고 하는 같은 액터에 의해 시작되고 교육과정이라고 하는 같은 정보를 다루고 있기 때문입니다. CTEC 수강 등록 예제 시스템에서는 수강생 관리, 교육과정 관리, 강의 일정 관리, 강의장 관리, 강사 관리, 수강 등록, 수강 등록 조회, 수강 등록 취소 등의 유스케이스를 찾아낼 수 있습니다.

1.1.2 공통 용어 파악

개발에 참여하는 구성원들이 같은 용어를 서로 다른 의미로 이해하고 있다면 그 시스템은 엉뚱한 방향으로 흘러가고 말 것입니다. 내 경우에도 이것을 대수롭지 않게 생각하고 있다가 커다란 어려움에 처한 경험이 있습니다. 프로젝트 초기에 공통 용어에 대해 구성원 사이에 의견의 일치를 가져오게 하는 일이 중요합니다. 따라서 사용되는 공통 용어를 용어집에 정의하는 것이 필요합니다. CTEC 수강 등록 예제 시스템에서는 업무 개요에서 CTEC, 교육 과정, 선수 교육 과정, 강사, 강의 일정, 강의장, 수강 등록, 수강 등록 취소 등의 공통 용어를 찾아 정리할 수 있습니다.

1.1.3 보충 사양서 작성

시스템의 대부분의 기능적인 요구 사항은 유스케이스에 의해 파악됩니다. 그러나 유스케이스로 파악할 수 없는 비기능적인 요구 사항은 별도의 보충 사양서(supplementary specification)에 정의해 둘 필요가 있습니다. 여기에는 설계나 구현 시의 제한 사항도 포함되며, 사용하기 쉬워야 한다든지 하는 시스템 사용에 관련된 사항이나 시스템의 반응 시간과 같이 성능에 관련된 사항, 그리고 시스템 실패 시 복구 시간과 같은 신뢰성에 관련된 사항이 여기에 기록될 수 있습니다.

1.1.4 유스케이스 모델

유스케이스 모델은 유스케이스 다이어그램(use-case diagram)으로 표현합니다. 유스케이스 다이어그램은 액터와 유스케이스가 서로에게 메시지를 보냄으로써 서로 작용하는 관계를 보여주는 다이어그램입니다. 액터와 유스케이스 사이의 연관 관계는 둘이 서로 작용하고 있다는 것을 의미합니다. 이 단계에서 아직 유스케이스 다이어그램을 세밀하게 작성할 필요는 없습니다. 나중에 유스케이스 모델 상세 과정에서 다시 검토하게 됩니다. 다음은 CTEC 수강 등록 예제 시스템의 유스케이스 다이어그램의 예입니다.

14장 객체지향 방법론

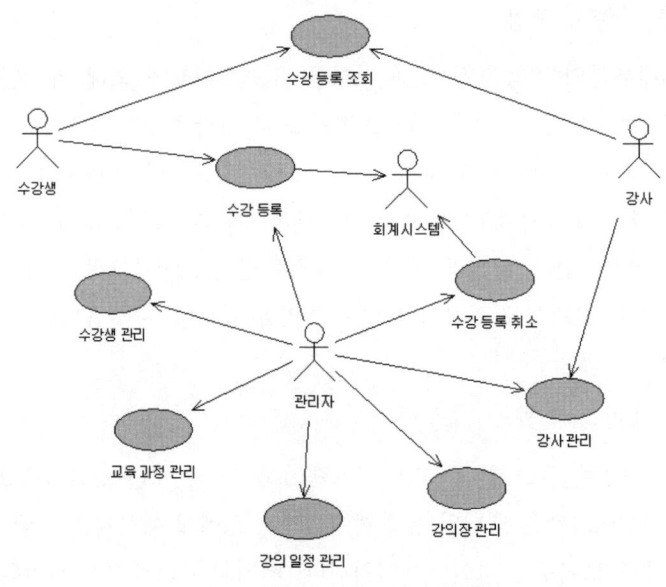

[그림 14.5] 유스케이스 다이어그램

1.1.5 유스케이스 우선 순위 결정

앞에서 언급한 바와 같이 객체지향 방법론에서는 전체 시스템 기능을 한꺼번에 구현하지 않고 반복(iteration)이라고 하는 단위로 나누어서 시스템을 구현하게 됩니다. 그리고 하나의 반복 단위마다 몇 개의 유스케이스를 할당하여 분석, 설계, 구현 과정을 반복하게 됩니다. 이때 시스템에 중요하거나 많이 사용되는 유스케이스에 높은 우선 순위를 두어 먼저 처리하게 하는 것이 바람직합니다. 또한 위험 요소(risk factor)를 포함하는 유스케이스도 먼저 처리함으로써 위험 요소를 프로젝트 초기에 제거하는 것도 필요합니다.

1.2 시스템 정의 상세

일단 시스템의 범위가 결정되면 우선 순위에 따라 요구 사항을 상세화합니다. 이 단계에서 유스케이스의 이벤트 흐름(flow of event)을 작성하여 유스케이스를 세부적으로 기술합니다. 이 과정 속에서 유스케이스 모델의 구조가 변경될 수도 있습니다. 따라서 유스케이스 모델 상세 과정에서 중복된 요구 사항을 제거하고 유스케이스 모델이 복잡하지 않도록 구조를 바꾸는 것이지요.

1.2.1 유스케이스 상세

이 과정에서는 우선 순위에 따라 선택된 유스케이스의 서비스를 상세히 정의하는 작업을 수행합니다. 유스케이스의 서비스를 정의하는 방법의 하나로 이벤트 흐름 기술서를 작성할 수 있습니다. 유스케이스의 이벤트 흐름은 정상적으로 작업이 수행되는 기본 흐름(basic flow)이 있으며, 여러 개의 선택 흐름(sub flow)이 있을 수 있습니다. 또한 에러가 발생할 때 처리되는 예외 흐름(exceptional flow)도 있을 수 있지요. 유스케이스 이벤트 흐름에는 이러한 모든 흐름을 정의해야 합니다. 다음은 CTEC 수강 등록 예제 시스템의 강사 관리 유스케이스의 이벤트 흐름를 정의하는 예입니다.

강사 관리 유스케이스 이벤트 흐름

1. 개요

이 유스케이스는 관리자 또는 강사 액터에 의하여 시작되며, 강사에 대한 정보를 추가, 수정, 삭제, 조회할 수 있는 기능을 제공한다. 강사 액터에 의하여 이 유스케이스가 시작되는 경우에는 자신의 강사 정보만 수정할 수 있다.

2. 선행 조건

없음

3. 기본 흐름

이 유스케이스는 관리자 또는 강사가 ID를 입력하면서 시작되며, 시스템은 입력된 ID의 유효 여부를 확인한다. 입력된 ID가 관리자인 경우에는 ATEC에 등록된 모든 강사 정보의 목록을 보여주고, 사용자의 선택에 따라 새로운 강사 정보를 추가(A-1 추가)하거나 목록에서 선택된 항복을 수정(A-2 수정), 삭제(A-3 삭제)할 수 있게 한다. 그러나, 입력된 ID가 강사인 경우에는 자신의 정보만 보고 수정(A-2 수정)할 수 있도록 한다.

사용자가 종료를 선택하거나 어느 시점에서든 취소하면 이 유스케이스는 종료한다. 이 경우에는 수정된 어떠한 강사 정보든 변경하지 않는다.

4. 선택 흐름

A-1 추가

시스템은 강사 신규 등록 화면을 표시하고, 강사 ID 항목에 새로운 강사 ID를 부여한다. 사용자는 강사명, 주소, 전화번호, E-Mail ID, 전공 과목, 예금 계좌번호 등의 세부 정보를 입력한다. 시스템은 입력된 정보의 유효 여부를 확인(E-1)하고 저장한다(E-2).

 A-2 수정

시스템은 강사 정보 변경 화면을 표시하고, 강사 정보 목록에서 선택된 항목의 강사 정보 각 항목을 표시한다. 사용자는 강사 ID를 제외한 기타 세부 강사 정보 항목을 변경할 수 있다. 시스템은 입력된 정보의 유효 여부를 확인(E-1)하고 저장한다(E-2).

 A-3 삭제

시스템은 사용자로부터 삭제 여부를 재확인하고 사용자가 "예"를 선택하면 강사 정보 목록에서 선택된 항목의 강사 정보를 삭제한다(E-3). 사용자가 "아니오"를 선택하면 삭제 행위를 취소한다.

 5. 예외 흐름

E-1 유효하지 않은 강사 정보 입력

시스템은 강사명, 주소, 전화 번호, E-Mail ID 등의 필수 입력 항목이 제대로 입력되었는지 여부를 확인한다. 사용자가 유효한 강사 정보를 입력하지 않았다면 사용자에게 에러 메시지를 보여주고, 유효하지 않은 입력 항목을 사용자가 입력할 수 있게 한다.

 E-2 강사 정보 저장 실패

시스템은 사용자에게 강사 정보를 저장하지 못했음을 알려주고, 유스케이스는 처음부터 다시 시작한다.

 E-3 강사 정보 삭제 실패

시스템은 사용자에게 강사 정보를 삭제하지 못했음을 알려주고, 유스케이스는 처음부터 다시 시작한다.

이러한 유스케이스 이벤트 흐름은 시나리오(scenario) 별로 작성하는 것이 바람직합니다. 시나리오란 유스케이스의 인스턴스로서, 유스케이스를 따라가는 하나의 실행 경로라고 할 수 있습니다. 각 유스케이스에는 특정한 이벤트 흐름의 인스턴스로서 여러 시나리오가 있을 수 있으며, 시나리오의 개수는 개발하고자 하는 시스템을 이해할 수 있을 만큼이면 됩니다. 우리는 먼저 시나리오를 작성하고 시나리오에서 유스케이스를 추출할 수도 있고, 먼저 유스케이스를 찾아낸 후에 시나리오로 유스케이스를 검증할 수도 있습니다. 시나리오는 테스트의 아주 좋은 도구가 됩니다.

유스케이스 이벤트 흐름은 액티비티 다이어그램(activity diagram)을 사용하여 표현할 수도 있습니다. 다음은 강사 관리 유스케이스 이벤트 흐름을 표현한 액티비티 다이어그램의 예입니다.

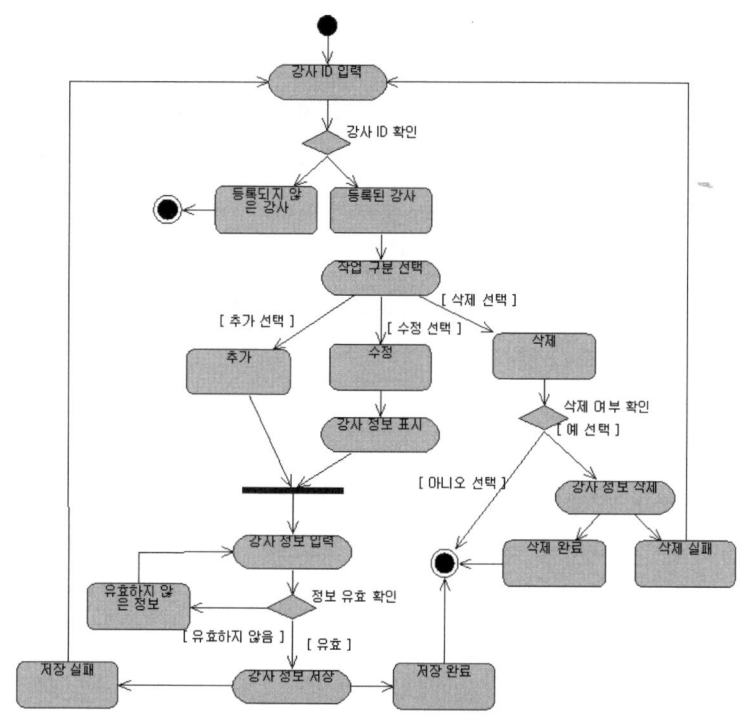

[그림 14.6] 액티비티 다이어그램(activity diagram)

1.2.2 유스케이스 모델 상세

이 단계에서는 앞에서 작성한 유스케이스 모델에 유스케이스 상세 단계에서 파악된 유스케이스의 세부 사항을 반영합니다. 여기에서 중복된 요구 사항을 제거하고 유스케이스 모델이 복잡하지 않도록 조정하는 과정 속에서 유스케이스 모델의 구조가 변경될 수도 있습니다. 각 액터가 적어도 하나의 유스케이스를 사용하는지 검토하고, 하나의 유스케이스에 대하여 두 액터가 같은 역할을 하는지 확인하여 두 액터를 하나의 액터로 통합합니다. 또는 하나의 액터가 하나의 유스케이스를 완전히 서로 다른 방법으로 사용하고 있다면 여러 액터로 분할해야 합니다. 유스케이스에 대해서는 각 유스케이스가 적어도 하나의 액터와 관련되어 있는지를 확인합니다. 또한 각 유스케이스가 서로 독립적인지를 검토하고, 유사한 행위와 이벤트 흐름을 갖는 여러 개의 유스케이스가 있다면 하나의 유스케이스로 통합합니다.

또한, 유스케이스에서의 일정한 행위의 결과가 다른 유스케이스에 필요하다면 그 행위를 포함 유스케이스(inclusion use case)로 분할할 수 있습니다. 이때 원래의 유스케이스를 기초 유스케이스(base use case)라고 하며, 이 두 유스케이스 사이에는 포함(include) 관계가 형성됩니다. 또는 유스케이스의 원래의 목적을 이해하는 데 필수적이지 않거나 예외적인 행위의 부분이 있다면 이것을 확장 유스케이스(extension use case)로 분할할 수 있습니다. 이때 기초 유스케이스와 확장 유스케이스 사이에는 확장(extend) 관계가 형성됩니다. 복잡한 선택 흐름이나 예외 흐름은 확장 유스케이스의 후보가 될 수 있습니다. 두 개 이상의 유스케이스가 서로 비슷한 구조와 행위를 갖고 있다면 공통 행위를 부모 유스케이스(parent use case)로 추출할 수 있습니다. 이때 원래의 유스케이스는 자식 유스케이스(child use case)가 되며, 이들 사이에는 일반화(generaliation) 관계가 형성됩니다. 다음 그림은 CTEC 수강 등록 예제 시스템의 유스케이스 다이어그램에서 유스케이스의 포함 관계와 확장 관계를 보여줍니다. 수강 등록 유스케이스는 수강생 확인 유스케이스를 포함하여 그 실행 결과를 사용하며, 수강 등록 유스케이스를 실행하는 중에 수강 등록 조회 유스케이스를 실행할 수도 있고 하지 않을 수도 있는 옵션 행위를 할 수도 있습니다.

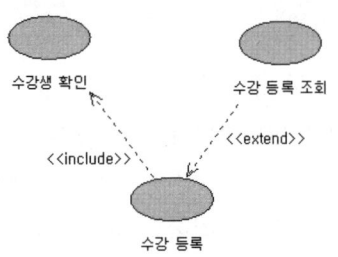

[그림 14.7] 포함 관계와 확장 관계

2 분석과 설계

분석과 설계(analysis & design) 작업 흐름의 목적은 요구 사항을 구현 가능한 설계물로 변형시키는 것입니다. 이 작업 흐름의 결과는 소스 코드를 구조화하고 작성하는 방법을 정의한 모형으로서 역할을 하는 설계 모델(design model)을 생성해 내는 것입니다. 설계 모델은 설계 패키지 안에 구조화된 설계 클래스로 구성되며,

또한 이들 설계 클래스의 객체들이 서로 협동하여 유스케이스를 실현하는 방법도 정의됩니다. 설계 행위는 아키텍처를 중심으로 이루어지게 되며, 초기 반복 단계에서 아키텍처를 생성하고 확인하는 작업을 수행해야 합니다. 아키텍처는 좋은 설계 모델을 개발하는 기준이 되기 때문입니다. 또한 이 작업 흐름에서 데이터베이스 설계를 통해 데이터 모델도 개발합니다.

분석과 설계는 서로 다른 관점을 가집니다. 분석이 문제의 이해에 초점을 맞춘다면, 설계는 문제를 어떻게 해결할 것인가에 초점이 맞추어집니다. 분석이 이상적인 설계를 목표로 한다면, 설계는 여러 제약 사항 안에서 실제로 구현할 수 있는 설계를 목표로 합니다. 분석에서는 기능적인 요구 사항을 소프트웨어 개념으로 변형시키는 것이 목적입니다. 따라서 분석 시에 주로 행위에 관심을 갖게 됩니다. 그러나 설계에서는 코드 작업 단계로 무리없이 이전할 수 있는 설계 모델을 개발하는 것이 목적입니다. 따라서 설계 시에는 행위 외에 특성에도 관심을 가져야합니다.

2.1 아키텍처 분석

프로젝트 초기에 시스템 분석을 시작하기 전에 초기 아키텍처(initial architecture)를 제안합니다. 이때 기존의 레퍼런스 아키텍처(reference architecture) 또는 아키텍처 프레임웍(architectural framework)을 활용할 수도 있습니다. 초기 아키텍처 설계 동안에 주요 모델 요소들을 찾아내어 문서화함으로써 이후의 분석 행위의 가이드로 사용할 수 있습니다. 우리는 이책의 10장에서 12장까지 살펴본 컴포넌트 기반의 3계층 클라이언트/서버 시스템 구조를 레퍼런스 아키텍처로 선택할 수 있으며, 또는 좀 더 구체적으로 마이크로소프트 닷넷 프레인웍을 표준 레퍼런스 아키텍처로 채택할 수 있습니다. 그러나 구체적인 아키텍처는 아키텍처 설계 단계에서 결정하게 될 것입니다.

2.2 행위 분석

분석과 설계 작업 흐름에서 행위 분석 단계는 분석에 해당됩니다. 행위 분석의 결과는 분석 모델(analysis model)을 생성하는 것입니다. 분석 모델에는 분석 클래스(analysis class)를 포함하는 클래스 다이어그램을 생성하며, 또한 유스케이스 실현의 결과로 시퀀스 다이어그램(sequence diagram)과 컬래보레이션 다이어그램 (collaboration diagram)이 생성됩니다. 우리는 아키텍처 분석 과정에서 3계층 클라이언트/서버 시스템 아키텍처를 채택했으므로 이 아키텍처를 반영하여 분석 클래스는 경계 클래스(boundary class, 사용자 인터페이스 클래스)와 제어 클래스(control class), 그리고 실체 클래스(entity class)로 나누어지게 됩니다. 또한 이 단계에서 사용자 인터페이스를 표현하는 경계 클래스를 활용하여 사용자 인터페이스 모델을 구현하게 됩니다.

2.2.1 유스케이스 분석

이 단계에서는 우선 순위에 따라 현재 반복(iteration)에서 선택된 유스케이스를 분석합니다. 유스케이스 분석은 크게 두 단계로 나눌 수 있는데, 그 첫 단계는 유스케이스 실현을 통해서 분석 클래스를 찾아내고 분석 클래스에 행위를 분배하는 일입니다. 다음에는 분석 클래스가 해야 할 일 즉, 책임(responsibility)을 정의하고 특성과 클래스 사이의 관계를 설정합니다. 이때 요구 분석 작업 흐름에서 산출된 유스케이스와 시나리오, 유스케이스 이벤트 흐름, 액티비티 다이어그램 등에서 필요한 정보를 가져오게 됩니다.

객체 사이의 상호작용 또는 협동이라는 관점에서 유스케이스를 분석 모델 또는 설계 모델로 변형시키는 것을 유스케이스 실현(use-case realization)이라고 합니다. 그 첫 번째 작업은 분석 클래스를 찾아내는 것입니다. 어쩌면 객체지향 모델링 전 과정 중에서 이 작업이 가장 어려울 수 있습니다. 분석 클래스는 시스템에서 어떤 일을 해야 하는 책임과 행위를 포함하고 있는 것을 개념적으로 표현합니다. 우리는 시스템의 3가지 서로 다른 관점을 통해서 분석 클래스의 후보들을 찾아낼 수 있습니다. 이들 3가지 관점이란 시스템과 액터 사이의 경계(boundary)에 있는 것과 시스템이 사용하는 정보(information entity), 그리고 이들 사이를 제어(control)하는 로직을 말하며, 이들을 각각 경계 클래스(boundary class), 제어 클래스(control class), 실체 클래스(entity) 라고 합니다. 이들 클래스에는 다음 그림과 같이 각각 《boundary》, 《control》, 《entity》라고 하는 스테레오타입(stereotype)이 지정됩니다.

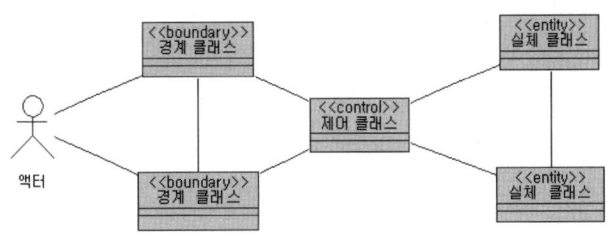

[그림 14.8] 클래스의 종류

참고로, 분석 클래스에서 사용하는 클래스명 등의 모든 식별자는 한글로 부여하고, 설계 클래스에서는 실제로 구현에 사용하게 되는 식별자를 영문으로 부여함으로써 분석 클래스와 설계 클래스를 구별하는 것이 바람직할 것으로 생각됩니다.

경계 클래스(boundary class)는 시스템 외부에 있는 액터와 시스템 중간에서 사용자와 시스템이 서로 커뮤니케이션할 수 있도록 하며, 시스템을 외부 환경과 격리시켜 외부 환경의 변경이 시스템의 다른 부분에 직접 영향을 미치지 못하게 하는 역할을 합니다. 주로 사용자 인터페이스 클래스가 경계 클래스가 되며, 액터는 오직 경계 클래스와 커뮤니케이션할 수 있습니다. 따라서 액터와 유스케이스 사이에는 적어도 하나의 경계 클래스가 있습니다. 다음 그림은 수강생 액터와 수강 등록 유스케이스 사이에 수강 등록 폼이라고 하는 하나의 경계 클래스가 있음을 보여줍니다. 수강 등록 폼 클래스는 수강생 액터로부터 수강 정보를 입력받아 시스템에 전달함으로써, 수강생 액터가 시스템과 커뮤니케이션할 수 있는 길을 열어주게 됩니다. 지금 단계에서는 아직 수강 등록 폼을 어떻게 구현할 것이며, 사용자와 인터페이스할 때 어떤 프로토콜을 사용할 것인가는 고려하지 않아도 됩니다.

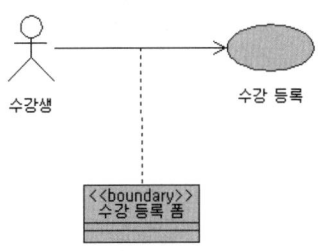

[그림 14.9] 경계 클래스 찾기

14장 객체지향 방법론

　실체 클래스(entity class)는 개발 시스템에게 있어서 중요한 개념을 추상화한 것입니다. 간단히 말하면 실체 클래스는 시스템이 저장하게 되는 정보를 표현하는 것이지요. 실체 클래스는 논리적인 데이터 구조를 보여주기 때문에 시스템을 이해할 수 있는 다른 관점을 제공하며, 시스템이 사용자에게 어떤 것을 제공할 것인가를 이해할 수 있게 해줍니다. 실체 클래스를 찾는 방법 중의 하나는 유스케이스와 시나리오, 유스케이스 이벤트 흐름, 액티비티 다이어그램 등에서 명사형 단어를 찾는 것입니다. 예를 들어 CTEC 수강 등록 예제 시스템에서 관리자, 수강생, 강사, 강의실, 교육 과정 등의 명사형 단어를 찾는 것이지요. 이들 명사형 단어들 중에는 여러 가지 용어가 같은 것을 가리키는 경우가 있습니다. 또는 하나의 명사형 단어가 서로 다른 것을 가리키거나 모호하게 사용되는 경우도 있을 수 있습니다. 이런 명사형 단어들은 제외시켜야 합니다. 또한 시스템 범위 밖에 있는 액터도 제외시켜야 합니다. 예를 들어 CTEC 수강 등록 예제 시스템에서 관리자와 회계 시스템은 시스템 범위 밖에 있는 액터이므로 제외시킵니다. 반면에 수강생이나 강사도 액터이지만 시스템 안에서 관리해야 하는 정보를 포함하고 있으므로 포함시켜야 합니다. 특성으로 사용되는 것도 제외시켜야 하지만, 나중에 클래스의 대상이 될 수도 있으므로 저장해 두는 것이 좋습니다. 그러나 당연히 행위를 의미하는 명사형 단어는 제외시켜야 합니다. 예를 들어 우리는 CTEC 수강 등록 예제 시스템의 수강 등록 유스케이스에서는 다음과 같은 3개의 실체 클래스를 찾을 수 있습니다.

[그림 14.10] 실체 클래스

　제어 클래스(control class)는 시스템의 행위를 제어하는 역할을 합니다. 다시 말해 제어 클래스는 유스케이스의 실행을 제어하는 것을 모델화하기 위해 사용되는 클래스입니다. 단순히 저장된 정보를 조작하는 유스케이스의 경우에는 특별히 제어 클래스가 필요 없을 수도 있습니다. 경계 클래스와 실체 클래스를 사용하여 유스케이스를 실행할 수 있으니까요. 그러나 좀 더 복잡한 유스케이스라면 시스템의 행위를 제어하기 위해 하나 이상의 제어 클래스가 필요하게 됩니다. 제어 클래스는 경계 클래스와 실체 클래스를 분리시킴으로써, 서로의 변화에 직접 영향을 받지 않게 하는 이점을 제공합니다. 또한 제어 클래스는 실체 클래스로부터 유스케이스의 특정한 행위를 분리함으로써 실체 클래스를 다른 유스케이스에서도 사용할 수 있게 할 수도 있습니다. 제어 클래스의 행위는 특정한 유스케이스의 실현에 밀접하게 관련되어 있습니다. 따라서 유스케이스 실현 당 하나의 제어 클래스를 발견할 수 있습니다. 그 다음에 더 많은 유스케이스 실현에서 제어 클래스가 식별될 때 제어 클래스 사이의 공통점을 찾아내어 정제하는 작업을 할 수 있습니다. 우리는 CTEC 수강 등록 예제 시스템의 수강 등록 유스케이스에서 수강등록 관리자라고 하는 제어 클래스를 찾을 수 있습니다.

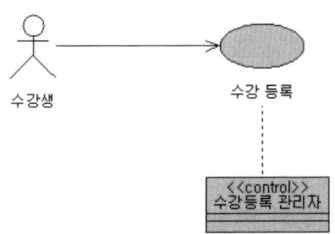

[그림 14.11] 제어 클래스

유스케이스 실현의 두 번째 과정은 분석 클래스를 기반으로 이들 객체 사이의 상호 작용 유형을 정의하는 시퀀스 다이어그램(sequence diagram)을 생성하는 것입니다. 우리는 시퀀스 다이어그램을 통해서 이들 객체가 어떻게 서로 작용을 하는지 이해할 수 있게 됩니다. 다음 그림은 수강 등록 유스케이스 중에서 수강생이 수강 등록하는 시나리오의 시퀀스 다이어그램의 예를 보여줍니다.

14장 객체지향 방법론

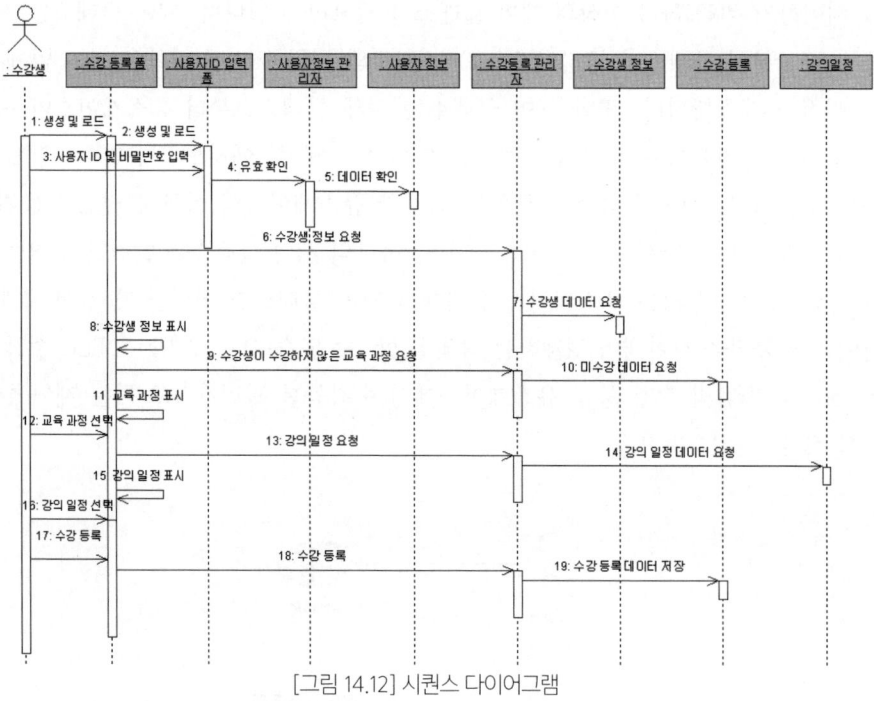

[그림 14.12] 시퀀스 다이어그램

위의 시퀀스 다이어그램에서 각 객체는 수직 점선으로 표시된 시간 축을 가지고 있으며, 수평 화살표는 다른 객체에게 보내는 메시지를 의미합니다. 각 객체의 수직 시간 축 위에 표시된 사각형은 객체가 행위를 수행하는 동안의 시간을 표시합니다.

시퀀스 다이어그램이 유스케이스에 참여하는 객체 사이의 메시지 흐름의 연속성을 보여준다면 컬래보레이션 다이어그램(collaboration diagram)은 이들 객체 사이의 정적인 협력 관계를 보여줌으로써 협력의 패턴을 보다 시각적으로 표현합니다. 또한 어떤 특정한 객체에 전달되는 전체 메시지를 시각적으로 잘 표현해줍니다. 시퀀스 다이어그램과 컬래보레이션 다이어그램을 묶어 인터액션 다이어그램(interaction diagram)이라고 합니다. 다음은 위의 시퀀스 다이어그램을 컬래보레이션 다이어그램으로 표현한 예입니다.

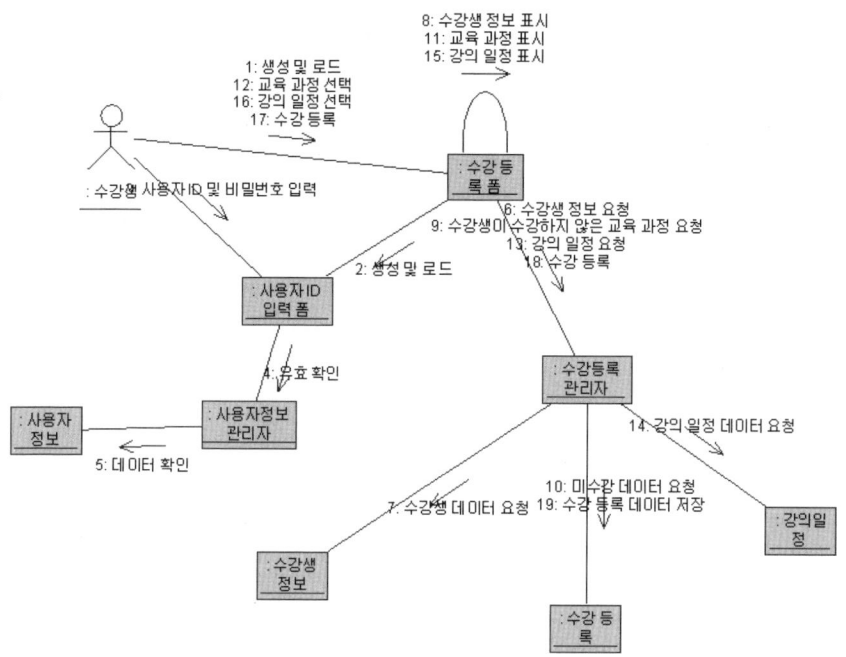

[그림 14.13] 컬래보레이션 다이어그램

우리는 시퀀스 다이어그램과 컬래보레이션 다이어그램에서 객체 사이에 전달되는 메시지들을 검토하여 식별된 분석 클래스가 해야 할 책임과 행위를 이해하고 할당할 수 있게 됩니다. 예를 들어 우리는 위의 그림에서 수강등록 관리자 객체가 수강생 정보를 요청할 때 그 정보를 제공하고, 수강생이 수강하지 않은 정보와 강의 일정 정보를 제공해야 하며, 수강 등록을 처리해야 할 책임이 있다는 것을 알게 됩니다. 따라서 우리는 수강등록 관리자 클래스에 다음과 같이 행위를 부여할 수 있게 됩니다.

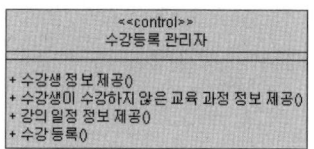

[그림 14.14] 분석 클래스에 행위 부여

우리가 이미 3장 the 클래스에서 살펴본 바와 같이 클래스는 행위와 특성을 하나의 단위로 포함하고 있습니다. 따라서 이제는 클래스에 특성을 부여해 주어야 합니다. 특성은 해당 클래스가 갖고 있는 정보입니다. 따라서 클래스 후보에서 탈락한 명사형 중에서 값 자체가 중요한 정보가 특성의 대상이 될 수 있습니다. 또한 해당 객체만 고유하게 포함하고 있거나 행위를 갖지 않는 정보도 특성의 대상이 됩니다.

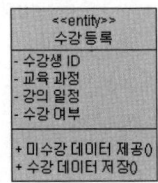

[그림 14.15] 분석 클래스에 특성 부여

또한 우리는 이미 4장 혼자서는 살 수 없어요에서 객체는 혼자서는 존재할 수 없으며, 다른 객체 사이에서 관계를 가질 때만 존재할 이유가 있다고 하였습니다. 그리고 객체 사이의 관계 중에서 종속(dependency) 관계와 연관(association) 관계에 대해서 살펴보았고, 연관 관계의 특수한 형태인 집합(aggregation)과 복합(composition) 관계에 대해서도 살펴보았습니다. 또한 5장 발가락이 닮았다에서는 일반화(generalization) 또는 특수화(specialization) 관계에 대해서도 살펴보았습니다. 이제 우리는 유스케이스 실현에 의하여 추출된 분석 클래스를 포함하는 클래스 다이어그램으로 분석 모델을 정의하고, 이들 분석 클래스 사이의 관계를 설정해 주어야 할 필요가 있습니다.

우리가 인터액션 다이어그램을 살펴보면 두 객체 사이에 관계에 존재하는지를 쉽게 알 수 있습니다. 컬래보레이션 다이어그램의 연결은 두 클래스의 객체가 유스케이스를 실행하기 위해서 서로 커뮤니케이션해야 할 필요가 있다는 것을 말해줍니다. 관계의 방향성도 요구된 메시지의 방향을 지원해야 합니다. 다음 그림에서 수강 등록 관리자 클래스로부터 수강 등록 클래스로의 방향성이 지정되지 않으면 미수강 데이터 요청이나 수강 등록 데이터 저장이란 메시지를 수강 등록 클래스로 보낼 수 없습니다.

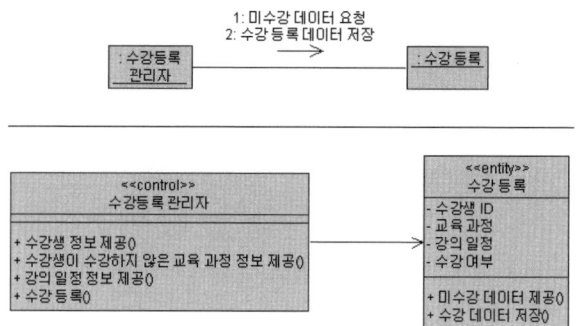

[그림 14.16] 객체의 연결과 클래스의 관계

이 단계에서는 유스케이스를 실현하는데 필요한 관계에 대해서만 집중하면 됩니다. 인터액션 다이어그램에 없는데 존재할지 모른다고 생각해서 관계를 추가하지 않아야 합니다. 다음 그림은 CTEC 수강 등록 예제 시스템의 수강 등록 유스케이스에서 유스케이스 실현에 참여하는 분석 클래스 사이의 관계를 보여줍니다.

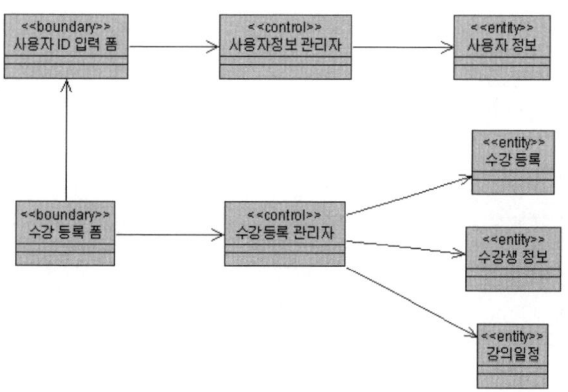

[그림 14.17] 수강 등록 유스케이스의 분석 클래스 다이어그램

2.2.2 사용자 인터페이스 모델

선택된 유스케이스에 대하여 유스케이션 실현 외에도 사용자 인터페이스 모델을 생성하는 것도 중요한 일입니다. 여기에는 화면의 이동 맵(navigation map)을 정의하는 것과 화면의 사용자 인터페이스를 설계하는 작업이 포함됩니다. 화면의 이동 맵은 다음과 같이 경계 클래스의 관계로 표현할 수도 있습니다.

14장 객체지향 방법론

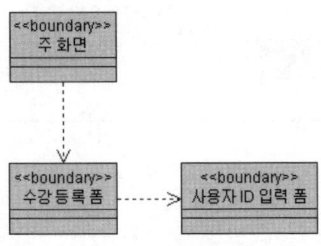

[그림 14.18] 화면 이동 맵

다음에는 사용자의 편의성을 고려하여 화면의 사용자 인터페이스를 설계합니다. 이 경우 편한 방법을 사용할 수 있습니다. 백지 위에 스케치하는 형식이어도 좋고, 사용자 인터페이스를 구현하기 편리한 개발 도구를 선택하여 간단하게 프로그램하는 형식이어도 좋습니다. 다음 그림은 화면의 사용자 인터페이스를 설계하는 한 예를 보여줍니다.

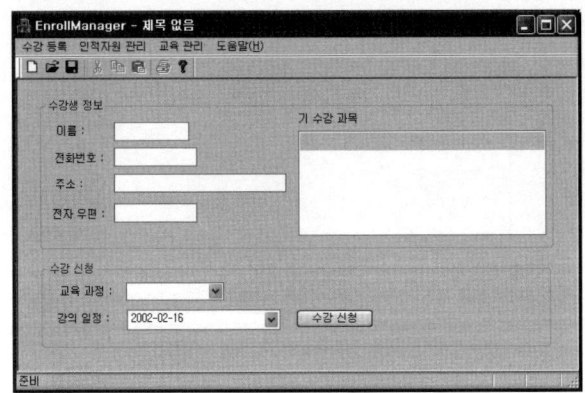

[그림 14.19] 사용자 인터페이스 설계

2.3 아키텍처 상세

이 단계에서는 초기 아키텍처를 상세화하고, 시스템의 분석 관점을 구체적인 구현 기술을 사용하여 구현할 수 있을 정도로 발전시킵니다. 여기에서 가장 중요한 행위는 분석 요소(분석 클래스와 사용자 인터페이스 요소)에서 설계 요소를 찾아내는 일입니다. 이들 설계 요소와 이들을 지원하는 아키텍처는 상세 설계와 구현을 진행하는 기반이 됩니다. 이 시점에서 시스템의 사용자 인터페이스와 비즈니스 로직이 하나의 전반적인 아키텍처 설계에 통합되어 상세 설계와 구현 단계로 진행되어야 합니다.

시스템의 아키텍처는 개별적인 아키텍처 뷰(architectural view)로 표현됩니다. 아키텍처 뷰는 시스템을 보는 관점에 따라 5개의 뷰 즉, 유스케이스 뷰(use-case view)를 중심으로 논리적인 뷰(logical view), 컴포넌트 뷰(component view), 프로세스 뷰(process view), 배포 뷰(deployment view)로 나뉘어집니다. 이것을 "4+1 뷰" 아키텍처 모델(4+1 view architecture model)이라고 부릅니다.

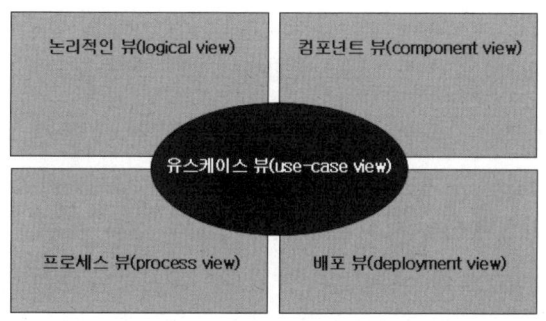

[그림 14.20]"4+1 뷰" 아키텍처 모델

우리가 지금까지 살펴본 유스케이스 뷰는 사용자 관점에서 시스템의 기능적인 측면을 유스케이스 다이어그램(use-case diagram)으로 표현합니다. 논리적인 뷰는 분석가 또는 설계자 관점에서 시스템의 구조적인 측면을 클래스 다이어그램(class diagram)으로 표현하며, 컴포넌트 뷰는 개발자 관점에서 소프트웨어의 구현과 관리적인 측면을 컴포넌트 다이어그램(component diagram)으로 표현합니다. 또한 배포 뷰는 물리적인 노드의 구성과 상호 연결 관계를 배포 다이어그램(deployment diagram)으로 표현하며, 프로세스 뷰는 시스템의 프로세스 구조를 《process》와 《thread》 스테레오타입을 사용하여 클래스 다이어그램과 컴포넌트 다이어그램에 표현합니다.

아키텍처 상세 과정에서 이들 뷰에 분석 행위 과정에서 얻은 지식을 반영하고 재사용할 수 있는 것을 통합시키고 구현과 배포 환경을 결정할 수 있게 합니다. 이것의 목적은 분석과 설계를 일관적으로 구현에 대응시킬 수 있게 하는 것입니다.

아키텍처 상세의 주요 과정은 프로젝트 초기에 이루어지며, 아키텍처의 일관성과 통합성이 시스템의 상세 설계 과정 동안에 유지될 수 있도록 보장해야 합니다. 이후 단계에서 소프트웨어 아키텍처는 안정되어야 하며 사소한 변경만 이루어져야 합니다.

2.3.1 아키텍처 설계

아키텍처 설계(architectural design) 단계에서는 4+1 뷰 아키텍처 모델 중에서 논리적인 뷰에 집중합니다. 이 단계에서는 설계와 구현 메커니즘을 파악하고, 분석 모델을 분석하여 설계 클래스와 인터페이스, 서브시스템 등의 설계 요소(design element)를 찾아내며, 설계 요소들을 통합하여 설계 모델을 구조화합니다.

아키텍처 분석과 행위 분석을 통해서 우리는 문제를 해결하는데 필요한 주요 아키텍처적인 메커니즘을 찾아냈습니다. 이제는 이들을 상세화하여 구현 방법을 결정해야 합니다. 설계 메커니즘은 어느 정도 세부적인 구현 환경을 고려하지만, 아직 특정한 구현 메커니즘에 종속되지 않습니다. 예를 들어서 분석 메커니즘에서 데이터 저장소에 데이터를 저장하겠다고 개념적으로 결정했다면, 설계 메커니즘에서는 좀 더 구체적으로 관계형 데이터베이스(RDBMS)를 사용할 것인가 객체지향적 데이터베이스(OODBMS)를 사용할 것인가를 결정합니다. 구현 메커니즘은 구현 과정에서 사용하게 될 구체적인 메커니즘을 결정합니다. 예를 들어 닷넷 플랫폼의 웹 애플리케이션과 REST 서비스를 C# 언어를 사용하여 구현하며, 오라클 데이터베이스에 데이터를 저장하고 엔터티 프레임워크를 사용하여 접근하는 것으로 결정할 수 있습니다.

다음에는 유스케이스 분석 과정에서 찾은 분석 클래스로부터 설계 요소를 찾아내야 합니다. 만약 분석 클래스가 간단하거나 하나의 논리적인 추상화를 표현한 것이라면 직접 설계 클래스로 대응시킬 수 있습니다. 이 과정 중에서 한글로 작성된 클래스명 등의 식별자를 영문으로 바꿉니다. 그러나 분석 클래스가 좀 더 복잡한 경우라면 이 과정 속에서 여러 클래스로 분할될 수도 있고, 패키지(package) 또는 서브시스템(subsystem)으로 될 수도 있습니다. 패키지(package)란 논리적으로 관련되어 있는 여러 모델 요소(element)들을 하나의 그룹으로 구성하기 위한 메커니즘입니다. 패키지에는 다른 패키지나 서브시스템에서 필요로 하는 클래스를 포함하고 있으며, 같은 행위를 하는 하나의 단위로서 취급됩니다. UML에서 패키지는 다음과 같이 표현합니다.

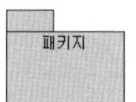

[그림 14.21] 패키지의 UML 표현

서브시스템은 다른 모델 요소를 포함하는 패키지와 클래스가 결합된 것으로서, 하나 이상의 인터페이스를 실현하는 모델 요소를 가리킵니다. 따라서 서브시스템은 인터페이스 뒤에 구현 세부 사항을 캡슐화하는 이점을 제공합니다. 서브시스템은 컴포넌트 뷰로 표현되는 구현 모델에서 컴포넌트로 구현되며, UML에서 서브시스템은 〈〈subsystem〉〉 스테레오타입을 갖는 패키지로 표현합니다.

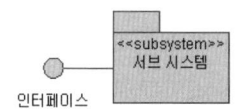

[그림 14.22] 서브시스템의 UML 표현

분석 클래스가 복잡한 서비스를 제공하거나 경계 클래스(boundary class)라면 서브시스템으로 통합될 가능성이 있습니다. 분석 클래스가 하나의 클래스로는 책임을 수행할 수 없는 행위를 포함하고 있다면, 또는 책임이 재사용될 필요가 있다면 서브시스템으로 발전시켜야 합니다. 우리는 다음 그림과 같이 수강등록 관리자 분석 클래스를 수강등록 관리 인터페이스를 실현하는 수강등록 관리 서브시스템으로 모델링할 수 있습니다.

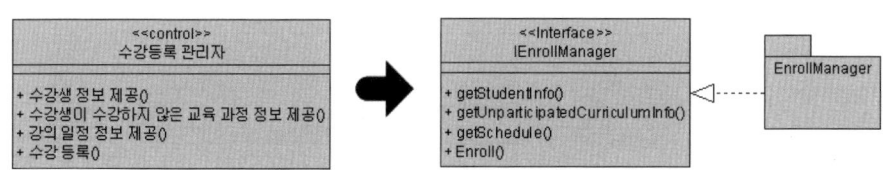

[그림 14.23] 서브시스템 식별

설계 요소가 많으면 많을수록 설계 모델은 그만큼 복잡해지게 되고 따라서 이해하기 어렵게 될 수가 있습니다. 이러한 복잡성을 해결하기 위해 이들 설계 요소들을 패키지나 서브시스템으로 묶는 것이 바람직합니다. 그리고 이들 패키지와 서브시스템을 잘 정의된 아키텍처 레이어(layer)로 재구성하는 것이지요. 이러한 모델 구성은 패키지 또는 서브시스템 사이의 결합도를 감소시키는 반면에, 패키지나 서브시스템에 포함된 설계 요소 사이의 결합도는 강화됩니다. 이것의 궁극적인 목적은 이들 패키지나 서브시스템을 개인이나 팀이 독립적으로 설계하고 개발하게 하는 것입니다. 비록 완전한 독립성을 기대할 수는 없다고 해도 패키지나 서브시스템 사이의 느슨한 결합성(loose coupling)은 크고 복잡한 시스템을 손쉽게 개발할 수 있게 하며, 모델의 안정성과 이해성, 그리고 유연성을 강화시켜줍니다. 일반적으로 작은 시스템이라면 3 또는 4개의 레이어로 구성되며, 복잡한 시스템이라면 5에서 7개의 레이어로 구성됩니다. 이때 레이어의 모델 요소는 같은 레이어 또는 다음 하위 레이어의 요소에만 종속되는 것이 바람직하며, 요구 사항이 변경될 때 영향을 받는 요소는 상위 레이어에 두고 시스템 환경에 영향을 받는 요소는 하위 레이어에 두는 것이 좋습니다. 또한 보다 일반성을 갖는 추상적인 요소들은 하위 레이어에 두어 다른 레이어에서 재사용할 수 있게 하는 것이 바람직합니다.

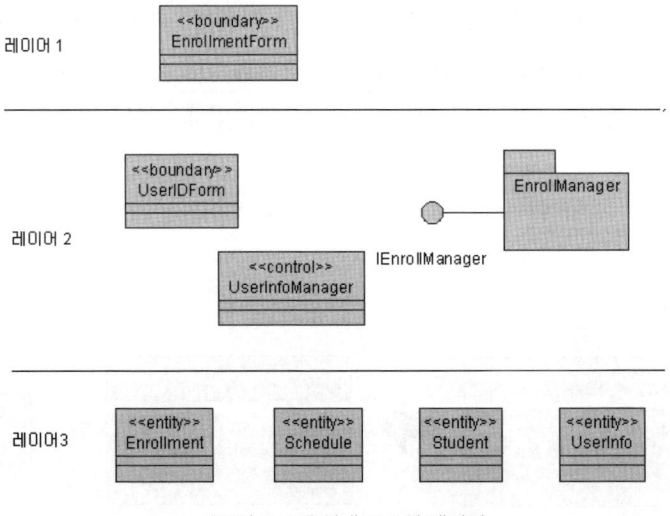

[그림 14.24] 설계 요소와 레이어

또는 우리가 아키텍처 분석에서 컴포넌트 기반의 3계층 분산 클라이언트/서버 시스템 아키텍처를 채택했다면 이 아키텍처의 기반이 되는 MVC(model-view-control) 패턴을 그대로 적용할 수 있습니다. 사실 분석 클래스를 경계 클래스, 제어 클래스, 실체 클래스로 나누는 것도 MVC 패턴을 따른 것입니다. 따라서 다음 그림과 같이 경계 클래스는 사용자 서비스 계층에, 제어 클래스는 비즈니스 서비스 계층에, 그리고 실체 클래스는 데이터 서비스 계층에 분배할 수도 있습니다.

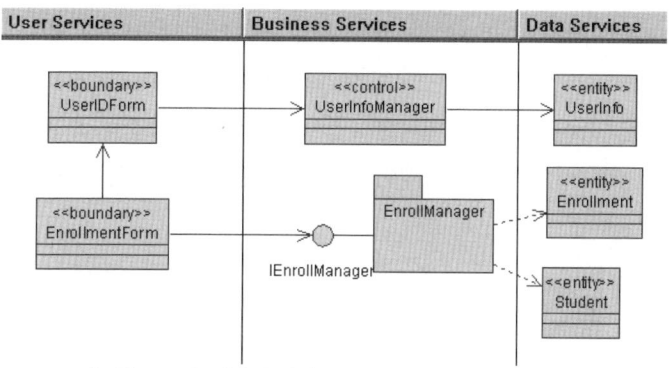

[그림 14.25] 3계층 클라이언트/서버 아키텍처 적용 모델

2.3.2 동시성 명세

동시성 명세(describe concurrency) 과정은 프로세스(process)와 스레드(thread), 그리고 이들 사이의 상호 커뮤니케이션 메커니즘을 찾아내어, 프로세스와 스레드에 모델 요소를 분배하는 것을 목적으로 합니다. 이 과정은 4+1 뷰 아키텍처 모델 중에서 프로세스 뷰에 집중하며, 일반적으로 프로세스 뷰는 클래스 다이어그램을 사용하여 표현합니다. 만약 개발 중인 시스템이 하나의 프로세서(processor)만을 사용한다면 별도의 프로세스 뷰는 필요없습니다. 그러나 하나 이상의 프로세서나 시스템 노드에 분산되어야 한다면 동시성이 필요하며, 따라서 프로세스 뷰에 동시성을 명시해야 합니다. 동시성에 대한 요구는 시스템에서 어느 정도 병행해서 작업이 처리되어야 하는가에 따라 정의됩니다. 궁극적으로는 여러 사용자가 동시에 작업을 처리할 수 있어야 한다고 하는 다중 사용자에 대한 요구도 동시성을 필요로 합니다.

14장 객체지향 방법론

프로세스(process)는 클래스와 서브시스템의 인스턴스가 실행하는 고유 메모리 영역을 갖는 실행 환경입니다. 이 실행 환경은 여러 개의 스레드로 나뉘어 질 수 있습니다. 스레드(thread)란 프로세스가 제공하는 메모리 영역과 실행 환경에 안에서 실제로 실행되는 코드의 실행 흐름입니다. 프로세스와 스레드는 액티브 클래스(active class)를 사용하여 모델을 표현합니다. 액티브 클래스란 자기 자신의 실행 흐름을 갖고 있으며 실행을 시작할 수 있는 클래스를 말하며, 자신에게 요청되는 행위만을 수동적으로 처리하는 수동적인 클래스(passive class)와 구별됩니다. 액티브 클래스는 다른 액티브 클래스와 병행하여 동시에 실행될 수 있습니다. 프로세스는 《process》 스테레오타입을 갖는 클래스나 컴포넌트 등의 모델 요소로 모델링되며, 스레드는 《thread》 스테레오타입을 갖는 모델 요소로 모델링됩니다. 또한 프로세스나 스레드 사이의 커뮤니케이션은 종속 관계로 표현됩니다.

[그림 14.26] 프로세스와 스레드

여기에서 주의할 것은 우리가 프로세스와 스레드를 모델링하기 위해 액티브 클래스를 사용하지만 클래스 모델 요소와는 구별해야 한다는 것입니다. 액티브 클래스는 메타 모델링 요소로서 프로세스 구조를 문서화하는데 사용되며, 개념적으로 다른 클래스의 인스턴스가 실행하는 메모리 공간과 실행 환경을 제공하므로 여기에 클래스나 컴포넌트, 서브시스템 등의 모델 요소가 할당되어야 합니다. 밀접하게 서로 상호작용하는 모델 요소끼리는 묶어 같은 액티브 클래스에 할당시키고, 서로 상호작용하지 않는 모델 요소는 별도의 액티브 클래스에 할당시킵니다. 그리고 액티브 클래스와 모델 요소 사이의 관계는 복합(composition) 관계로 표현합니다

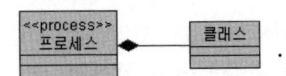

[그림 14.27] 액티브 클래스에 모델 요소 할당

또한, 액티브 클래스 사이의 관계는 모델 요소 사이의 관계를 지원해야 합니다. 다음 그림과 같이 두 클래스가 서로 커뮤니케이션하고 서로 다른 액티브 클래스에

할당되었다면, 두 액티브 클래스 사이에도 관계가 형성되어야 합니다.

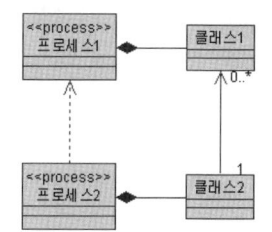

[그림 14.28] 클래스 사이의 관계 지원

2.3.3 배포 명세

배포 명세(describe delployment) 과정은 시스템의 기능이 물리적인 노드에 어떻게 분산 배치되는가를 기술하는 과정입니다. 이 과정은 4+1 뷰 아키텍처 모델 중에서 배포 뷰에 집중하며 배포 다이어그램(deployment diagram)을 사용하여 표현합니다. 만약 개발 중인 시스템이 하나의 프로세서(processor)만을 사용한다면 별도의 배포 뷰는 필요없습니다. 배포 뷰에서 노드 모델 요소는 소프트웨어의 실행 환경을 나타내는 프로세서 노드(processor node)와 기계 장치 즉, 디바이스를 나타내는 디바이스 노드(device node)로 분류될 수 있습니다.

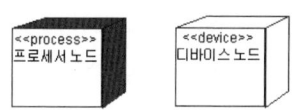

[그림 14.29] 노드 모델 요소

배포 다이어그램은 시스템 노드의 배치와 각 노드의 할당되는 실행 요소의 관계를 보여줍니다. 만약 우리가 컴포넌트 기반의 3계층 분산 클라이언트/서버 시스템 아키텍처 중에서 마이크로소프트 닷넷 플랫폼을 채택했다면 다음 그림과 같은 배포 다이어그램을 작성할 수 있습니다.

14장 객체지향 방법론

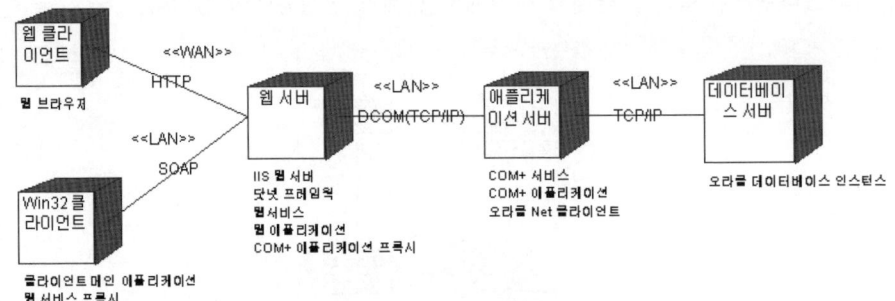

[그림 14.30] 배포 다이어그램

위의 배포 다이어그램은 클라이언트 노드는 웹 클라이언트와 Win32 클라이언트로 구성되며, 웹 클라이언트에서는 웹 브라우저가 실행되고, Win32 클라이언트에서는 클라이언트 메인 프로그램이 웹 서비스 프록시와 함께 실행되는 것을 보여줍니다. 웹 클라이언트 노드는 WAN(wide area network) 환경에서 HTTP(hyper text tranfer protocol) 프로토콜을 사용하여 웹 서버의 웹 애플리케이션을 사용하며, Win32 클라이언트 노드는 LAN(local area network) 환경에서 SOAP(simple object access protocol) 프로토콜을 사용하여 웹 서버의 웹 서비스를 사용합니다. 웹 서버 노드에서는 IIS 웹서버와 닷넷 프레임웍이 실행되며, 여기에 웹 서비스와 웹 애플리케이션이 COM+ 애플리케이션 프록시와 함께 로드되어 서비스를 제공해 줍니다. 웹 서버 노드는 LAN 환경에서 애플리케이션 서버 노드와 TCP/IP(transmission control protocol/internet protocol) 프로토콜을 사용하여 DCOM(distributed component object model)로 연결됩니다. 애플리케이션 서버 노드에는 COM+ 서비스가 실행되며 여기에 COM+ 애플리케이션과 오라클 Net 클라이언트 프로그램이 로드되어 실행됩니다. 애플리케이션 서버 노드는 LAN 환경에서 TCP/IP 프로토콜을 통해 데이터베이스 서버 노드와 연결되며, 데이터베이스 서버 노드에는 오라클 데이터베이스 인스턴스가 실행됩니다.

2.4 상세 설계

설계 모델 요소(설계 클래스, 설계 컴포넌트, 설계 서브시스템, 유스케이스 실현 등)가 특정 구현 언어로 구현될 수 있을 정도로 상세 설계가 이루어져야 합니다 선택된 데이터베이스 기술에 따라 엔터티 클래스가 설계 모델에 기술된 구성과 다른 형태로 정의되어야 한다면, 별도의 데이터 모델을 개발하여 엔터티 클래스를 저장하기 위한 데이터베이스 구조를 정의해야 합니다. 시스템 성능 기준을 충족시키는 지속(persistence) 메커니즘과 전략도 정의되어야 합니다. 시스템의 상세 설계는 소프트웨어 아키텍처 다큐먼트와 설계 가이드라인에 정의된 제약(constraint) 내에서 수행됩니다.

2.4.1 유스케이스 설계

유스케이스 설계는 설계 요소의 상호작용이란 관점에서 유스케이스 실현을 상세화하며, 설계 클래스의 메서드에 대한 요구 사항을 상세화합니다. 또한, 서브시스템 또는 컴포넌트와 인터페이스의 메서드에 대한 요구 사항도 상세화합니다. 유스케이스 설계의 목적은 설계 요소를 일관성 있고 이해할 수 있게 하는 것입니다. 이 단계에서는 유스케이스에 집중하며, 다음과 같은 세부 단계로 진행합니다.

먼저 인터액션 다이어그램에서 유스케이스 이벤트 흐름에 참여하는 각 객체를 찾아냅니다. 이들 객체는 설계 클래스와 서브시스템의 인스턴스이거나 또는 참여하는 객체와 상호작용하는 액터의 인스턴스입니다. 다음에는 이들 객체 사이에 전달되는 메시지를 상세히 기술합니다. 이들 메시지는 호출되는 클래스의 메서드 이름이 됩니다. 만약 서브시스템으로 모델링된 클래스가 있다면, 클래스를 서브시스템 인터페이스로 대체합니다. 이때 서브시스템에 전달되는 메시지는 서브시스템 인터페이스의 메서드가 됩니다. 또한 서브시스템 안에서 객체 사이의 상호작용은 별도의 인터액션 다이어그램을 생성하여 기술합니다. 이렇게 우리는 서브시스템을 사용하여 인터액션 다이어그램을 단순화함으로써 쉽게 시스템을 이해할 수 있습니다. 그리고 메시지에 노트를 연결하여 메시지의 처리 결과를 상세히 기술합니다.

14장 객체지향 방법론

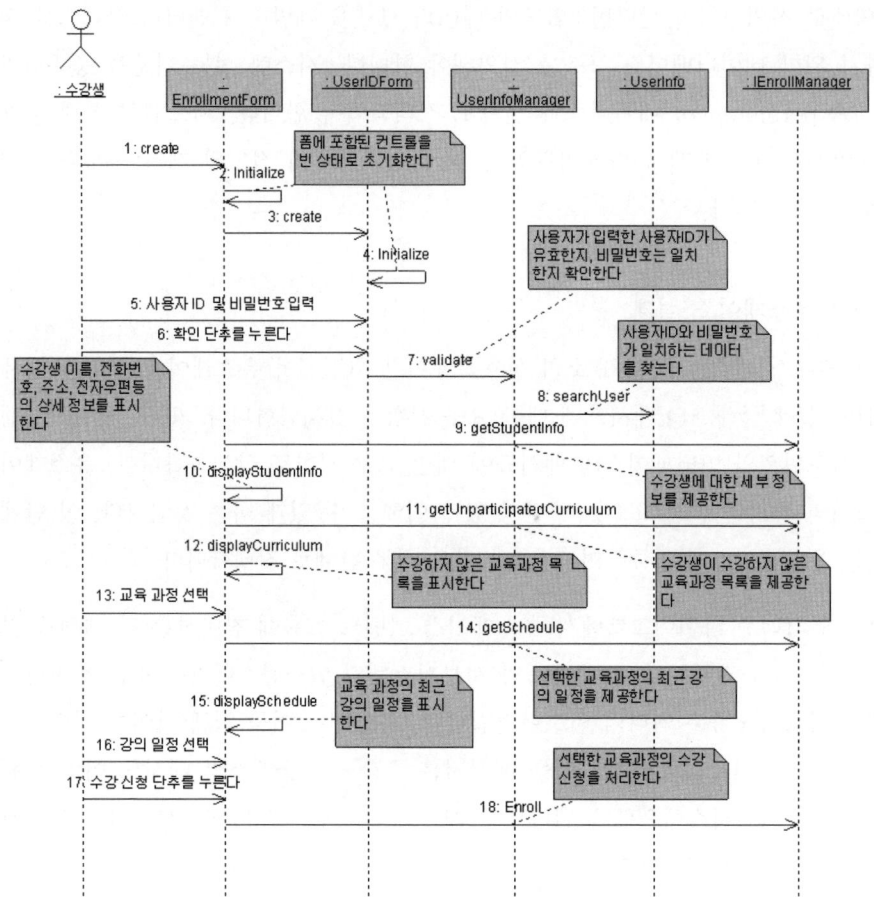

[그림 14.31] 유스케이스 상세 설계

이 시점에서 여러분은 설계 요소와 해당 설계 요소가 해야 할 일 그리고, 유스케이스에 기술된 기능을 지원하기 위해 다른 객체들과 어떻게 상호작용을 할 것인지를 잘 이해하게 되었을 것입니다. 이제는 서브시스템과 클래스 설계 등의 세부 설계 작업으로 이동하기 전에 설계 요소가 가능한 한 완전하고 일관성이 있도록 해야 합니다. 따라서 유사한 기능을 하는 모델 요소는 하나로 결합하고, 상속성을 사용하여 모델 요소를 추상화하는 등의 작업을 통해서 각 설계 요소들이 잘 정의된 하나의 개념을 표현하고 중복성이 없도록 해야 합니다.

2.4.2 서브시스템 설계

서브시스템 설계 단계에서는 서브시스템 인터페이스에 지정된 행위를 서브시스템 모델 요소에 분배하고, 서브시스템의 내부 구조를 문서화하며, 다른 서브시스템과의 관계를 기술하는 작업을 수행합니다.

앞에서 아키텍처 설계에서 살펴본 바와 같이 서브시스템의 행위는 인터페이스 메서드로 정의되며, 이 인터페이스의 메서드는 서브시스템의 내부 클래스의 메서드로 실현해야 합니다. 따라서 이 단계에서는 인터페이스의 메서드를 할당할 서브시스템 내부의 설계 요소를 찾아야 하며, 만약 적당한 클래스가 없다면 새로운 클래스를 추가할 수도 있습니다. 예를 들어 EnrollManager 서브시스템의 예에서 IEnrollManager 서브시스템 인터페이스의 getUnparticipatedCurriculumInfo() 와 Enroll() 메서드는 EnrollmentManager 내부 클래스에 할당할 수 있습니다. 그러나 EnrollmentManager 클래스가 수강 등록과 직접 관련된 일만을 수행하게 하는 것이 바람직하므로, getStudentInfo() 와 getSchedule() 메서드를 EnrollmentManager 클래스에 할당할 수는 없습니다. 따라서 우리는 이들 메서드를 할당할 새로운 클래스를 추가하는 것이 바람직합니다. 그래서 우리는 EnrollManager 서브시스템에 StudentManager 클래스와 ScheduleManager 클래스를 추가하고 이들 클래스에 각각 getStudentInfo() 와 getSchedule() 메서드를 할당할 수 있습니다.

다음에는 인터페이스의 메서드 당 적어도 하나 이상의 인터액션 다이어그램을 작성하여 서브시스템 인터페이스의 메서드가 어떻게 서브시스템에 포함된 모델 요소에 의해 수행되는가를 기술해야 합니다. 이때 주의할 것은 하나의 인터액션 다이어그램에 서브시스템 인터페이스의 여러 메서드를 함께 포함시켜서는 안된다는 것입니다. 또한 인터액션 다이어그램에는 서브시스템의 인터페이스는 표현하지 않습니다. 이 경우 서브시스템명 뒤에 '클라이언트'가 붙은 이름을 갖는 가상의 객체가 인터액션 다이어그램을 시작하게 됩니다. 다음은 기존의 EnrollmentManager 클래스에 Enroll() 메서드를 할당한 경우의 시퀀스 다이어그램의 예입니다.

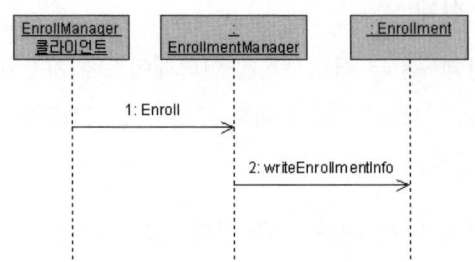

[그림 14.32] 서브시스템 시퀀스 다이어그램 - Enroll() 메서드

다음 그림은 새로 추가된 StudentManager 클래스에 getStudentInfo() 메서드를 할당한 시퀀스 다이어그램의 예입니다.

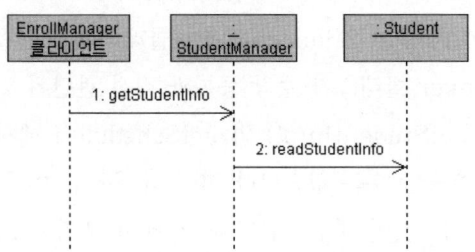

[그림 14.33] 서브시스템 시퀀스 다이어그램 - getStudentInfo() 메서드

다음에는 지금까지 과정에서 식별된 서브시스템 사이의 관계를 설정합니다. 다음 그림과 같이 서브시스템 사이에는 종속 관계만 설정할 수 있습니다.

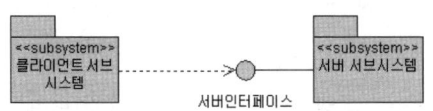

[그림 14.34] 서브시스템 사이의 종속 관계

2.4.3 클래스 설계

클래스 설계(class design) 단계의 목적은 클래스에 유스케이스 실현에 필요한 메서드를 할당하고, 클래스를 구현하는데 필요한 충분한 정보를 제공하며, 클래스와 관련된 비기능적인 요구 사항을 처리하고, 클래스에서 사용되는 설계 메커니즘

을 포함시키는 것입니다. 사실 우리는 이미 3장 the 클래스에서부터 6장 홈 씨어터 꾸미기까지의 과정에서 클래스를 정의하는데 필요한 대부분의 사항을 살펴보았습니다. 따라서 여기에서는 클래스를 설계하는데 필요한 몇 가지 테크닉을 간추려 소개하도록 하겠습니다.

우선 클래스를 설계할 때 가장 의문점은 과연 클래스는 얼마나 정의해야 좋은가 하는 것입니다. 이것은 여러 개의 작은 클래스를 정의하는 것이 좋은가, 아니면 커다란 소수의 클래스를 정의하는 것이 좋은가 하는 문제와도 관련되어 있으며, 이 문제는 구현 환경에 크게 영향을 미친다는 점에서 매우 중요하다고 할 수 있습니다. 여러 개의 작은 클래스를 정의한다면 각각의 클래스는 좀 더 구현하기 쉬워질 것이고 재사용될 가능성이 많아집니다. 그러나 하나의 클래스가 캡슐화하는 기능은 아주 미약하게 될 것입니다. 만약 커다란 소수의 클래스를 정의한다면 하나의 클래스가 시스템 전체 중에서 많은 부분을 캡슐화할 수 있다는 장점이 있습니다. 그러나 그만큼 클래스가 복잡해지고 따라서 재사용될 가능성은 적어집니다. 어느 것이 좋은가에 대한 명확한 기준은 없습니다. 여기에서 우리가 클래스의 크기와 수를 결정하는데 고려해야 할 하나의 원칙은 클래스는 명확한 하나의 목적을 가져야 하고, 한 가지 일을 아주 잘 할 수 있는 것이 바람직하다는 것입니다. 이 원칙에 따라 클래스의 크기와 개수를 결정할 필요가 있습니다.

우리는 유스케이스 분석 단계에서 경계 클래스와 제어 클래스, 그리고 실체 클래스로 나누어 클래스를 찾아내는 작업을 하였습니다. 우리는 다음 단계인 데이터베이스 설계 단계에서 실체 클래스를 논리적인 데이터 모델로 변환하는 작업을 하게 될 것입니다. 따라서 여기에서는 경계 클래스와 제어 클래스를 설계하는 방법에 대해서만 살펴보도록 하겠습니다. 사용자 인터페이스를 포함하는 경계 클래스를 설계하는 것은 사용하는 개발 환경에 따라 다르며, 따라서 개발 환경에 자동적으로 생성해주지 않는 것만 설계할 필요가 있습니다. 우리가 웹 애플리케이션을 개발하는 경우라면 경계 클래스는 HTML 웹 페이지나 서버 페이지(server page)로 실현하게 될 것입니다. 우리는 이들 요소를 각각 《Client Page》와 《Server Page》란 스테레오타입을 갖는 클래스로 정의할 수 있습니다.

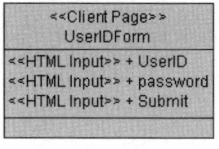
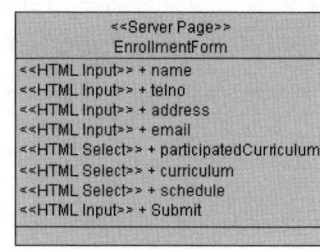

[그림 14.35] HTML 웹 페이지 및 서버 페이지 클래스

또는 닷넷 프레임웍의 웹 애플리케이션을 개발한다면 ASP.NET 웹 폼으로 실현하게 될 것이며, 웹 폼을 《Web Form》이란 스테레오타입을 갖는 클래스로 정의할 수 있습니다.

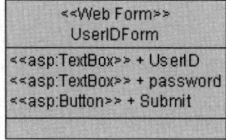
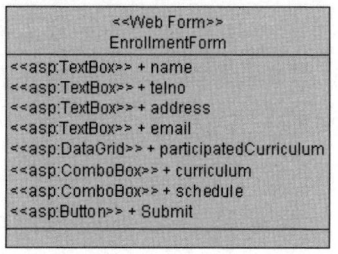

[그림 14.36] 웹 폼 클래스

단순히 저장된 정보를 조작하는 경우와 같이, 경계 클래스가 직접 실체 클래스를 사용할 수 있는 경우에는 제어 클래스를 제거할 수도 있습니다. 그러나 제어 클래스가 복잡한 비즈니스 로직을 캡슐화하는 경우라든지, 기능이 변경될 가능성이 있는 경우, 여러 노드에 분산되어야 하는 경우, 그리고 트랜잭션 관리가 필요한 경우라면 제어 클래스를 설계해야 합니다.

유스케이스 분석 단계에서 대부분의 클래스 사이의 관계는 연관 관계로 지정합니다. 그러나 클래스 설계 단계에서는 클래스의 관계를 명확하게 지정해야 할 필요가 있습니다. 그러나 경우에 따라서는 클래스 사이의 관계가 종속 관계인지, 연관 관계인지 결정하기 어려울 때가 있습니다. 일반적으로 종속 관계는 비구조적인 관계를 표현하고 연관은 구조적인 관계를 표현하게 됩니다. 따라서 로컬 변수나 매개변수로 클래스를 사용하는 경우에는 일시적으로 해당 클래스를 사용하므로 종속 관계로 지정하고, 클래스의 필드 멤버로 다른 클래스를 사용하는 경우에는 반복해서 그 클래스를 사용하게 되므로 연관 관계로 지정하는 것이 좋습니다.

또한, 유스케이스 분석 단계에서 지정된 연관 관계는 기본적으로 양방향성(bi-directional)을 갖습니다. 이와같은 방향성도 클래스 단계에서는 명확하게 기술할 필요가 있습니다. 일반적으로 양방향성의 관계는 단방향성(uni-directional)의 관계보다 복잡하고 구현하기 어렵고 효율성도 떨어집니다. 따라서 클래스 설계 단계에서 가능한 한 양방향성의 관계를 단방향성의 관계로 바꾸는 것이 좋습니다. 또한 양방향성의 관계를 요구하는 경우라도 단방향성의 관계가 충분한 경우도 많습니다. 어느 한 방향을 자주 사용하지 않는다거나, 아주 긴급한 성능 요구 사항이 있는 경우가 아니라면, 또는 어느 한 클래스의 인스턴스의 개수가 아주 적은 경우가 여기에 해당됩니다. 우리는 유스케이스와 인터액션 다이어그램에서 메시지가 흘러가는 방향을 발견할 수 있으며, 궁극적으로 클래스 모델의 방향성은 인터액션 다이어그램에서 설계된 메시지 구조를 지원해야 합니다.

클래스 설계 단계에서는 연관 관계의 다수성도 명시해야 합니다. 다수성이란 연관 관계에 참여하는 인스턴스의 개수를 말하며, 모든 연관 관계와 통합(aggregation) 연관 관계는 다수성을 지정해야 합니다. 이때 다수성이 1이거나 0..1인 경우에는 특별히 고려하지 않아도 상관없습니다. 이들 사이의 관계는 단순한 값이나 포인터로 구현할 수 있기 때문입니다. 그러나, 연관 관계의 다수성이 1 이상인 경우에는 신중하게 고려해야 합니다. 이 경우 대개는 컨테이너(cotainer) 클래스를 사용합니다. 컨테이너 클래스는 인스턴스가 다른 객체의 컬렉션인 클래스로서, COM의 컬렉션(collection) 클래스나 STL(standard template library)의 list 클래스가 컨테이너 클래스에 해당됩니다. 이때 다음과 같이 두 가지 방법으로 다수성 관계를 모델링할 수 있습니다.

14장 객체지향 방법론

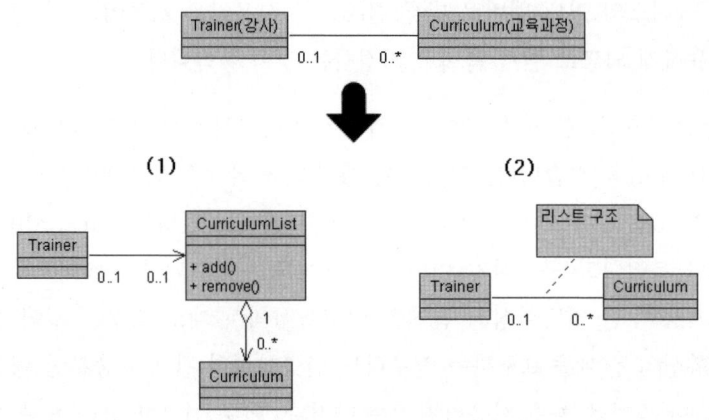

[그림 14.37] 다수성 관계 모델링

그 하나의 방법은 위의 그림 (1)번과 같이 명확하게 컨테이너 클래스를 모델링하는 것이고, 다른 방법은 (2)번과 같이 어떤 종류의 컨테이너 클래스를 사용할 지만을 표시하는 것입니다. (2)번 방법이 아주 구체적인 구현 결정을 포함하면서도 다이어그램을 간단하게 표현한다는 점에서 장점을 가지고 있지만, 모델링 툴을 사용하는 경우에는 (1)번 방법이 자동 코드 생성의 이점을 갖게 됩니다.

2.4.4 데이터베이스 설계

데이터베이스 설계(database design) 단계에서는 클래스 설계 단계에서 산출된 객체 모델(object model)을 데이터 모델(data model)로 전환하는 작업을 하게 됩니다. 현재 데이터베이스는 관계형 데이터베이스(relational database)가 주류를 이루고 있고, 관계형 데이터베이스는 객체지향 개념과 완전히 호환되지 않습니다. 따라서 소프트웨어 시스템에는 두 개의 다른 관점을 갖는 세계가 존재하게 됩니다. 그 하나는 관계형 데이터베이스에서 보는 데이터(data) 중심의 세계이고, 다른 하나는 객체지향 시스템에서 보는 행위(behavior) 중심의 세계입니다. 그러나 아무리 우리가 지금 객체지향적인 관점에서 시스템을 설계한다고 하더라도 객체지향 세계가 우월하다고 이야기할 수는 없습니다. 이 두 관점 중에서 어느 것이 더 좋다고 단정지을 수는 없는 것이지요. 오히려 이 두 세계는 서로 보완 관계에 있다고 보아야 할 것입니다. 객체지향 모델에서는 행위를 우선으로 하고 데이터를 이차적인 것으로 보완하며, 데이터 모델에서는 데이터를 우선으로 하고 행위를 이차적인 것으로 고려하는 것이지요.

클래스 설계 과정에서 클래스의 상세 설계가 완료되면 이들 클래스 중에서 실체 클래스(entity class)가 데이터 모델로 전환하게 되는 대상이 됩니다. 여기에서는 먼저 UML에서 데이터 모델을 어떻게 지원하는가를 살펴보고, 실체 클래스를 데이터 모델로 전환하는 방법에 대해서 살펴보도록 하겠습니다.

UML에서 데이터베이스(database)는 《Database》 스테레오타입을 갖는 UML 컴포넌트로 표현합니다.

[그림 14.38] 데이터베이스의 UML 표현

데이터 모델의 데이터에 대한 정의는 데이터베이스 안에 있는 스키마(schema)에 저장됩니다. 스키마는 《Schema》 스테레오타입을 갖는 UML 패키지로 표현됩니다.

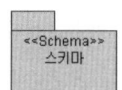

[그림 14.39] 스키마의 UML 표현

데이터의 구조를 표현하는 테이블(table)은 UML에서 《Table》 스테레오타입을 갖는 클래스로 표현되며,

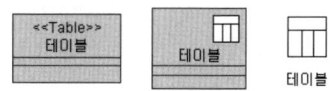

[그림 14.40] 테이블의 UML 표현

테이블을 식별하는 고유한 값을 포함하는 기본 키(primary key)는 기본 키 컬럼에 PK 태그가 붙습니다. 또한, 다른 테이블의 기본 키를 참조하는 외래키(foreign key)는 해당 컬럼에 FK 태그가 붙습니다. 또한 기본 키 및 외래키 제약 (constraint)은 각각 《PK》와 《FK》 스테레오타입이 붙는 메서드로 정의됩니다.

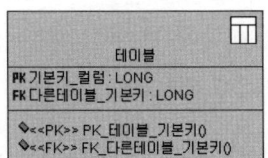

[그림 14.41] 기본 키와 외래키의 UML 표현

테이블의 데이터에 빠르게 접근할 수 있게 하기 위해 사용되는 인덱스(index)는 《Index》 스테레오타입을 갖는 메서드로 정의됩니다.

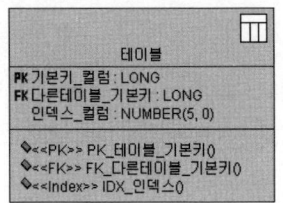

[그림 14.42] 인덱스의 UML 표현

데이터 모델에서 테이블 사이의 관계는 스테레오타입을 갖는 연관(association) 관계와 기본 키/외래키로 구성됩니다. 모든 관계는 부모 테이블과 자식 테이블 사이에서 이루어지며, 부모 테이블에는 기본 키가 정의되어 있어야 합니다. 이때 자식 테이블에는 외래키가 생성되며 참조 무결성(referential integrity)을 강화하기 위해 외래키 제약(forieign key constraint)이 《FK》 스테레오타입이 붙는 메서드 형식으로 추가됩니다. 비식별 관계(non-identifying relationship)는 자식 테이블의 기본 키에 부모 테이블의 기본 키가 외래키로 포함되지 않는 경우의 테이블 사이의 관계입니다. 이 경우 연관 관계에는 《Non-Identifying》이란 스테레오타입을 지정합니다.

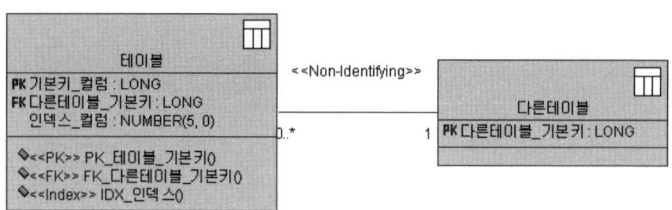

[그림 14.43] 비식별 연관 관계의 UML 표현

반면에 자식 테이블의 기본 키에 부모 테이블의 기본 키가 외래키로 포함되는 테이블 사이의 관계를 식별 관계(identifying relationship)라고 하며, 이때 연관 관계에는 《Identifying》이란 스테레오타입을 지정합니다.

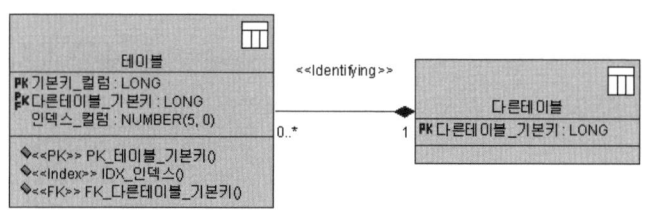

[그림 14.44] 식별 연관 관계의 UML 표현

테이블의 컬럼에는 CHECK 제약과 UNIQUE 제약을 지정할 수 있으며, 이들은 각각 《Check》와 《Unique》 스테레오타입을 갖는 메서드로 정의됩니다. 또한 테이블이 변경될 때 호출되는 트리거(trigger)는 《Trigger》 스테레오타입을 갖는 메서드로 정의됩니다.

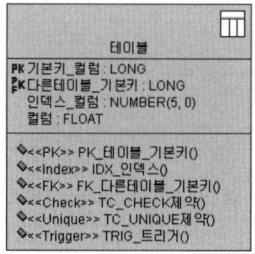

[그림 14.45] CHECK 제약과 UNIQUE 제약, 트리거의 UML 표현

저장 프로시저(stored procedure)는 《SP Container》 스테레오타입을 갖는 유틸리티 클래스의 메서드로 정의되며 《SP》 스테레오타입을 갖습니다.

14장 객체지향 방법론

[그림 14.46] 저장 프로시저의 UML 표현

속성값의 범위를 지정하는 도메인(domain)은 《Domain Package》 스테레오 타입을 갖는 클래스의 필드로 정의됩니다.

[그림 14.47] 도메인의 UML 표현

그럼 이제는 객체 모델을 어떻게 데이터 모델로 변환하는지 살펴보기로 하겠습니다. 객체 모델의 실체 클래스는 지속적인 데이터를 표현하게 되므로 데이터 모델의 테이블로 변환시킵니다. 이와 함께 실체 클래스의 애트리뷰트 멤버는 테이블의 컬럼으로 맵핑됩니다.

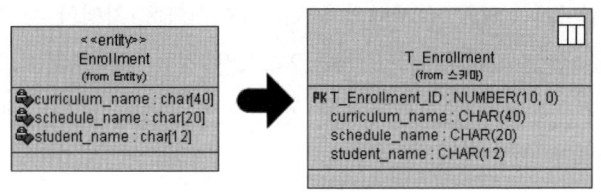

[그림 14.48] 클래스와 테이블 맵핑

이때 후보 키(candidate key) 애트리뷰트 멤버 중 하나를 기본 키로 지정합니다. 만약 실체 클래스에 적당한 애트리뷰트가 없다면 테이블에 기본 키로 사용할 컬럼을 추가합니다.

연관(association) 관계와 통합(aggregation) 연관 관계는 비식별 관계로 맵핑합니다. 그것은 연관 또는 통합 관계에 있는 클래스 사이에는 레퍼런스로 서로를 참조하므로 강한 연관성을 갖지 못하기 때문입니다.

객체지향 이야기

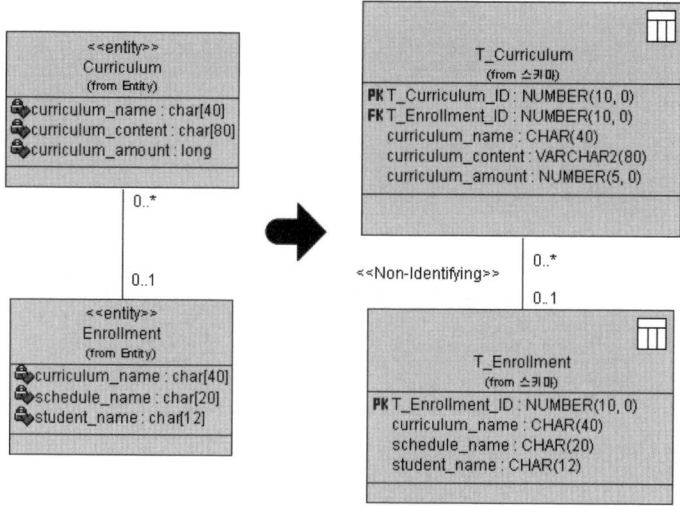

[그림 14.49] 연관 및 통합 관계의 맵핑

그러나 다음 그림과 같이 다대 다(many-to-many) 연관 관계의 경우에는 교차 테이블(intersection table)을 사용하여 1대 N 관계로 해소시켜야 합니다. 이때 교차 테이블 사이에는 식별 관계가 형성됩니다.

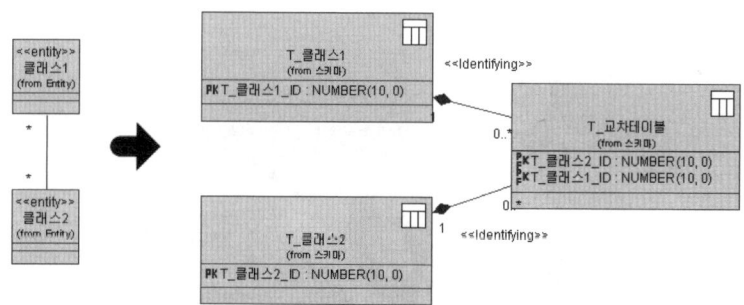

[그림 14.50] 다대 다 관계의 해소

다음 그림과 같이 다대 다 연관 관계의 클래스 사이에 연관 클래스(association class)가 있는 경우에도 교차 테이블을 사용하여 1대 N 관계로 해소시켜야 합니다.

399

14장 객체지향 방법론

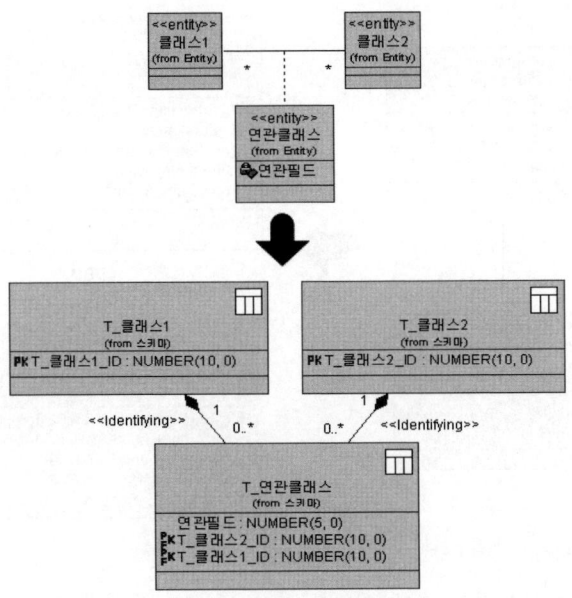

[그림 14.51] 연관 클래스를 갖는 다대 다 연관 관계의 해소

마지막으로 일반화 관계에 있는 부모 클래스와 자식 클래스는 식별 관계로 맵핑됩니다.

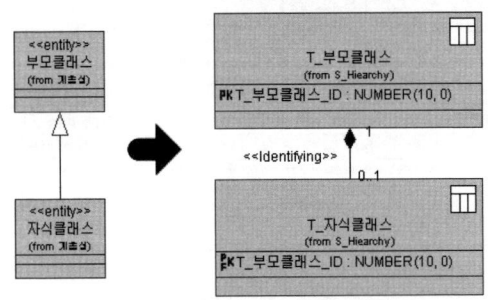

[그림 14.52] 일반화 관계의 맵핑

이제 여러분이 부록 데이터 모델링을 읽을 때 E-R 다이어그램과 비교한다면 서로 유사한 점들을 발견하게 될 것입니다.

3. 구현

3.1 컴포넌트 설계

컴포넌트 설계(component design) 단계에서는 서브시스템 설계 단계에서 식별된 서브시스템을 컴포넌트 모델 요소에 할당하고 상세화하는 작업을 수행합니다. 이 단계는 4+1 뷰 아키텍처 모델 중에서 컴포넌트 뷰에 집중하며, 컴포넌트 다이어그램을 사용하여 표현합니다. 컴포넌트 설계 단계는 구현(implementation) 작업 흐름에 속하며, 설계 요소를 구현하는 단계로 이동하기 전에 상세 설계 단계에서 도출된 서브시스템과 클래스를 컴포넌트에 매핑시키는 작업을 함으로써 구현 모델(implementation model)을 생성합니다. UML에서 컴포넌트는 다음과 같이 표현합니다.

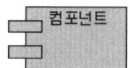

[그림 14.53] 컴포넌트의 UML 표현

컴포넌트의 성격과 종류에 따라 《Main Program》, 《DLL》, 《EXE》, 《ActiveX DLL》 등의 스테레오타입을 자유롭게 지정할 수 있으며, 컴포넌트가 실현하여야 하는 설계 요소를 할당합니다. 일반적으로 서브시스템 설계 단계에서 도출된 서브시스템이 하나의 컴포넌트에 매핑되어 구현하게 됩니다. 또한 여러 개의 클래스를 묶어 하나의 컴포넌트에서 구현할 수도 있습니다. 우리는 상세 설계 단계에서 수강 등록 유스케이스를 실현함으로써 생성한 서브시스템과 클래스를 다음과 같이 4개의 컴포넌트에 할당할 수 있습니다.

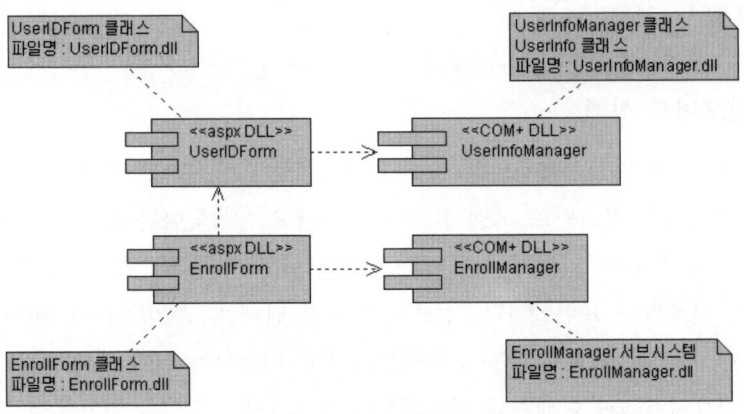

[그림 14.54] 설계 요소 할당

위의 컴포넌트 다이어그램에서는 UserIDForm 컴포넌트에 UserIDForm 클래스를 ASP.NET 웹 폼으로 UserIDForm.dll 파일에 구현하며, EnrollForm 컴포넌트에도 EnrollForm 클래스를 ASP.NET 웹 폼으로 EnrollForm.dll 파일에 구현합니다. UserInfoManager 컴포넌트에는 UserInfoManage 클래스와 UserInfo 클래스가 UserInfoManager.dll 파일에 COM+ 컴포넌트로 구현됩니다. 또한 EnrollManager 컴포넌트에는 EnrollManager 서브시스템을 EnrollManager.dll 파일에 마찬가지로 COM+ 컴포넌트를 구현합니다.

이와같이 컴포넌트 뷰를 구현함으로써 선택된 구현 환경을 반영하고 병행 개발을 지원하도록 구현 모델(implementation model)을 구조화합니다. 이 과정에서 설계와 구현 사이에 명확한 대응을 유지해야 합니다. 구현 모델의 구조는 구현 디렉터리(implementation directory)와 구현 서브시스템(implementation subsystem)에 정의하는 것도 필요합니다. 구현 디렉터리는 구현 환경에서의 물리적인 디렉터리 구조를 표현하며, 구현 서브시스템은 증가 빌드 개발(development of incremental builds)을 지원하는 통합 단위(unit of integration)를 표현합니다. 이상적으로는 물리적인 디렉터리 구조와 통합 단위가 명확하게 일치해야 하지만 항상 가능한 것은 아닙니다. 따라서 이들의 구별을 유지하는 것이 중요합니다. 이 행위의 목적은 설계 모델 구조와 명확하게 일치하는 구현 모델 구조를 생성하는 것입니다. 그러나 동시에 개발 환경의 제약을 반영할 뿐만 아니라 병행 개발(parallel development)과 증가 통합(incremental integration)을 지원해야 합니다.

이후 단계에서는 특정한 설계 요소(설계 클래스, 프레임웍 컴포넌트, 설계 서브시스템)에 대한 구현 파일이 구현되고 단위 테스트를 하며 검토됩니다. 테스트 결과는 문서화 하고, 필요하다면 변경을 요청합니다. 또한 이 과정은 도입, 상세, 구축, 전환 단계를 거치면서 계속 반복 점진적으로 진행됩니다.

지금까지의 객체지향 모델링 설명이 다소 개념적으로 흘러 이해하기 어려웠을 것으로 생각됩니다. 보다 자세한 사항은 The Unified Software Development Process(Jacobson, Booch, Rumbaugh, 1999, Addison-Wesley)을 참고하기 바랍니다.

빈 페이지

15장 객체지향 너머

15장
객체지향 너머

지금까지 우리는 객체지향 개념을 이해하고, 객체지향과 관련된 다양한 소프트웨어 공학 주제들을 살펴보았습니다. 하지만 시간은 객체지향에 머물러 있지 않습니다. 시간이 흐르면서 객체지향을 기반으로 하는 소프트웨어 개념들이 등장하였습니다. 컴포넌트와 서비스입니다. 또한 객체지향과 전혀 다른 소프트웨어 개념도 등장했습니다. 바로 함수형 프로그래밍입니다. 이번 장에서는 이들 소프트웨어 개념들에 대해서 간단히 살펴보도록 하겠습니다.

컴포넌트(component)에 대한 많은 학술적인 정의가 있지만, 여기에서는 간단히 "독립적인 서비스를 제공하는 소프트웨어 모듈"이라고 정의하기로 하겠습니다. 사실 이 정의에 따르면 소프트웨어 시스템을 구성하고 있는 대부분의 것들을 컴포넌트라고 할 수 있습니다. 오늘날 커다란 하나의 덩어리로 구축되어 있는 소프트웨어 시스템은 거의 없으며, 대부분의 소프트웨어 시스템들이 여러 개의 모듈로 구성되어 있기 때문입니다. 그러니까 이들 모듈들이 소프트웨어 시스템에서 각각 독립적인 서비스를 제공하는 컴포넌트인 셈입니다.

사실 컴포넌트 개념은 소프트웨어보다 하드웨어에서 먼저 도입되었습니다. 우리는 컴퓨터를 하나의 완제품으로 구입할 수도 있겠지만, 컴퓨터를 구성하는 부품을 각각 구입하여 조립해서 사용할 수도 있습니다. 그것은 컴퓨터 시스템이 부품 개념을 기반으로 설계되었기 때문입니다. 컴퓨터를 만들 때 처음부터 시작하는 것이 아니라, 이미 만들어진 부품을 단순히 조립하기만 한다는 것입니다. 이러한 부품이 결국 컴포넌트인 것입니다. 우리는 하드웨어의 이러한 부품 개념을 통해서 소프트웨어 컴포넌트를 조금 손쉽게 이해할 수 있습니다.

먼저, 컴퓨터 시스템은 메인 보드, CPU, 메모리, 하드 디스크, 모니터, 그래픽 카드, 사운드 카드, 네트워크 카드, CD-ROM 드라이브, 플로피 드라이브 등 많은 부품으로 구성되어 있으며, 이들 각각의 부품은 다른 부품들과는 구별되는 독립적인 기능을 수행합니다. 이와 마찬가지로 소프트웨어 시스템도 업무의 요구사항을 실현하는 많은 컴포넌트로 구성될 수 있으며, 이들 각각의 컴포넌트는 다른 컴포넌트와 구별되는 독립적인 서비스를 제공하게 됩니다.

또한 컴퓨터 시스템의 각 부품의 기능은 블랙박스(black-box) 안에 감추어져 있으며, 그 기능은 메인 보드에 있는 여러 슬롯을 통해 메인 보드와 부품, 그리고 부품과 부품끼리 서로 커뮤니케이션함으로써 그 기능이 발휘됩니다. 마찬가지로 소프트웨어 컴포넌트도 제공하는 서비스는 컴포넌트 내부에 블랙박스로 감추어져 있으며, 인터페이스(interface)를 통해서만 소프트웨어 시스템을 구성하는 다른 컴포넌트와 커뮤니케이션하게 됩니다.

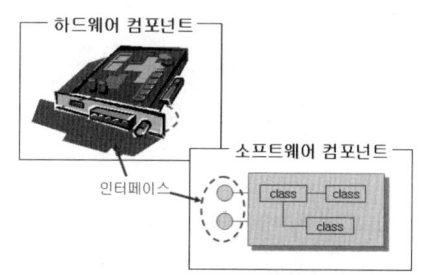

[그림 15.1] 하드웨어 컴포넌트와 소프트웨어 컴포넌트

그러면 이러한 컴포넌트를 사용할 때 우리는 어떤 이점을 얻게 되는 걸까요?

이미 만들어져 있는 부품을 조립하여 컴퓨터를 제작하는 것과 마찬가지로, 미리 구현되어 있는 컴포넌트를 조립함으로써 소프트웨어 시스템 구축을 가능하게 한다는 것입니다. 결국 미리 구현되어 있는 컴포넌트를 재사용함으로써 손쉽게 소프트웨어 시스템을 구축할 수 있게 된다는 것입니다. 이것이 가능하다면 우리는 소프트

15장 객체지향 너머

웨어 시스템을 값싸고 손쉽게 구축할 수 있게 되며, 유지보수 또한 쉬워질 것입니다.

만약 여러분의 컴퓨터 시스템에 사운드의 기능이 부족하다고 하겠습니다. 그러면 여러분은 어떤 조치를 취하게 될까요? 아마도 여러분은 좋은 기능을 내장하고 있는 사운드 카드를 구입하여 여러분의 컴퓨터 시스템에 장착되어 있던 기존의 사운드 카드를 대체할 것입니다. 이러한 간단한 행위만으로도 여러분의 컴퓨터 시스템을 새로운 기능으로 보강할 수 있게 됩니다. 마찬가지로 소프트웨어 시스템 또한, 기존의 컴포넌트를 새로운 기능을 구현하고 있는 컴포넌트로 대체하는 것만으로도 소프트웨어 시스템의 기능을 향상시킬 수 있게 됩니다.

그렇다면 이렇게 재사용할 수 있고, 손쉽게 대체할 수 있는 컴포넌트를 만들기 위해서는 어떤 사항을 고려해야만 할까요? 먼저 재사용성을 커다란 특징으로 이야기하고 있는 객체지향 개념의 클래스를 살펴보기로 하겠습니다. 예를 들어 다음과 같은 UML 표기법으로 표현할 수 있는 Customer(고객)와 Address(주소) 클래스가 있다고 가정하기로 합니다.

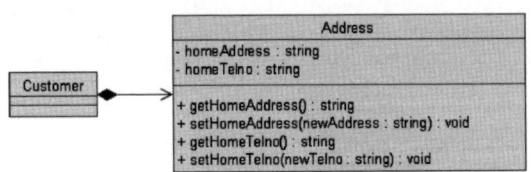

[그림 15.2] 고객 클래스와 주소 클래스

그런데 만약 어떤 목적에 의하여 다음과 같이 Address 클래스의 homeAddress 멤버가 homeAddress1 과 homeAddress2 등 두 개의 멤버로 분할되도록 클래스의 구조를 바꾸었다고 가정하겠습니다.

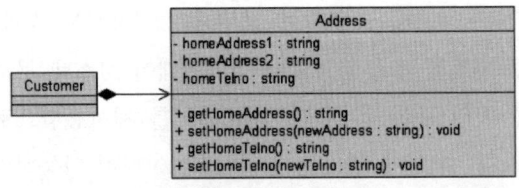

[그림 15.3] 주소 클래스 변경

이 때 실제로 Customer 클래스에서 Address 클래스를 사용하는 방법은 전혀 변경되지 않았기 때문에, Customer 클래스는 여전히 getHomeAddress() 와 setHomeAddress() 메서드를 사용하여 homeAddress1와 homeAddress2 멤버에 접근할 수는 있습니다. 그러나 그렇다고 하더라도 Address 클래스의 이미지 구조가 바뀌었기 때문에, 이 클래스를 사용하는 Customer 클래스는 최소한 다시 컴파일해야 할 필요가 있습니다.

이것이 클래스가 갖고 있는 클래스 사이의 종속성(depedency)의 문제입니다. 다시 말해, 클래스 사이에는 종속성이 강하다는 것입니다. 이와같이 종속성이 강한 클래스 사이의 관계를 밀접한 결합도(tightly-coupled)를 갖는다고 합니다. 이러한 클래스 사이의 종속성은 커다란 규모의 프로젝트에서는 많은 문제점을 드러냅니다. 이것은 실제로 필자가 경험한 것으로, 개발자만 한 300명 되는 프로젝트에서 이들 개발자들이 공통으로 사용하고 있는 클래스의 구조를 한 번 바꿀라치면 아주 난리가 나게 됩니다.

이러한 문제를 해결하기 위해서는 이들 사이의 관계가 느슨한 결합도(loosely-coupled)가 되도록 해주어야 합니다. 우리는 다음 그림과 같이 객체지향 개념에서 제공하는 인터페이스(interface)를 통해 클래스 사이에 느슨한 결합도를 갖도록 할 수 있습니다.

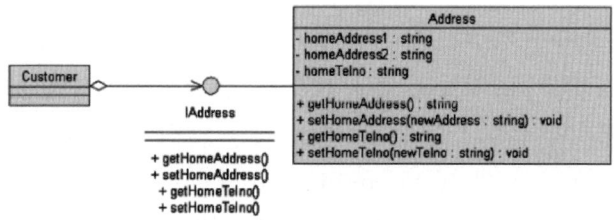

[그림 15.4] 인터페이스 도입

이제부터는 Address 클래스의 내부 구조가 변경되더라도 상관없이, IAddress 인터페이스를 통해 Address 클래스가 구현하는 코드를 재사용할 수 있게 됩니다. 이것은 또한 객체지향의 추상화(abstraction) 개념을 만족시켜 주기도 합니다.

앞에서 우리는 소프트웨어 컴포넌트가 인터페이스(interface)를 통해서만 소프트웨어 시스템을 구성하는 다른 컴포넌트와 커뮤니케이션하게 된다고 하였습니다. 결국 컴포넌트는 본질상 느슨한 결합도를 갖는 특징을 제공함으로써 다른 컴포넌트와 독립적으로 기능을 구현하거나 변경하는 일을 자유롭게 할 수 있게 합니다.

이와같이 느슨한 결합도를 갖도록 하는 것 외에도 또 다른 고려 사항이 있습니다. 그것은 인터페이스가 제공하는 입자(granularity)의 크기와 관련된 사항입니다. 입자의 크기는 인터페이스가 제공하는 기능의 양으로 측정될 수 있으며, 일반적으로는 인터페이스에 포함되어 있는 메서드의 개수로 측정됩니다. 앞의 [그림 15.4]에서와 같이 간단한 Address(주소) 정보에 접근하기 위해 4 개의 메서드가 인터페이스에 정의되었다면 작은 입자(fine-grained)를 갖고 있다고 할 수 있습니다. 그러니까 Address(주소) 정보를 읽거나 저장하기 위해서는 최소한 2 번의 메서드 호출이 이루어져야 한다는 것입니다.

이와같이 작은 입자(find-grained)를 갖고 있는 인터페이스는 클래스와 같이 클라이언트와 서버가 서로 같은 프로세스 안에서 실행되는 경우에는 그다지 문제가 발생하지 않습니다. 그러나 클라이언트와 서버가 서로 다른 머신(machine)에서 실행되는 분산 객체 환경의 경우에는 문제가 조금 심각합니다. 각 메서드 호출 때마다 네트워크를 타게 되므로 많은 메서드 호출이 이루어진다면 네트워크 트래픽이 발생하게 될 것이기 때문입니다. 따라서 네트워크 트래픽을 줄이기 위해서는 단 한번의 호출로 한꺼번에 주소 정보 전체를 가져오게 하는 일이 필요하게 됩니다.

이와같은 관점에서 본다면 좀 더 본질적으로 입자의 크기는 인터페이스에 포함되어 있는 메서드의 개수보다는 하나의 메서드 호출로 전송되는 정보의 범위에 의해서 결정된다고 할 수도 있습니다. 우리는 작은 입자(find-grained)에 대한 상대적인 반대 개념으로 큰 입자(coarse-grained)라고 하는 개념을 사용합니다. 따라서 결국 주로 분산 객체 환경에서 사용되는 컴포넌트는 가능한 한 큰 입자(coarse-grained)를 가져야 할 필요가 있습니다.

컴포넌트와 입자와의 관계에 대해 Component-based Development라는 책에서 다음 그림으로 설명하고 있습니다.

객체지향 이야기

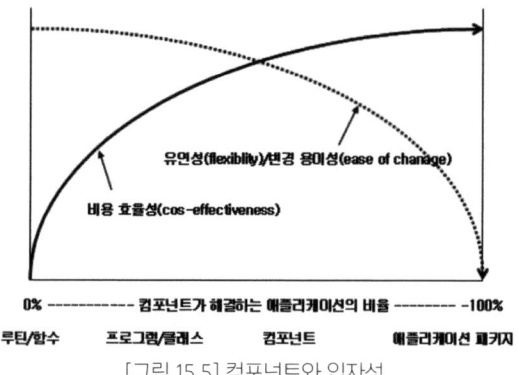

[그림 15.5] 컴포넌트와 입자성

커다란 컴포넌트를 재사용하는 것은 좀 더 많은 노력을 절약할 수 있습니다. 따라서 커다란 컴포넌트가 비즈니스에서 더 많은 가치를 가져다 주게 됩니다. 작은 컴포넌트는 그만큼 더 자주 재사용될 수 있지만, 그다지 노력을 절약시켜 주지는 못합니다. 이것은 작은 컴포넌트가 비용 효율적이지 못하다는 것을 의미합니다. 가장 커다란 유형의 컴포넌트는 미리 구축된 애플리케이션 패키지로 볼 수 있습니다. 그러나 미리 구축된 애플리케이션이 최선의 경제성을 제공해 줄지는 몰라도 비즈니스의 요구사항과 일치하는 것을 찾아내기는 결코 쉽지 않다는 단점을 갖고 있습니다. 또한 커다란 컴포넌트는 변화에 대하여 그다지 유연성을 갖지 못합니다. 이러한 비유연성은 컴포넌트를 사용하고자 하는 이점을 잃어버린다는 것을 의미하며, 따라서 커다란 컴포넌트는 좀 더 작은 컴포넌트로 구성되어야 할 필요가 생깁니다. 결국 컴포넌트의 입자의 크기는 유연성 사이의 타협에서 결정되어야 하며, 이것은 비즈니스에 따라 달라지게 됩니다. 그러나 이런 모든 점을 종합해 볼 때 컴포넌트의 입자에 대한 하나의 결론은 가치있는 컴포넌트는 좀 더 작은 것보다는 좀 더 큰 것이 될 가능성이 많다는 것입니다.

현대의 소프트웨어 시스템이 직면해 있는 가장 큰 도전은 고객의 요구가 끊임없이 변하고 있다는 것입니다. 실타래처럼 얽히고설켜 커다란 하나의 덩어리로 구성되어 있는 소프트웨어 시스템은 이러한 고객의 요구 변화에 신속하고 유연하게 대처하기 어렵습니다. 그러나 앞에서 살펴본 바와 같이 컴포넌트로 구성되어 있는 소프트웨어 시스템은 느슨한 결합도((loosely-coupled)와 큰 입자

15장 객체지향 너머

(coarse-grained)의 특징을 가지므로 신속하고 유연하게 고객의 요구 변화에 대처할 수 있다는 장점을 갖게 됩니다.

결국 CBD(Component-Based Development)란 느슨한 결합도((loosely-coupled)와 큰 입자(coarse-grained)의 특징을 갖는 컴포넌트를 기반으로 소프트웨어 시스템을 개발함으로써 고객의 요구 변화에 신속하고 유연하게 대처하고자 하는 것을 목표로 하는 것입니다.

CBD에는 두 가지 형태의 개발 방법이 있습니다. 그 하나는 컴포넌트 자체를 개발하는 CD(Component Development)이고, 다른 하나는 이미 구축되어 있는 컴포넌트를 사용하여 소프트웨어 시스템을 개발하는 CBSD(Component Based Software Development)입니다.

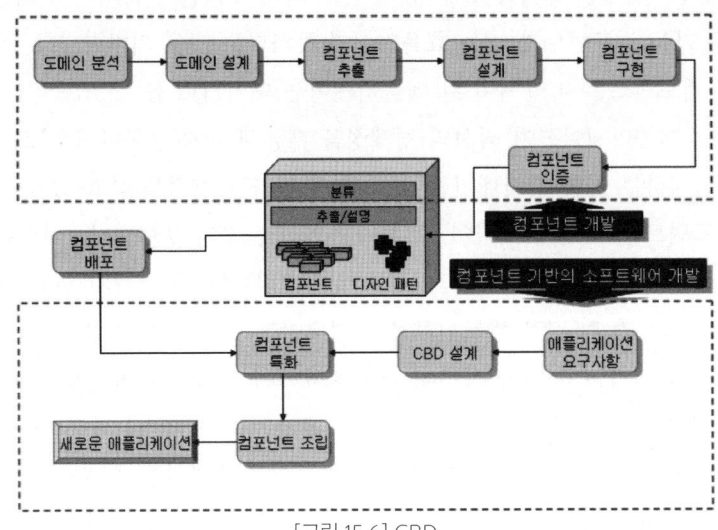

[그림 15.6] CBD

컴포넌트 개발(Component Devlopment, CD)은 완전한 소프트웨어 시스템을 만드는 것이 아니라 다른 소프트웨어 시스템에 포함될 부품을 만드는 것입니다. 위 그림의 상단에 해당하는 것이 컴포넌트 개발 과정입니다. 여기에서 개발되는 컴포넌트는 여러 소프트웨어 시스템 개발에 재사용될 목적으로 만들어야 하기 때문에 해당 업무 도메인에 대한 분석이 매우 중요합니다. 예를 들어, 은행 도메인에 필요한 컴포넌트를 개발한다고 할 때, 특정 은행에만 초점을 맞추어 개발된다면 다른 은행에서 해당 컴포넌트에 대한 재사용성이 떨어지게 될 것입니다. 그보다는 여러 다양한 은행 소프트웨어 시스템에 공통적으로 필요한 기능을 가진 컴포넌트를 개발해야 재사용성이 높아지게 되고, 이 때 비로소 컴포넌트 기반 개발 방법이 효과를 발휘할 수 있게 될 것입니다.

컴포넌트 기반 소프트웨어 개발(Component-Based Software Development, CBSD)은 이미 개발된 컴포넌트들을 조립하여 비즈니스의 요구사항을 충족시키는 소프트웨어 시스템을 개발하는 것을 말합니다. 이 개발 과정에서 중요한 것은 소프트웨어 시스템을 처음부터 개발하는 것이 아니라, 이미 잘 개발되어 있는 컴포넌트 즉, 부품들을 그대로 또는, 특화시킨 후 컴포넌트를 조립하여 소프트웨어 시스템을 개발하자는 것입니다. 이것이 소프트웨어 시스템의 개발 시간을 단축시킬 뿐만 아니라, 소프트웨어 시스템 개발에 필요한 인력이나 비용의 절감 효과를 가져올 수 있다는 것입니다. 앞의 그림에서 하단 부분에 해당하는 것이 컴포넌트 기반의 소프트웨어 개발 방식에 해당됩니다.

그러나 이와같은 견해는 다분히 이상적입니다. 이것은 현실적으로 컴포넌트의 성숙 단계가 높아졌을 때라야 비로소 가능한 것이 아닌가 싶습니다. 다음 그림은 컴포넌트의 성숙 단계를 표현하는 버틀러 그룹의 컴포넌트 성숙 모델(Component Mature Model)입니다.

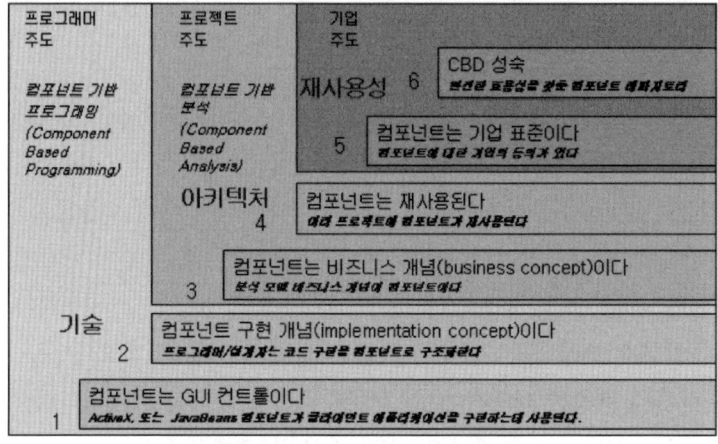

[그림 15.7] 컴포넌트 성숙 모델

15장 객체지향 너머

필자의 생각으로는 위 그림의 컴포넌트 성숙 모델에 따르면 현재의 컴포넌트 성숙도는 2 단계 정도에 머무르고 있는 것으로 판단됩니다. 사실 기업이 주도하는 재사용성의 5, 6 단계로 발전하는 데는 많은 부담이 따릅니다. 컴포넌트 특히, 업무 로직을 포함하고 있는 비즈니스 컴포넌트의 경우에 많은 업무 담당자들이 자신의 업무 프로세스가 다른 사람들의 것과 동일하지 않기를 바라기 때문에 실제로 비즈니스 컴포넌트가 재사용될 가능성은 그리 많지 않습니다. 더군다나 비즈니스 컴포넌트를 상용으로 판매하고자 한다면 앞의 이유로 인해 대상 시장을 찾기 어려울 것입니다. 물론, 같은 도메인의 기업들이 연합하여 같은 업무 프로세스를 정의하고 사용한다면 가능하겠지만 현실적으로는 아직은 어려울 듯 싶습니다.

현실적으로 볼 때 GUI 컨트롤을 재사용하는 컴포넌트의 성숙도를 기대하는 것도 만만치 않은 일입니다. 만약 여러분이 그리드(grid) 컨트롤을 컴포넌트로 제작하여 판매한다고 가정해 보겠습니다. 아마도 여러분은 사용자 또는 개발자마다 서로 다른 다양한 요구사항이 존재한다는 것을 쉽게 발견하게 될 것입니다. 어떤 사람들은 필수적인 몇개의 기능만을 포함하는 가벼운 컨트롤을 원할 것이고, 어떤 사람들은 무겁지만 여러 가지 다양한 기능이 포함된 컨트롤을 원할 것입니다. 만약 여러분이 이들 모두의 요구 사항을 충족시켜 주기 위해서는 결국 여러 가지 다양한 기능이 포함된 일반화된 그리드 컨트롤을 구현할 수 밖에 없을 것입니다. 그러나 이 경우에는 필수적인 간단한 기능만을 필요로 하는 소프트웨어 시스템에서 이 컨트롤은 최적화된 솔루션을 제공하는데는 실패하게 됩니다. 결국 소프트웨어 시스템은 쓸데없는 여분의 기능을 포함하게 되기 때문입니다.

이것은 아마도 CBD를 재사용성(reusability)의 이점이라는 시각에서만 바라보기 때문이 아닌가 생각됩니다. 그러나 CBD가 재사용성의 이점만을 주는 것은 아닙니다. 사실 많은 CBD 옹호론자들이 컴포넌트의 재사용성에 대해 주장하고 있지만, 필자는 CBD의 이점이 재사용성보다는 대체성(replaceability)에 있다고 생각합니다. 앞에서 언급한 바와 같이, 끊임없이 변화하는 고객의 요구를 소프트웨어 시스템에 신속하고 유연하게 반영하기 위한 가장 좋은 방법은 기존의 컴포넌트를 변화된 고객의 요구 사항을 반영한 새로운 컴포넌트로 손쉽게 대체하는 것입니다. 이것은 컴포넌트가 독립적인 기능을 포함하고 있고, 느슨한 결합도((loosely-coupled)와 큰 입자(coarse-grained)의 특징을 갖고 있기 때문에 가능한 일입니다.

이와같이 컴포넌트의 대체성(replaceability)의 이점을 최대한 활용할 수 있기 위해서는 최소한 컴포넌트를 비즈니스 개념(business concept)으로 간주하는 컴포넌트 성숙 모델의 3 단계를 만족해야 합니다. 여기에 한 걸음 더 나아가 기업 내부에서 비즈니스 개념을 구현하는 컴포넌트를 여러 부서에서 재사용하는 4 단계 컴포넌트 성숙 모델까지 이를 수 있다면 그것만으로도 CBD가 주는 이점은 크다고 할 수 있습니다.

이러한 컴포넌트 기반의 개발 방법은 CORBA(Common Object Request Broker), COM/DCOM(Distributed Component Object Model), RMI(Remote Method Invoke) 등 컴포넌트 기반 분산 객체 기술과 함께, CCM(CORBA Component Model), COM+, EJB(Enterprise Java Beans) 등의 컴포넌트 컨테이너(component container)가 컴포넌트가 실행되는 환경과 서비스를 제공해 주기 때문에 가능한 일이 되었다고 할 수 있습니다. CORBA, DCOM, RMI 등의 분산 객체 기술은 컴포넌트를 리모트에서 접근할 수 있게 하는 기반 기술(infrastructure techonology)을 제공하였으며, CCM, COM+, EJB 등이 컴포넌트 컨테이너로서 컴포넌트가 실행되는 환경과 서비스를 제공해 주고 있습니다.

컴포넌트 다음에 등장한 소프트웨어 개념이 서비스입니다. 서비스(service)란 외부 소비자에게 제공할 수 있는 구별된 기능(discrete function)이며, 개별 비즈니스 기능(business function)이거나 하나의 비즈니스 프로세스(business process)를 형성하는 기능들의 집합(collection of functions)일 수 있습니다. 다시 말해 비즈니스 프로세스 안에서의 반복적인 작업(repeatable tasks)이 서비스이며, 비즈니스 프로세스 그 자체도 서비스가 될 수 있습니다. 예를 들어, 주문 프로세스는 여러 반복적인 작업 즉, 서비스들로 구성되지만, 그 자체가 주문 서비스가 될 수도 있습니다. 비즈니스 관점에서 본다면 처음부터 끝까지 사람이 수행하는 수작업을 통해 한 회사가 다른 회사에게 서비스를 제공하는 것이 가능합니다. 서비스에 관한 사항을 적절하게 규정한 계약서가 있는 한 비즈니스 관점에서는 서비스 즉, 비즈니스 서비스(business service)인 것입니다.

15장 객체지향 너머

비즈니스 서비스를 반드시 소프트웨어를 기반으로 구축해야 하는 것은 아닙니다. 그러나 우리의 주제는 비즈니스 서비스의 자동화(automation) 즉, 소프트웨어 서비스(software service)입니다. 기술적인 관점에서 서비스 즉, 소프트웨어 서비스는 한 컴퓨터 시스템이 다른 컴퓨터 시스템에게 제공하는 IT 기능과 성능입니다. 우리는 특별한 언급이 없는 한 소프트웨어 서비스를 그냥 서비스라고 부르기로 하겠습니다.

서비스는 다음과 같은 특징을 갖습니다.

- 서비스는 외부와 공유할 수 있는 비즈니스 기능(sharable busines function)을 캡슐화합니다
- 서비스는 명확하며 구현 독립적인 인터페이스(explicit, implementation-independent interface)로 정의됩니다
- 서비스는 위치 독립성(location transparency)과 상호운영성 (interoperability)을 강조하는 커뮤니케이션 프로토콜(communication protocol)을 통해 호출됩니다

어떤 비즈니스 기능(business function)도 서비스가 될 수 있습니다. 그러나 비즈니스 기능이 외부와 공유함으로써 재사용할 수 있는 것이면 더 좋습니다. 서비스 지향 개념에서의 서비스의 목적은 하나 이상의 여러 시스템에서 공유되고 재사용될 수 있는 것입니다.

명확한 인터페이스를 사용하여 서비스 기능을 정의하고 캡슐화하는 것은 서비스를 재사용할 수 있게 하는 아주 중요한 요소입니다. 인터페이스는 서비스 소비자(service consumer)와 서비스 공급자(service provider) 사이의 상호작용에서 사용될 수 있는 프로세스와 행위를 캡슐화해야 합니다. 명확한 인터페이스의 정의 즉, 계약(contract)은 서비스 소비자와 서비스 공급자를 연결시켜 줍니다. 따라서 인터페이스는 상호작용에 필요한 행위만을 명시해야 하며, 서비스 소비자나 서비스 공급자의 구현에 대해서는 아무런 관심을 가질 필요가 없습니다. 이러한 방식으로 상

호작용을 명확하게 정의함으로써 서로에 대해 영향을 미치지 않고 자유롭게 구현을 변경할 수 있게 됩니다.

서비스를 접근하는데 어떤 하나의 프로토콜만 사용되어야 한다고 명시하지는 않습니다. 서비스는 커뮤니케이션 프로토콜에 제한을 받지 않으며, 오히려 프로토콜에 독립적으로 정의됩니다. 이러한 프로토콜 독립적인 특징은 같은 서비스를 여러 개의 다른 프로토콜을 사용하여 접근할 수 있게 합니다. 이상적이라면 하나의 서비스는 서비스 인터페이스를 통해 한 번만 정의되어야 하며, 서로 다른 접근 프로토콜로 여러 개를 구현할 수 있습니다. 또한, 서비스는 단 하나의 표준 기반의 인터페이스를 사용함으로써 실제 구현과 독립적인 방식으로 호출(invoke)되고, 출판(publish)되고, 발견(discover)되어야만 합니다.

서비스 지향(service-orientation)은 서비스라고 하는 개념을 중심으로 서로 통합하여 비즈니스 요구사항을 충족하는 방식을 말합니다. 다시 말해, 연결된 서비스의 집합으로 비즈니스를 통합하는 방식(a way of integrating business as a set of linked services)이 서비스 지향입니다. 각각의 수직 또는 수평적인 비즈니스 분야에서 서비스를 정의할 수 있다면, 이들 서비스를 더 큰 비즈니스 프로세스로 합성함으로써 이들 비즈니스 분야를 연결시킬 수 있게 됩니다. 마찬가지로 비즈니스 분야의 주요 서비스들을 여러 개의 기본적인 서비스로 분할하여 이들 서비스를 재합성함으로써 손쉽게 비즈니스 프로세스를 변경할 수 있게 됩니다. 이렇게 함으로써 서비스 지향은 비즈니스에게 유연성(flexibility)이라고 하는 커다란 이점을 제공합니다.

서비스 지향은 다음과 같은 4가지 원칙을 갖습니다.

- 경계가 명확하다(Boundaries are explicit. - Respect my boundaries.)
- 서비스는 자치적이다(Services are autonomous - Don't be codependent.)
- 서비스는 클래스 대신 스키마와 계약을 공유한다(Services share schema and contract, not class - Don't expect me to overshare.)

15장 객체지향 너머

- 서비스 호환성은 정책에 의해 결정된다(Service compatibility is determined based-on policy – The fact that I can doesn't mean I will.)

서비스 지향 애플리케이션은 흔히 넓은 지역, 여러 신뢰 기관, 서로 다른 실행 환경에 산재한 서비스들로 구성되며, 서비스 사이의 상호작용은 필연적으로 경계를 교차하게 됩니다. 경계를 교차하는데는 복잡도나 성능 관점에서 볼 때 큰 비용이 수반될 수 있습니다. 서비스 지향 설계는 이러한 비용을 인식하여 경계 교차에 프리미엄을 부과합니다. 이를 위하여 프로그램의 모든 기능을 자동적으로 외부에 노출하는 대신 자발적(opt-in)이고, 명시적(explicit)으로 선언된 기능에 한하여 경계 외부와의 상호작용을 허락합니다. 또한 경계 교차 커뮤니케이션의 비용 때문에 서비스 지향성은 비용 요소가 은폐되는 묵시적 메서드 호출보다는 이를 분명히 드러내는 명시적 메시지 전달 모델에 기초합니다. 이로 인하여 다양한 메시지 전달 시나리오를 효과적으로 구사할 수 있으며, 보다 높은 수준의 동시성을 실현할 수도 있습니다.

서비스의 자치성은 서비스들을 배포하고 버전을 관리하는 여러 측면에 중대한 영향을 미치게 됩니다. 서비스 지향 개발에서는 모든 서비스를 일괄적으로 배포하지 않습니다. 개별 서비스는 물론 원자적으로 배포되지만 전체 시스템의 총괄적 배포 상태는 정지 상태에 있는 것이 아닙니다. 예를 들어 어떤 서비스는 이를 사용하는 어떤 시나리오나 애플리케이션도 개발되지 않은 시점에 먼저 배포될 수도 있습니다. 서비스 지향 애플리케이션은 관리자나 개발자의 직접적인 개입이 없이도 시간에 따라 진화할 수 있습니다. 결국 서비스 지향성은 서비스 간 상호작용의 복잡도를 감소시켜 편재성을 증진시키기 위한 모델인 셈입니다. 독자적 서비스로 구성된 시스템은 고장과 보안 이슈에도 새로운 대처 방법을 요구합니다. 서비스는 클라이언트가 어떠한 통지도 없이 불능 상태에 빠질 수 있음을 가정해야 합니다. 시스템의 무결성을 유지하기 위하여 서비스 지향 설계는 트랜잭션이나 이중화 배포 등과 같이 부분 고장 모드에 대처하는 여러 기술을 사용하여야 합니다. 또한 많은 서비스가 공용 네트워크에 배포될 수 있으므로 서비스 개발자는 악의적인 목적을 지닌 모든 비정상적 입력에 대처하여야 하며, 사용자 인증과 권한 부여와 같은 보안 기능을 고려하여야 합니다.

객체지향 프로그래밍은 개발자들이 클래스 형태로 새로운 추상화를 작성하는 것을 권장합니다. 다수의 현대적 개발 환경은 새로운 클래스의 작성을 용이하게 할 뿐만 아니라 클래스의 개수가 증가하더라도 개발 과정을 보다 단순하게 하는 여러 수단을 제공합니다. 클래스는 구조와 동작을 단일 구문에 표현할 수 있는 편리한 추상화를 제공합니다. 애플리케이션의 모든 구성 요소를 한꺼번에 실험하고 배포할 수 있는 객체 지향 개발에서는 구조와 동작, 특히 상속에 의존하여 코드까지 공유하는 관행이 효과적인 개발 전략일 수 있습니다. 개별 서비스의 독자성이 강조되는 서비스 지향 개발에서는 현실적으로 이러한 수준의 친근성을 결코 기대할 수 없으므로 구조와 동작을 엄격하게 분리하는 전략에 의존합니다. 즉 서비스는 자신이 전달하거나 전달받을 수 있는 메시지의 구조(스키마)와 메시지 교환 패턴을 정의한 계약만을 외부에 공개합니다. 스키마는 데이터 형이나 클래스 대신 메시지의 유효성 여부를 머신이 판독하고 검증할 수 있는 형태로 표현합니다. 서비스를 위한 스키마와 계약은 넓은 범위의 시간과 위치에서 참조될 수 있으므로 극도의 안전성을 요구합니다.

객체지향 설계에서는 구조적 호환성과 의미적 호환성이 종종 혼동되지만 서비스 지향성에는 이들을 별도로 취급합니다. 즉 구조적으로 호환되는 서비스라 하더라도 의미적 호환성이 보장되지 않으면 상호작용을 허락하지 않습니다. 구조적 호환성은 계약과 스키마에 의존하며 의도적으로 혹은 자동적으로 검증할 수 있습니다. 한편 의미적 호환성은 정책 형태로 표현된 기능과 요구사항의 명시적 선언에 의존합니다. 모든 서비스는 자신의 기능과 요구사항을 머신 판독이 가능한 형태의 정책 식(policy expression)으로 표현합니다. 정책 식은 해당 서비스의 정상적 동작을 위하여 반드시 만족해야 하는 조건과 보장사항(흔히 단언이라고 함)을 나타냅니다. 정책 단언(policy assertion)은 전세계적으로 유일하고 안정적인 명칭으로 확인됩니다. 정책 단언은 그 단언의 정확한 해석을 위한 매개변수를 포함할 수도 있습니다.

서비스 지향 아키텍처(SOA, service-oriented architecture)란 비즈니스와 비즈니스를 지원하는 정보 시스템이 더욱 밀접한 관계를 맺도록 서비스 지향 원칙에 따라 기업 IT 아키텍처(enterprise IT architecture)를 생성하는 일종의 아키텍처 스타일(architectural style)입니다. SOA 아키텍처 스타일은 다음과 같이 3가지 구성요소로 구성되어 있습니다.

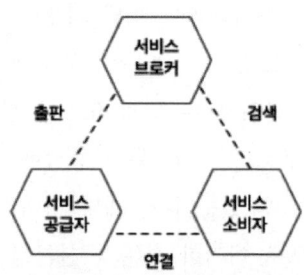

[그림 15.8] SOA 아키텍처 스타일

서비스 공급자(service provider)가 서비스 디렉터리(service directory)에게 자신이 공급할 서비스를 출판(publish)하면, 서비스 소비자(service consumer)가 해당 서비스가 필요할 때 서비스 디렉터리에서 찾습니다. 이 때 서비스 디렉터리는 서비스 소비자가 요청한 서비스를 공급할 수 있는 서비스 공급자를 연결시켜 주고, 이제 서비스 소비자는 서비스 공급자로부터 서비스를 공급받을 수 있게 됩니다.

이러한 아키텍처 스타일을 기반으로 다음과 같이 다양한 관점에서 SOA를 이해할 수 있습니다.

- 컴포넌트 모델 관점에서의 SOA
- 애플리케이션 아키텍처 관점에서의 SOA
- 통합 아키텍처 관점에서의 SOA

SOA를 일종의 컴포넌트 모델(component model)로 이해할 수 있습니다. 즉, SOA는 서비스라고 하는 애플리케이션의 서로 다른 기능 단위들을 잘 정의된 인터페이스와 서비스 사이의 계약을 통해서 상호연결하는 컴포넌트 모델입니다. 서비스 인터페이스는 하드웨어 플랫폼이나 운영체제, 프로그래밍 언어에 독립적인 형식으로 정의됩니다. 이것은 다양한 시스템 상에서 구축된 서비스들이 일관된 방식으로 상호작용할 수 있도록 해줍니다. 이와같이 특정한 구현에 얽매이지 않은 중립적으로 인터페이스를 정할 수 있는 특징을 느슨한 연결성(loosely coupling)이라고 하며, 느슨한 연결성을 갖는 시스템은 전체 애플리케이션을 구성하는 각 서비스의 내부 구조와 구현을 손쉽게 변경시킬 수 있는 민첩성과 유연성을 보유할 수 있게 됩니다.

SOA는 애플리케이션 아키텍처(application architecture)이기도 합니다. 모든 서비스가 디스크립션 언어(description language)로 서비스 사양이 정의되며, 비즈니스 프로세스를 수행하는데 호출될 수 있는 인터페이스를 갖고 있습니다. 각 상호작용은 서로 독립적이며, 모든 다른 상호작용과도 독립적입니다. 또한 커뮤니케이션하는 디바이스의 상호연결 프로토콜과도 독립적이어서 커뮤니케이션 시스템을 결정하는 인프라스트럭처 컴포넌트가 인터페이스에 영향을 미치지 않습니다. 인터페이스는 플랫폼 독립적이기 때문에 어떤 디바이스, 어떤 운영체제, 어떤 언어로 작성된 클라이언트에서도 서비스를 사용할 수 있습니다. 웹 서비스는 SOA를 가능하게 한 기술이지만, 그렇다고 SOA가 웹 서비스는 아닙니다. 웹 서비스가 SOAP이나 XML과 같은 기술들의 집합으로 이루어졌다면, SOA는 어떤 기술과도 독립적으로 실행될 수 있습니다.

SOA는 서비스라고 하는 개념에 기반을 둔 통합 아키텍처(integration architecture)입니다. 분산 시스템을 구축하는데 필요한 비즈니스와 인프라스트럭처 기능이 서비스로 제공되며, 최종 사용자 애플리케이션이나 다른 서비스에게 애플리케이션 기능을 전달합니다. SOA는 특정한 아키텍처 안에서 서비스가 커뮤니케이션할 수 있는 일관성 있는 메커니즘이 있어야 합니다. 이 메커니즘은 느슨한 결합성(loosely coupling)을 가져야 하며, 명확한 인터페이스(explicit interface)의 사용을 지원해야만 합니다.

SOA 기반의 시스템을 구축할 때 모형이 되는 레퍼런스 아키텍처(reference architecture)는 다음과 같이 크게 3 개의 레이어로 구성됩니다.

- 서비스 소비자 레이어(service consumer layer) : 하나 이상의 여러 서비스 공급자(service provider)가 제공하는 서비스를 사용하여 비즈니스가 직면해 있

는 문제에 대하여 솔루션을 구성합니다.

- 서비스 공급자 레이어(service provider layer) : 비즈니스의 핵심 기능을 표현하는 비즈니스 서비스 집합의 논리적인 관점을 제공하며, 서비스 구현과 소비자 애플리케이션 사이를 연결하는 역할을 합니다.
- 컴포넌트 레이어(component layer) : 구현된 애플리케이션, 비즈니스 객체 및 구현 등을 지원하는 다양한 환경을 표현합니다.

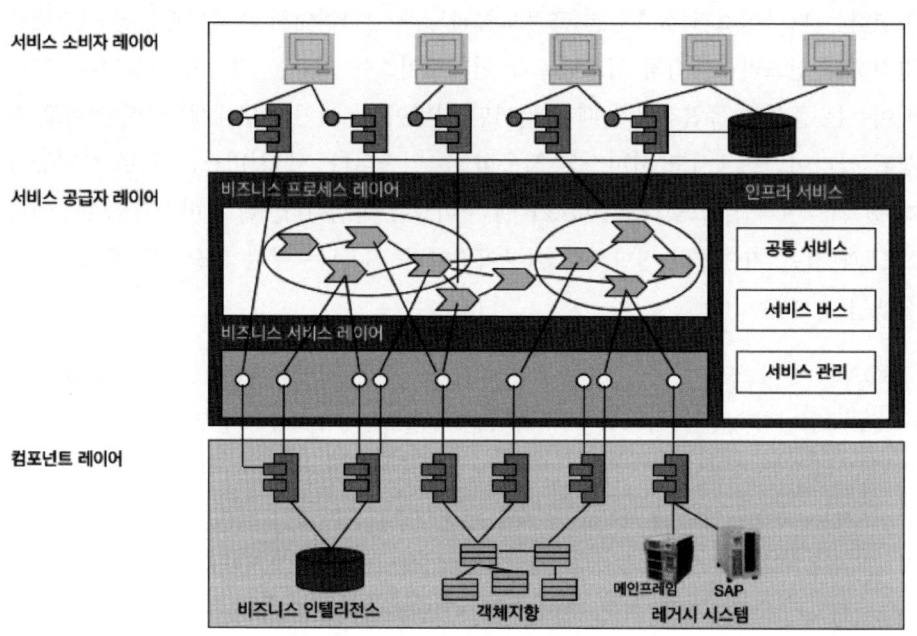

[그림 15.9] SOA 레퍼런스 아키텍처

SOA 기반의 레퍼런스 아키텍처는 기본적으로 레이어 아키텍처 스타일(layered architectural style)을 사용합니다. 레이어 아키텍처 스타일은 소프트웨어를 레이어(layer)라고 하는 단위로 분할합니다. 레이어는 응집력이 강한 서비스의 집합을 제공하는 모듈의 컬렉션으로서, 인터페이스를 통해 다른 모듈에 서비스를 제공하며, 다른 레이어에서는 해당 레이어가 제공하는 서비스가 어떻게 구현되었는지 모르고도 제공되는 인터페이스를 통해 서비스를 사용할 수 있습니다. 각 레이어는 엄

격한 순서(ordering) 관계에 따라 상호작용을 합니다.

SOA 레퍼런스 아키텍처에서는 서비스 소비자 레이어와 서비스 공급자 레이어, 컴포넌트 레이어 등 3개 레이어로 아키텍처를 분리하고 있습니다. 이렇게 함으로써 비즈니스 서비스와 서비스를 사용하는 소비자, 그리고 서비스를 구현하는 컴포넌트가 서로에 대하여 느슨한 연결성(loosely-coupling)을 갖도록 설계할 수 있게 됩니다. 그러므로 비즈니스의 변화가 발생하여 비즈니스 서비스를 변경해야 하는 경우에도 이 서비스를 사용하는 소비자에게 영향을 주지 않습니다. 마찬가지로 비즈니스 서비스에 영향을 주지 않고도 컴포넌트 레이어에서 비즈니스 서비스를 구현하는 컴포넌트를 자유롭게 수정할 수 있게 됩니다. 결국 SOA 레퍼런스 아키텍처는 비즈니스 변화에 대해 민첩하고 효율적으로 변경할 수 있는 기반 구조를 제공할 수 있게 합니다.

SOA 기반 레퍼런스 아키텍처의 중심에는 서비스 공급자 레이어(service provider layer)가 있습니다. 서비스 공급자 레이어는 공유 비즈니스 서비스의 공급자 관점에서 비즈니스의 핵심 기능을 표현하는 비즈니스 서비스 집합의 논리적인 관점을 제공합니다.

서비스 공급자 레이어는 다시 비즈니스 프로세스 레이어(business process layer)와 비즈니스 서비스 레이어(business service layer), 그리고 이들 서비스 레이어에 인프라스트럭처(infrastructure)를 제공하는 인프라 서비스(infra service) 등 3개의 서브 레이어(sub-layer)로 구분됩니다.

비즈니스 프로세스 레이어(business process layer)는 비즈니스 프로세스 로직에 따라 비즈니스 서비스를 통합하는 서비스를 제공합니다. 따라서 비즈니스 프로세스 레이어에는 프로세스 서비스(process-centric service)가 놓이게 됩니다. 프로세스 서비스란 비즈니스 프로세스의 실행 흐름을 제어하는 서비스를 말합니다. 프로세스 서비스는 비즈니스 프로세스(business process)를 캡슐화하며, 비즈니스 프로세스 로직을 제어하고 비즈니스 프로세스의 상태(state)를 관리합니다. 비교적 복잡한 비즈니스 룰도 프로세스 서비스가 담당합니다. BPMS는 비즈니스 프로세스를 비즈니스 서비스로 노출할 수 있으며, 이 경우 비즈니스 프로세스 자체가 프로세스 서비스가 됩니다. 이와 함께 비즈니스 서비스 자체가 비즈니스 프로세스의 제어 흐름을 포

15장 객체지향 너머

함할 수도 있으며, 이러한 비즈니스 서비스도 프로세스 서비스로 간주할 수 있습니다.

비즈니스 서비스 레이어(business service layer)는 비즈니스의 핵심 기능을 표현하는 비즈니스 서비스를 제공합니다. 비즈니스 서비스는 크게 컴포지트 서비스(composite service)와 기본 서비스(basic service)로 구분할 수 있습니다.

기본 서비스(basic service)는 용어 그대로 SOA의 기반이 되는 서비스로서, 수직적인 도메인(vertical domain)의 기본 요소를 표현합니다. 다시 기본 서비스는 데이터 서비스(data centric service)와 로직 서비스(logic centric service)로 구분됩니다. 데이터 서비스는 식별된 비즈니스 엔터티(business entity)의 데이터 저장과 조회, 로킹 메커니즘, 트랜잭션 관리 등을 담당합니다. 로직 서비스는 비즈니스 로직(business logic)과 비교적 간단한 비즈니스 룰(business rule)을 캡슐화 합니다. 중개 서비스도 기본 서비스에 포함시킬 수 있습니다. 중개 서비스(intermediary service)는 레거시 시스템(legacy system)과 연결하는 게이트웨이(gateway) 기능이나 기존 다른 서비스의 시그너처(signature)나 메시지 형식(message format)을 클라이언트가 요구하는 형식으로 맵핑시켜 주는 어댑터(adapter), 하나 이상의 기존 서비스에 대하여 통합되는 형식으로 다른 뷰를 제공하는 퍼사드(facade) 등의 기능을 제공하는 서비스입니다. 중개 서비스는 메인프레임이나 ERP(enterprise resource planning) 등 기존의 IT 리소스에 접근하여 게이트웨이(gateway)나 어댑터(adapter), 또는 퍼사드(facade) 등의 역할을 수행함으로써 레거시 시스템을 재사용할 수 있게 합니다. 경우에 따라서 중개 서비스를 BPMS가 제공하는 어댑터(adapter)로 대체할 수 있습니다.

컴포지트 서비스(composite service)는 기본 서비스를 조합하여 보다 큰 비즈니스 서비스 기능을 제공합니다. 컴포지트 서비스는 복잡한 제어 로직을 포함하며, 단위 서비스 공급자를 오케스트레이션함으로써 워크플로 기능도 제공합니다.

인프라 서비스(infra service)는 이들 레이어의 서비스들의 배포를 위한 공통적인 기반을 제공하며, 여기에는 위치 독립성(location independence), 실패 복구(fail over), 서비스 및 프로세스 관리, 그리고 기타 QoS(quality of service) 특성들을 제공하기 위한 서비스들이 포함됩니다. 공통 서비스(common service)에는 로깅

(logging), 감사(auditing), 보안(security), 에러 처리(error handling)와 같이 모든 서비스에 필요한 핵심 기능이 제공됩니다. 서비스 버스(service bus)는 일반적인 미들웨어 솔루션에서의 전통적인 메시지 브로커(message broker) 또는 소프트웨어 버스(software bus)와 같은 방식으로 라우팅(rotuing)과 변형(transformation) 서비스를 제공하며, ESB(enterprise service bus) 개념을 활용할 수 있습니다. 서비스 관리(service management)에는 비즈니스 서비스와 비즈니스 프로세스를 관리하고 모니터링하는 기능이 제공되며, 여기에는 비즈니스 서비스 레파지토리(repository)와 BPM(business process management), BAM(business activity monitoring) 등이 포함됩니다. 이들 인프라 서비스는 많은 기업에 있어서 새로운 개념이 되겠지만, 서비스 지향 엔터프라이즈(service-oriented enterprise)를 성공적으로 구축하기 위한 핵심이 됩니다.

프로세스 서비스(process service)는 프로세스 액티비티를 수행할 때 비즈니스 서비스를 호출하여 서비스를 제공합니다. 즉, 프로세스 서비스는 프로세스 흐름에 따라 비즈니스 서비스를 통합하여 구성됩니다. 마찬가지로 컴포지트 서비스도 여러 서비스를 통합하여 보다 넓은 의미의 서비스를 제공합니다. 이와같은 비즈니스 서비스의 통합 구성에는 두 가지 접근 방법이 있습니다. 하나는 오케스트레이션(orchestration)이고, 다른 하나는 코리오그라피(choreography)입니다. 이들 두 개념은 비즈니스 서비스의 통합이란 면에서 어느 정도 중첩됩니다. 그러나 오케스트레이션은 비즈니스 프로세스 관점에서 비즈니스 서비스를 통합하지만, 코리오그라피는 비즈니스 협업(business collaboration)이란 관점에서 비즈니스 서비스를 통합한다는 점에서 다릅니다.

15장 객체지향 너머

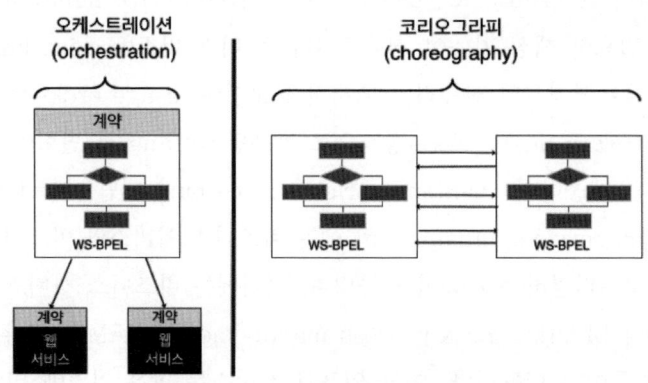

[그림 15.10] 오케스트레이션과 코리오그라피

오케스트레이션은 주로 기존의 비즈니스 서비스를 재사용하는 컴포지트 서비스(composite service) 또는 프로세스 서비스(process service)를 정의하기 위해 사용합니다. 이에 대하여 코리오그라피는 여러 참여자가 보다 큰 비즈니스 트랜잭션(business transaction)의 일부로서 거래 파트너끼리 메시지를 교환함으로써 피어-투-피어(peer-to-peer) 방식으로 협업하는 방식을 정의하기 위해 사용됩니다.

오케스트레이션과 코리오그라피 사이의 커다란 차이점은 오케스트레이션이 비즈니스 프로세스를 주도하는 하나의 참여자 관점에서 여러 비즈니스 서비스를 통합하는 계층적인 요청자/공급자(hierarchical requester/provider) 모델을 사용하는 반면에, 코리오그라피는 비즈니스 프로세스 안에서 다수의 참여자가 피어-투-피어(peer-to-peer) 방식으로 협업하는 모델을 사용한다는 것입니다. 따라서 기업 내부 프로세스 통합을 위해서는 오케스트레이션을 사용하고, 기업 사이의 프로세스 통합에는 코리오그라피를 사용하는 것이 바람직합니다.

서비스 소비자 레이어(service consumer layer)는 비즈니스 서비스의 소비자 관점에서 정의되는 개별 애플리케이션의 솔루션을 표현합니다. 일반적으로 서비스 소비자 레이어의 애플리케이션은 서비스 공급자 레이어에서 제공하는 공유 비즈니스 서비스를 사용하여 비즈니스가 직면해 있는 문제에 대하여 솔루션을 구성하게 됩니다. 그러나 공유 비즈니스 서비스가 제공하지 않는 솔루션에 대해서는 서비스 소비자 레이어의 애플리케이션에서 개별적으로 구현할 수 있으며, 자체 구현을 위한 데이터의 정보를 별도의 데이터베이스를 통해 관리할 수 있습니다.

컴포넌트 레이어(component layer)는 서비스 공급자의 구현 관점에서 공유 비즈니스 서비스의 구현 기능을 제공합니다. 컴포넌트 레이어를 도입하는 가장 큰 이점은 기존의 IT 리소스를 재사용할 수 있게 한다는 점입니다. 이전까지 주류를 이루었던 CBD(component-based development) 환경에서 구현되었던 비즈니스 컴포넌트를 재사용하여 비즈니스 서비스의 구현 기능을 제공할 수 있습니다. 또한 서비스 아키텍처가 공유 비즈니스 서비스의 구현 세부사항을 애플리케이션 아키텍처에게 감춤으로써, 애플리케이션 아키텍처에 독립적으로 컴포넌트 아키텍처를 자유롭게 변경 및 구성할 수 있게 됩니다.

사실 따지고 보면 SOA의 궁극적인 목적도 '통합'입니다. 그러나 기존의 통합 논의가 주로 IT 리소스를 통합하는 IT 통합에 집중한 반면에, SOA에 있어서 통합은 IT 통합 뿐만 아니라, 비즈니스와 비즈니스의 통합, 더 나아가 비즈니스와 IT 사이의 통합을 강조합니다. BPM이 비즈니스와 비즈니스 사이의 통합을 이야기한다면, IT 사이의 통합을 이야기하는 것은 SOA 아키텍처입니다. 그리고 서비스 지향 개념은 이 둘을 포괄하는 비즈니스와 IT 사이의 통합을 이야기합니다. SOA 아키텍처가 IT 사이의 통합을 제공하지만, 그렇다고 단순히 IT 사이의 통합만을 제공하는 것은 아니어야 합니다. 단순한 IT 사이의 통합이라면 EAI(enterprise application integration)만으로도 족합니다. 그러나 IT 사이의 통합은 비즈니스와 비즈니스 사이의 통합, 그리고 비즈니스와 IT 사이의 통합을 가능케 하는 기반을 제공해주어야 합니다. SOA 아키텍처의 IT 사이의 통합이 기존 IT 사이의 통합과 다른 점이 이것입니다.

Enterprise Service Bus(ESB)의 개념은 hub-and-spoke EAI 브로커의 한계를 넘어서 확장될 수 있는, 느슨한 결합도의 고도로 분산된 통합 네트워크를 위한 토대를 제공할 수 있는 새로운 통합 접근 방법입니다. ESB는 표준 기반의 통합 플랫폼으로서 메시징과 웹 서비스, 데이터 변형, 그리고 인텔리전트 라우팅을 결합하여 확장 기업(extedned enterprise)에 전개되어 있는 수많은 다양한 애플리케이션

15장 객체지향 너머

사이의 상호작용을 트랜잭션 무결성으로 연결하고 조절할 수 있도록 합니다.

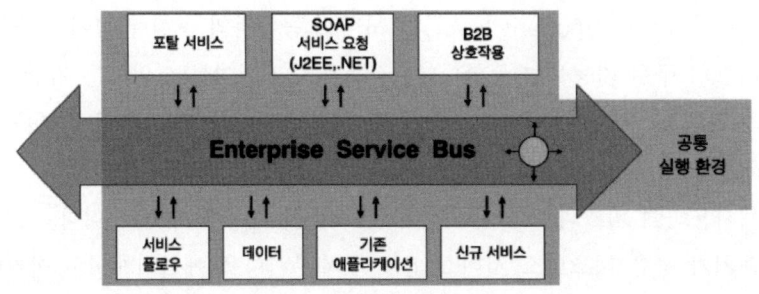

[그림 15.11] ESB

이전의 통합 노력과 달리, ESB에서 서비스는 코드로 작성된다고 하기 보다는 구성된다는 표현이 더 적절합니다. 프로세스 흐름과 서비스 호출은 전체 분산된 버스로 투명하게 확장될 수 있습니다. ESB는 hub-and-spoke 아키텍처의 범위를 넘어서 확장되는 고도로 분산된 통합 환경을 제공하며, 라우팅과 데이터 변형과 같은 통합 로직과 비즈니스 로직을 명확하게 분리합니다. ESB 아키텍처는 메시징 허브와 통합 서비스의 상호연결된 그리드(grid)를 구성합니다.

ESB는 SOA의 백본(backbone)입니다. 물론 ESB가 없다고 해서 SOA 시스템을 구축할 수 없는 것은 아닙니다. 그러나 서비스 소비자와 공급자 사이에 복잡하게 얽혀있는 많은 연결선이 있다면, 이것은 서비스 소비자와 공급자가 복잡한 연결 관계에 있다는 것을 의미합니다. 그리고 복잡한 연결 관계의 결과는 민첩성과 유연성의 결여를 가져옵니다.

ESB는 분산 통합 미들웨어 인프라스트럭처(distributed integration middleware infrastructure)로서 XML과 웹 서비스 지원, 그리고 컨텐트나 프로토콜의 변환, 인텔리전트 라우팅 기능을 제공합니다. 또한 MOM(message-oriented middleware)을 포함하거나 다른 MOM 트랜스포트 메커니즘을 지원할 수 있습니다.

ESB는 SOA를 효과적으로 구현하는데 필요한 중요한 상위 레벨의 서비스를 제공합니다. 여기에는 서비스 관리와 모니터링, 보안 등의 QoS 관리, 서비스 오케스트

레이션, 비동기 메시징과 요청-응답의 지원, 그리고 다양한 패키지 애플리케이션과 기술 플랫폼을 연결해주는 어댑터 등이 포함됩니다. ESB 아키텍처는 다음과 같습니다.

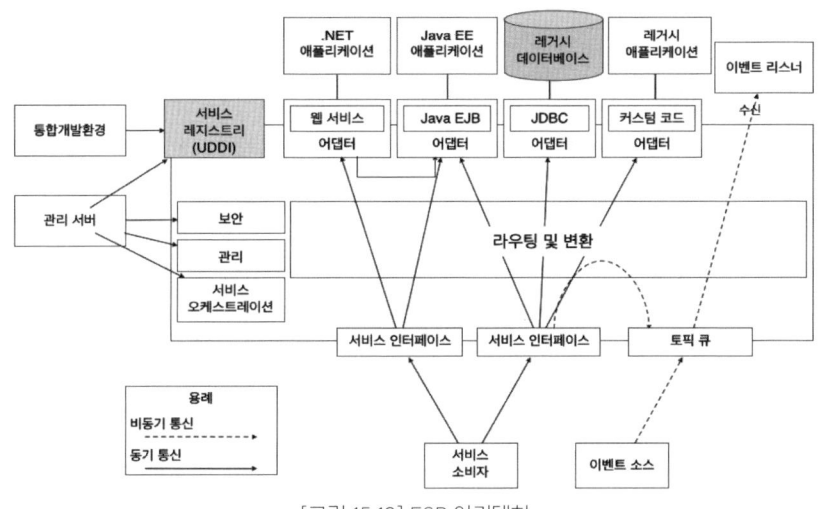

[그림 15.12] ESB 아키텍처

ESB가 제공하는 가장 기본적인 기능은 라우팅(routing)과 변환(transformation) 서비스로, 이들 두 서비스를 중재(mediation) 서비스라고 합니다. 서비스는 ESB를 통해서 서로 연결되어 있어야 하며 서비스 사이에 ESB를 통해서 컨텐트를 기반으로 메시지를 라우팅합니다. 컨텐트 기반 라우팅(CBR, content-based routing)은 메시지에 포함된 정보를 기초로 호출할 서비스를 선택하는 기능을 말합니다. 라우딩 시스스를 트랜스포트(transport) 서비스라고도 부릅니다. 변환(transformation) 서비스는 소비자와 서비스 사이의 전송 프로토콜을 변환하는 프로토콜 변환(protocol transformation)과 소비자와 서비스 사이의 메시지 형식을 변형시키는 컨텐트 변환(content transformation)으로 구분됩니다. 모든 서비스들이 같은 전송 프로토콜을 사용할 필요는 없기 때문에 ESB는 하나의 프로토콜을 다른 프로토콜로 변환하여 서비스 사이를 중재합니다.

15장 객체지향 너머

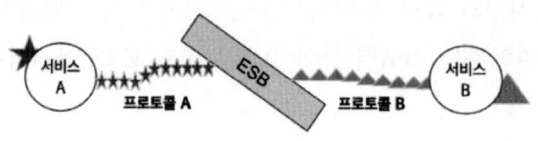

[그림 15.13] 프로토콜 변환 서비스

컨텐트 변환 서비스는 메시지 컨텐트의 형식을 변형하는 것입니다. 서비스의 핵심은 비즈니스 통합에 있으므로 ESB가 서비스 사이의 메시지 형식을 중재할 필요가 있습니다. 또한 컨텐트 변환 중재를 통해서 메시지에 정보를 추가하는 것이 가능합니다.

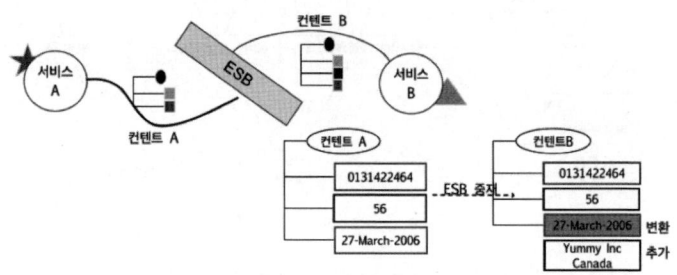

[그림 15.14] 컨텐트 변환 서비스

서비스 오케스트레이션(service orchestration)은 BPEL 표준을 지원하는 비즈니스 프로세스와 서비스 통합을 위한 엔진을 제공합니다. ESB 이벤트(event) 서비스는 이벤트를 탐지하고 발생시키며 배포하는 기능을 제공합니다. 이벤트가 발생하면 ESB가 이벤트를 탐지하여 서비스를 호출합니다. ESB가 제공하는 이벤트 서비스를 통해 이벤트 기반 SOA(event-driven SOA)를 실현할 수 있습니다. ESB는 QoS(quality of service) 관리 기능을 제공합니다. 보안, 신뢰성, 트랜잭션 등의 QoS를 정책(policy)으로 관리하며 서비스의 실행을 통제합니다. ESB는 서비스 레지스트리(registry)와 레파지토리(repository)를 통해 서비스를 관리하며, 서비스 거버넌스(service governance)를 통해서 서비스를 통제합니다.

마이크로서비스 아키텍처(MSA, MicroServices Archiecture)는 서비스 지향 아키텍처(SAO)의 일종입니다. 마이크로서비스 아키텍처는 작은 자치적인 서비스의 집합으로 구성되며, 각 서비스는 바운디드 컨텍스트(bounded context) 안에서 단일 비즈니스 기능을 포함하고 구현합니다. 바운디드 컨텍스트는 업무 부서와 같이 자연적으로 구분된 영역으로 독자적인 도메인 모델 안에 분명한 영역을 제공합니다.

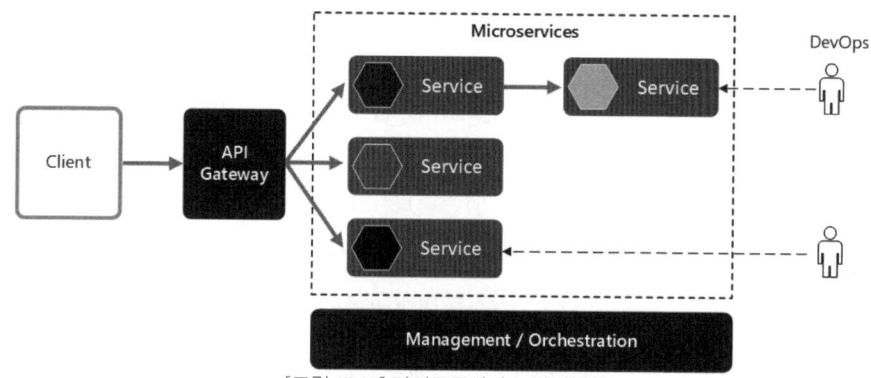

[그림 15.15] 마이크로서비스 아키텍처

위의 마이크로서비스 아키텍처 다이어그램은 ESB를 기반으로 하는 SOA 아키텍처와 닮아있습니다. ESB가 API 게이트웨이(gateway)로 대체된 것을 제외하고는 거의 동일합니다. ESB에 포함되어 있는 오케스트레이션과 관리 모듈이 외부로 분리된 정도입니다.

다음은 그림은 스프링 프레임워크의 마이크로소프트 아키텍처 다이어그램입니다.

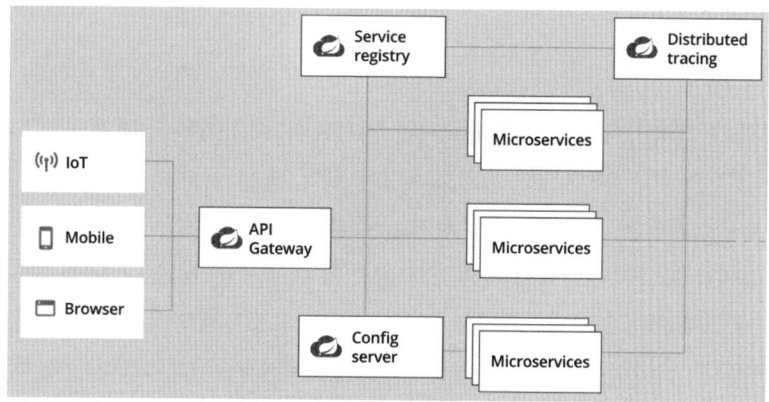

[그림 15.16] 스프링 프레임워크 마이크로소프트 아키텍처

위의 다이어그램에서 제시된 서비스 레지스트리(service registry)는 SOA 아키텍처 스타일의 세 가지 구성 요소 중 서비스 브로커(service broker)에 해당됩니다.

MSA 아키텍처가 SOA 아키텍처와의 차이점은 서비스가 작다는 것입니다. SOA 서비스가 서비스에 관한 사항을 적절하게 규정한 계약서가 있는 한 비즈니스 관점에서는 서비스 즉, 비즈니스 서비스(business service)인 반면에, MSA 서비스는 그 보다는 규모가 작은 비즈니스 기능을 제공한다는 점입니다. 또한 서비스를 구현하는 기술이 다릅니다. SOA 서비스는 XML 웹 서비스를 기반으로 하지만, MSA 서비스는 웹 리소스를 표현하는 REST 서비스를 기반으로 합니다. MSA 서비스를 gRPC 또는 GraphQL로 표현할 수도 있습니다. 그리고 마이크로서비스 아키텍처는 현대적인 기술을 대폭 수용하여 클라우드와 컨테이너 기반으로 서비스를 배포하고 관리한다는 점이 이전 기술인 SOA 아키텍처와의 차이점이라고 할 수 있습니다.

이러한 사례에서 볼 수 있듯이 새로운 기술과 아키텍처는 늘 이전 기술과 아키텍처를 기반으로 합니다. 마이크로서비스 아키텍처를 설명할 때 모노리식 애플리케이션 스타일을 항상 언급하지만 이 역시 SOA 아키텍처에서 강조하던 부분일 뿐입니다. 다만 새로운 아키텍처는 늘 해당하는 아키텍처를 지원하는 새로운 기술의 뒷받침이 있어야 합니다. MSA 아키텍처의 경우에는 API 게이트웨이, RESTful 서비스, gRPC, GraphQL, 도커(Docker), 클라우드(Cloud), 데브옵스(DevOps), ELK(Elastic Search, Logstash, Kibana) 스택 등 새로운 기술의 뒷받침으로 이전의 SOA 아키텍처보다는 좀 더 진보된 소프트웨어 시스템을 구축할 수 있게 됩니다.

우리가 객체지향에서 출발하였지만 객체지향 이전에는 절차적 프로그래밍이 있었습니다. 객체지향 프로그래밍이 객체 또는 클래스에 초점을 맞춘다면 절차적 프로그래밍은 절차 즉, 프로시저(procedure)에 초점을 맞춥니다. 사실 처음부터 객체지향 프로그래밍에서 출발한 사람들은 객체지향이라는 개념을 받아들이는 데 그다지 거부감이 없지만, 필자와 같이 절차적 프로그래밍에서 프로그래밍을 시작한 사람들은 객체지향 프로그래밍을 이해하기 어려웠습니다. 그것은 절차적 프로그래밍과 객체지향 프로그래밍의 패러다임이 다르기 때문입니다. 그런데 이제 새로운 패러다임의 프로그래밍이 등장합니다. 아니 이미 등장해 있습니다. 바로 함수형 프로그래밍입니다. 함수형 프로그래밍은 함수(function)에 초점을 맞춥니다. 절차적 프로그래밍과 객체지향 프로그래밍이 명령형 프로그래밍(impertive programming) 방식을 사용한다면 함수형 프로그래밍은 선언적 프로그래밍(declarative programming) 방식을 사용합니다. 이제 우리는 서서히 함수형 프로그래밍이라고 하는 새로운 패러다임으로 이동할 준비를 해야 합니다.

함수형 프로그래밍(functional programming)에서 함수(function)는 절차적 프로그래밍의 프로시저와 비슷합니다. 그러나 성격은 완전히 다릅니다. 함수형 프로그래밍에서의 함수는 순수한 함수(pure function)입니다. 수학에서의 함수와 거의 같습니다. 동일한 입력에는 항상 같은 값을 반환해야 합니다. 함수 내부에서 값이나 상태를 변경하는 부작용(side effect)이 없어야 합니다.

함수형 프로그래밍에서 데이터는 항상 변하지 않는 불변성(immutability)을 유지해야 합니다. 데이터의 변경이 필요한 경우에는 원본 데이터 구조를 변경하지 않고 그 데이터의 복사본을 만들어서 그 일부를 변경하고, 변경한 복사본을 사용해 작업을 진행합니다.

앞에서 함수형 프로그래밍에서 함수를 포함한 모든 표현식은 선언식(declarative)으로 표현됩니다. 따라서 명령형 프로그래밍이 어떻게 할 것인가에 집중한다면 함수형 프로그래밍은 무엇을 할 것인가에 집중합니다. 따라서 if, switch, for와 같은 명령문 대신에 함수형 코드를 사용해야 합니다.

함수형 프로그래밍에서 함수는 일등급, 고차 함수(fist-class, higher-order function)입니다. 이것은 함수를 변수나 데이터 구조 안에 담을 수 있고, 매개변수로 전달할 수 있고, 반환값으로 반환할 수 있다는 것을 의미합니다.

C++ 언어를 포함해서 자바, C#, 자바스크립트를 포함해서 현재의 모든 객체지향 프로그래밍 언어는 이 함수형 프로그래밍의 기능을 내장하기 위해 진화하고 있습니다. 그러나 함수형 프로그래밍을 제대로 배우고 이해하기 위해서는 하스켈(Haskell)이나 스칼라(Scala)와 같은 프로그래밍 언어를 사용해야 할 필요가 있습니다. 필자는 이책 객체지향 이야기와 유사한 "함수형 프로그래밍 이야기"를 계획하고 있

습니다. 그때 함수형 프로그래밍 이야기로 다시 만나도록 하겠습니다.

감사합니다!

색인

색인

한국어

ㄱ

가교 291
가로채기 필터 272
가변성 254
가비지 컬렉션 41
가비지 컬렉터 7
가상 메서드 106
가상 부모 클래스 123
가상 함수 테이블 109
가이드라인 251
감시자 310
감시자 데이터 복제 343
값을 참조로 바꿈 343
값 타입 172
개방/폐쇄의 원칙 213
객체 9
객체 간 기능 이동 328
객체지향 4
객체지향 방법론 356
객체지향 설계 5원칙 194
경계 클래스 370
계층 병합 353
계층성 19

계층 추출 354

공개 95

공통 라이브러리 226

공통성 254

공통 스팟 254

공통 언어 런타임 41

공통 용어 파악 357

과잉 중개 메서드 제거 342

관계 22, 69

관계형 데이터베이스 394

구린내 203

구조적 방법 4

구조적 프로그래밍 언어 5

구조 패턴 291

구현 357

구현 상속 92

그레이박스 프레임워크 255

기능적인 요구 사항 361

기본 서비스 424

기본 흐름 365

기초 유스케이스 368

기조 클래스 91

ㄴ

나누어서 정복한다 9

널 객체 도입 347

논리적인 뷰 379

느슨한 결합성 262

ㄷ

다수성 79

다중 상속 119

다형성 60, 106, 250

단방향 연관을 양방향으로 바꿈 343

단언 도입 347

단위 테스트 357

단일 책임의 원칙 212

단일체 280

닷넷 플랫폼 7

대규모 리팩토링 330

데브옵스 432

데이터 감추기 21

데이터 값을 객체로 대체 343

데이터 구성 329

데이터 멤버 34

데이터 모델 394

데이터베이스 설계 357

데이터 액세스 객체 271

도메인 프레임워크 253

도커 432

동시성 명세 357

동적 바인딩 109

디미터 법칙 243

디자인 패턴 194

디폴트 생성자 43

ㄹ

라우팅 429
룸바 193
레이어 아키텍처 스타일 422
레코드를 데이터 클래스로 대체 345
레퍼런스 7
리드 타임 200
리스코프 치환의 원칙 216
리스트 79
리팩토링 194

ㅁ

마이크로 서비스 9
마이크로 서비스 아키텍처 4
매개변수 객체 도입 350
매개변수를 메서드로 대체 349
매개변수를 명시적 메서드로 대체 348
매개변수에 값 대입 제거 339
매개변수 제거 348
매개변수 추가 348
메멘토 310
메모리 누수 40
메서드 37
메서드 감추기 350
메서드 끌어내리기 353
메서드 끌어올리기 352
메서드를 메서드 객체로 대체 339
메서드 매개변수화 348
메서드명 변경 348
메서드 이동 341

메서드 재정의　103
메서드 정리　328
메서드 추출　336
메서드 호출 단순화　330
메시지 보내기　25
멤버대 멤버 치환　150
멤버 함수　35
명령　241, 310
명령형 프로그래밍　433
명시적 인터페이스 구현　136, 141
모델　13
모델링　13
모델링 언어　13
모듈성　19
모듈화　250
모형　31
밀접한 결합성　260

ㅂ

반복　193
반복자　310
방문자　310
배열　81
배포 다이어그램　385
배포 명세　357
배포 뷰　379
범용 프레임워크　253
변환　429
변환 생성자　164

변환 연산자 147, 165

별명 41

보충 사양서 작성 357

보호 98

복사 생성자 156

복합 83

복합체 291

부모 클래스 91

부치 193

분석과 설계 357

분석 모델 369

불변성 433

블랙박스 프레임워크 255

비공개 95

비기능적인 요구 사항 361

비주얼 베이직 7

빌더 280

사양서 139

사용자 인터페이스 모델 357

사용자 정의 데이터 타입 146

사용자 정의 타입 변환 179

상세 설계 357

상속 69

상속성 정리 354

상속을 위임으로 대체 354

상태 23, 310

상태 변경 메서드에서 값 반환 메서드 분리 348

새정의 메서드　116
생성자　43
생성자를 팩토리 메서드로 대체　350
생성자 몸체 끌어올리기　352
생성 패턴　280
서브 시스템 설계　357
서브 클래스　91
서브 클래스를 필드로 대체　345
서브 클래스 추출　353
서브 타입 변환 캡슐화　351
서블릿 필터　271
서비스　9
서비스 공급자　420
서비스 디렉터리　420
서비스 소비자　420
서비스에서 작업자로　269
서비스 오케스트레이션　430
서비스 지향　417
서비스 지향 아키텍처　4
선언적 프로그래밍　433
선택 흐름　365
설계 요소 구현　357
소멸자　44
소프트웨어 개발 프로세스　188
소프트웨어 아키텍처　202
속성　38
수퍼 클래스　91
수퍼 클래스 추출　353
순수 가상 멤버 함수　118, 130
스칼라　433

스크럼 197
스크럼 마스터 197
스크럼 팀 198
스테레오타입 370
스프린트 검토 198
스프린트 계획 198
스프린트 백로그 198
스프린트 회고 198
스프링 265
시나리오 366
시스템 정의 357
시스템 정의 상세 357
시스템 프레임워크 레이어 253
시퀀스 다이어그램 370
실천 194
실체 클래스 370
실현 69
쓰기 메서드 제거 350
쓰레기 수집상 41

ㅇ

아키텍처 분석 357
아키텍처 불일치 195
아키텍처 뷰 379
아키텍처 상세 357
아키텍처 설계 357
아키텍처 스타일 265
아키텍처 패턴 266
알고리즘 대체 340

애자일 프로세스 191
애플리케이션 레이어 253
애플리케이션 프레임워크 226
애플리케이션 프레임워크 레이어 253
애플릿 7
액터 361
액터와 유스케이스 찾기 357
액티비티 다이어그램 366
야콥슨 193
양방향 연관을 단방향으로 바꿈 343
어셈블리어 11
업무 도메인 192
에러 코드를 예외로 교체 351
역전 220
연관 69
연산자 오버로딩 60, 147, 157
열차 사고 244
영역 결정 연산자 122
예외를 테스트로 교체 352
예외 흐름 365
오케스트레이션 425
외래 메서드 도입 342
요구 분석 357
원형 118, 280
위임 감추기 342
위임을 상속으로 대체 354
유니파이드 프로세스 357
유스케이스 361
유스케이스 다이어그램 363
유스케이스 모델 357, 361

유스케이스 모델 상세 357
유스케이스 분석 357
유스케이스 뷰 379
유스케이스 상세 357
유스케이스 설계 357
유스케이스 실현 370
유스케이스 우선 순위 결정 357
응집력 210
의존성 260
의존성 역전의 원칙 220
의존성 주입 264
이동 맵 377
이미지 31
이벤트 흐름 364
인라인 메서드 336
인라인 멤버 함수 36
인라인 임시 변수 337
인라인 클래스 342
인스턴스 39
인스턴스 데이터 46
인터액션 다이어그램 374
인터페이스 21, 124
인터페이스 분리의 원칙 226
인터페이스 상속 92
인터페이스 추출 353
인포멀 프로세스 194
인프라 서비스 424
일반화 69
일반화 다루기 330
일일 스크럼 198

임시변수를 메서드 호출로 대체 337
임시 변수 분리 339

ㅈ

자바 6
자바 가상 머신 41
자식 클래스 91
장식자 291
재사용성 250
재정의 92
적응자 291
전략 310
전역 변수 5
전역 연산자 오버로딩 161
전체 객체 유지 349
전체-부분 81
절차적 설계를 객체로 변환 354
절차적 프로그래밍 언어 5
접근 지정자 55
정적 메서드 51
정적 멤버 48
정적 바인딩 109
정적 생성자 51
정제 10
제어의 역전 226
제어의 역흐름 226
제어 클래스 370
제어 플래그 제거 346
제품 백로그 198

제품 소유자 197
조건문 분할 345
조건문을 다형성으로 대체 347
조건문의 단순화 329
조건식 통합 346
종속 68
주석 242
주체 25
중개 서비스 424
중복 조건 코드 조각 통합 346
중재 429
중재자 310
중첩 조건문을 보호구로 대체 346
증분 198
직관적 임시 변수 도입 338
질의 241
집합 81

大

참조 76
참조를 값으로 바꿈 343
참조 변수 76
참조 타입 172
책임 210
책임 연쇄 310
초기화 43
추상 메서드 118
추상적인 데이터 타입 146
추상 클래스 118, 130

추상 팩토리 239, 280

추상화 10

출판-구독 319

ㅋ

카멜 케이스 39

칸반 197

칸반 보드 199

캡슐화 19

컬래보레이션 다이어그램 370

컬렉션 캡슐화 344

컴포넌트 9

컴포넌트 기반 개발 4

컴포넌트 뷰 379

컴포넌트 설계 357

컴포지트 서비스 424

코리오그라피 425

큰 입자 266

클라우드 432

클래스 22

클래스 설계 357

클래스 추출 342

클린 코드 194, 230

ㅌ

타입 변환 164

타입 시스템 172

타입 코드를 상태/전략 패턴으로 대체 345

타입 코드를 서브 클래스로 대체 345

타입 코드를 클래스로 대체 345
테스트 주도적 개발 194
템플릿 31
템플릿 메서드 255, 310
템플릿 메서드 형성 354
템플릿 클래스 79
특성 23
특수한 의미 숫자를 기호 상수로 대체 344
특수화 69

ㅍ

파생 클래스 91
파스칼 케이스 39
패턴 251
팩토리 239
팩토리 메서드 280
퍼사드 271, 291
포멀 프로세스 191
포인터 7
포함 객체 83
포함 유스케이스 368
프런트 컨트롤러 268
프레임워크 226
프레임워크 레이어 253
프렌드 클래스 58
프로세스 뷰 379
프로세스 서비스 425
프록시 291
프리젠테이션에서 도메인 분리 354

플라이급 291
필드 37
필드 끌어내리기 353
필드 끌어올리기 352
필드 이동 341
필드 자체 캡슐화 342
필드 캡슐화 344

ㅎ

하스켈 433
한 단계 내려가기 규칙 237
함수형 프로그래밍 433
핫 스팟 254
해석자 310
행위 24
행위 분석 357
행위 패턴 310
헐리우드 원칙 251
화이트박스 프레임워크 255
확장성 250
확장 유스케이스 368
후크 메서드 256

로마자

A

A는 B의 일종이다 90
abstract 119

abstract class 118

abstract data type 146

Abstract Factory 239, 280

abstraction 10

abstract method 118

access specifier 55

activity diagram 366

actor 361

Adapter 291

Add Parameter 330

aggregation 81

agile process 193

alias 41

analysis model 369

API 게이트웨이 432

applet 7

application framework 249

application framework layer 253

application layer 253

architectural missmatch 195

architectural pattern 266

architectural style 265

architectural view 379

array 81

association 69

attribute 23

B

base 105

base class 91

base use case 368

BASIC 5

basic flow 365

basic service 424

behavior 24

Behavioral Pattern 310

big refactoring 330

black-box framework 255

Booch 193

boundary class 370

Bridge 291

Builder 280

business domain 192

C

C 5

C# 7

C++ 6

camelCase 39

CBD 4

Chain of Responsibility 310

Change Bidirectional Association to Unidirectional 329

Change Reference to Value 329

Change Unidirectional Association to Bidirectional 329

Change Value to Reference 329

child class 91

choreography 425

CI 197

class 22
Clean Code 194
Cloud 432
CLR 41
coarse-grained 266
COBOL 5
cohesion 210
collaboration diagram 370
Collapse Hierarchy 330
command 241
Command 310
Command Query Seperation 242
comment 242
commonality 254
Common Language Runtime 41
common spot 254
component 22
component-based development 4
component view 379
composing method 328
Composite 291
composite service 424
composition 83
Consolidate Conditional Expression 329
Consolidate Duplicate Conditional Fragments 329
constructor 43
Continuous Integration 197
control class 370
conversion constructor 165
conversion operator 147, 165

Convert Procedural Design to Objects 330

copy constructor 156

CQS 242

creational pattern 280

cross-domain framework 253

C with Classes 6

D

daily scrum 198

DAO 271

Data Access Object 271

data hiding 21

data member 34

data model 394

dealing with generalization 330

declarative programming 433

Decompose Conditional 329

Decorator 291

default constructor 43

delete 40

dependency 68, 260

dependency injection 264

Dependency-Inversion Principle 209

deployment diagram 385

deployment view 379

derived class 91

Design Pattern 194

destructor 44

DevOps 432

DIP 209

divide and conquer 9

Docker 432

domain-specific framework 253

domain specific language 13

DSL 13

Duplicate Observed Data 329

dynamic binding 109

E

EAI 427

embedded object 83

Encapsulate Collection 329

Encapsulate Downcast 330

Encapsulate Field 329

encapsulation 19

enterprise application integration 427

Enterprise Service Bus 427

entity class 370

ESB 427

exceptional flow 365

explicit interface implementation 141

extends 134

extensibility 250

extension use case 368

Extract Class 328

Extract Hierarchy 330

Extract Interface 330

Extract Method 328

Extract Subclass 330

Extract Superclass 330

extreme programming 195

F

facade 271

Facade 291

factory 239

Factory Method 280

field 37

flow of event 364

Flyweight 291

formal process 191

Form Template Method 330

FORTRAN 5

framework 249

framework layer 253

friend class 58

Front Contoller 268

functional programming 433

functional requirement 361

G

gang of four 249

garbage collection 41

garbage collector 7, 41

generalization 69

get/set 메서드 63

global operator overloading 161

global variable 5

GoF 249

GraphQL 432

gray-box framework 255

gRPC 432

guideline 251

H

Haskell 433

Hide Delegate 328

Hide Method 330

hierarchy 19

hollywood principle 251

hook method 256

hot spot 254

I

immutability 433

impertive programming 433

implementation inheritance 92

implements 134

inclusion use case 368

increment 198

informal process 194

infra service 424

inheritance 69

Inline Class 328

inline member function 36

Inline Method 328

Inline Temp 328

instance 39

instance data 46

interaction diagram 374

Intercepting Filter 272

interface 21, 124

interface inheritance 93

Interface Segregation Principle 209

intermediary service 424

Interpreter 310

Introduce Assertion 329

Introduce Explaining Variable 328

Introduce Foreign Method 328

Introduce Local Extension 328

Introduce Null Object 329

inversion 220

Inversion of Control 226

IoC 226

IoC 컨테이너 264

IoC container 264

is kind of 90

ISP 209

iteration 193

Iterator 310

J

Jacobson 193

Java 6

Java Virtual Machine 41

JVM 41

K

Kanban 197
Kanban board 199

L

Law of Demeter 243
layered architectural style 422
lead time 200
Liskov Substitution Principle 209
list 79
logical view 379
loosely-coupling 262
LSP 209

M

making method call simpler 330
mediation 429
Mediator 310
member function 34
Memento 310
memory leakage 40
method 37
method overriding 103
Micro-Service Architecture 4
model 13
modeling 13

modeling language 13

Model-View-Controller 266

modularity 19, 250

Move Field 328

Move Method 328

moving features between objects 328

MSA 4

multiple inheritance 119

multiplicity 79

MVC 266

MVC 패턴 267

N

navigation map 377

new 40

new method 116

NIH 195

non-functional requirement 361

Not Implemented Here 195

null 245

O

object 22

object management group 13

object orientation 4

object-oriented method 356

Observer 310

OCP 209

OMG 13

Open/Closed Principle 209

operator 153

operator overloading 60, 147

orchestration 425

organizing data 329

override 92, 115

P

pair programming 196

Parameterize Method 330

parent class 91

PascalCase 39

pattern 251

pointer 7

polymorphism 60, 106, 250

practice 194

Preserve Whole Object 330

private 55

procedural programming language 5

process service 425

process view 379

product backlog 198

product owener 197

property 38

protected 98

prototype 118

Prototype 280

Proxy 291

public 55

Publish-Subscribe 319

Pull Up Constructor Body 330

Pull Up Field 330

Pull Up Method 330

pure virtual member function 118, 130

Push Down Method 330

Q

QoS 430

quality of service 430

query 241

R

Rational Unified Process 192

realization 69

Refactoring 194

reference 7, 76

reference type 172

reference variable 76

refinement 10

relational database 394

relationship 22, 69

Remove Assignments to Parameters 328

Remove Middle Man 328

Remove Parameter 330

Remove Setting Method 330

Rename Method 330

Replace Array with Object 329

Replace Conditional with Polymorphism 329

Replace Constructor with Factory Method 330

Replace Data Value with Object 329

Replace Delegation with Inheritance 330

Replace Error Code with Exception 330

Replace Exception with Test 330

Replace Inheritance with Delegation 330

Replace Magic Number with Symbolic Constant 329

Replace Nested Conditional with Guard Clauses 329

Replace Parameter with Method 330

Replace Paramter with Explicit Method 330

Replace Record with Data Class 329

Replace Subclass with Fields 329

Replace Temp with Query 328

Replace Type Code with Class 329

Replace Type code with State/Strategy 329

Replace Type Code with Subclasses 329

responsibility 210

RESTful 서비스 432

reusability 250

routing 429

Rumbaugh 193

RUP 192

S

Scala 433

scenario 366

scope resolution operator 122

Scrum 197

scrum master 197

scrum team 198

Self Encapsulate Field 329

sending message 53

Separate Domain from Presentation 330

Separate Query from Modifier 330

sequence diagram 370

service consumer 420

service directory 420

service orchestration 430

service-orientation 417

service-oriented architecture 4

service provider 420

Service to Worker 269

servlet filter 271

simplifying conditional expression 329

Single-Responsibility Principle 209

Singleton 280

smell 203

SOA 4

software development process 191

SOLID 원칙 209

specialization 69

specification 139

Split Temprorary Variable 328

Spring 265

sprint backlog 198

sprint planning 198

sprint retrospective 198

sprint review 198

SRP 209

standard template library 79

state 23

State 310

static 50

static binding 109

static constructor 51

static member 48

static method 51

Stepdown Rule 237

stereotype 370

STL 79

Stretegy 310

structural method 4

Structural Pattern 291

structural programming language 5

sub class 91

sub flow 365

Substititude Algorithm 328

super 104

super class 91

system framework layer 253

T

Tease Apart Inheritance 330

template class 79

template method 255

Template Method 310

Test-Driven Development 194

this 46

tightly-coupling 260
Train Wrecks 244
transformation 429
TTD 194
type conversion 164
type system 172

U

UML 13
unified modeling language 13
Unified Process 357
use case 361
use-case diagram 363
use-case model 361
use-case realization 370
use-case view 379
user-defined data type 146
user-defined type conversion 179

V

value type 172
variability 254
virtual 106
virtual function table 109
virtual method 106
virtual parent class 123
Visitor 310
Visual Basic 7
vtable 109

W

white-box framework 255

whole-part 81

WIP 200

Work In Progreess 200

X

XP 195

번호

3 명의 대가 192

3 amigos 193

4+1 뷰 아키텍처 모델 379

4+1 view architecture model 379